Weitere Titel von Clemens G. Arvay

Wir können es besser

Corona-Impfstoffe: Rettung oder Risiko?

Die Naturgeschichte des Immunsystems

CLEMENS G. ARVAY & ALESSANDRA MOOG

IN ZUKUNFT SELBSTVERSORGT

Wegweiser in ein autarkes Leben

Lübbe LIFE

Der Inhalt des Buches wurde sorgfältig recherchiert und geprüft. Die Informationen sind allerdings nicht dazu gedacht, eine ärztliche Beratung zu ersetzen, sofern eine solche angezeigt ist. Für Links zu Webseiten Dritter wird keine Haftung übernommen, hier gilt deren Stand zum Zeitpunkt des genannten Abrufdatums. Eine Haftung der Autor:innen oder des Verlags ist ausgeschlossen.

Die Bastei Lübbe AG verfolgt eine nachhaltige Buchproduktion. Wir verwenden Papiere aus nachhaltiger Forstwirtschaft und verzichten darauf, Bücher einzeln in Folie zu verpacken. Wir stellen unsere Bücher in Deutschland und Europa (EU) her und arbeiten mit den Druckereien kontinuierlich an einer positiven Ökobilanz.

FSC www.fsc.org MIX Papier | Fördert gute Waldnutzung FSC® C014496

Originalausgabe

Umschlaggestaltung: © Sarah Borchart, Guter Punkt, München
Einband-/Umschlagmotiv: © Paperkites/ iStock / Getty Images Plus; Irina_Strelnikova/ iStock / Getty Images Plus; ArtRoseStudio/ iStock/Getty Images Plus; © Lukas Beck
Bildnachweis für den Innenteil: Alessandra Moog (Tafelteil, S. 5); Christina Halminen-Moog (Tafelteil, S. 9 unten); Lukas Beck (Tafelteil, S. 16); alle übrigen Bilder: Clemens G. Arvay
Illustrationen im Innenteil: Alessandra Moog
Satz: two-up, Düsseldorf
Gesetzt aus der Proforma
Druck und Verarbeitung: GGP Media GmbH, Pößneck

Printed in Germany
ISBN 978-3-431-07046-0

1 3 5 4 2

Sie finden uns im Internet unter luebbe-life.de
Bitte beachten Sie auch: lesejury.de

Inhalt

Einleitung

In diesem Buch möchten wir zukunftsweisende Ideen für alle liefern, die sich für mehr Autarkie in ihrem Leben interessieren. Dabei dreht sich alles um das Ziel, sich in möglichst vielen Bereichen der Grundversorgung von der Ernährung über das Bauen und Wohnen bis hin zur Versorgung mit Energie und Wasser unabhängig von politischen Entscheidungen und wirtschaftlichen Interessen zu machen, die unser Weltgeschehen mehr und mehr bestimmen und auch unserer Umwelt vielfach schaden.

Ein Wegweiser ist dabei keine detaillierte Handlungsanleitung. Dieses Buch möchte stattdessen Möglichkeiten und Wege aufzeigen, also Inspiration bieten, damit Interessierte gemäß den eigenen Zielen und Vorstellungen mehr Selbstbestimmtheit erlangen. Wie kann ich mich im Rahmen der persönlichen Möglichkeiten für einen ökologischen und sozial gerechten Lebensstil engagieren? Welche Lebensentwürfe fördern eine nachhaltige Gesellschaft? Hier finden Sie Antworten auf diese Fragen. Das Buch soll Mut machen und Motivation schaffen, sich auf den Weg in Richtung Selbstversorgung zu machen – allein, als Familie oder in einer intentionalen Gemeinschaft mit anderen Menschen.

Zielsetzung

Wir beleuchten die Motive und Beweggründe für Selbstversorgung und behandeln Konzepte der Lebensgestaltung, die uns Menschen, unabhängig von Großkonzernen, die Souveränität über unsere Ernährung und andere Lebensbereiche zurückgibt. Einige dieser Konzepte lassen sich auch abseits von Ökodörfern und Selbstversorgerhöfen verwirklichen, zum Beispiel, wenn sich Menschen in der Stadt zusammentun, um ihren eigenen fairen, ökologischen und leistbaren Lebensmittelmarkt zu schaffen, der sich nicht nach den Profitinteressen der Industrie richtet.

Wie wir im eigenen Garten einen Beitrag zum Erhalt der gefährdeten Biodiversität und Kulturpflanzenvielfalt leisten können und dabei zugleich unser eigenes Saatgut völlig unabhängig von der Saatgutindustrie erzeugen, ist ebenfalls Thema dieses Buches. Herzstück unserer Ausführungen ist die Sammlung konkreter Tipps und Ratschläge für die eigene autarke und krisensichere Lebensmittelproduktion und -verwertung aus dem eigenen Garten, auf dem Acker, in der angrenzenden Natur oder aus dem Stall.

Betrachtungen zum ökologischen Bauen und Wohnen sowie zur Energieautarkie mittels eigener Strom- und Wärmeproduktion runden unsere Ausführungen ab. Sie liefern Ideen, wie wir technische und biologische Stoffkreisläufe schließen und damit nicht nur autarker, sondern auch nachhaltiger werden könnten. Zu all diesen Themen finden Sie in unserem Buch neben unseren eigenen Erfahrungs- und Rechercheberichten auch zahlreiche informative und inspirierende Interviews mit Expertinnen und Experten zu den unterschiedlichen Themen der Selbstversorgung.

Einerseits nähern wir uns den Themen dieses Buches aus der Sicht der Kulturwissenschaftlerin an (Alessandra). Andererseits wird an die verschiedenen Fragestellungen aus biowissenschaftlicher Sicht herangegangen (Clemens). So ergänzen wir einander in diesem gemeinsam verfassten Werk. Außerdem freuen wir uns, dass Sie in diesem Buch auch ein äußerst lesenswerter und lehrreicher Gastbeitrag des Schriftstellers, Kulturanthropologen und Ethnobotanikers Dr. Wolf-Dieter Storl und dessen Frau Christine Storl erwartet. Die beiden leben schon seit den späten Achtzigerjahren auf fast tausend Metern über dem Meeresspiegel auf einem

Bio- und kulturwissenschaftliche Perspektive

Hof im Allgäu und blicken mit ihren Kindern auf eine jahrzehntelange Erfahrung als Selbstversorger zurück. In ihrem Gastbeitrag wissen sie über viele auf eigener Erfahrung beruhende praktische Ratschläge für die Selbstversorgung aus dem Garten zu berichten und erzählen aus ihrem Leben sowie über ihren Weg, der sie auf ihren mehr als achthundert Jahre alten Hof geführt hat.

Wir laden Sie nun auf eine Reise durch die Welt der Autarkie, Selbstbestimmtheit und Selbstversorgung ein, die uns im Rahmen unserer Lokalaugenscheine durch ganz Europa und rund um den Globus führt. Wir wünschen Ihnen eine spannende und informative Lektüre.

Kapitel 1

Nachhaltig und unabhängig: Motive für Selbstversorgung

Wachsendes Interesse an Selbstversorgung

Coronakrise, Krieg auf europäischem Boden, Inflation, Erdölknappheit sowie rasant steigende Energie- und Lebensmittelpreise: Wir leben in einer Zeit der dicht gepackten gesellschaftlichen Herausforderungen, die sich auch auf den Alltag und das persönliche Leben der Menschen auswirken. Lebensnotwendiges wird immer teurer, was dazu geführt hat, dass viele von uns große Schwierigkeiten haben, ihre Strom- und Heizkosten zu bezahlen und sich und ihre Familien angemessen mit gesunden Lebensmitteln zu versorgen. Mit anderen Worten: Das Leben wird immer weniger leistbar. Materielle Armut, also eine Lebenssituation, in der die menschlichen Grundbedürfnisse nur mehr mangelhaft oder gar nicht erfüllt werden können, stieg laut einem Bericht der Weltbank mit Beginn der Coronakrise weltweit an.[1] Doch COVID-19 und die gegen das Virus getroffenen politischen Maßnahmen stehen erst am Anfang einer Verkettung von Krisen, die wir derzeit erleben.

Wir befassen uns in diesem Kapitel mit Motiven, die Menschen dazu bewegen, Selbstversorgung und ein möglichst unabhängiges Leben anzustreben. Einerseits betrachten wir diese Frage aus der »Innenperspektive«, da wir auch selbst zu denen gehören, die ein solches Leben anstreben. Andererseits hatten wir über Jahre hinweg Kontakt zu Selbstversorgerinnen und Selbstversorgern und kennen viele mögliche Gründe, die hinter deren Lebensentscheidungen stehen. Alessandra, die selbst jahrelang in Südamerika als weitgehende Selbstversorgerin gelebt hat, kann dabei dazu beitragen, die eurozentrische Perspektive zu verlassen, indem sie über Selbstversorgung in Ecuador, Peru und Bolivien berichtet, die sie kennengelernt und studiert hat. Und Clemens wird die wichtigsten Erkenntnisse aus einer wissenschaftlichen Studie[2] anführen, die er 2007 durchgeführt hat, um die Motive zu untersuchen, die Menschen dazu bewegen, Selbstversorger zu werden und in möglichst vielen Lebensbereichen Autonomie anzustreben. So können wir unseren persönlichen Beobachtungen und Betrachtungen auch ein objektives, wissenschaftliches Fundament verleihen. Clemens kam für seine Analyse nicht nur mit autark lebenden Menschen ins Gespräch, sondern befragte auch auf den Straßen Wiens Passantinnen und Passanten darüber, was sie über Selbstversorgung denken:

Motivationen

2007 wären laut meinen Erhebungen mehr als die Hälfte der befragten Menschen in Österreich, die bis dahin in keinem Bereich autark lebten, bei Lebensmitteln gern unabhängig und autark gewesen. 40 Prozent wären zum damaligen Zeitpunkt am liebsten auch von Energiekonzernen und Energiepolitik unabhängig gewesen und hätten die Möglichkeit geschätzt, selbst Strom zu erzeugen. Der Großteil von ihnen gab aber an, dass die Selbstversorgung bei Lebensmitteln und Energie in ihrem Leben vermutlich ein unerfüllter Wunsch bleiben wird. Es ging also um Idealvorstellungen, die sie äußerten, die aber den Schluss zulassen, dass schon damals in der Bevölkerung eine gewisse Unzufriedenheit mit der Lebensmittel- und Energiepolitik herrschte und viele gern unabhängig davon werden wollten. Immerhin 30 Prozent äußerten den Wunsch, mehr handwerkliche Autonomie zu erreichen und beispielsweise das Tischlern und Töpfern zu erlernen oder den

Ergebnisse einer Umfrage

Bau eines Eigenheims durch eigenes Know-how unterstützen zu können und dadurch Kosten einzusparen. Von der Herstellung eigener Kleidung träumten 10 Prozent der Menschen, die an der Straßenumfrage teilnahmen.

Durch die Häufung von Krisensituationen interessieren sich heute bestimmt noch mehr Menschen für autarke Lebensmodelle und Selbstversorgung als zum Zeitpunkt der damaligen Umfrage. Und vielleicht wären heute auch mehr von ihnen bereit, sich um die Verwirklichung dieses Ziels zu bemühen. Denn eine wachsende Anzahl von Bürgerinnen und Bürgern blickt alarmiert und besorgt auf die aktuellen Krisen, wirtschaftlichen und gesellschaftlichen Problemfelder sowie wachsenden Bedrohungen unserer Umwelt, die auch das Überleben zukünftiger Generationen gefährden. Vielleicht gehören auch Sie zu dieser Gruppe von Menschen. Dann könnte es für Sie ein interessanter Weg sein, mehr Autonomie und Souveränität über möglichst viele Lebensbereiche zu erlangen und sich für diesen Zweck auch mit anderen zu Kooperativen zusammenzuschließen.

Krisensymptome

Viele Menschen, die ihre Versorgung zu großen Teilen selbst in die Hand nehmen möchten, wollen damit auch ein klares »Nein« gegenüber der wachsenden politischen und wirtschaftlichen Macht der Superreichen ausdrücken.

So stimmten in der Umfrage 88 Prozent der befragten Selbstversorgerinnen und Selbstversorger den folgenden beiden Aussagen zu:

»Wir müssen umdenken, um unseren Planeten zu retten.«

»Wir müssen auch an die künftigen Generationen denken.«

75 Prozent stimmten zu, dass »viele soziale Probleme aus einer Gesellschaft resultieren, die sich mehr und mehr an den Bedürfnissen der Marktwirtschaft orientiert«. Knapp 60 Prozent sahen in der globalen Ungleichverteilung von Ressourcen und Kapital den Hauptgrund für Hunger und Armut. Allerdings beschrieben sich

nur 41,7 Prozent der befragten Selbstversorgerinnen und Selbstversorger explizit als kapitalismuskritisch oder antikapitalistisch, indem sie Aussagen wie »Kapitalismus ist menschenverachtend« oder »Kapitalismus ist zum Scheitern verurteilt« zustimmten. Vielleicht erscheint dieser Prozentsatz vielen noch immer als hoch, aber ein Anteil von ungefähr 40 Prozent unter Selbstversorgenden, die dem Kapitalismus grundsätzlich skeptisch gegenüberstehen, deckt sich mittlerweile durchaus mit dem Bevölkerungsquerschnitt. So gab im Jahr 2020 die Hälfte der Deutschen an, dass Kapitalismus ihrer Meinung nach den meisten Menschen eher schadet als nutzt, und nur noch 12,5 Prozent waren der Meinung, persönlich von einer wachsenden Wirtschaft zu profitieren. Weniger als ein Viertel der Deutschen blickte laut dieser Umfrage noch zuversichtlich in die wirtschaftliche Zukunft. In Frankreich zeigten sich diesbezüglich nur 19 Prozent optimistisch.[3] Zu bedenken ist auch, dass diese Umfrage noch vor der Coronakrise und lange vor der im Jahr 2022 einsetzenden Energie- und Lebensmittelkrise stattfand.

Wunsch nach Alternativen

Immer mehr Menschen scheinen zu erkennen, dass Wirtschaftswachstum und Politik mehr auf den Nutzen einer reichen Minderheit ausgelegt sind, welche die Produktionsmittel in ihren Händen hält und immer reicher wird, und weniger auf das Wohl der Menschen an der Basis. Wir werden uns die Problematik der *Allokation*, also der Verteilung von Gütern und Chancen in der kapitalistischen Wirtschaft, noch näher ansehen und klären, welche Auswege alternative Ökonomie-Konzepte uns bereits heute bieten – zum Wohle von Mensch und Umwelt. Auf das Motiv des »Nicht-mitmachen-Wollens« beim Ausverkauf der Erde und ihrer Bewohnerinnen und Bewohner werden wir im Laufe dieses Buches mehrmals zurückkommen.

Kurzum: Viele Menschen wünschen sich ein Leben in Selbstbestimmtheit und Autonomie, in dem sie mehr Zeit und Energie für Wesentliches, für ihre Kinder und Familien sowie für sinnerfüllende Tätigkeiten haben. Sie möchten ihre Versorgung mit Lebensmitteln, Energie und anderen Gütern auf eine nachhaltige Weise selbst in die Hand nehmen. Die Motive für Selbstversorgung und möglichst autarke Lebensmodelle sind vielfältig. Wir werden zeigen, dass sie von persönlicher Krisenbetroffenheit bis hin zu ethischen, ökologischen und sozialgerechten Überlegungen reichen, die wir in diesem Kapitel zur Sprache bringen.

Brennglas Corona

COVID-19 ist eine Art »Ground Zero« der existenziellen Krisen der Gegenwart. Es ist aber nicht nur das Virus selbst, das die Lebensumstände vieler Menschen auf unserem Planeten verschlechtert hat. Die Lockdowns haben beispielsweise dazu geführt, dass Menschen in benachteiligten Weltregionen ihrer täglichen Arbeit nicht mehr nachgehen konnten. »Homeoffice« ist in vielen Fällen ein Privileg der reichen Industriestaaten.

Globale Auswirkungen auf die Alltagssituation der Menschen: steigende Preise und Armut

Laut UNICEF stürzte die Coronakrise aufgrund von Lockdowns und Einschränkungen der Erwerbstätigkeit von Familien, die bereits zuvor unter prekären Bedingungen lebten, 150 Millionen zusätzliche Kinder in die Armut.[4] Schon am Ende des ersten »Corona-Jahres« im Dezember 2020 bezeichnete die Welthungerhilfe COVID-19 als »Brandbeschleuniger für Hunger und Armut weltweit«. Im Zuge der verhängten Lockdowns sei es nicht nur zu wirtschaftlichen Einbrüchen und steigender Armut gekommen, sondern »auch Nahrungsmittel werden teurer und Familien können sich keine ausgewogene Ernährung mehr leisten«.[5] Auch in Europa unterliegen unsere Lebensmittel seit 20 Jahren einer ständigen Teuerung. Auffällig ist aber, dass die Preissteigerung bei diesen essenziellen Grundlagen unseres Lebens während der Corona-Pandemie besonders stark zugenommen hat. So lag beispielsweise die Teuerung der Ernährung in Deutschland laut dem Statistischen Bundesamt in den Jahren 2000 bis 2019 bei unter 1,5 Prozent pro Jahr, nahm mit dem Beginn der Corona-Maßnahmen zu und erreichte von Oktober 2021 bis Oktober 2022 ein Rekordniveau von 20,3 Prozent binnen zwölf Monaten.[6]

Neben den Auswirkungen der Lockdowns auf die Wirtschaft sind dafür auch der Arbeitskräftemangel sowie die steigenden Energiepreise verantwortlich. Die Zunahme der Energiekosten ist in diesem Zeitraum unter anderem der Energiepreiskrise zuzuschreiben, die auf den Ukraine-Krieg und die Sanktionen gegen Russland folgte. Allerdings nahm der Anstieg der Lebensmittel- und Energiepreise bereits vor dem russischen Angriff auf die Ukraine Fahrt auf, als die Corona-Pandemie und die dagegen erlassenen Maßnahmen auf ihrem Höhepunkt waren.[7] Schon 2020 stellte die Österreichische Arbeiterkammer fest, dass die Preise für lebensnotwendige Ausgaben der Haushalte im ersten Jahr der Pandemie doppelt so stark nach oben kletterten, als es gemäß der jährlichen Inflation zu erwarten gewesen wäre – bei Strom war es 2020 sogar das Vierfache der Inflationsrate.

Armutsentwicklung

Aber nicht nur werden lebensnotwendige Güter teurer, auch die finanziellen Mittel vieler Menschen nehmen seit 2020 ab. In seinem Armutsbericht aus dem Jahr 2022 wies der deutsche Paritätische Wohlfahrtsverband darauf hin, dass die Armutsquote in Deutschland während der Corona-Maßnahmen von 2020 auf 2021 einen neuen Höchststand erreicht hat. 600.000 Deutsche mehr als vor der Pandemie lebten im zweiten »Coronajahr« unterhalb der Armutsgrenze. Diese Schwelle wird dort angesetzt, wo das Haushaltseinkommen nicht mehr für die gesellschaftliche Teilhabe ausreicht und die Sicherung der materiellen Grundbedürfnisse sowie der Ernährung erschwert ist.[8]

In Österreich verzeichnete die Statistik Austria keinen Anstieg der Armut während der Coronakrise. Allerdings waren im ersten Jahr der Pandemie so viele Österreicherinnen und Österreicher beim nationalen Arbeitsmarktservice als erwerbslos gemeldet wie nie zuvor seit Beginn des 21. Jahrhunderts. Knapp 410.000 waren es im Jahr 2020. Das sind im Vergleich zu 2019 mehr als 100.000 zusätzliche Arbeitslose. Orientiert man sich nicht an den Meldezahlen des nationalen Arbeitsmarktservices, sondern an der internationalen Definition von »Erwerbslosigkeit«, dann gewinnt das Jahr 2021, also das zweite Jahr der Coronakrise, die Kür zum »Jahr der Arbeitslosigkeit« seit der Jahrtausendwende. Denn 2021 waren etwa 284.000 Menschen in Österreich gemäß internationaler Kriterien von Arbeitslosigkeit betroffen. Diese Zahlen zeigen in Summe, dass COVID-19 auch in Österreich, wie in Deutschland, die wirtschaftlichen Lebensumstände ab 2020 nachhaltig verschlechtert hat, auch wenn kein Anstieg der offiziellen Armutsstatistik festzustellen war.

Selbst in der wohlhabenden Schweiz meldete der staatliche Rundfunk, dass die Coronakrise die Armut im Land »verschärft« hat.[9] In dem Bericht der Armutskonferenz des österreichischen Bundesministeriums für Soziales, Gesundheit, Pflege und Konsumentenschutz steht: »Die COVID-19-Pandemie macht verletzliche Personengruppen sichtbar.«[10] Das gilt, wie wir gesehen haben, nicht nur für benachteiligte Länder im globalen Süden, sondern auch für uns in Europa.

Für die sozioökonomische Verschlechterung der Lebensumstände kann freilich kein Virus verantwortlich gemacht werden. Vielmehr ist die Lockdown-Politik ein maßgeblicher Grund dafür.

Der Wirtschaftswissenschaftler Lin Ma von der Management-Universität Singapur bringt das Problem auf den Punkt: »Ein Lockdown führt recht sicher in eine ökonomische Rezession. Wir sehen anhand von Daten aus dem vergangenen Jahr bereits, dass Lockdown-Staaten Verluste von bis zu 20 Prozent des Bruttoinlandsprodukts verzeichnen.« Damit bezog er sich auf 2021. Das bedeute laut Ma, dass die Einkommen der Haushalte sich verringern und in den ärmsten Ländern der Welt sogar die Kindersterblichkeit steigt.[11]

Aus diesen Gründen sollten wir als Gesellschaft der Notwendigkeit von Lockdowns in Zukunft so gut wie möglich vorbeugen. Ein nachhaltiger, ökologischer Lebensstil, wie ihn viele Selbstversorgerinnen und Selbstversorger praktizieren, kann dazu einen Beitrag leisten. Allein die Einschränkung des globalen Reiseverkehrs auf das Notwendige tut nicht nur der Umwelt gut, sondern beugt auch einer rasanten, nicht mehr beherrschbaren viralen Ausbreitung vor. Die Schonung von Ökosystemen und der Erhalt ihrer Artenvielfalt, vor allem in den Tropen, kann die Übertragung neuer Erreger von einer Spezies auf die andere und schließlich auf den Menschen verhindern, da eine hohe Biodiversität mit intakten Populationen den Übersprung von Viren über Arten- und Gattungsgrenzen erschwert.

Auswirkungen auf die Gesundheitssituation

Als gesichert gilt mittlerweile auch, was einige Wissenschaftlerinnen und Wissenschaftler bereits zu Beginn der Coronakrise vorausgesagt haben, ohne mit ihren Expertisen von der Politik ausreichend berücksichtigt worden zu sein: Die Lockdowns haben in vielen Bereichen zu einer Verschlechterung der öffentlichen Gesundheit beigetragen. Dieses Problem beginnt beim Bewegungsmangel.

Eine im Journal der ägyptischen Kardiologischen Gesellschaft publizierte Stellungnahme warnte schon 2021 vor einer Zunahme der Herz-Kreislauf-Erkrankungen durch Bewegungsmangel während der Lockdowns.[12] Die Autorinnen und Autoren schrieben: »Der Lockdown hat das Risiko der Herz-Kreislauf-Erkrankungen erhöht, sodass es zu einem Anstieg bei nicht-infektiösen Erkrankungen kommen kann. Dieser Effekt dürfte noch bis nach dem Ende der Pandemie andauern.«[13]

Zunahme von Herz-Kreislauf-Erkrankungen

Im Jahr 2022 bestätigte eine multinationale Studie von 16 Forschenden im Bereich Gesundheit, die in Barcelona, Wien und Stockholm durchgeführt wurde, zwar einerseits, dass die Schadstoffbelastung der Luft in diesen Städten während der Lockdowns zurückging, dass aber andererseits die negativen Folgen für die Gesundheit in der Stadt größer waren als der Nutzen. Die größten Schäden am Herz-Kreislauf-System seien auf den Bewegungsmangel zurückzuführen, den die Lockdowns verursacht hätten. Zu demselben Ergebnis kam ebenfalls 2022 eine im European *Heart Journal* veröffentlichte Studie, die von einer »substanziellen Schädigung« der öffentlichen Herz- und Gefäßgesundheit während der Corona-Pandemie und der Lockdowns sprach.

Unstrittig ist außerdem, dass während der Lockdowns weniger Menschen zur Krebsvorsorge gingen und onkologische Operationen verschoben wurden, um die Kapazitäten der Krankenhäuser für COVID-19-Betroffene freizuhalten. Dadurch hatten Tumorerkrankungen länger Zeit, sich zu entwickeln oder Metastasen zu bilden.[14] Expertinnen und Experten der deutschen Krankenkasse DAK-Gesundheit verzeichneten während der Lockdowns des ersten »Corona-Jahres« 2020 bei Vorsorgeuntersuchungen von Brustkrebs ein Minus von 45 Prozent, bei Darm- und Prostatakrebs 20 Prozent und in Summe ein Minus von 30 Prozent für alle Tumorerkrankungen. Die Krankenkasse prognostizierte bereits im

Zunahme von Krebserkrankungen

Mai 2021 eine »Welle« von Krebserkrankungen, die uns dadurch bevorstehe.[15]

Mit dieser Einschätzung behielten sie recht. *The Guardian*, eine der bekanntesten britischen Tageszeitungen, schrieb im November 2022, Europa sei mit einer »Krebs-Epidemie« konfrontiert, die von Experten auf verordnete Corona-Schutzmaßnahmen zurückgeführt werde: »Eine unbeabsichtigte Konsequenz der Pandemie war die Auswirkung der raschen Umwidmung von Gesundheitsservices und der nationalen Lockdowns auf die Krebsmedizin, Krebsforschung sowie auf Krebsbetroffene.«[16] Ebenfalls im November 2022 veröffentlichte eine onkologische Kommission einen Bericht im renommierten medizinischen Fachjournal *The Lancet*, wonach aufgrund der Lockdown-Politik europaweit eine Million Krebserkrankungen nicht entdeckt worden seien, die normalerweise festgestellt worden wären.[17]

Diese Art von Problemen, die durch eine einseitige Gesundheitspolitik während der Corona-Pandemie verursacht wurden, tragen bei vielen Menschen zu einer steigenden Unzufriedenheit mit der gesellschaftlichen Situation bei und können ein Antrieb sein, sich im eigenen Leben für mehr Unabhängigkeit einzusetzen.

Nicht zu vernachlässigen sind auch die psychischen Folgen der Corona-Pandemie und der dagegen getroffenen politischen Maßnahmen. Gerade in diesem Bereich fanden Menschen, die während der Pandemie in Ökodörfern und Selbstversorgergemeinschaften lebten, günstige Bedingungen vor, wie wir gleich sehen werden. Weltweit habe laut einer im August 2022 veröffentlichen Studie aufgrund der Lockdown-Politik die Zahl der Menschen mit Depressionen um das Viereinhalbfache zugenommen. Stresssymptomatik und Vereinsamung seien um 50 Prozent angestiegen. Im Schnitt sei es zu einer Verdoppelung psychischer Erkrankungen weltweit gekommen.[18]

Risiken für die Psyche

Im Zusammenhang mit autarken Lebensformen ergibt sich die Frage, inwiefern diese die gesundheitlichen und psychischen Belastungen in Krisenzeiten, die der COVID-19-Pandemie ähneln, reduzieren können. In Clemens' Untersuchung stellte sich *Gesundheitssouveränität* nach Unabhängigkeit bei Lebensmitteln und Energieautarkie als dritthäufigster Grund heraus, den Menschen als Motivation für Selbstversorgung angaben. 84 Prozent der Befragten, die auf einem Selbstversorgerhof lebten, stimmten der Aussage zu, dass ein naturnahes Leben die psychische sowie körperliche Gesundheit fördert.

Beispiele alternativer Lebensweisen

Wer gesundheitssouverän lebt, trifft möglichst viele Entscheidungen, die sich auf den menschlichen Gesundheitszustand auswirken, nach eigenen Vorstellungen: Wie viele Stunden Arbeit pro Tag fördern mein Wohlergehen? Welche Arbeit macht mich glücklich? In welchem Lebensraum möchte ich mich ansiedeln? Für viele der befragten Selbstversorgerinnen und Selbstversorger beginnt Gesundheitssouveränität beim einfachen täglichen Zugang zu Natur- und Erholungsräumen vor der eigenen Haustür. Die meisten Menschen, die Autarkie anstreben, leben ja im Grünen, da sie in der Regel Gärten anlegen, Wälder bewirtschaften und Äcker bestellen.

Nick Ward, ein Bewohner des walisischen Ökodorfs Brithdir Mawr, das wir Ihnen gleich noch näher vorstellen werden, berichtete uns über die positive Wirkung des Gärtnerns auf seine Psyche. Beispielsweise half ihm die Arbeit im Selbstversorgergarten, eingebettet in die wildromantischen Naturlandschaften von West-Wales mit urigen Wäldern, Wiesen, Weiden, Hochmooren und der nahe gelegenen felsigen Küste, über die Trennung von seiner Frau und den gemeinsamen Kindern hinweg. Nick wurde durch eigene Erfahrungen bewusst, dass Gartenarbeit eine »therapeuti-

Natur erleben in Brithdir Mawr

sche Wirkung« hat. »Ich hätte die Gemeinschaft dafür bezahlen müssen, dass sie mir die Gartenarbeit ermöglichte«, sagte er im Gespräch mit uns. »Es fühlt sich für mich nicht wirklich wie Arbeit an. Das Gärtnern hat mir seither unendlich gutgetan, eigentlich wie eine Psychotherapie.«

Der Garten ist eine Welt fernab von Hektik, Verschmutzung und anderen Problemen der modernen Welt. Wie ein kleines Paradies, das mancher Mensch verloren und auf Erden unmöglich glaubt, tut sich vor unseren Augen in den Gärten von Brithdir Mawr ein Idyll auf, das all unsere Sinne anspricht: Dieser lebendige Garten will ertastet, gerochen, betrachtet, gehört und geschmeckt werden. Er pulsiert in kräftigen Farben unter dem Summen der Insekten und den Flügelschlägen selten gewordener Schmetterlinge, duftet nach ganz unterschiedlichen Blumen, aromatischen Kräutern und gesundem Mutterboden. Im Garten können wir vom analytischen Denken ins »Bewusst-Sein« kommen. Es ist ein Effekt, den die Umweltpsychologin Rachel Kaplan und ihr Ehemann und Kollege Stephen Kaplan als *being away* bezeichnet haben – als eine Art »Weg-Sein« vom Alltäglichen und den Stressoren des Arbeits- und Gesellschaftslebens. Der Aufenthalt in einem liebevoll gepflegten Garten ist heilsam, ähnlich wie das Waldbaden, denn hier bietet sich ein besonderer Raum für Regeneration.

Auch Bertrand Russel berichtete aus seinem seelischen Erfahrungsschatz: »Wenn ich mit einem intellektuellen Freund spreche, festigt sich in mir die Überzeugung, vollkommenes Glück sei ein unerreichbarer Wunschtraum. Spreche ich dagegen mit meinem Gärtner, bin ich vom Gegenteil überzeugt.«[19]

In einigen angelsächsischen Ländern wie Neuseeland können Ärztinnen und Ärzte mittels einer *Green Prescription* Therapien verschreiben, die in erholsamen Naturräumen wie Gärten stattfinden und ein wohltuendes multisensorisches Erlebnis ermöglichen. Ähnliche Angebote, die von staatlichen Krankenkassen finanziert werden, gibt es in Japan. Seit 1973 kann man an der Kansas State University einen Bachelor of Science am Institut für Gartenbau und natürliche Ressourcen erwerben, an dem auch die Gartentherapie gelehrt wird. In Wien existiert an der Hochschule für Agrar- und Umweltpädagogik ebenfalls ein Lehrgang für Gartentherapie ...

Green Prescription

Garten- und Waldarbeiten sind immer mit Naturkontakt und Bewegung an der frischen Luft verbunden. Viele Selbstversorgerinnen und Selbstversorger, die für besagte Hochschulschrift im Jahr 2007 befragt wurden, gaben aber an, die nahe gelegenen Grünräume bewusst aufzusuchen, um psychische Erholung und körperliche Regeneration zu unterstützen. Das zeigte sich auch in unseren Recherchen für dieses Buch. Jannes Bohmfalk, ein Bewohner des Lebensgartens Steyerberg in Niedersachsen, eines der ältesten Ökodörfer Deutschlands, erlebte die Anbindung an die Natur als große Erleichterung während der Corona-Lockdowns: »Allein, dass jeder von uns täglich im Wald spazieren gehen konnte, hatte einen unheimlichen Effekt auf uns«, schilderte er uns im gemeinschaftlichen Selbstversorgergarten des Ökodorfs unmittelbar am Waldrand. Die Corona-Maßnahmen seien im Ökodorf nicht so stark zu spüren gewesen wie beispielsweise in Hannover und Bremen.

Rückzug aufs Land

Währenddessen entschied der Brite Ryan Otis zusammen mit seiner thailändischen Partnerin Damo, dass es Zeit war, ihrem Leben eine Wende zu geben. Wir führten später ein Interview mit den beiden über ihre Reaktion auf die Ereignisse: COVID-19 war für sie der Impuls, sich auf Damos geerbtes Stück Land in Thailand zurückzuziehen und dort eine Selbstversorgerfarm aufzubauen, auf der sie ihre beiden Kinder großziehen möchten.

Über diese Entscheidung sagte Ryan uns: »Während der COVID-Zeit haben wir unseren YouTube-Kanal *Life in Bamboo* gestartet, da ich meinen Job in der Hotelindustrie verlor. Zuvor hatten wir jahrelang eine Jazz-Lounge in Bangkok, weil ich Saxofonist bin, doch durch diesen Lebensstil ließ ich mich zum exzessiven Alkoholkonsum verführen. All das haben wir lange hinter uns gelassen, und mit Corona kam für uns der letzte Anstoß, der Großstadt den Rücken zu kehren. Wir merkten, dass wir mit dem Filmen unseres heute sehr naturverbundenen Lebens zumindest ein kleines Einkommen generieren konnten, das sich nutzen ließ, um das Stück Land nach und nach herzurichten. Es kam uns fast so vor, als gäbe es gar keine COVID-Restriktionen für uns, da wir unter freiem Himmel und im ländlichen Raum lebten, also waren wir wirklich große Glückspilze!«

Zwar räumten sie ein, dass gelegentlich sozialer Druck spürbar war, besonders, was das Impfen anging. Aber sie selbst fühlten sich nicht durch Corona-Maßnahmen eingeschränkt, weil sie eine ganze Zeit lang nur mehr selten öffentliche Orte aufsuchten. Sie blieben in der Natur und konzentrierten sich auf ihren Hausbau und das Erlernen landwirtschaftlicher Techniken. »Es war ein wenig wie im Survival-Modus. Zwar weiß ich, dass es für viele Menschen eine schlechte Zeit war oder ist – für uns war sie eher aufregend, denn wir sahen alte Systeme kollabieren und Raum für Neues entstehen.«

Damo und Ryan gaben an, dass sie das Farmleben auch aus Gründen der Vorsorge führten, um in schweren gesellschaftlichen Krisenzeiten und Ausnahmezuständen, wie es die Corona-Zeit war, unabhängig sein zu können. Sie sind sich einig, dass der Umzug auf die neu gegründete Selbstversorgerfarm die richtige Entscheidung war: »Wir sahen bald, dass wir glücklicher damit waren, weniger Geld verdienen zu müssen, frei zu leben und unsere Energie auf unsere Projekte zu konzentrieren.« Ihr Familienleben auf der Farm, zwischen Hühnern, Reis und tropischen Früchten, hält sie gesund. Letztlich sahen sie in dem Impuls, den sie durch die COVID-19-Krise bekamen, also einen Segen für sich. Allerdings ist es ihnen wichtig, den Selbstversorgertraum nicht allzu romantisierend darzustellen: »Menschen denken oft, das wäre ein fauler und einfacher Lebensstil, aber nichts könnte weiter von der Realität entfernt sein. Es ist geistig wie körperlich herausfordernd. Sie werden dabei sehr fit!«

Auch für Jannes Bohmfalk und seine Lebensgefährtin Charlotte Gappa war der erste Corona-Lockdown der ausschlaggebende Anlass, überhaupt in ein Ökodorf zu ziehen. Den Lebensgarten Steyerberg hatten sie zuvor schon häufig besucht, aber der entscheidende Impuls ergab sich, als die größeren Einschränkungen durch die Corona-Maßnahmen kamen. »Wir haben davor in einem Kollektiv verschiedene Veranstaltungsformate im kulturellen Bereich gemacht«, erzählte Jannes. »Am Anfang der Corona-Maßnahmen war uns gleich klar, dass das erst mal so, wie wir es gekannt haben, zu Ende sein wird. Wir wollten uns mit der Frage beschäftigen, wie wir eigentlich in Zukunft leben möchten. Und deswegen sind wir hierher in den Lebensgarten gekommen, um erst einmal für uns in ›Klausur‹ zu gehen – nicht unbedingt, um vor diesen Corona-Maßnahmen ›davonzulaufen‹, aber um sie nicht ganz so zu spüren, weil wir Angst davor hatten, dass wir in der Stadt für uns isoliert sein würden.«

Der Lebensgarten Steyerberg in Corona-Zeiten

Zu Beginn der Corona-Pandemie sah Jannes »eine unheimliche Spaltung der Gesellschaft durch verschiedene Vorstellungen dessen, was eigentlich ›da draußen‹ passierte. Und dadurch, dass diese Spaltung hier im Ökodorf lange nicht so vonstattenging und nicht so fühlbar war, hatten wir eine viel geringere psychische Last zu tragen, als wir sie in den Städten erlebt hätten. Zum anderen waren wir von den Maßnahmen nicht direkt affiziert und mussten nicht allein in unserer Wohnung sitzen, da wir hier als

Gemeinschaft und Kollektiv leben. Und gleichzeitig sind wir direkt an der Natur dran, und das hat uns langfristig Erholung und Ruhe beschert.«

Die Italienerin Lucilla Borio, eine der Begründerinnen des Ökodorfs Torri Superiore am Fuße der ligurischen Alpen in Meeresnähe bei Ventimiglia, schilderte uns ganz ähnliche Vorteile, die das Gemeinschaftsleben in dem alten festungsähnlichen Steingemäuer, umgeben von Obst- und Gemüsegärten zur Selbstversorgung, mit sich brachte: »Die Leute in den Städten drehten während der Lockdowns in ihren isolierten Familienverbänden durch.« Wir saßen gemeinsam mit Lucilla entspannt auf einer der vielen Terrassen des Ökodorfs, von wo aus wir einen phänomenalen Ausblick in das weite zu unseren Füßen liegende Tal mit immergrüner Vegetation, Oliven- und Zitrusbäumen sowie Gemüsegärten hatten. Vom Fluss drang ein abendliches Froschkonzert an unsere Ohren. »Man sieht es ja auch an der Zunahme des Einsatzes von Antidepressiva«, fuhr Lucilla fort. Die Leute wurden während der Lockdowns krank. Wir boten damals kostenlose Seminare und Online-Konferenzen an, für alle, die Interesse an Kontakten hegten. Wir hatten durchaus einen sozialen Einfluss mit unserer Botschaft, dass es etwas Besonderes ist, in einer Gemeinschaft zu leben. Du bist niemals allein! Es ist immer jemand da, mit dem du dich austauschen kannst. Auch wir in Torri Superiore waren während der Lockdowns nicht allein. Natürlich zogen wir uns in unserem Gebäude zurück, aber wir blieben eine Gemeinschaft. Wir konnten Zeit miteinander verbringen und für unsere Kinder da sein. Wir betrieben weiterhin gemeinsam Landwirtschaft, bewegten uns täglich an der frischen Luft. Unser Leben stand nicht still!« Lucilla fügte hinzu, dass die Gemeinschaft alle Hygienemaßnahmen einhielt, »aber wir wurden nicht paranoid«.

Corona trotzen im Ökodorf Torri Superiore

Für Lucilla war die Zeit der Lockdowns in Torri Superiore »eine angenehme Zeit, denn alles wurde langsamer und sehr gemeinschaftlich. Es ist einfach ein anderer Zugang zum Leben, wenn man sich weniger daran orientiert, was man hat, sondern vielmehr daran, wer man ist, und an den Menschen im eigenen Umfeld. Es ist eine vollkommene Veränderung der Werte. Wir alle hier sind definitiv nicht reich. Die Bewohnerinnen und Bewohner von Torri Superiore leben von Mindestlöhnen, teilweise sogar von weniger. Aber in anderer Hinsicht sind wir sehr reich. Wir leben an einem wunderschönen Ort und sind immer in guter Gesellschaft, wir essen exzellente Lebensmittel und haben ein wunderbares Zuhause, in dem unsere Kinder aufwachsen können. Und das alles wurde während der Lockdowns so richtig spürbar.«

Auch die gesellschaftlichen Dissonanzen rund um die COVID-19-Impfstoffe erreichten Torri Superiore nicht. Die Gemeinschaft legt Wert auf Toleranz und sieht sich als explizit unideologisch und unpolitisch. »Wir führten während der gesamten Corona-Zeit Diskussionen, und alle Meinungen wurden akzeptiert. Manche von uns bevorzugten die Impfung, andere nicht. Und wir sagten: ›Alles ist akzeptiert, ohne Stigmatisierung und Kritik.‹ Jede Entscheidung zur Impfung ist für uns in Ordnung, denn als Gemeinschaft sind wir voller Zweifel, und niemand von uns hält die Wahrheit in den Händen. Unsere Mitglieder wissen, dass wir eine Gemeinschaft bleiben, wie auch immer sie sich entscheiden. Ich denke, dass es sehr wichtig war, dass wir immer ein Ort des Dialogs blieben. Die Polarisierung, die wir in der Gesellschaft wahrnahmen, gab es bei uns nie; dieses ›Geimpfte gegen Ungeimpfte‹, das in Italien besonders stark zu spüren war. Das war brutal, gewaltsam und unvernünftig. Wir wollten von alledem nichts. Wir möchten Oppositionen und unterschiedliche Sichtweisen akzeptieren und sicherstellen, dass jedes Individuum seine eigene Entscheidung treffen kann – was legitim ist. Vollkommen legitim! Also denke

Toleranz als wichtiger Wert in Ökodörfern

ich, wir waren in unserem Ökodorf mental und psychologisch weitaus unabhängiger und frei, um Entscheidungen zu treffen, ohne das Stigma zu spüren, ›böse‹ zu sein, nur weil man entweder geimpft oder ungeimpft ist. Dieses gegenseitige Misstrauen und diese gegenseitige Verurteilung gab es bei uns nie. Wir sind an diesem gesellschaftlichen Tiefpunkt nie angelangt.«

Fazit

Als Fazit können wir festhalten: Bei all unseren Reisen in unterschiedliche Ökodörfer, zu Selbstversorgerinnen und Selbstversorgern quer durch Europa, haben wir überall im Wesentlichen das Gleiche gehört: Die Auswirkungen der Corona-Pandemie trafen diese Menschen weitaus weniger als die Bürgerinnen und Bürger der restlichen Gesellschaft, insbesondere in städtischen Lebensräumen. Das beginnt beim Bewegungsspielraum und der Möglichkeit, vor der Haustür die Natur als Erholungsraum aufzusuchen, und reicht über Kontakt zu anderen bei den täglichen Arbeiten, die das Selbstversorgerleben mit sich bringt, bis hin zu einer spürbaren Distanz zu gesellschaftlichen Spannungsfeldern und der Bereitschaft, insbesondere innerhalb von Ökogemeinschaften, unterschiedliche Standpunkte zu respektieren, was die psychische Belastung für den Einzelnen zu reduzieren vermochte.

Die Energiepreiskrise und wie man ihr entkommt

In diesem Abschnitt befassen wir uns vorwiegend damit, warum die jüngste, sich zuspitzende Energiepreiskrise viele autark oder teilweise autark lebende Menschen und Gemeinschaften nicht trifft. Die krisenhaften Ereignisse unserer Zeit verstärken den Wunsch vieler, sich von der Energiepolitik und unseren Energiekonzernen unabhängiger zu machen.

Krieg auf europäischem Boden: Mit dem Angriff Russlands auf die Ukraine wurde diese Schreckensvorstellung am 24. Februar 2022 Realität. Die Europäische Union hat in weiterer Folge Russland mit einem Erdöl- und insbesondere Erdgas-Embargo sanktioniert. Viele EU-Länder beziehen seither kein russisches Gas mehr, womit eine billige Bezugsquelle, auf der die Energieversorgung des europäischen Kontinents bislang beruht hatte, wegfiel.[20] Es ist davon auszugehen, dass sich die Preise für fossile Brennstoffe auch in Zukunft wenig oder kaum nach unten bewegen werden.

Energiepolitische Folgen des russischen Angriffs auf die Ukraine

Ein weiterer Grund für steigende Energiepreise ist die Inflation, die aktuell wegen der krisenhaften Wirtschaftslage besonders hoch ist. Sicher hat die Inflation auch einen Einfluss auf die Strompreise, doch vielen Menschen bleibt unklar, warum auch diese im Laufe der Krisen so stark angestiegen sind, obwohl Elektrizität mit Erdöl und Erdgas nur in wenigen Fällen unmittelbar zu tun hat. Gaskraftwerke, die Strom erzeugen, spielen in ganz Europa eine untergeordnete Rolle. Ihr Anteil am deutschen Strommarkt beträgt etwa zehn bis zwölf Prozent und sinkt. Eine Teuerung bei Gas könnte also allenfalls eine Teuerung von Strom aus Gaskraftwerken nach sich ziehen und dürfte, nach Ermessen des Kunden, im Schnitt maximal einen Preisanstieg von zehn bis zwölf Prozent für Strom nach sich ziehen. In der Realität richtet sich der Strompreis aber nach dem teuersten Kraftwerk. Das ist politisch so gewollt, damit die gesamte Energiewirtschaft stets Gewinne verzeichnen kann. Besonders Kraftwerke mit geringen Betriebskosten profitieren von dieser Regelung, die das Ziel verfolgt, dass Investoren vermehrt in die Aktien von Stromerzeugern mit geringen Betriebskosten und hohen Gewinnspannen investieren. So soll die Energiewirtschaft angekurbelt werden.[21]

Konsequenzen der Inflation für die Energiepreise

Der Strompreis orientiert sich also an den Kraftwerken mit den aktuell höchsten Betriebskosten, und das sind die Gaskraftwerke. Obwohl diese in der Regel nur einen geringen Teil ins Stromnetz einspeisen, müssen Verbraucherinnen und Verbraucher den hohen Preis für jede einzelne Kilowattstunde bezahlen, egal, woher sie kommt. Im August 2022 kündigten der deutsche Wirtschaftsminister Robert Habeck und der österreichische Bundeskanzler Karl Nehammer an, dass der Strom- vom Gaspreis entkoppelt werden soll – mit Verweis auf eine »europäische Lösung«.[22] Diese lässt jedoch auf sich warten und lag bis zum Redaktionsschluss für dieses Buch jedenfalls nicht vor.

Eine Studie von 2013 ergab, dass im deutschlandweiten Durchschnitt 76 Prozent der Bürgerinnen und Bürger daran interessiert sind, eigenen Strom herzustellen.[23] 35 Prozent hatten zu diesem Zeitpunkt zumindest schon darüber nachgedacht. Nur 11 Prozent gaben an, sich die Möglichkeit, selbst Strom zu erzeugen, noch nie überlegt zu haben. Absoluter Spitzenreiter war in dieser Umfrage Hamburg. Dort konnten sich 87 Prozent vorstellen, ihre Energieerzeugung selbst in die Hand zu nehmen. Das weit abgeschlagene Schlusslicht stellte das Bundesland Thüringen mit 59 Prozent dar. Man könnte darüber spekulieren, ob die jüngsten Krisen diese Werte noch einmal haben ansteigen lassen. Aber selbst diese Zahlen sind bereits beachtlich. Selbstversorgung schließt für viele die eigene Stromproduktion ein.

Zunehmender Wunsch nach Unabhängigkeit im Energiebereich

In sämtlichen Ökodörfern und auf Selbstversorgerhöfen, die wir besucht haben, geben sich die Bewohnerinnen und Bewohner größte Mühe, energieautark zu werden oder wenigstens einen Teil ihrer Energie nachhaltig aus eigener Erzeugung zu beziehen. Viele nennen dabei nicht nur die aktuellen Krisen, die einen Antrieb für den Wunsch nach mehr Energieautarkie liefern, sondern auch ihren Wunsch, zur Entlastung der Umwelt und Schonung der

Ressourcen beizutragen. Da die Politik zu wenig tue, müssten wir selbst mehr in die eigene Hand nehmen und nachhaltiger Energie für den Eigenbedarf produzieren, so die weit verbreitete Meinung in Ökodörfern und unter Selbstversorgern.

Die Gemeinschaft des walisischen Ökodorfs Brithdir Mawr ist zu 100 Prozent energieautark. Seit vielen Jahren versorgen sich die etwa 20 Menschen das ganze Jahr über ausschließlich mit Strom aus eigener Erzeugung, der auch für Gäste reicht. Sie haben genug Energie, um über das Nötigste hinaus auch Waschmaschinen zu betreiben und Laptops sowie das Internet zu verwenden. Dazu nutzen sie Windkraft, Wasserturbinen in einem Bach auf ihrem Stück Land sowie Photovoltaik mittels Solarpanelen auf den Dächern der alten Steinhäuser – eine interessante Synthese aus traditioneller walisischer Architektur und moderner Technologie. Als Speicher werden in Brithdir Mawr leistungsstarke Batterien eingesetzt. Bis vor einigen Jahren tat eine umgebaute gebrauchte U-Boot-Batterie ihren Dienst als selbst gebauter Stromspeicher.

Brithdir Mawr als Vorbild

Es stimmt zwar, dass die zentrale Speicherung großer Mengen von Strom im Maßstab einer ganzen Nation technisch schwierig ist, aber das trifft nicht auf die Versorgung von Familien, Gemeinschaften, Dörfern oder einzelnen Regionen zu. Dezentrale Speicherung von Strom ist sehr wohl möglich. Lediglich die zentralistische Speicherung durch Giganten der Energiewirtschaft ist technisch herausfordernd. So werden wir in diesem Buch auch Faith und Tony Wrench vorstellen, die in einem Wald an der Westküste von Wales in Rundhäusern aus Holz, Lehm und Stroh leben und – wie in Brithdir Mawr – ihren gesamten Strom selbst erzeugen und in einfachen, selbst installierten Batterien erfolgreich speichern, sodass sie immer mit Energie versorgt sind. Eine Anlage der Marke »Eigenbau« nach diesem Vorbild könnte sich jeder leisten.

Auch für die Energieanlage in Brithdir Mawr wurde viel improvisiert und das System aus eigener Kraft errichtet, um Kosten zu sparen. Wir werden uns später noch mit dem grandiosen Modellcharakter von Brithdir Mawr für die vollständige Energieautonomie befassen und uns die technischen Details dieser Pionierleistung genauer ansehen. Die Bewohnerinnen und Bewohner von Brithdir Mawr bleiben von den steigenden Energiepreisen und der Verknappung fossiler Energieträger völlig unbeeindruckt und unbeeinflusst. Sie sind davon *unabhängig*. Selbstverständlich erzeugen sie auch ihre gesamte Wärme für Warmwasser und Heizung selbst, indem sie ein Stück Wald nachhaltig bewirtschaften und Brennholz produzieren. Zudem steht ihnen genug Strom zur Verfügung, um auch damit einen Teil der Wärme zu erzeugen.

Bei Heizung und Warmwasser waren fast alle Gemeinschaften und Familien autark, die wir besuchten. Dieser Bereich ist am leichtesten abzudecken, da sich hierfür Holzöfen exzellent eignen und viele Ökodörfer und Höfe über Wald verfügen oder eine bezahlbare Bezugsquelle für Brennholz finden können – zum Teil auch durch Kooperativen und Tauschgeschäfte in der Region. Wir werden uns mit der Frage des unabhängigen Heizens und der Ökobilanz von Holzöfen noch befassen. Außerdem werden wir auch architektonische Modelle vorstellen, wie sich Wohnhäuser völlig energieautark planen und errichten lassen. Hierzu werden wir Sie unter anderem auf eine Reise nach Luxemburg mitnehmen.

Teuerung von Lebensmitteln? Nicht für Selbstversorger!

Im Abschnitt über das »Brennglas Corona« haben wir uns schon damit befasst, wie aufgrund der steil ansteigenden Inflation auch die Lebensmittelpreise seit Beginn der Pandemie nach oben klettern, während sich gleichzeitig die wirtschaftliche Situation vieler Menschen verschlechtert. Der große Preissprung bei Lebensmitteln, den wir seit der Corona-Pandemie erleben, geht auf mehrere Krisenfaktoren zurück, die aufeinander folgten. Auch die Energiepreiskrise wirkt sich auf Lebensmittel aus. Marktführende Lebensmittelkonzerne wälzen Mehrkosten grundsätzlich auf der einen Seite auf die Konsumierenden und auf der anderen Seite auf die Produzierenden ab, die sie unter Vertrag gestellt haben. Ihr eigener Gewinn bleibt über Krisenzeiten hinweg verhältnismäßig stabil – und hoch. Stehen wir vor dem Supermarktregal, muss uns die Teuerung nicht unbedingt auffallen. Denn die Lebensmittelindustrie hat getan, wofür sie auch in der Vergangenheit oft kritisiert wurde: Sie verringerte bei vielen Produkten und Erzeugnissen einfach den Verpackungsinhalt, der Preis pro Einheit blieb gleich oder stieg nur geringfügig an. Auf diese Weise lassen sich Preissteigerungen geschickt kaschieren. Diese verdeckte Teuerung wird auch als »Schrumpflation« bezeichnet. Der Verpackungsinhalt von Lebensmitteln und anderen Produkten schrumpft klammheimlich, der Preis pro Kilogramm oder Liter steigt aber stark an.[24]

Steigende Kosten im Ernährungsbereich

Krise hin, Krise her. Die immensen Preissteigerungen im Lebensmittelsektor lassen sich jedoch nur zu einem gewissen Grad durch Faktoren wie Energiekrise und Inflation erklären. »Die Preisbildung für Lebensmittel ist in hohem Maße intransparent und spekulativ«, schrieb etwa die Verbraucherzentrale Nordrhein-Westfalen Ende Mai 2022. »Wir fordern daher, dass die Kartellbehörden mehr Kompetenzen erhalten, um Lebensmittelpreise zu überprüfen und mögliche Preisabsprachen zu verhindern«, heißt es in der Stellungnahme.[25] Kurzum: Die Lebensmittelteuerung hat nicht nur nachvollziehbare Gründe, sondern ist schlicht und ergreifend zu einem erheblichen Teil auch auf die Profitgier von Konzernen zurückzuführen.

Ernährungssouveränität

Die Unabhängigkeit von Konzernen stellte denn auch einen wichtigen Beweggrund für Selbstversorgung dar, der häufig genannt wird. Sich von der Lebensmittelindustrie unabhängig zu machen und wirklich zu wissen, was auf den eigenen Teller kommt, ist ein immer größer werdender Wunsch, den eine wachsende Anzahl an Menschen verspürt. Dabei geht es meist nicht nur darum, Kosten zu sparen. Das ist gewiss ein angenehmer Nebeneffekt der Selbstversorgung. Es geht auch darum, selbst über die eigenen Lebensmittel und deren Produktion zu bestimmen. Dieses Ansinnen nennt man *Ernährungssouveränität*, und wir werden uns mit diesem grundlegenden menschlichen Bedürfnis noch näher auseinandersetzen.

Dabei werden wir auch sehen, dass das tiefe Bedürfnis, selbst über unsere Ernährung zu entscheiden, evolutionär über Hunderttausende von Jahren entstanden ist und sich in das Unterbewusstsein unserer Spezies eingegraben hat. Die Erfüllung dieses Bedürfnisses ist als ideelles Menschenrecht zu betrachten, das durch die sogenannte *Lebensmitteldemokratie* gesichert werden könnte, also durch ein Mitbestimmungsrecht der Verbraucher über die Produktionsweise, Qualität und Verteilung unserer Lebensmittel. Diese Idee ist aber aufgrund der globalen politischen und wirtschaftlichen Situation und der übermächtigen Konzerninteressen, die sich auf politische Entscheidungen auswirken, derzeit höchstens kleinräumig verwirklicht, zum Beispiel in manchen Ökodörfern, durch Kooperativen und Zusammenschlüsse oder bei Familien und Nachbarschaften, die ihre Nahrung selbst erzeugen.

Selbstversorgerinnen und Selbstversorger streben danach, sich das Recht auf Ernährungssouveränität und die Unabhängigkeit von Politik und Konzernen aus eigener Kraft zu holen. Deswegen ist der Bereich der Lebensmittel bei allen unseren Recherchen und Umfragen immer eines der wichtigsten Motive von Menschen, die sich auf dem Weg in die Selbstversorgung befinden oder bereits autark leben.

Beispiele von Lebensmitteldemokratie

In unserem »Vorzeige-Ökodorf« Brithdir Mawr in Wales herrscht nicht nur vollständige Energieautarkie, sondern auch annähernde Lebensmittelautarkie. »Wir versorgen uns zu etwa 95 Prozent selbst mit Lebensmitteln«, schätzte der Ökodorfbewohner Will Cooke, der für Organisatorisches zuständig ist, in unserem Gespräch vor Ort. Die Eigenproduktion in Brithdir Mawr reicht von Obst, Gemüse und Hülsenfrüchten über Eier und Ziegenmilch bis hin zu einer geringen Menge Fleisch für diejenigen in der Gemeinschaft, die Fleisch konsumieren – was eine Minderheit ist. 2022 hat die Gemeinschaft sogar mit eigener Getreideproduktion begonnen und stellt aus einer alten samenfesten Weizensorte Mehl her, das mehrmals pro Woche zu frischem Brot, Kuchen und anderen Produkten verarbeitet wird. Dieser »Königsdisziplin« der Selbstversorgung, dem eigenhändigen Anbau von Getreide mit anschließender Verarbeitung, werden wir uns am Beispiel des Ökodorfs Brithdir Mawr noch zuwenden. Auch Alessandras Großeltern bewirtschafteten in Nordhessen über Jahrzehnte ihren Selbstversorgergarten und produzierten für die Familien eigene Grundnahrungsmittel, das heißt Kartoffeln und wechselnde Getreidesorten wie Gerste, Hafer und Weizen. Nur bei wenigen Selbstversorgerinnen und Selbstversorgern geht die Lebensmittelautarkie so weit, dass sogar Getreide und Mehl selbst produziert werden.

Die Gemeinschaft von Torri Superiore in Ligurien wäre laut dem dort ansässigen Zitrusgärtner und Olivenbauern Massimo Candela in der Lage, sich krisensicher selbst mit Lebensmitteln zu versorgen, wenn man den Seminarbetrieb im eigenen Bildungszentrum einstellen würde. Denn dieser bringt die Notwendigkeit mit sich, ganzjährig eine große Anzahl von Gästen – mal mehr, mal weniger – mitzuversorgen. Käme es zu einem »großen ökonomischen Crash«, so Massimo, wären die Bewohnerinnen und Bewohner von Torri Superiore dazu in der Lage, sich aus ihren bestehenden Gärten und Anbauflächen vor Ort zu ernähren. Solange es aber zu dieser Ausnahmesituation nicht kommt, sei die vollständige Selbstversorgung mit Lebensmitteln für ihn persönlich kein Ziel: »Mir geht es darum, an dem Ort, an dem ich lebe, verwurzelt zu sein. Dieser Garten zum Beispiel eignet sich für die Produktion von Zitrusfrüchten – und ich möchte Zitronen, Orangen und Grapefruit anbauen. So bin ich ganz in Beziehung mit dem hiesigen Klima und diesem Stück Land.«

Torri Superiore deckt daher den Lebensmittelbedarf seiner Bewohner sowie der Gäste des Seminarbetriebs außer aus eigener Produktion auch durch Kooperativen mit Landwirtinnen und Landwirten aus der Region. Mit diesem Modell werden wir uns unter den Begriffen *solidarische Landwirtschaft* und *Lebensmittelkooperativen* noch ausführlich befassen, wobei wir sehen werden, dass man die undurchsichtige Preispolitik und die Zwänge der Lebensmittelindustrie auch umgehen kann, ohne selbst autark zu leben. Konsumierende und Produzierende können sich nämlich auch direkt untereinander vernetzen, ohne dabei auf den Großhandel und die Industrie angewiesen zu sein. Diese Modelle ermöglichen es, dass alle Beteiligten sich unabhängig von ihren finanziellen Mitteln hochwertige Nahrungsmittel leisten können. Wir kommen darauf zurück.

Ähnliche Kooperativen und Einkaufsgemeinschaften für ökologische Lebensmittel existieren auch im Lebensgarten Steyerberg, in dessen Gemeinschaftsgarten zwar immer mehr eigene Lebensmittel vor Ort produziert werden, ohne dass jedoch eine vollständige Autarkie bei Lebensmitteln erreicht ist.

An diesen Beispielen sehen wir bereits, dass es verschiedene Stufen der Autarkie und Selbstversorgung gibt und dass diese Begriffe von unterschiedlichen Menschen auch unterschiedlich verwendet werden. Daher wollen wir uns im nächsten Absatz mit den wichtigsten Begriffen der Selbstversorgung befassen.

Selbstversorgung, Subsistenz, Autarkie: eine Klärung der Ideen

»Selbstversorgung« muss nicht bedeuten, dass man sich in *allen* Lebensbereichen vollkommen unabhängig macht und praktisch alles, was man zum Leben braucht, selbst herstellt. Eine Lebenssituation in vollständiger Autarkie, in der man von öffentlichen Versorgungssystemen und »der Gesellschaft« überhaupt nichts mehr bezieht, bleibt für uns in Industrienationen sozialisierte Menschen ohnehin bloße Utopie. Dieses Leben findet sich im Wesentlichen nur noch bei den letzten Völkern der Erde, die bislang noch keinen oder nur geringfügigen Kontakt zur Mehrheitsgesellschaft eines Landes und damit zu unserer modernen, globalisierten Zivilisation hatten.

Sich als Abkömmling eines Industriestaates vollkommen selbst zu versorgen und nichts mehr zu beziehen, ist schwierig und meist nicht das Ziel von Selbstversorgerinnen und Selbstversorgern. So werden zum Beispiel für die eigene Stromgewinnung technische Elemente benötigt, die zumindest einmal gekauft werden müssen – neu oder gebraucht. Und die meisten von uns benötigen hin und wieder eine Ärztin oder einen Arzt. Auch, wer alle Arten von Lebensmitteln selbst erzeugt, um sich aus eigener

Kraft mit sämtlichen lebensnotwendigen Nährstoffen gesund zu ernähren, und auch Gewürze und Öle selbst produziert, was natürlich möglich ist, wird in den allermeisten Fällen zum Beispiel noch immer Salz erwerben müssen, da die Erzeugung von eigenem Salz an vielen Orten schlicht nicht möglich ist. Salz in moderaten Mengen gehört aber zu einer ausgewogenen Ernährung. Tatsächlich werden Menschen, die als Selbstversorgerin oder Selbstversorger schon weit gekommen sind, genau solche kleinen »Lücken« von anderen in der Gesellschaft oft regelrecht »vorgehalten«. Die Idee der Selbstversorgung löst bei manchen Zeitgenossen eine Art »Angriffsreflex« aus, der darauf abzielt, dem anderen vor Augen zu führen, dass sie oder er ja genauso »abhängig«, genauso »Teil der Gesellschaft« und »um nichts besser« als jeder andere Mensch sei – was im Übrigen auch nicht das Ziel eines möglichst autarken Lebens ist.

Vollständige Selbstversorgung ist kaum möglich

In einem Seminar an der Uni zog Clemens einmal die Aggression einer Studienkollegin auf sich, indem er in einer offenen Diskussionsrunde über seinen Traum berichtete, in Zukunft in einem Häuschen aus Holz und Lehm mit begrüntem Dach am Waldrand zu leben und vieles von dem, was er zum Leben benötige, selbst zu erzeugen, um wirtschaftliche Zwänge abzulegen und so viel Zeit wie möglich für Gartenarbeit, kreatives Schaffen und Musizieren, Bücherschreiben und die Erforschung des Immunsystems übrig zu haben: Ich wollte dabei vollkommen selbstbestimmt arbeiten, anstatt pro Woche 40 Stunden oder mehr an Lohnarbeit zu verrichten, die mir andere auftrugen und die mich womöglich nicht mit Sinn erfüllt. Stattdessen wollte ich mir meine Zeit frei einteilen und auch selbst entscheiden können, wann ich die weniger angenehmen Pflichten wie Unkrautjäten und Holzhacken verrichte.

Allein dieser Wunsch nach einer vollkommenen Autonomie bei der Arbeit – für mich eines der zentralen Motive meines Interesses an Selbstversorgung – brachte meine Kollegin derart gegen mich auf, dass sie mich vor allen anderen aufgebracht als Egozentriker, Schmarotzer und als asozial bezeichnete. Und das ausgerechnet in einem Wahlfachseminar über Gruppendynamik am Institut für Psychologie. Bis heute verstehe ich nicht, wie ich die heftige Reaktion dieser jungen Frau auf mich zog. Immerhin hatte ich ja nicht gesagt, ich wolle mich nur mehr auf die »faule Haut« legen und für niemanden mehr einen Finger krümmen. Im Gegenteil: Ich hatte formuliert, durch ein möglichst autarkes Leben, selbstbestimmte Arbeit und völlig freie Zeiteinteilung mehr Kapazitäten für Kreativität, Forschung und das Bücherschreiben freizumachen. Uns beiden, Alessandra und mir, geht es – so wie auch zahlreichen anderen Menschen – darum, dass wir uns von möglichst vielen Abhängigkeiten befreien wollen, um »in die Welt wirken« zu können, ganz ohne dabei um jeden Preis ökonomisch »nützlich« sein zu müssen. Dieses Ziel stellt unser beider Motivation dar, uns in Richtung gesteigerter Autarkie und ökonomischer Unabhängigkeit zu bewegen.

Befreiung von Abhängigkeiten

Was Selbstversorgung nicht ist

Gerade in jüngerer Zeit haben wir erlebt, dass viele Menschen beim Wort »Selbstversorgung« an Verschwörungstheoretiker und Impfgegnerinnen denken, die nach Paraguay auswandern, oder an Reichsbürger und rechte Ideologinnen, die sich als vorgebliche »Selbstversorger« gemeinsam mit Gleichgesinnten auf Landsitzen niederlassen, von denen manche für andere Ethnien oder für Menschen, deren Hautfarbe nicht weiß ist, verschlossen bleiben. Über diese gefährlichen Tendenzen berichten wir an späterer Stelle. Solche Strömungen machen aber nur einen kleinen Teil der Selbstversorgerbewegung aus, sofern man sie dort überhaupt zuordnen kann. Die meisten zeigen sich durchgehend als weltoffene, umsichtige Menschen, die an sozialer Gerechtigkeit, globaler Chancengleichheit und Nachhaltigkeit interessiert sind.

Ausfindig machen kann man die Selbstversorgerinnen und Selbstversorger etwa über die Organisation WWOOF (»World Wide Opportunities on Organic Farms«), die Freiwillige an ökologisch wirtschaftende Betriebe vermittelt, sowie über das European Ecovillage Network, das Teil des Global Ecovillage Networks (GEN) ist. Ein empfehlenswertes Standardwerk, um Ökodörfer und Gemeinschaften von Selbstversorgenden ausfindig zu machen, ist das *Eurotopia-Verzeichnis*, das als Buch vorliegt und laufend aktualisiert wird. Für den deutschen Sprachraum wird es durch das traditionsreiche Ökodorf Sieben Linden vermarktet.

Recherchetipps

Selbstversorgung zielt keineswegs darauf ab, sich als etwas »Besseres« wahrzunehmen oder sich vom Rest der Menschheit »auszuklammern« und von einer erhöhten Position auf »die Gesellschaft« herabzublicken. Sie sollte daher auch nie mit Ideen der Ausgrenzung anderer einhergehen. Auch wir beide verfolgen nicht das Ziel, uns durch mehr Selbstversorgung aus der Gesellschaft auszuklinken. Es geht uns darum, Abhängigkeiten von wirtschaftlichen, politischen und industriellen Systemen zu überwinden, aus dem »Hamsterrad« auszubrechen, das uns zwingt, ein ökonomisch verwertbares Rädchen im großen Uhrwerk der Wirtschaft zu sein. Dadurch möchten wir Kapazitäten freimachen, um das Leben mit Tätigkeiten zu füllen, die wir gern ausüben; die uns das Gefühl von Sinn im Leben geben.

Der österreichische Schauspieler und Kabarettist Roland Düringer hat die Idee eines *guten Lebens* in unserem gemeinsamen Buch *Leb wohl, Schlaraffenland*, das 2013 erschien, trefflich auf den Punkt gebracht. Es gehe ihm nicht um den *Ausstieg* aus »dem System«, sondern um den *Rückzug* aus »den Systemen« – und zwar jenen Systemen, die ein Mensch individuell als Belastung empfindet. Unsere Gesellschaft ist in mehreren Teilsystemen organisiert, und man muss nicht unbedingt aus allem aussteigen, um ein gutes Leben zu führen. Die eine möchte vielleicht vorwiegend aus dem Konsum von Lebensmitteln aussteigen, die zwar teurer, aber nicht ökologisch wertvoller werden, und sucht stattdessen nach eigenen Anbaumöglichkeiten und der Chance, über ihre eigenen Lebensmittel zu bestimmen. Der andere möchte aus dem System der Energiewirtschaft aussteigen und selbst Strom erzeugen. Auch der Ausstieg aus dem beruflichen Hamsterrad oder dem »System Lohnarbeit« ist ein Rückzug aus einem Teilsystem. Manche werden sich wohl auch aus mehreren dieser Teilsysteme zurückziehen wollen und beispielsweise Selbstversorgung bei Lebensmitteln und Energie anstreben.

Rückzug statt Ausstieg

Wichtige Begriffe und ihre Bedeutung

Daraus ergeben sich unterschiedliche Grade der Autarkie, oder besser gesagt: der *Teilautarkie*. Der Begriff *Autarkie* wurde aus dem altgriechischen Wort *autárkeia* abgeleitet, was »sich selbst genügend« oder »unabhängig« bedeutet. Autarkie ist somit eine Art der Selbstgenügsamkeit und Unabhängigkeit. In der Theologie ist Autarkie jene Eigenschaft Gottes, kraft derer er keines anderen bedarf, um zu existieren. Er existiert aus sich heraus. In der Biologie bezeichnet man Ökosysteme als autark, wenn diese alles, was sie verbrauchen, auch selbst erzeugen. Die Ökonomie hat diese Bedeutung des Wortes auf Unternehmen oder Organisationen übertragen. Alle diese Definitionen zeigen, dass Autarkie die vollständige Unabhängigkeit und das Bestehen aus sich heraus bezeichnet. Wie wir schon ausgeführt haben, ist dieser Zustand nur schwer erreichbar. Daher meinen wir, wenn

Autarkie

wir in diesem Buch die Begriffe »autark« und »Autarkie« benutzen, eigentlich *Teilautarkie*: Lebensmittelautarkie, Energieautarkie, Bildungsautarkie, Arbeitsautarkie und so weiter.

Unter dem Begriff *Subsistenz* wiederum, der von dem lateinischen Wort *subsistere* für »standhalten« stammt, versteht man eine Wirtschaftsweise, die *nicht auf Profit* ausgelegt ist, sondern die Selbstversorgung mit bestimmten lebensnotwendigen Gütern umfasst – seien diese materiell wie Lebensmittel, Energie oder Brennstoffe oder auch immateriell wie Handwerk, Bildung oder Gesundheitsdienstleistungen.

Subsistenz

Von Subsistenz spricht man auch dann, wenn die Produktion zwar primär dem Eigenbedarf dient, Überschüsse aber abgegeben oder verkauft werden. Dies fördert die Subsidiarität im lokalen Raum als »Hilfe zur Selbsthilfe« unter Kleinbauern und Selbstversorgerinnen. Diese Art der Subsistenzwirtschaft, die einer Familie auch ein geringes Einkommen sichert, ist in vielen kleinbäuerlich geprägten Ländern im globalen Süden heute weit verbreitet. Der Rahmen und der Grad der Selbstversorgung sind beim Subsistenzbegriff variabel. Subsistenzproduktion kann bedeuten, nur Gemüse oder nur Getreide für den Eigenbedarf anzubauen, andere Lebensmittel aber einzukaufen. Genauso kann es bedeuten, alle Lebensmittel selbst zu erzeugen. Ähnlich verhält es sich bei Energie und allen anderen Bereichen, in denen man teilweise oder vollständig selbstversorgt leben kann.

So betrachtet wäre Subsistenz der präzise Begriff für das, was in diesem Buch gemeint ist. Allerdings ist dieser Begriff innerhalb der Bevölkerung nur wenig bekannt. Deshalb verwenden wir stattdessen in diesem Buch weiterhin den prominenteren Begriff der Selbstversorgung. Laut Duden ist ein Selbstversorger jemand, »der sich selbst (mit Nahrung, bestimmten Gütern o. Ä.) versorgt.«[26] Die Bedeutung dieses Begriffs hat sich seit Jahrzehnten kaum verändert und zielt im allgemeinen Wortgebrauch in erster

Linie auf dic materielle Grundversorgung ab, insbesondere auf die eigene Lebensmittelversorgung.

Wie erwähnt haben die Begriffe Subsistenz und Selbstversorgung gemeinsam, dass auch eine teilweise Selbstständigkeit und Unabhängigkeit in Sachen Nahrung oder anderen Dingen des täglichen Lebens gemeint sein können. Beide Begriffe lassen den Grad an Subsistenz beziehungsweise Selbstversorgung offen[27], und beide schließen mit ein, dass wir zwar teils aus uns selbst heraus, aber auch mit anderen Menschen kooperierend existieren können.

Unterschiedliche Grade von Subsistenz

Diese weite Definition der Begriffe ist uns besonders wichtig, weil wir mit diesem Buch nicht nur die wenigen Menschen ansprechen möchten, die einen extrem hohen Grad der Selbstversorgung anstreben, sondern auch diejenigen, die sich für kleinere Schritte zu mehr Nachhaltigkeit und Unabhängigkeit interessieren, was das Konzept der Selbstversorgung insgesamt realistischer und lebensnaher macht. Hierfür möchten wir einen Wegweiser aufstellen, Ideen diskutieren und auch praxisnah Ratschläge geben, wie wir selbst – aber insbesondere auch gemeinsam mit anderen – durch die Selbstversorgung zu mehr Autarkie im Leben kommen.

Ideal der Selbstgenügsamkeit

Wir möchten aber nun noch einmal auf den Begriff der Autarkie zurückkommen. Als philosophischer Begriff, der aus der griechischen Antike stammt und schon in Platons Ethik auftaucht, erweitert der Ausdruck »Autarkie« unsere Idee einer in erster Linie materiellen Selbstversorgung um eine geistige Komponente. In ihm ist, wie zuvor bereits erwähnt, nämlich unter anderem das Ideal der Selbstgenügsamkeit angelegt, also eine Geisteshaltung, die sich der Habgier und Konsumsucht widersetzt. In modernen

Umweltdebatten finden wir diese Idee im Begriff der Suffizienz wieder, der an unsere Vernunft appelliert, nur notwendige Ressourcen zu verbrauchen und nicht verschwenderisch mit ihnen umzugehen. In diesem Sinne ist die autarke Selbstversorgung als ein praktisches Konzept der Nachhaltigkeit zu verstehen.

Gleichzeitig bezeichnet Autarkie nicht nur eine genügsame Selbstversorgung, sondern auch Freiheitlichkeit und Selbstbestimmtheit: Je besser und unabhängiger unsere Grundversorgung gesichert ist, desto freier sind unsere Entscheidungen. Wir werden im sozialen und wirtschaftlichen Sinne autonomer und können den gesellschaftlichen wie politischen Rahmen nachdrücklicher mitgestalten. Es geht also um Stärke und Handlungsfähigkeit durch das Vermeiden von Abhängigkeit und Not. Ein autarkes Leben war noch im 20. Jahrhundert völlig normal, berichtet der Kulturanthropologe Roland Girtler: »Von dem Drang nach Autarkie, nach Selbsterhaltung, war nicht nur das Leben der größeren Bauern bestimmt. Beinahe jeder Mensch im Dorf trachtete danach, sich möglichst weitgehend selbst zu versorgen. Durch eine kleine Landwirtschaft hoffte man, einigermaßen überleben zu können.«[28]

Die Rolle der Selbstbestimmtheit

Der Begriff der Autarkie wurde in der Vergangenheit allerdings im Kriegsvokabular, besonders während des Nationalsozialismus, auch manipulativ gebraucht und zielte auf eine dogmatische Abschottung, ausbeuterische Unterwerfung und wirtschaftliche Isolation ab.[29] Davon wollen wir unseren *Wegweiser in ein autarkes Leben* selbstverständlich explizit abgrenzen. Unser Autarkie-Begriff richtet sich auch genauso wenig gegen eine gesamteuropäische Zusammenarbeit – so wurde er ab den fünfziger Jahren im negativen Sinne gebraucht.[30] Zu einer mit der Selbstversorgung verträglichen Geldwirtschaft und Zusammenarbeit nicht nur auf der lokalen oder nationalen

Abgrenzung

Ebene, sondern auch auf internationalem Niveau, werden wir uns den Weg im zweiten Kapitel ebnen. Wir stehen damit, wie es die Kulturwissenschaftlerin Hildegard Kurt ausdrückt, für eine »interkulturelle Kompetenz im Dialog der Kulturen, da in einer eng verflochtenen Welt eine Zukunftsperspektive nur gemeinsam gesichert werden kann«.[31] Es muss unserer Meinung nach einen Mittelweg zwischen Globalisierung und Eigenwirtschaft geben, der ein soziales und ökologisches Gleichgewicht sichert, um die kulturelle und biologische Diversität zu fördern. Selbstversorgung schließt also Kooperativität auf keinen Fall aus.

Die Überwindung der »Opferrolle«

Wie wir gesehen haben, steht am Beginn der Reise in ein Leben mit mehr Selbstversorgung häufig ein persönlich empfundener Widerspruch gegenüber der bestehenden Politik oder gegenüber mehrheitsgesellschaftlichen Umständen. Besonders Krisen bergen das Potenzial des Chaos und der Zerstörung, aber sie können auch als Motor der Veränderung wirken: Auf Chinesisch heißt Krise *Wei jing*: *Wei* ist »die Gefahr« und *jing* bedeutet »Möglichkeiten«. Die Herausforderung ist es, diese Möglichkeiten zu identifizieren und entsprechend zu handeln.

Die Wiener Agrarsoziologen Josef Krammer und Franz Rohrmoser sehen beispielsweise in der agrarpolitischen Lage einen politischen und wirtschaftlichen Missbrauch der Bauernschaft und der Konsumierenden. Der Grund: Die Interessen der Großkonzerne, welche die Produktion und politische Entscheidungen bestimmen, dominieren alles. So verlieren Bauern immer mehr Eigenständigkeit und Mitspracherecht über die Art ihres Wirtschaftens und unterliegen dem Zwang des Wachsens oder Weichens: Entweder sie unterwerfen sich vertraglich den Bedingungen, Ab-

Missbrauch erkennen

nahmepreisen und Mengenforderungen der Industrie und tätigen auch die hierzu nötigen Investitionen, die sie zusätzlich in ökonomische Abhängigkeit bringen, oder sie verlieren in vielen Fällen die wirtschaftliche Existenzgrundlage und müssen ihre Betriebe aufgeben.

Auf der anderen Seite stehen die Konsumierenden, auf die – ebenso wie auf die Bauernschaft – steigende Kosten abgewälzt werden, sodass die Industrie mehr oder weniger risikofrei Profite macht. Auf Entscheidungen, die die Produktion, ökologische Standards oder die Preisgestaltung und soziale oder ethische Aspekte unserer Lebensmittel betreffen, haben wir Konsumenten noch weniger Einfluss als die Bauern. Die Souveränität über die gesamte Produktion liegt ausschließlich bei den Konzernen. Diese prinzipielle Problematik lässt sich auch auf andere Lebens-, Wirtschafts- und Gesellschaftsbereiche übertragen, von Energie über Arbeitsbedingungen bis hin zur Bildungssituation unserer Kinder.

Bleiben wir bei den Lebensmitteln und der Landwirtschaft als Beispiele. Werde Gewalt in struktureller Form ausgeübt, so Krammer und Rohrmoser, könne es sein, dass sich die Betroffenen – in diesem Fall die Bauernschaft und die Konsumierenden – des Missbrauchs nicht einmal bewusst sind. Es komme so zu einem stillen Einverständnis. In gesellschaftlichen Spannungsfeldern sind jedoch immer verschiedene Grade des Bewusstseins auszumachen:

Mehr Eigenverantwortung

»Die einen erkennen nicht wirklich, was vor sich geht. Andere merken, dass etwas faul ist, geben aber dazu ihr Einverständnis. Getreue verteidigen das System bis zur Selbstschädigung. Kritische Aktive leisten Widerstand und entlarven das System«, schreiben die beiden Agrarsoziologen.[32]

Darüber hinaus erkennen Krammer und Rohrmoser bei einigen von uns eine »Arroganz des kleinen Bürgers«. Damit meinen sie jene Menschen, »die über alles schimpfen, über Politik generell losziehen, sich an populistische Führer anhängen, sich selbst aber immer außerhalb der politischen Bühne positionieren. Sie fühlen sich nur als Zuschauer und übernehmen keine Verantwortung.« Im Amerikanischen hat sich vor diesem Hintergrund auch der Begriff des NIMB (*not in my backyard*) etabliert, der Menschen bezeichnet, die zwar nachhaltige Entwicklungen einfordern, aber von diesen nicht tangiert oder gar eingeschränkt werden möchten. Michael Wehrspaun und Harald Schoemps sprechen in einer soziologischen Betrachtung über dieses Phänomen. Angesichts der Kluft zwischen Bewusstsein einerseits und proaktivem, eigenverantwortlichem Verhalten andererseits markieren sie den Typus des »Umwelttheoretikers« bzw. der »-theoretikerin« im Kontrast zu jenen, die rascher Möglichkeiten suchen, um weniger zu schimpfen und stattdessen selbst zu handeln.[33] Autarke Lebensmodelle und Selbstversorgung sind dabei äußerst wirksame Ansätze, um diese Selbstwirksamkeit und Autonomie zu erlangen sowie Eigenverantwortung zu übernehmen.

Zu welcher Gruppe wir uns selbst auch immer zählen mögen, Tatsache ist, dass wir uns aufraffen und tätig werden müssen, um Veränderung in unserem Leben zu bewirken. Die Herausforderungen unserer Zeit verlangen nämlich nicht nur technologische Forschung oder politische Fachdiskussionen, sondern »ein grundlegendes Infragestellen überkommener Werte und Gewohnheiten in allen Bereichen des gesellschaftlichen und persönlichen Lebens. Es erfordert eine Kultur der Nachhaltigkeit«, stellen Hildegard Kurt und Bernd Wagner von der Kulturpolitischen Gesellschaft Bonn heraus.[34] Echter Wandel muss also aus unserem Lebensstil heraus wachsen.

Für eine Kultur der Nachhaltigkeit

Der erste Schritt ist, sein Einverständnis mit den bestehenden Missständen zu kündigen. Diese Kündigung erfolgt nach der

Psychoanalytikerin und Psychologin Thea Bauriedl in folgenden Schritten:

1. Innere Kündigung (»Da spiele ich nicht mehr mit.«)
2. Äußere Kündigung durch Zeigen und Artikulieren des Widerstands
3. Verantwortung übernehmen, neu einsteigen und Mittragen von Veränderungsprozessen

Die Aktionen der Klimaaktivistinnen und Klimaaktivisten der *Letzten Generation* sind ein Beispiel des zweiten Stadiums, in dem Widerstand nach außen getragen und nicht nur im eigenen Umfeld, sondern öffentlich sichtbar gemacht wird. Für viele Menschen, die Selbstversorgerin oder Selbstversorger geworden sind, begann dieser Weg ebenfalls mit der inneren Kündigung und der Artikulation dieser Kündigung, wenn auch nicht immer öffentlich und auch nicht durch Aktionen wie Straßenblockaden, Festkleben auf Asphalt oder das Überschütten von Bildern in Museen mit Lebensmitteln oder Teer, was kaum als probate Mittel betrachtet werden kann, wünschenswerte gesellschaftliche Veränderungen wie mehr Klima- und Umweltschutz zu bewirken. Jedoch sind Selbstversorgerinnen und Selbstversorger einen weiteren Schritt gegangen. Sie haben Dinge in die eigene Hand genommen, sind eigeninitiativ geworden und haben begonnen, das, was aus ihrer Sicht in unserer Gesellschaft nicht »richtig« läuft, aktiv besser zu machen: ihre Lebensmittel anzubauen, ihre Energie selbst herzustellen, ökologisch und naturnah zu bauen, selbstständig und sinnerfüllend zu arbeiten und so weiter.

Die folgenden Kapitel richten sich an jene Menschen, die nach der inneren und äußeren Kündigung gegenüber politischen und gesellschaftlichen Umständen, die sie nicht goutieren, selbst Verantwortung übernehmen, in ein »neues« Leben einsteigen und unabhängiger leben möchten, um Veränderungen mitzutragen.

Kapitel 2

Selbstversorgt – aber wo und mit wem?

Die Reise beginnt

Am Anfang der Reise in ein autarkes Leben stehen einige grundlegende Fragen, zum Beispiel: In welchen Bereichen möchte ich mich unabhängig machen? Wo möchte ich mich niederlassen? Mit wem möchte ich Selbstversorgung verwirklichen?

Die Suche nach einem geeigneten Stück Land wird im Englischen *Scouting* genannt, was »Erkundung« bedeutet. In Teilen der Ökologie- und Selbstversorgerbewegung hat sich daher für die Landsuche auch der eingedeutschte Begriff »scouten« entwickelt. Dabei wird in einer potenziellen Zielregion systematisch und vor Ort nach Baugrundstücken, landwirtschaftlichen Flächen und gegebenenfalls bereits bestehender Bausubstanz oder vorhandener landwirtschaftlicher Infrastruktur gesucht, die sich für eine Einzelperson, Familie, Gruppe oder größere Gemeinschaft als künftige Lebensorte eignen. In den meisten Fällen handelt es sich um ländliche Regionen, da der Anbau von Lebensmitteln für viele Priorität hat. Landwirtschaft, Gartenbau und sogar die Bewirtschaftung eines Stücks Wald sind allerdings auch am Rand einer Großstadt oder in deren Umland prinzipiell möglich. Über die Frage der Leistbarkeit von Grundstücken werden wir uns in diesem Kapitel noch einlassen.

Scouting

Natürlich kann das Scouting auch online über Inserate oder Datenbanken mit Immobilien erfolgen, die zum Verkauf, zur Miete oder zur Pacht angeboten werden – zum Beispiel Ackerland oder Bauernhöfe. Eine deutsche Internetseite mit provisionsfreien Angeboten lautet zum Beispiel *www.ohne-makler.net.* In Österreich stößt man auf *www.willhaben.at* unter der Rubrik »Immobilien« ebenfalls auf private Inserate mit verfügbaren Grundstücken, Häusern und Bauernhöfen. Allerdings empfehlen sich auch persönliche Besuche in der ausgewählten Zielregion, da man dabei mit der Bevölkerung vor Ort in Berührung kommt sowie Kontakte schließen und Mundpropaganda für sich nutzen kann.

Torri Superiore als »Schutzraum«

In Torri Superiore hat die italienische Gemeinschaft gleich ein ganzes verlassenes Dorf im traditionellen ligurischen Baustil erworben, das an eine Festung erinnert und vor etwa 700 Jahren erbaut wurde. Vor mehr als 30 Jahren, als das heutige Ökodorf nach dem Zusammenlegen von Ersparnissen und der Beschaffung finanzieller Mittel über einen eigens gegründeten Kultur- und Förderverein gemeinschaftlich erworben wurde, war es fast eine Ruine. »Ein Teil des Dorfs war schon kurz davor, einzubrechen«, erinnerte sich Lucilla, Gründungsmitglied der ersten Stunde. »Wir sind stolz darauf, dieses Juwel der Architektur bewahrt zu haben, das durch ganz normale Leute errichtet wurde. Es wurde nicht von einer reichen Familie, einem Feldherrn, einem König oder einer Königin erbaut. Es war ein Dorf für Hirten- und Kleinbauernfamilien, die vermutlich in Armut lebten – und das über viele Jahrhunderte.«

Und wie fühlt es sich an, in einem so verwinkelten, alten Gemäuer zu leben? »Es ist ausgesprochen bereichernd«, antwortete Lucilla lächelnd. »Denn es ist wie ein Schutzraum für Menschen. Es wurde vermutlich auch als Schutz vor Piraten und Angriffen errichtet. Du kannst dich darin verstecken und zurückziehen. Es ist angenehm, manchmal den Ort wechseln zu können, und niemand findet dich. Auch ist es ein bisschen wie ein Labyrinth. Ich bin immer wieder verblüfft, dass sich unsere Gäste darin verlaufen. Dann müssen wir sie suchen und zurückbringen. Es ist ein Ort, den man entweder liebt oder hasst. Wir lieben ihn ganz offensichtlich.« Die Gemeinschaft ist stolz auf ihr Werk, denn dieses Dorf wäre verfallen, wäre sie nicht gekommen, um es zu restaurieren.

Auch hinsichtlich der Naturräume eignet sich die Lage des Dorfes hervorragend für die Selbstversorgung. Torri Superiore liegt in sonnenexponierter Hanglage nahe der ligurischen Küste und der Küstenstadt Ventimiglia. »Wir befinden uns nahe dem Mittelmeer, mit dem Gesicht nach Süden. Das schafft ein besonders günstiges Kleinklima, welches für die Selbstversorgung exzellent geeignet ist«, erklärte Permakultur-Designer Massimo, als er uns durch einen dicht mit Obstbäumen, Beerensträuchern, Gemüsepflanzen und Kräutern bewachsenen terrassierten Garten führte.

Günstiges mediterranes Klima

»Der Winter ist die grünste Zeit im Jahr«, schwärmte Lucilla. Da es in Torri Superiore nie friert und die Temperaturen auch im Winter nur selten unter zehn Grad Celsius sinken, gleichzeitig aber mehr Regen als in jeder anderen Jahreszeit fällt, ist Gartenbau das ganze Jahr über möglich. Mangold, Salat, Bohnen, Fenchel, Lauch, Kohl und viele andere Gemüsearten können auch zur kalten Jahreszeit durchgehend geerntet werden. Die Gartensaison kommt nie zum Stillstand. Die Olivenernte zieht sich bis in den Spätherbst, Zitronen, Orangen und Grapefruits können während der gesamten dunklen Jahreshälfte auf den Bäumen belassen und teilweise auch erst im nächsten Frühjahr geerntet werden – zum Beispiel, um daraus Marmeladen und Säfte zu machen. Aufgrund der klimatischen Begünstigung ist in Torri Superiore der Anbau einer echten Besonderheit möglich, die ihre Ursprünge in Zentralamerika und Mexiko hat. »Hier an der Küste ist das Klima für den Avocado-Anbau geeignet«, berichtete Massimo mit Freude und Stolz. »Wir essen also selbst angebaute Avocados.«

Mediterrane Gefilde sind tatsächlich besonders passend für die Selbstversorgung, da die harten Winter wegfallen, in denen in Mitteleuropa im Garten wenig wächst. Jedoch werden wir sehen, dass der eigene Lebensmittelanbau auch in vielen anderen Klimazonen möglich ist, sofern man die nötigen Lagerbedingungen für die winterliche Selbstversorgung schafft und sich mit dem Haltbarmachen von Lebensmitteln auseinandersetzt. Außerdem existieren auch winterharte Gemüsesorten, vor allem aus der Familie der Kohlgewächse, die uns selbst bei Schnee und Eis mit frischen Vitaminen, Mineralstoffen und anderen Nährstoffen versorgen. Das Scouten ist in jeder Klimazone spannend.

Das Musterdorf Brithdir Mawr

Auch das Ökodorf Brithdir Mawr basiert auf einem alten Gebäudebestand mit traditionellen walisischen Bauernhäusern aus Stein. Nach und nach kamen weitere Gebäude aus Holz, Lehm und Stroh hinzu. Im Fall von Brithdir Mawr gehört das Farmland mitsamt dem Dorf einem der Gründungsmitglieder. Diese Person lebt heute nicht mehr in dem Ökodorf, stellt Grund, Boden und Infrastruktur der Gemeinschaft aber weiterhin gegen Pacht zur Verfügung. Anhand dieses Beispiels lässt sich bereits das erste Problem erkennen, das auftreten kann, wenn man sich für eine Variante der Pacht und Miete entscheidet. Solche Lösungen sind nicht zukunftssicher, denn man weiß nie, ob die Besitzerin oder der Besitzer nicht eines Tages die Idee hat, das eigene Anwesen anderweitig zu nutzen. Genau dieses Problem stellt sich – nach 30 Jahren – aktuell in Brithdir Mawr. Die Besitzerfamilie plant, das Land einer anderen Nutzungsart zuzuführen, was das Weiterbestehen der Gemeinschaft gefährdet. Für den Kauf verfügt sie bis dato über zu wenig Kapital. Auf ihrer Website berichten die Bewohnerinnen und Bewohner von Brithdir Mawr laufend über diesen Fall und darüber, wie es um ihr Zuhause steht.

Landschaftlich liegt Brithdir Mawr am Fuße der Carn Ingli Mountains, eingebettet in die Mystik alter moos- und farnbewachsener Eichenwälder, märchenhafter Wiesen und Lichtungen sowie wilder Hochmoore und Weidelandschaften, auf denen Hochlandrinder mit langen, geschwungenen Hörnern leben, die einer alten regionalen Rasse angehören. Das Dorf liegt am Fuße des Schlafenden Engels, von dessen Berghängen Bäche herab und durch das Ökodorf fließen.

Ähnlich wie Torri Superiore von der mediterranen Lage mit dem ganzjährig zum Gärtnern geeigneten Klima profitiert, besteht der größte Vorteil der landschaftlichen Einbettung von Brithdir Mawr in den vielfältigen Nutzungsmöglichkeiten der küstennahen Naturgewalten für die Energieautarkie. Bei Regenwetter arbeiten die Turbinen in den Bachläufen auf Hochtouren.

Vorteile durch eine küstennahe Lage

Bei Sonnenschein bezieht die Gemeinschaft ihren Strom vor allem über die Photovoltaik-Anlage. Und Wind ist in West-Wales niemals Mangelware, sodass die Windturbinen fast immer angetrieben werden – mal mehr, mal weniger. Mindestens eine der drei Stromquellen funktioniert in der Regel, was der besonderen naturräumlichen Lage zu verdanken ist. Gelegentliche Flauten können durch das Speichersystem mittels Batterien ausgeglichen werden. Außerdem sind die Winter in West-Wales ebenfalls milder als in Mitteleuropa. Das nahe gelegene Meer speichert die Wärme des Sommers und gibt sie über den Winter allmählich an die Luft ab. Aufgewärmt wird die Küste außerdem durch den Golfstrom, der, von Südwesten kommend, auf die britischen Inseln trifft. Daher gedeihen in den Gärten von Brithdir Mawr auch im Winter Feldsalat, Fenchel, Kohlarten und Lauch, das walisische Nationalgemüse, das neben dem Drachen eines der traditionellen Landessymbole darstellt.

Synergien nutzen in Dyssekilde

Für das dänische Ökodorf Dyssekilde wurde 1987 eine 13 Hektar, also 130.000 Quadratmeter große, brachliegende Fläche – ein ehemaliges Kartoffelanbaugebiet – erworben und mit Unterstützung der regionalen Behörden für die Errichtung eines ökologischen Pionierprojekts in Bauland umgewidmet. Die ersten Häuser des Dorfes wurden 1989 errichtet. Seither wird das Land an Familien und Einzelpersonen weiterverkauft, die der Genossenschaft beitreten. Sie errichten ihre Wohnsitze meistens, aber nicht immer, in ökologischer Bauweise. Mittlerweile verfügt die Genossenschaft über 40 Hektar Land, was 400.000 Quadratmetern oder 0,4 Quadratkilometern entspricht. Dyssekilde ist eigentlich eher eine Ökosiedlung als ein Ökodorf – ein Nachbarschaftsprojekt mit 200 Bewohnerinnen und Bewohnern, bei dem alle Beteiligten Synergien nutzen und punktuell kooperieren, aber dennoch jeder und jede für sich ein eigenes Grundstück rund um das Haus besitzt. Dazwischen wurden Gärten angelegt, in denen gemeinschaftlich etwas Obst und Gemüse angebaut wird. Ein eigener Bioladen befindet sich ebenso vor Ort wie ein Gemeinschaftshaus mit Gästezimmern und ein großer Windstromgenerator, der aber nur einen Teil des Energiebedarfs des Dorfes deckt. Außerdem werden Ziegen, Schafe und Hühner gehalten.

Dyssekilde hat mittlerweile nur noch zwei freie Grundstücke zur Verfügung, weshalb in der Nähe eine zweite Ökosiedlung der Genossenschaft errichtet wird. Am Rande von Dyssekilde gibt es einen großen Gemüsegarten. Gerade für Familien ist es oft interessant, sich in bestehende Ökosiedlungen einzumieten oder einzukaufen. In Dyssekilde leben 70 Kinder. Da das Dorf autofrei ist, können die Kinder sich frei und unbeschwert auf dem 40 Hektar großen Siedlungsgebiet mit seinen zahlreichen Grünflächen bewegen. Seit 1992 befindet sich im Ökodorf ein eigener Kindergarten.

Konstruktive Auseinandersetzung mit der Geschichte im Lebensgarten Steyerberg

Hinsichtlich des Bodens und Gebäudebestands eines Ökodorfs oder eines Selbstversorgerprojekts nimmt der Lebensgarten Steyerberg in Niedersachsen eine Sonderstellung ein. Neben dem immateriellen Erbe seiner starken Persönlichkeiten und Ökopioniere, mit denen wir uns noch befassen werden, setzt sich das Ökodorf auch mit seinem materiellen Erbe auseinander – dem seiner Grundfesten, seiner Backsteinmauern und historischen Holzfenster, die aus der Vergangenheit erzählen. Die ältesten Häuser wurden 1938 im Auftrag des Oberkommandos des Heeres erbaut. Ein Jahr später wurden sie zur Pulverfabrik. Der Lebensgarten war einst das Steinlager Liebenau II. In der Nazizeit waren die umliegenden Holzbarracken rund um das heutige Ökodorf ein Zwangsarbeiterlager für sowjetische, polnische und französische Kriegsgefangene. Die alte Bausubstanz ist daher stummer Zeitzeuge eines düsteren Kapitels deutscher Geschichte. Arbeitsunfälle, Unterernährung, Erschöpfung und Krankheit kosteten vielen dieser Arbeiterinnen und Arbeiter das Leben, die dort die Fabrik aufbauen sowie bis zum Jahr 1945 ganze 41.000 Tonnen Schießpulver für den Zweiten Weltkrieg herstellen mussten.

Heute erinnern mehrere Gedenktafeln im Ökodorf an die düstere Vergangenheit des Ortes, der im Laufe der Jahrzehnte eine Metamorphose erlebt hat. Von 1964 bis zur Mitte der Siebzigerjahre wurde das Gelände von der britischen Armee genutzt. Danach verfiel es. 1983 nahmen sich einige Menschen des verwahrlosten Ortes an, der aufgrund seiner grausamen Geschichte vergessen und gemieden wurde. Das Ziel dieser Gründungsgruppe war die Errichtung eines Ökodorfs. 1984 begannen die Restaurierungsarbeiten. Heute ist der Lebensgarten Steyerberg ein Ort der kulturellen Vielfalt und Weltoffenheit, an dem auch Seminare abgehalten werden, um das Wissen über ökologische Themen zu verbreiten.

Mindestens einmal pro Woche treffen sich Bewohnerinnen und Bewohner des Ökodorfs auf dem Hauptplatz zum gemeinsamen kreativen Kreistanz zu Musik aus aller Welt, meist angeleitet durch Declan Kennedy, ein Urgestein der Permakultur aus Irland. Der Wandel der Grundfesten vom Ort des Grauens zum Ort der Lebensfreude und Nachhaltigkeit ist den Bewohnerinnen und Bewohnern im Lebensgarten Steyerberg geglückt.

Abgesehen von der Gründung einer neuen Gemeinschaft oder dem Anschluss an eine vorhandene, besteht natürlich auch die Möglichkeit, sich als Einzelgängerin oder als Familie ein Stück Bau- und Nutzland oder ein Gehöft zu suchen. Damit werden wir uns später ebenfalls noch beschäftigen.

Am Beginn des Scoutings steht immer die Frage: *Wo* möchte ich als Selbstversorgerin oder Selbstversorger leben? Daher sehen wir uns im Folgenden einige bodenkundliche, naturräumliche und landschaftsökologische Aspekte unterschiedlicher Regionen der Erde und insbesondere Europas an und stellen Beispiele für Regionen im deutschsprachigen Raum vor, die unter Selbstversorgerinnen und Selbstversorgern aufgrund niedriger Grundstückspreise bei gleichzeitig oft großer Naturvielfalt besonders begehrt sind. In solchen »Ausstiegsregionen« – gelegen in Peru und Österreich – haben wir beide auch schon Lebenserfahrung gesammelt und können aus eigenem Erleben davon berichten.

Die entscheidende Frage des Wo

Danach befassen wir uns mit der Frage, mit *wem* oder in welchen Organisationsstrukturen sich ein autarkes Leben verwirklichen lässt: allein, als Paar oder Familie, in einer Gemeinschaft oder einem ganzen Ökodorf. Dazu passt auch ein Abstecher in die autonome Ökonomie, in der es um regionale und lokale dezentrale Wirtschaftssysteme von Kooperation über Tausch bis hin zu Regionalwährungen geht, die von den Zentralbanken unabhängig sind.

Selbstversorgt – aber wo?

Clemens, der zwar innerhalb Europas viel herumkam, den Kontinent aber noch nie verlassen hat, führte seine Experimente mit dem Gärtnern und dem Thema Selbstversorgung vorwiegend in Österreich durch: Im Frühjahr 2009 zog ich auf einen alten Bauernhof im Südburgenland. Diese Region wird auch als »österreichische Toskana« bezeichnet, weil sie für sanfte Hügel, saftig grüne Wiesen, weitläufige Wälder und alte Weinbautradition bekannt ist.

Erfahrungsbericht aus dem Südburgenland

Der Hof befand sich in der Grenzregion in unmittelbarer Nachbarschaft Ungarns und Sloweniens und in der mittelbaren Nähe zu Kroatien, dessen Landesgrenze sich stellenweise nur 30 Kilometer von der österreichischen entfernt befindet. Noch heute finden sich im Südburgenland Ortschaften wie Kroatisch Ehrensdorf oder Kroatisch Minihof, die einst von kroatischen Gemeinschaften in Österreich gegründet wurden.

Diese Lagebeschreibung macht bereits deutlich: Es handelt sich hier nicht um ein alpines Eck der »Alpenrepublik«. Große Teile des Burgenlands, des östlichsten Bundeslandes Österreichs, gehören bereits zur Pannonischen Tiefebene, die sich nach Osten über Ungarn erstreckt und dort allmählich in die Puszta übergeht – die einzige natürliche Steppe Europas, bekannt für ihre noch heute lebendige Hirtenkultur. Auf den dortigen Böden gedeihen aufgrund der heißen, langen Sommer reich tragende Paprikapflanzen problemlos im Freien.

Die erste mild-süße Gemüsepaprika, wie wir sie heute kennen, wurde vor über 100 Jahren in diesem sonnenreichen Klima der Pannonischen Tiefebene gezüchtet, nachdem die ursprünglich aus Südamerika stammende scharfe Paprika durch die Türken im 16. Jahrhundert nach Ungarn gebracht wurde. Zunächst nannte man die Pflanze mit dem botanischen Namen *Capsicum annum* »Spanischer Pfeffer«. Die Bezeichnung gilt bis heute und verrät, dass Paprikafrüchte vor der Züchtung der mild-süßen Form stets feurig waren und als Erstes von spanischen Eroberern aus Südamerika nach Europa gebracht worden waren. Doch erst die Puszta-Bauern selektierten Sorten der Paprika auf züchterische Weise so, dass die Früchte nach und nach weniger von der scharfen Substanz Capsaicin enthielten. Die heute wohl beliebteste Gemüsepaprika in Ungarn ist eine schlanke zartgelbe Spitzpaprika mit dem Sortennamen *Ferenc Tender*. Keine andere Sorte schmeckt so mild und süß oder verfügt über ein derart zartes Fruchtfleisch wie diese. Zusammen mit etwas Tomate in eine Art Rührei gemischt und mit *tejföl* verfeinert – ungarisch für Sauerrahm – gehört sie zu den Zutaten des in Ungarn beliebten *tojás lecsó* – einer Form des Letschos mit Eiern. Ein Letscho ist ein einstmals bäuerliches Schmorgericht mit Paprika.

Die Pannonische Tiefebene

Ich bezog damals ein altes Bauernhaus und legte einen Gemüsegarten sowie einen Acker am Waldrand an. Vor dem Haus erhoben sich gen Westen sanfte Hügel und Weingärten. Hinter dem Haus, im Osten, begann die Pannonische Tiefebene. Ich wohnte direkt an dieser markanten landschaftsökologischen Grenze. Weite, ausgedehnte Wanderungen führten mich tief in die Ebene, in der es auch keine kleinen Erhebungen mehr gab. Sie wurde von Wäldern, Wiesen und Äckern dominiert. Ihre Gräservielfalt war hoch.

Regnete es vor meiner Haustüre, konnte ich häufig in die Ebene gehen und mich ins Trockene flüchten und von dort aus die Gewitterwolken und Regengüsse über meinem Hausdach beobachten. In der Ebene war es im Sommer meistens auch heißer als auf den Hügeln im Westen. Die Sonne gleißte über der meist wolkenlosen Landschaft, und es kam immer wieder zu optischen Täuschungen, bei denen das Sonnenlicht in der Weite der Ebene so am Boden reflektiert wurde, dass man den Eindruck gewann, es befände sich dort ein Teich oder ein kleiner See. Ich sprach gern von der »südburgenländischen Fata Morgana«. Die Ebene faszinierte mich, denn sie war so anders als der Rest des Landes, und für mich voller Geheimnisse. Oft wanderte ich über die grüne Grenze zwischen Österreich und Ungarn und stellte mir vor, wie die Tiefebene – das Pannonikum – nach Osten hin immer mehr zur Steppe mit Grasland und Sandböden wurde.

Mein Gemüsegarten profitierte besonders von dieser warmen Lage, zumal er sich genau an der klimatischen Grenze zum Hügelland befand und daher auch mehr Regen abbekam als der »Puszta-Boden«. Ich bedeckte die Erde stets mit einer dichten Mulchschicht aus Heu und Stroh, sodass mein Garten nahezu ohne Bewässerung auskam und Mais, Auberginen, Zucchini, Gurken, Tomaten, Kürbis, Andenbeeren, Erdkirschen, Mangold, Erdbeerspinat, Süßkartoffeln und selbstverständlich Paprika und die ungarische Sorte Ferenc Tender in reicher Fülle hervorbrachte. Zum Einsatz kamen nur samenfeste Sorten, teils aus selbst gewonnenem Saatgut. Der Boden in meinem Garten war Braunerde, ein meistens leicht zu bearbeitender Ackerboden mit hoher Wasserspeicherkapazität. Daher gelang es mir auch, durch das Mulchen mit Heu und Stroh einen ausgeglichenen Bodenwasserhaushalt zu schaffen, sodass der Garten praktisch nie bewässert werden musste. Mit dem Mulchen werden wir uns in diesem Buch noch genauer auseinandersetzen.

Mein Gemüsegarten im Südburgenland

Braunerden dominieren in Europa vor allem die Mittelgebirgslagen auf Granit, Tonschiefer oder Sandgestein. In Norddeutschland haben sie sich auch auf eiszeitlichem Sanduntergrund entwickelt. Diese Bodenart bildet sich nicht auf Kalkgestein und weist immer einen geringen Kalkgehalt auf. In Mitteleuropa bilden sich auf Braunerden unter natürlichen Bedingungen typischerweise

Mischwälder mit Rotbuchen, Hainbuchen, Eichen und Fichten als dominierende Baumarten. Auch mein Garten im Südburgenland war von Wäldern mit diesem Baumbestand umgeben.

Leben in Südamerika

Im Westen Südamerikas, wo Alessandra über insgesamt acht Jahre hinweg an verschiedenen Orten als Aussteigerin und Selbstversorgerin lebte, finden sich oft auf kurze Distanz ganz unterschiedliche Mikroklimata, die von einer großen natürlichen Artenvielfalt geprägt sind: Von Ecuador bis Bolivien erkundete ich während meiner Zeit in Südamerika zahlreiche Orte im Dschungel, an der Pazifikküste und in den Anden. Mit meiner Volljährigkeit stieg ich zunächst weitgehend aus dem gesellschaftlichen Korsett aus und lebte mit meinem damaligen, ecuadorianischen Mann von Kunst und Musik. Das kleine Land Ecuador verfügt über die weltweit größte Biodiversität pro Hektar.

Erfahrungsbericht

Zeitweise reisten wir mit einem großen Korb voller Heilpflanzen aus den Hochgebirgen zu Fuß durch Gegenden wie den Bosque Petrificado (»versteinerter Wald«). Dabei handelt es sich um eine sehr entlegene Selbstversorgerregion zwischen Anden und Meeresküste. Wir tauschten die begehrten heilkräftigen Bergkräuter mit den ansässigen Bauernfamilien aus den Tälern. Sie freuten sich und überließen uns Lebensmittel, die wir beim wilden Camping verspeisten.

Es gab kein spezielles Reiseziel. Es ging darum, den Bezug zur Essenz des Lebens und zur Natur in der Tiefe wiederzuentdecken. Wir kamen an vielen Gehöften mit Hühnern, Apfelbäumen und Maiskulturen vorbei, und oft fragte ich mich, auf welchem Stückchen Land wohl einmal mein selbst angelegter Garten florieren würde. Dies war schon damals mein großer Traum, ein Selbstversorgerhäuschen mit Obstbäumen und einem umfassenden Heilkräutergarten.

Wir lebten und bewirtschafteten dann tatsächlich ein Jahr später einen Selbstversorgergarten mitten im tropischen Regenwald im angestammten Territorium der Shuar und bauten dort Maniok, Zwiebeln und verschiedenes Gemüse in harter Handarbeit an. Einige dicke Wurzeln und Steine zog ich dafür eigenhändig aus dem Erdboden und fällte ein paar junge Bäume mit der Machete, um Platz für Nutzpflanzen für unser Überleben zu schaffen und einen »essbaren Waldgarten« anzulegen. Was es mit dieser ökologischen Anbaumethode auf sich hat, die ich damals von den Shuar lernte, werden wir uns später noch genauer ansehen.

Selbstversorgergarten im Regenwald

Unser Rundhaus aus den Stämmen der Pambil-Palme hatte keine Anschlüsse an irgendeine öffentliche Versorgung. An das Leben ohne Strom und Wasserhahn war ich jedoch bereits gewöhnt. Zum Waschen oder um Wasser zum Kochen zu holen, lief ich mehrmals täglich den Hang hinab und trat dabei singend fest mit den Füßen auf, um unsere Dschungel-Mitbewohner zu vertreiben. Währenddessen bauten wir an einem etwas größeren Haus auf Stelzen, das dank dieser traditionellen Bauweise auch bei starkem Regen Schutz vor Staunässe bieten würde. Damals noch Veganerin, war der tropische Regenwald eine interessante Grenzerfahrung. Wer allerdings primär an pflanzlicher Kost aus Eigenproduktion interessiert ist und kein Fleisch isst, für den wäre eher ein klimatisch günstiges Tal in den Anden geeignet statt der äquatoriale Regenwald.

Für mich lag der optimale Ort für die Selbstversorgung später zwischen dem Dschungel und den hohen Gipfeln. Der höchstgelegene Ort, an dem ich mich viele Jahre danach gemeinsam mit meiner Tochter als Selbstversorgerin niederließ, befand sich in der Provinz Cusco im Nachbarland Peru. Auf über 3500 Metern Höhe mieteten wir uns in einem bezaubernden zweistöckigen Lehmhaus ein, das über einen Garten verfügte, in dem nicht nur bester Spinat wuchs – übrigens ganz ohne unser Zutun –, sondern auch Salat, Mangold, Karotten, Radieschen und vieles andere, das unserer Selbstversorgung diente. Dort gärtnerten wir mit direktem Blick auf Felder, auf denen Kartoffeln, Mais, Kürbisse und Bohnen wuchsen – ein ganz anderer Naturraum für die Selbstversorgung, als es der Dschungel war.

Die fruchtbaren Anden sind noch immer stark agrarisch geprägt, und die Menschen haben, ähnlich wie die Shuar, einen liebevollen Bezug zu *Pachamama*, der »Mutter Erde«. An die Felder hinter unserem Haus schlossen sich ein waldumsäumter Flusslauf und ein Bergmassiv an. Das gesamte Sonnenjahr ist in der Quechua-Kultur an landwirtschaftliche Ereignisse wie Aussaat, Bewässerung oder Ernte geknüpft, jeden Monat steht ein entsprechendes Dorffest an.

Pachamama oder Mutter Erde

Die restlichen Lebensmittel, die wir nicht in unserem Garten ernten konnten, bezogen wir von den Bäuerinnen, die ihre Waren auf den Pflastersteinen am Marktplatz anboten, sowie über eine Bio-Kooperative, die uns wöchentlich eine Ladung Gemüse, Obst und Kräuter im nahen Pisac deponierte. Dieses Dorf ist für seine wunderschönen Textilien wie Ponchos und Schals aus Alpacawolle bekannt. Daraus entstehen äußerst effiziente und wärmende Kleidungsstücke, die trotzdem nicht voluminös sind und wenig wiegen. Die Wolle wird traditionell mit allerhand natürlichen Substanzen gefärbt – auch dies ist ein Aspekt der Selbstversorgung mit dem Lebensnotwendigen, den die Menschen in den Anden weiterhin pflegen. Teuer sind die hochwertigen, handgemachten Textilien nicht.

Was die Miet- und Kaufpreise für ein Lehmhaus mit Garten im Heiligen Tal der Inka betrifft, so sind diese zwar deutlich günstiger als in Europa, aber doch im Verhältnis zu »normalen« Gegenden in Peru sehr hoch bemessen, was an der Nähe zum Weltkulturerbe Machu Picchu liegt. Im Heiligen Tal findet man eine bunt durchmischte Expat-Community vor, mit Menschen aus aller Welt, die sich in die herzliche Kultur der Anden eingelebt haben. Wenn man sich weiter von belebteren touristischen Gegenden wegbewegt, sehen die Preise nochmals ganz anders aus. Wir zahlten monatlich 1600 Peruanische Soles zur Zwischenmiete für das rund 90 Quadratmeter große Lehmhaus mit rund 500 Quadratmeter großem Garten, was beim damaligen Wechselkurs weniger als 450 US-Dollar entsprach. Anderswo in der Provinz Cusco kann man ein ähnliches entlegeneres Domizil für ein paar hundert Peruanische Soles mieten.

Kosten für ein Haus in Peru

Es gibt einige Orte, die sich wegen ihres ganzjährig günstigen Klimas für ein befristetes oder auch langfristiges Selbstversorgerleben anbieten, und ökologische Communities kann man dort ebenfalls finden. Auch das »Dorf der Hundertjährigen«, Vilcabamba im Süden von Ecuador, ist besonders unter Aussteigern sowie Rentnerinnen und Rentnern aus den USA und Europa beliebt. Viele Menschen werden in dem einzigartigen Mikroklima und dank des gesunden Quellwassers sehr alt und bleiben lange fit. Am Fuße des Mandango-Berges gelegen, der wegen seiner Form auch »Schlafender Inka« genannt wird, kann man in Vilcabamba von Kaffee, Orangen, Zuckerrohr, Papayas und Bananen bis hin zu Hülsenfrüchten, Kartoffeln, Salat, Mais, Wurzelgemüse und Früchten 365 Tage im Jahr praktisch alles ernten, was in den Anden *und* in den tropischen Tälern wächst – ein einzigartiger Ort für die Selbstversorgung.

Das Glück im Dorf der Hundertjährigen

Die ecuadorianische Landeswährung ist allerdings der US-Dollar, was die Lebenshaltung verteuert. Für deutlich weniger Geld machen Abenteurerinnen und Aussteiger beispielsweise in Bolivien Erfahrungen oder finden eine langfristige Zukunft in der Selbstversorgung. Der Ort Sorata wäre hier einer meiner Geheimtipps, da er mit einer idyllischen Landschaft, einer herzlichen Kultur und dem günstigen Klima dennoch nicht allzu touristisch ist. Er liegt zwischen dem Titicacasee und der Hauptstadt La Paz und verfügt über eine akzeptable Basis-Infrastruktur.

Ein Stück Land für die Selbstversorgung wählen

Glücklich ist, wer sich bereits im Besitz eines Stücks Land oder eines Bauernhauses befindet und dieses gern zum Selbstversorgerdomizil ausgestalten möchte. Für viele wird sich zunächst aber die Frage stellen, in welcher Region sie Selbstversorgerin oder Selbstversorger werden möchten, also wo in Deutschland, Österreich, der Schweiz oder in Europa – ja, wo auf der Welt! – sie sich niederlassen möchten. Die naturräumlichen Gegebenheiten werden für viele eine große Rolle bei der Entscheidung spielen – wenn auch nicht die einzige: Die Erde wird in Ökozonen eingeteilt, die auch die Naturräume einer Region bestimmen, also etwa, welche Böden und welches Klima dort vorherrschen und was man anbauen kann und was nicht. Nicht zuletzt die Voraussetzungen für die eigene Energieerzeugung sind von Ökozone zu Ökozone unterschiedlich.

Die wichtigsten Ökozonen für Europäer

Der deutsch-ukrainische Geobotaniker Heinrich Karl Walter erarbeitete gemeinsam mit einem seiner einstigen Schüler, dem Ökologen Siegmar Breckle, das Modell der *Zonobiome*. Die beiden Wissenschaftler gliederten die Erde nach ihrer Vegetation, Tierwelt und Ökologie in neun Zonen, die über den Globus verteilt zu finden sind. Das heißt, eine bestimmte Zone kommt nicht nur einmal auf der Erde vor, sondern häufiger.

Zonobiom I, der tropische Regenwaldgürtel, auch als *immerfeuchte Tropen* bezeichnet, befindet sich rund um den Äquator in Südamerika, Afrika und Südostasien. Diese fruchtbaren Regionen zeichnen sich durch ganzjährig hohe Sonneneinstrahlung und ein Tageszeitenklima aus. Jahreszeiten, wie wir sie kennen, existieren nicht, außer Faktoren wie eine Gebirgskette beeinflussen das Klima zusätzlich. Charakteristische klimatische Rhythmen beginnen ansonsten alle 24 Stunden von vorn. Das *Zonobiom II* nach Walter und Breckle umfasst die tropischen Regenzeitwälder, in denen es im Gegensatz zu den immerfeuchten Tropen nicht das ganze Jahr über gleichmäßig regnet, sowie insbesondere die teilweise tropischen und subtropischen Savannen. Typisch für diese Regionen ist das Auftreten von Regenzeiten mit besonders häufigen Niederschlägen. An die für Acker- und Gartenbau ungeeigneten Dornstrauchsavannen schließt sich das *Zonobiom III* an, das die heißen Halbwüsten und Wüsten umfasst. Es handelt sich um den Wüstengürtel der Erde, der aufgrund atmosphärischer Luftbewegungen von Natur aus entstanden ist. Ausgedehnte Wüsten befinden sich ungefähr rund um den 23. geografischen Breitengrad der Nord- und Südhalbkugel.

Die Zonobiome I–III

Die Wüsten und Halbwüsten des Zonobioms III dürften für die meisten Selbstversorgerinnen und Selbstversorger als Domizil wenig Anreize bieten. Es existiert aber weltweit eine Handvoll Projekte, die es sich zur Aufgabe gesetzt haben, Wüsten mit Techniken des Ökolandbaus und der Permakultur zu begrünen und landwirtschaftlich nutzbar zu machen. Eines der bekanntesten agrarischen Wüstenprojekte nennt sich »Greening the Desert« und wird von der SEKEM-Community betrieben. Auf diesem Stück ägyptischen Wüstenbodens wird schon länger Landwirtschaft betrieben, werden Oasen und grüne Gärten angelegt. Die Tradition der SEKEM-Community wurde vor mehr als 40 Jahren von dem Chemiker und Träger des Alternativen Nobelpreises für die Gestaltung einer besseren Welt, Ibrahim Abouleish, begründet. Neben Acker-, Gemüse und Gartenbau werden dort in SEKEM auch Schafe und Ziegen gehalten. Derzeit entsteht ein SEKEM-Ableger im Westen Ägyptens.

In der Permakultur ist das Konzept des *ariden Waldgartens* bekannt – eine Kulturform speziell für trockene Regionen und Halbwüsten. Dabei versucht man, ein Waldökosystem mit optimalem Wasserhaushalt und höchster Wasserspeicherkapazität auf trockenen Böden zu etablieren. Regenwasser aus spärlichen Regengüssen muss effizient aufgefangen und in Tonnen und Bewässerungssystemen aufbewahrt werden, bereits verwendetes Wasser muss dem Kreislauf neu zugeführt werden, um es mittels am Boden verlegter Schläuche, sogenannten Tröpfchenbewässerungen, langsam an die Vegetation abzugeben. Insbesondere zu Beginn muss der Boden durch mächtige Mulchschichten bedeckt werden, um ihn vor Austrocknung zu schützen. Mit der Zeit entwickelt sich eine Humusschicht mit einer Streuauflage, welche die Bäume, Sträucher, Kräuter und Gemüsepflanzen selbst bilden. Herabfallendes Laub darf niemals entfernt werden. Jede organische Substanz, die den Boden bedeckt und nährt, ist willkommen. Je weiter sich der aride Waldgarten entwickelt, desto effizienter beschatten seine eigenen Baumkronen und sein Buschwerk den Boden und schützen ihn vor direkter Sonneneinstrahlung und zu starker Verdunstung. Mit der Zeit stellt sich ein ökologisches Gleichgewicht ein. Der Boden gewinnt die Fähigkeit, immer mehr Wasser zu speichern. Auch das Wurzelwerk selbst trägt zur Bodenbildung und -stabilisierung bei.

Wichtig ist auch die Auswahl der Kulturpflanzen. Man legt am besten eine Mischkultur aus trockentoleranten Gewächsen an: Dattel, Feige, Kaki, Olive, Wüsten-Zürgelbeere, Wacholder, Kaktusfeige, Cholla-Kaktus, Agave, Josua-Baum, Chiltepin – das ist eine wilde Chiliart, die für den Anbau in Wüsten geeignet ist –, Glockenpaprika, Amaranth und Kichererbse. Bei Fortschreiten der Bodenbildung mit zunehmender Wasserspeicherkapazität lassen sich bald auch übliche Gartensorten wie Tomate, Aubergine und sogar Erdbeeren kultivieren. Das heißt: Selbstversorgung in Wüsten und Halbwüsten ist prinzipiell möglich, wenn es nicht unbedingt im Herzen der Sahara sein muss, und stellt gewiss eine interessante ökologische Herausforderung dar.

Die Begrünung von Trockengebieten bildet das Gegenteil zur Desertifikation, der Wüstenbildung. Mit diesem Begriff ist die Verschlechterung der Bodenqualität durch menschliche Einflüsse in Regionen mit wenig Niederschlag gemeint. Rodung, Beweidung, die Anlage von Monokulturen und die Übernutzung der Böden können zu Erosion führen, sodass die ohnehin bereits wenig tiefgründigen, mageren Böden weiter abbauen. Das Absinken des Grundwasserspiegels durch hohen Wasserverbrauch, vor allem in der Landwirtschaft, verschlechtert die natürliche Wasserzufuhr und den Wasserhaushalt der Böden. Auch die globale Erwärmung trägt zur Desertifikation bei. Neue Wüsten entstehen vor allem am Rand der bereits bestehenden Wüstengebiete. Jedes Jahr bilden sich 70.000 Quadratkilometer menschengemachter Wüste. Das entspricht exakt der Fläche Bayerns. Auch in Spanien sind bereits 20 Prozent der Landesfläche landschaftsökologisch als Wüste zu betrachten, die durch Rodung und intensive, industrielle Landwirtschaft entstanden ist. Desertifikation betrifft also auch europäische Staaten.

Das *Zonobiom IV* haben wir schon kennengelernt, seine Vorzüge für die ganzjährige Selbstversorgung aus dem Garten anhand des Beispiels von Torri Superiore bereits besprochen. Es handelt sich um die mediterrane Ökozone der Erde. Walter und Breckle beschrieben das mediterrane Zonobiom als warmtemperierte Zone mit immergrünen Hartlaubgewächsen und vier Jahreszeiten, die episodisch durch Dürre und Frost belastet sein können, wobei Frost – also Lufttemperaturen unterhalb von null Grad Celsius – in den meisten mediterranen Gebieten nur selten und nur in der Nacht auftritt. Das Zonobiom IV finden wir auf der Erde zweimal. Sein »Prototyp« ist der gesamte Mittelmeerraum zwischen Europa, Afrika und Vorderasien. Eine zweite Zone mit dem gleichen Klima und einer sehr ähnlichen Vegetation befindet sich an der Küste Kaliforniens. Sonst tritt das Zonobiom IV nirgends auf der Erde auf.

Zonobiom IV

Im europäischen Mittelmeerraum befinden sich neben Torri Superiore noch zahlreiche andere Projekte zur Selbstversorgung. In dem slowenischen Ökodorf Sunny Hill auf der istrischen Halbinsel, deren Nordwesten zu Slowenien und Rest zu Kroatien gehört, baut eine Kooperative gemeinsam Obst und Gemüse für den Eigenbedarf an. In einem Bergdorf wurde ein 200 Jahre altes Steinhaus renoviert und dient als Seminar- und Veranstaltungsort. Der Schwerpunkt der Community liegt auf dem Konzept »Simplizität«, also auf einem einfachen Leben. Man teilt Autos miteinander, versucht, möglichst viel Gebrauchtes zu reparieren, zu renovieren und neuen Verwendungszwecken zuzuführen, errichtet einen geschlossenen Wasserkreislauf, benutzt selbst gebaute Komposttoiletten und befasst sich mit dem ökologischen Bauen und mit regionalen Naturbaustoffen. Geheizt wird mit Holz aus den umliegenden Wäldern. Da das Ökoprojekt in einem Bergdorf angesiedelt und etwa 30 Kilometer von der Küste entfernt ist, sind die Winter dort nicht so kurz und mild wie in niederen Lagen in Meeresnähe.

Beispiele für Selbstversorgung

Nördlich von San Diego an der kalifornischen Küste – ebenfalls Zonobiom IV – befindet sich die Coastal Roots Farm, auf der, inspiriert durch jüdische Weisheiten und traditionelle Anbaumethoden, mit einem hohen Anteil an Handarbeit Landwirtschaft betrieben wird. Daraus versorgen sich die Mitglieder des Projekts, aber auch außenstehende Familien in der Region, die das Projekt als Abnehmerinnen und Abnehmer hochwertiger ökologischer Lebensmittel unterstützen.

Wenig bekannte ökologische Zonen der Erde sind die Lorbeerwald-Gebiete – also das *Zonobiom V*. Ähnlich wie beim Mittelmeerklima handelt es sich um warmtemperierte, regenreiche Regionen mit immergrünen Wäldern. Nebel tritt in diesen Zonen häufig auf, die Wälder sind oft dicht mit Farn und Moos bewachsen. Wer schon einmal auf den Kanaren war und dort auf Wanderungen die Natur erkundet hat, kennt diese Vegetationsform. Das Zonobiom erstreckt sich in den USA über die Südostküste mit Ausnahme Floridas. Es nimmt Uruguay und die südlichste Spitze Brasiliens ein, säumt die australische Südostküste und die südliche Ostküste Chinas mit Taiwan sowie große Teile Südchinas. Es dominiert Neuseeland und streift den äußersten Rand der Südküste Afrikas, insbesondere den östlichen Teil davon.

Zonobiom V

Außerdem säumt dieses Zonobiom die gesamte spanische Atlantikküste im Nordwesten des Landes. Dort befindet sich die Ökosiedlung Escolar La Torre in Corvelle de Arriba. Diese Gemeinschaft möchte verlassene Dörfer wiederbeleben. Derzeit wird alte Bausubstanz in der Region revitalisiert. Flächen für die Selbstversorgung wurden bereits angelegt – sie werden laufend erweitert –, wobei die Prinzipien der Permakultur im Mittelpunkt stehen. Einige Gärten wurden daher in immergrüne Wälder integriert, andere wurden direkt im Bereich des Dorfes angelegt. Dieses Projekt soll die ländliche Abzugsregion im äußersten Nordwesten Spaniens neu beleben, junge Menschen anziehen und neue Wege in eine ökologische, sozial gerechte Zukunft aufzeigen.

Der gesamte deutschsprachige Raum befindet sich in *Zono-*

biom VI, das sind kontinentale Regionen mit kalten Wintern und warmen Sommern, in denen Laubbäume zur kalten Jahreszeit ihr Blätterkleid verlieren, um im darauffolgenden Frühjahr neu zu ergrünen. Kurzum: Es handelt sich um das klassische Vier-Jahreszeiten-Klima in Mittel- und Osteuropa, das im Norden bis Südschweden, Südnorwegen und Großbritannien, im Osten bis Westrussland reicht, sich in einigen Regionen Ostasiens wiederfindet sowie die Osthälfte der USA in großen Teilen einnimmt. Die Böden in diesen Zonen sind meist tiefgründig, da der Wechsel aus Wärme und Frost extreme physikalische Spannungen im tief gelegenen Muttergestein auslöst, sodass dieses aufbricht, rasch verwittert und eine tiefgreifende Bodenbildung ermöglicht. Aus dem Gestein freigesetzte Mineralien speisen die Böden laufend von unten. Abgestorbene Teile aus der Pflanzen- und Tierwelt führen von oben organische Substanz zu und fördern die Humusbildung.

Zonobiom VI

Der mit diesem Vorteil verbundene Nachteil des winterkalten Zonobioms liegt andererseits auf der Hand: Während der kalten Jahreszeit ist Selbstversorgung aus dem Garten mit frischen Erzeugnissen nur sehr eingeschränkt möglich. Die Winterpause, in der im Garten nichts ausgesät oder angepflanzt werden kann, erstreckt sich je nach Region über vier bis sechs Monate. Arbeiten am Boden wie das Lockern der Erde, das Umstechen oder das Ausbringen von Wintermulch sind natürlich bis zum Einsetzen der ersten Fröste noch möglich. Winterharte Kohlgewächse und andere ausgewählte Blattgemüse können über die kalte Jahreszeit stehengelassen werden, sofern sie rechtzeitig im August angebaut wurden. Ihr Wachstum steht ab dem Einsetzen der ersten Fröste still, aber sie sterben nicht ab. Zu den winterharten Kohlgewächsen zählt neben dem Kopfkohl auch der Blattkohl, der einen robusten Stamm entwickelt und je nach Sorte Höhen von bis zu zwei Meter erreicht. Im Winter ragt er majestätisch aus der Schneedecke.

Auch manche kleineren Sorten trotzen Eis und Schnee. Asiatische Kohlverwandte wie Mizuna, Pak Choi, Tatsoi und insbesondere Red Giant, die zu den Senfpflanzen gehören, können den Winter im Garten ebenfalls überleben. Auch bei ihnen ist dazu die Voraussetzung, dass sie im August ausgesät werden. Auch sollten sich Selbstversorgerinnen und Selbstversorger im Zonobiom VI mit dem Haltbarmachen und Einlagern ihrer Ernte vertraut machen und Vorräte anlegen.

Im Zonobiom VI befindet sich eine große Anzahl Ökodörfer weltweit. Den Lebensgarten Steyerberg in Niedersachsen haben wir schon vorgestellt. Eines der ältesten und bekanntesten Ökodörfer Deutschlands befindet sich in Sachsen-Anhalt und trägt den klingenden Namen Sieben Linden. In dem 1997 gegründeten Dorf leben 140 Menschen, davon 40 Kinder. Sieben Linden ist für seine Bauwerke bekannt, die in ökologischer Weise mit einem hohen Anteil an Eigenarbeit unter Mithilfe von Freiwilligen errichtet wurden. Von den sechzehn Niedrigenergiehäusern, davon vierzehn lehmverputzte Strohballenhäuser aus regionalem Lehm und Stroh, über klassische Holzhäuser bis hin zu Bauwagen und Jurten sind viele Arten von Behausungen vertreten. Das gesamte Dorf ist mit Komposttoiletten ausgestattet. Im Ökodorf sind mehrere Unternehmen ansässig, darunter eine Zimmerei, die auch Strohdämmungen anbietet, eine Mosterei, ein Wildkräuterversand, eine Obstbaumschule, ein IT-Unternehmen, ein Waldkindergarten sowie ein Bio- und Naturwarenladen. Eine Lebensmittelkooperative, in der sich viele Menschen zusammengeschlossen haben, um gemeinsam zu günstigen Preisen ökologische Lebensmittel in großen Mengen zu beziehen, ist ebenfalls in Sieben Linden ansässig. Außerdem wird im Ökodorf Obst und Gemüse für die Selbstversorgung angebaut. Da im gesamten Ökodorf keine elektrischen Heizungen, Herde oder Warmwasserboiler verwendet werden, liegt der Stromverbrauch

Beispiele für Ökodörfer

pro Kopf und Jahr bei weniger als einem Drittel des deutschen Bundesdurchschnitts und beträgt 400 Kilowattstunden. Der Durschnitt in Deutschland beläuft sich auf 1300 Kilowattstunden pro Kopf und Jahr. Mit 2,7 Quadratmetern Photovoltaikfläche pro Bewohnerin und Bewohner (Stand: 2022) erzeugt das Ökodorf knapp die Hälfte des eigenen Strombedarfs.

Zonobiom VII

Zonobiom VII umfasst die winterkalten Steppen, Halbwüsten und Wüsten der Erde. Winterkalte Vollwüsten befinden sich beispielsweise in Kasachstan und in der Mongolei, aus der die Bauweise der Jurte ursprünglich stammt. Winterkalte Halbwüsten nehmen große Teile des Westens der USA ein, zum Beispiel Nevada, Utah, Wyoming, Idaho und Montana. Winterkalte Steppen erstrecken sich entlang der gesamten südlichen Grenze Russlands quer über den asiatischen Kontinent und finden sich im Herzen der USA und in geringer Ausdehnung an der südlichen Ostküste des südamerikanischen Kontinents. Die ungarische Puszta ist Europas einzige winterkalte Steppe. In der winterkalten Steppe in Colorado befindet sich das EarthArt Village, in dem sich acht Menschen selbst versorgen und dabei im Einklang mit den Ressourcen der Region zu leben versuchen. Die Gemeinschaft besitzt 160 Hektar Land im Nordosten des San Luis Valleys – das entspricht 1,6 Quadratkilometern. Neben Gärten betreibt die Gruppe eine Bäckerei und einen Bioladen und veranstaltet Festivals sowie Seminare. Selbstversorgung in winterkalten Steppen ist also möglich. In winterkalten Wüsten und Halbwüsten wie in Kasachstan oder der Mongolei müsste man dabei allerdings vorwiegend auf Tierhaltung setzen.

Die borealen Zonen, also winterkalte Nadelwaldgebiete, schließen sich als *Zonobiom VIII* im Norden an die winterkalten Wüsten und Steppen an. Boreale Nadelwälder finden sich nur auf der Nordhalbkugel in Skandinavien, Finnland, im Norden Russlands und in Kanada. Diese Ökozonen mit sehr kurzen Sommern und langen, kalten Wintern sind auch als »Taiga« bekannt. Während der kalten Jahreszeit liegt dort sechs bis acht Monate lang eine tiefe Schneedecke, und die Böden sind gefroren. Die kurzen Sommer bleiben kühl. Im borealen Zonobiom ist genügend Holz vorhanden, um Wärme zu erzeugen. Selbstversorgung ist möglich, wenn man vorwiegend auf Tierhaltung setzt, da die Gartensaison äußerst kurz ist und die Auswahl an Kulturpflanzen sich auf Arten beschränkt, die wenig Wärme benötigen, schnell wachsen und innerhalb einer kurzen Vegetationsperiode erntereif werden: Wurzelgemüse wie Karotte, Pastinak, Radieschen, Rote Bete und Zwiebel sowie Blattgemüse wie Salat, Kohlgewächse inklusive Blumen- und Rosenkohl, Lauch und so weiter, begnügen sich auch mit einer kurzen Gartensaison.

Zonobiom VIII

In dieser Zone befindet sich an der nordwestlichen Küste Norwegens die Gemeinschaft Vallersund Gaar, ein Ökodorf mit 35 Bewohnerinnen und Bewohnern, die sich durch Fischerei, Tierhaltung und Landwirtschaft selbst versorgen, eine Bäckerei, eine Weberei und eine Cafeteria betreiben. Strom wird durch einen Windgenerator und zwei Wärmepumpen erzeugt, die Wärme aus dem Meer und dem Gestein nutzen – eine innovative Technologie, um Wärmepumpen effizienter und nachhaltiger zu betreiben. Warum herkömmliche Wärmepumpen hingegen umstritten sind, werden wir noch besprechen. In das Projekt sind einige Jugendliche integriert, die früher drogenabhängig waren und in Vallersund Gaar ein Zuhause gefunden haben, in dem sie für ihre Zukunft viel über Nachhaltigkeit lernen und Kompetenzen erwerben können.

Im äußersten Norden Nordamerikas, Asiens und Europas sowie an der südlichsten Spitze Südamerikas beginnt schließlich das *Zonobiom IX* mit der Tundra und den Eiswüsten. Im Gegensatz zur Taiga bildet sich in der Tundra kein Wald mehr. Es bleibt aufgrund der Kälte und kargen Böden bei Buschvegetation. Die

Zonobiom IX

Wachstumsphase der Pflanzen beträgt maximal 90 Tage. Selbstversorgung beschränkt sich im Zonobiom IX fast ausschließlich auf Tierhaltung, Jagd und das Sammeln von essbaren Wildpflanzen. Für Gemüse- und Pflanzenbau ist das Zonobiom ungeeignet.

Kleine Bodenkunde für Interessierte

Für Menschen, die sich für Selbstversorgung interessieren, egal in welcher Ökozone, ist die Bodenqualität bei der Grundstückswahl meist ein wichtiges Kriterium, da der Boden als unveränderliche Ressource die Basis der Landwirtschaft und des Gartenbaus bildet. Böden mit guter Wasserspeicherkapazität und reicher Humusauflage sind zu bevorzugen. Wasser und Nährstoffe müssen für Pflanzen aber auch gut verfügbar sein. Außerdem soll die Erde leicht bearbeitet werden können. Daher müssen gewisse Kompromisse eingegangen werden.

Bodenarten

Die Bodenart wird nach der Größe ihrer Tonmineralien eingeteilt. *Sand* hat Korngrößen von über 0,06 Millimetern Durchmesser. Seine Wasserspeicherkapazität ist schlecht. Wasser versickert schnell, nahezu sofort. Andererseits ist Sand locker und leicht zu bearbeiten. Korngrößen von 0,002 bis 0,6 Millimetern Durchmesser werden dagegen als *Schluff* bezeichnet. Schluff kann Wasser wesentlich besser halten als Sand. Seine Wasserspeicherkapazität ist gut, aber er verklumpt nicht. Die Bearbeitbarkeit im Garten ist zufriedenstellend. Die feinsten Korngrößen von unter 0,002 Millimetern werden schließlich als *Ton* bezeichnet. Ton ist das gegenteilige Extrem zu Sand. Seine Wasserspeicherkapazität ist ausgesprochen hoch, weshalb er auch leicht verklumpt und schwer zu bearbeiten ist.

In jedem Boden kommen alle drei Kategorien von Tonmineralien vor. Sie entstammen dem verwitternden Muttergestein in der Tiefe, dem Ausgangsmaterial der Bodenbildung. Die Tonmineralien bilden die anorganische Substanz, die sich nach oben hin immer mehr mit dem organischen Humus vermischt. So kommt es zur Herausbildung von *Bodenhorizonten*, also unterschiedlichen Bodenschichten vom Muttergestein in der Tiefe (C-Horizont) über die verwitterte mineralische Substanz mit Sand, Schluff und Ton (B-Horizont) bis hin zur oberen organischen Humusschicht (A-Horizont). Mit ausschlaggebend für die Eignung eines Bodens für Gartenbau und Landwirtschaft ist die Zusammensetzung der Tonmineralien im B-Horizont. Beispielsweise enthält ein »fetter« Lehmboden einen sehr hohen Anteil an Ton. Das macht ihn schwer und anfällig für Staunässe, sodass er für Garten und Landwirtschaft nicht gut geeignet ist. Wenn umgangssprachlich von »Lehmboden« die Rede ist, dann ist meist ein solcher fetter Lehmboden gemeint. Durchaus fruchtbar hingegen sind magere Lehmböden mit einem geringeren Tongehalt. Auf diesen kann sich auch eine ordentliche Humusschicht bilden, und die Bearbeitbarkeit ist in Ordnung. Lehmböden werden als »kalte Böden« bezeichnet, da sie so dicht sind, dass sie sich bei Sonneneinstrahlung nur schleppend aufwärmen. Die Bodenkunde kennt je nach Anteil der verschiedenen Tonmineralien unterschiedliche Lehmböden. *Reiner Ton*, *toniger Lehm* und *schluffig-toniger Lehm* sind wegen ihres zu hohen Tongehalts schlecht zum Pflanzenbau geeignet. Durchaus geeignet ist der *schluffige Lehm*, der bereits einen höheren Schluffanteil hat, was ihm eine gute Wasserspeicherkapazität bei gleichzeitig akzeptabler Bearbeitbarkeit verleiht.

Bodenhorizonte

Schluffböden sind landwirtschaftlich und gartenbaulich am besten nutzbar. Beim *lehmigen Schluff* ist der Schluffanteil bereits deutlich größer als der Tonanteil. Seine Wasserspeicherkapazität ist noch immer hoch, zugleich ist er relativ locker, neigt nicht so sehr zu Staunässe wie Lehmböden und lässt sich gut bearbeiten. Auch beim Betreten des Bodens im Garten verdichtet er sich nicht so stark wie ein Lehmboden. Schließlich gibt es auch noch Schluff mit hohem Sandanteil, als *sandiger Schluff* bezeichnet. Dieser Boden ist besonders locker und leicht zu bearbeiten. Er eignet sich trotz des relativ hohen Sandanteils zum Anbau von Lebensmitteln. Steigt der Sandanteil zu stark an, nimmt die Eignung des Bodens für die Landwirtschaft ab, da Sand das Regenwasser sehr schlecht speichert, rasch austrocknet und den Pflanzenwurzeln wenig Halt gibt. Zwar sind Sandböden gut durchlüftet und wärmen sich an sonnigen Tagen rasch auf, weshalb sie auch als »warme Böden« bezeichnet werden, jedoch kommt es aufgrund der geringen Wasserspeicherkapazität von Sand auch zum Auswaschen von Nährstoffen und Humus.

Der Schluffboden

Wenn möglich sollte man als Selbstversorgerin und Selbstversorger nach einem Schluffboden Ausschau halten, egal ob lehmiger oder sandiger Schluff. Diese Bodenstruktur ist allen anderen überlegen. Der Boden speichert Wasser, bindet es aber nicht zu stark, sodass es für Pflanzenwurzeln gut verfügbar ist. Nährstoffe werden gehalten und gespeichert, die Durchlüftung und Erwärmung des Bodens sind ausreichend. Der Boden klumpt und verdichtet sich im feuchten Zustand nicht und ist für die Bodenbearbeitung locker genug.

Den richtigen Boden erkennen

Um Schluffböden zu erkennen, nehmen Sie einfach eine Hand voll Erde auf. Versuchen Sie, kleine Kügelchen daraus zu formen. Dies darf *nicht* gelingen (Kriterium 1). Zugleich soll die Erde aber nicht aus Ihren Händen rieseln, sondern deutlich in den Rillen der Hand kleben bleiben (Kriterium 2). Dabei entsteht ein mehliger, samtiger Film auf Ihrer Haut (Kriterium 3), ohne dass Sie die einzelnen Körnchen mit bloßem Auge sehen können (Kriterium

4). Sind alle diese Kriterien erfüllt, haben Sie es mit einem idealen schluffigen Boden zu tun. Wenn die meisten dieser Kriterien erfüllt sind, die Erde sich aber mäßig formen lässt, liegt ein lehmiger oder toniger Schluff vor, was auch noch in Ordnung ist. Für den Fall, dass die ersten drei Kriterien erfüllt sind, Sie jedoch sichtbare Körnchen sehen können, die in die Erde gemischt sind, handelt es sich um sandigen Schluff, und auch das ist ein durchaus guter Boden.

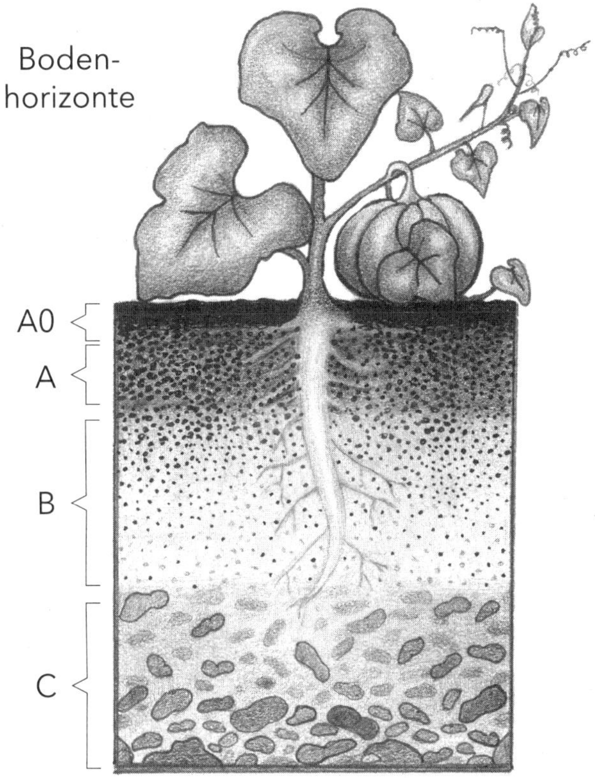

Abbildung 1: Bodenprofil der in Mitteleuropa dominierenden Braunerde.
A: Humusboden, B: Mineralboden aus verwittertem Gestein, C: Muttergestein

Die genannten Korngrößen – Sand, Schluff und Ton – beschreiben die *Bodenart.* Darüber hinaus existieren noch zahlreiche *Bodentypen.* Die häufigsten Bodentypen in Mitteleuropa sind Braunerde und Parabraunerde, beides exzellente Acker- und Gartenböden.

Bodentypen

Die braune Färbung geht auf die Oxidation von Eisen zurück, die bei der Verwitterung von Mineralien stattfindet. Diese empfehlenswerten Bodentypen dominieren den gesamten deutschsprachigen Raum und sind dort in allen Regionen anzutreffen. Besonders fruchtbar sind Auenböden im Nahbereich von Flussläufen, die regelmäßig überflutet werden. Dabei schwemmt das Hochwasser Nährstoffe an, die Teil der Humusschicht werden. Eine mächtige, dunkle Humusschicht weist etwa die Schwarzerde auf. Dieser Boden, auch als »Tschernosem« bezeichnet, bildet sich überwiegend auf kalkreichem Ausgangsgestein und ist äußerst fruchtbar. Schwarzerden dominieren den Steppengürtel der Nordhalbkugel, so auch die ungarische Puszta, finden sich aber auch in Deutschland zum Beispiel im Thüringer Becken, in der Hildesheimer und der Magdeburger Börde. In Österreich stößt man im Waldviertel und im nördlichen Burgenland auf Schwarzerden.

Grauerde, auch als »Podsol« bezeichnet, hat sich zum Beispiel in eiszeitlichen Tälern im Osten und Nordosten Niedersachsens gebildet. Grauerden treten zudem im Waldviertel und im Mühlviertel in Österreich auf und haben sich in den Alpen auf Schotterflächen im Randbereich von Gletschern entwickelt. Hauptsächlich »heimisch« sind sie in den borealen Nadelwäldern des Zonobioms VIII, also in der Tundra. Die in Mitteleuropa seltenen Grauerden sind sandig, sauer und nährstoffarm. Landwirtschaftlich und gartenbaulich sind sie kaum ertragreich und sollten daher von Selbstversorgerinnen und Selbstversorgern gemieden werden.

Eine Frage der Kosten

In Frage kommen für die Selbstversorgung sowohl städtische als auch ländliche Gegenden. Auch in der Stadt gibt es, vor allem am Rand, landwirtschaftlich genutzte Flächen, Wälder und Weiden sowie Möglichkeiten, naturnah zu wohnen. Die Dresdner Heide zum Beispiel reicht bis in die geografische Mitte des Stadtgebiets und nimmt große Teile von diesem ein. Im Wienerwald am östlichen Stadtrand wird traditionell Landwirtschaft, Weinbau und Weidetierhaltung betrieben. Flächen für Acker- und Gartenbau und für die Waldwirtschaft finden sich in und rund um fast alle Ballungsräume. Hier stellt sich eher die Preisfrage, denn Grund und Boden im Grünen sind im Stadtgebiet natürlich um ein Vielfaches teurer als im ländlichen Raum. Die günstigsten Immobilienpreise finden wir in Regionen mit »Landflucht«, also einer starken Abwanderung der Bevölkerung in die Städte oder zumindest in andere infrastrukturell begünstigte Gegenden.

Regionen mit außergewöhnlich günstigen Grundstückspreisen ziehen oft »Aussteiger« und Selbstversorgerinnen an, da man dort mit verhältnismäßig geringen Investitionsmitteln auch große Flächen erwerben oder pachten kann.

Gute Angebote

Das Waldviertel und das Südburgenland sind die beliebtesten »Aussteigerregionen« Österreichs, da dort alte Höfe, Baugrundstücke, Ackerland und Wälder für erstaunlich wenig Geld angeboten werden. Es handelt sich nämlich um typische Abzugsregionen mit Landflucht und schwacher Infrastruktur, was die Immobilienpreise nach unten drückt. Nicht selten fanden wir während unserer Recherchen in diesen Regionen Baugrundstücke für 15 bis 20 Euro und Ackerland sowie Waldgebiete für 2 bis 5 Euro pro Quadratmeter. Immer wieder kommt es vor, dass Gemeinden in diesen Regionen Anreize für Menschen schaffen wollen, in ihr Gemeindegebiet zu ziehen, indem sie erschlossene

Baugrundstücke zu Preisen ab 5 Euro pro Quadratmeter abgeben, sofern man sich verpflichtet, innerhalb von einigen Jahren dort ein Eigenheim zu errichten und sich in der Gemeinde mit Hauptwohnsitz anzumelden. Kleine, traditionelle Weinbauernhäuser mit kleinen Weingärten werden im Südburgenland manchmal für 20.000 bis 30.000 Euro verkauft, benötigen aber in der Regel etwas Pflege und Erneuerung.

In Deutschland gelten Thüringen und Sachsen-Anhalt als günstige Bundesländer für Immobilien. Die Preise für Baugrundstücke beginnen dort bei 40 Euro pro Quadratmeter und liegen im Durchschnitt bei 50 Euro. In unseren Recherchen fanden wir aber in anderen deutschen Regionen noch günstigere Baugrundstücke. In der Eifel stießen wir auf Bauland ab 30 Euro pro Quadratmeter sowie landwirtschaftliche Flächen ab 5 Euro. Noch günstigeres Bauland gibt es im Rhein-Hunsrück-Kreis in Rheinland-Pfalz mit 20 Euro pro Quadratmeter. Wie in Österreich handelt es sich auch bei diesen Regionen um infrastrukturschwache Gebiete, was vor allem Familien mit Kindern in Relation zu den Preisen abwägen sollten. Allerdings existieren in derartigen Abzugsregionen größere Orte mit Kindergärten, Schulen, Busstationen oder Bahnhöfen.

Günstige Orte

Als Vergleich: Preise für Baugrundstücke betragen in Hamburg im Durchschnitt 1100 Euro, in Berlin 900 Euro, in Bayern knapp 400 Euro und im Saarland etwa 100 Euro pro Quadratmeter. In Wien kostet Bauland, wie in Berlin, durchschnittlich 900 Euro, in Tirol 540 Euro und in der Steiermark 108 Euro pro Quadratmeter. Preise für Immobilien schwanken also auch innerhalb eines Landes erheblich. Gerade Selbstversorgerinnen und Selbstversorger, die ländliche Regionen mit viel Natur oft bevorzugen und Landwirtschaft sowie Gartenbau betreiben möchten, können diese Schwankungen zu ihrem Vorteil nutzen. Egal, wie viel Geld Sie zur Verfügung haben, Sie erhalten in günstigen Abzugsregionen immer mehr Land für ihr Geld als in teuren Regionen oder etwa in Stadtnähe.

Ein neues Stück Land: unser Mustergrundstück

Als fiktives Schaugrundstück, das wir im Laufe dieses Buches allmählich beackern, bepflanzen und bebauen werden, wählen wir ein Stück Land mit insgesamt einem Hektar brachliegender Grundfläche. Das entspricht 10.000 Quadratmetern. Dabei handelt es sich um eine verhältnismäßig kleine landwirtschaftliche Fläche. Die vollständige Selbstversorgung mit Lebensmitteln ist beispielsweise für vier Personen ab einer Netto-Anbaufläche – also einer bepflanzten Fläche – von etwa 1000 Quadratmetern möglich, sofern ertragreiche Mischkulturen angelegt werden. Mit einem Hektar sind wir also nicht mehr die »Kleinsten«. Neben einem Obst- und Gemüsegarten zur Selbstversorgung finden auf einer Fläche dieser Größe auch noch andere Strukturen wie ein kleiner Getreideacker, ein Hühner- und ein Ziegenstall, eine Komposttoilette, ein zusätzliches Nutzgebäude – zum Beispiel für Veranstaltungen – oder sogar eine Pflanzenkläranlage Platz.

Unser fiktives Grundstück befindet sich im Zonobiom VI in Mitteleuropa und liegt in einer der genannten Abzugsregionen. 750 Quadratmeter der Fläche sind als Bauland ausgewiesen und kosten 22 Euro pro Quadratmeter. Der Rest besteht aus Grünland ohne Bauwidmung mit einem Preis von 3,50 Euro pro Quadratmeter. Alle diese Angaben sind für eine Region mit schwacher Infrastruktur und starker Landflucht durchaus realistisch. Wir haben uns bewusst am tatsächlichen Immobilienmarkt orientiert und für diesen Wert mehrere entsprechende real existierende Grundstücke gefunden, die sich

Rahmendaten

zur Selbstversorgung eignen würden. Dabei haben wir uns nicht an den billigsten Ausreißern des Marktes orientiert.

Unser fiktiver Hektar Land kostet also insgesamt 48.875 Euro: 16.500 Euro für das Bauland und 32.375 Euro für das Grünland. Es befindet sich in Einzellage etwas außerhalb des nächsten Dorfs, das zu Fuß erreichbar ist und in dem es eine Bushaltestelle, einen Lebensmittelladen, eine kleine Bäckerei sowie einen Kindergarten gibt. Schulen sind mit dem Bus in 30 bis 40 Minuten Fahrtzeit erreichbar. Das Bauland liegt am Rand des Grundstücks an einer schmalen asphaltierten Straße und verfügt am Grundstücksrand über Anschlüsse für Wasser und Abwasser. Wir planen allerdings ohnehin, einen geschlossenen Wasserkreislauf auf unserem Grundstück zu errichten.

Der Bodentyp ist Braunerde, die Bodenart sandiger Schluff und damit völlig in Ordnung. Auf der Brachfläche gedeihen außer Gras, Disteln und Brennnesseln auch Hundsrosen, die im Herbst Hagebutten hervorbringen, sowie Holunder und ein Kirschbaum. Während wir mit der Bearbeitung unseres neu erworbenen Hektars aus Braunerde beginnen, verhandeln wir im Hintergrund mit einem ebenfalls fiktiven Landwirt, der zwei Hektar Mischwald abgibt, also 20.000 Quadratmeter. Wir versuchen, den Preis von den etwas zu hoch angesetzten 5 auf 4 Euro pro Quadratmeter herunterzuhandeln. Unser Ziel ist es, das ökologische Haus, das wir möglichst naturnah errichten wollen, ausschließlich mit Holz zu heizen, dafür möglichst viel eigenes Brennholz zu erzeugen und nur das Nötigste von der regionalen Waldbauernschaft zuzukaufen.

In der Region gibt es, wie überall in Mitteleuropa, ausreichend Sonne für die Nutzung einer Photovoltaikanlage sowie immer wieder Wind, sodass sich auch die Errichtung eines Windgenerators auszahlen würde. Ein Grundstück mit einem eigenen Fließgewässer konnten wir für diesen Preis nicht finden, jedoch strömt angrenzend an unseren Hektar ein kleiner Fluss vorbei. Ob wir das Recht erhalten, eine Wasserturbine zur Stromerzeugung für den privaten Gebrauch in den Fluss zu versenken, wird sich noch erweisen. Die Nutzungsrechte zur Entnahme von Wasser für landwirtschaftliche Zwecke haben wir bereits bei der Gemeinde für 350 Euro pro Jahr erworben. Wir planen für die Zukunft auch die Errichtung eines Brunnens.

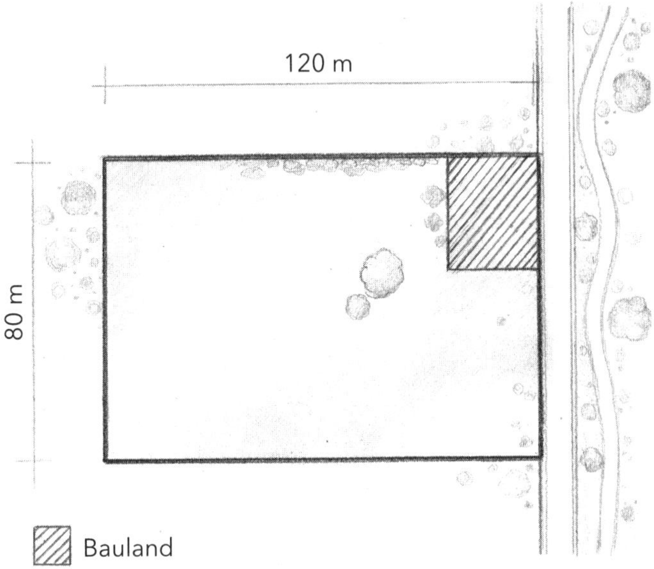

Abbildung 2: Unser fiktiver Hektar in Mitteleuropa

Selbstversorgt – aber mit wem?

Nun haben wir bereits eine Region und ein geeignetes Stück Land für die Selbstversorgung auserkoren. Ein nachhaltigeres, autarkeres Lebenskonzept könnte dort individuell oder im Zusammenschluss mit anderen Menschen entworfen werden. Individualistinnen und Einzelgängern kann es durchaus langfristig gelingen, sich ein weitgehend selbstversorgtes Leben zu gestalten. Handelt es sich um ein Paar, das diese Art zu leben verfolgt, so kann man sich einerseits gegenseitig inspirieren und auf allen möglichen Ebenen rund um Planung, Finanzierung und Umsetzung unterstützen, andererseits sollten grundsätzlich genügend Gemeinsamkeiten bestehen und die Bereitschaft zu Kompromissen vorhanden sein.

Handelt es sich um eine Familie, eine Mehrgenerationen- oder eine Patchwork-Konstellation, trifft dies genauso und oft umso stärker zu: Regeln und Räume für das gemeinsame Leben, aber auch Rückzugsorte können wichtig sein. Auch die Zuständigkeiten und Aufgaben rund um Kinder, Tiere, Garten, Instandhaltung und Sauberkeit, Kosten und vielem mehr, wollen sinnvoll austariert werden. Intentionale Gemeinschaften, in denen sich mehrere Familien oder nicht verwandte Menschen zusammenfinden, um gemeinsam zu leben und zu wirtschaften, entscheiden sich daher oft für eine gemeinsame Kasse, zumindest, um für die Instandhaltung oder wichtige Anschaffungen zu sorgen. Sie halten Ziele, Regeln und Werte oft schriftlich und bildlich fest und kehren bei Bedarf in ihren Plenarsitzungen darauf zurück, um den Dialog zu erleichtern und notfalls die Besinnung auf gemeinsame Werte in einer hitzigen Debatte zu bewirken.

Regelmäßige Gespräche auf Basis einer gemeinsamen Ordnung und Vision können die Konsensfindung enorm erleichtern. Alessandra lernte diese Methode als Teil der Gruppenprozesse in der südspanischen Ökogemeinschaft Molino de Gudalmesí kennen. Dort wurden Grundsätze, Probleme und Ziele regelmäßig gemeinsam auf großen Papierbögen dargestellt. Sowohl Mitglieder der Gemeinschaft als auch Freiwillige, die nur einige Monate blieben, durften daran teilnehmen. Ein Vision Board und eine gemeinsam niedergeschriebene Philosophie sind auch für den Familien- oder Paaralltag im Selbstversorgerprojekt hilfreich, da diese Werkzeuge aus dem zwischenmenschlichen »Notfallkasten« große oder kleine Unsicherheiten

Gemeinsame Regeln

und Konflikte minimieren können, die sich bereits in der Planungsphase, aber auch im späteren Verlauf wahrscheinlich an einem gewissen Punkt ergeben werden.

Doch ist das gemeinsame Niederschreiben wichtiger Punkte auf keinen Fall nur als Krisen-Charta, gegenseitiger Vorgabenkatalog oder Zukunftsvertrag zu verstehen. Natürlich hilft es bei Konflikten, schafft Verbindlichkeit, Klarheit und Sicherheit und definiert das jeweilige Verständnis von Freiheitlichkeit. Die eigene Freiheit sollte dort aufhören, wo die Rechte, Bedürfnisse und Wünsche des anderen als Priorität erkannt werden.

Vorteile eines Vision Board

Ein Vision Board, eine gemeinsame Zukunftsskizze und die gemeinsam festgehaltenen Grundsätze sind aber nicht nur als bloße Strategie zur Konfliktvermeidung zu sehen. Dabei würde das enorme Potenzial des gemeinsamen Verhandelns, Gestaltens und Manifestierens untergehen, das in diesen Techniken steckt. Es kann äußerst kraftvoll sein, gemeinsam etwas zu Papier zu bringen und einen »Think Tank« zu bilden. Beim gemeinsamen Skizzieren eines Selbstversorgungsprojekts kann es neue Einfälle geben, und wir können unsere persönlichen und gemeinsamen Werte, Träume und Visionen zudem regelmäßig, zum Beispiel einmal im Jahr, sichten und aktualisieren. Die Schriftstücke und Visualisierungen, die von der Kreativität und Individualität aller erfüllt sind, die zu ihnen beigetragen haben, stärken das Gemeinschaftsgefühl. Sie schaffen kollektive Identität, Zugehörigkeitsempfinden, Stärke und Wohlwollen, weil wir das vor Augen haben, was uns in der gemeinsamen »Mission« verbindet. Auch für Einzelpersonen ist eine Skizze der eigenen Werte, Möglichkeiten und Ziele eine gute Basis, um vor allem in den verschiedenen Aufbauphasen des Projekts oder bei Unwägbarkeiten und Rückschlägen Mut zu bewahren und den Fokus aufrechtzuerhalten.

In Brithdir Mawr stießen wir in der Küche auf Pinnwände,

auf welche die einzelnen Mitglieder ihre Wünsche für und an die Gemeinschaft hängten. Die Kinder zum Beispiel artikulierten dadurch, für alle sichtbar, dass sie sich die rasche Fertigstellung der Kinderspielzone im Dorf wünschten, mit deren Errichtung begonnen worden war. Das Holzgerüst für einen runden, überdachten Bereich im Freien war bereits fertig. Unter dessen Mitte befand sich eine Feuerstelle, an der mit den Kindern gegrillt, musiziert und getanzt wurde. Rundherum gab es fertige und noch in Konstruktion befindliche Klettergerüste.

Für das Niederschreiben von Ideen und Grundwerten sowie das Herstellen eines Vision Board können wir uns an den vier Säulen der Nachhaltigkeit orientieren: Darin finden wir die soziale, ökologische, wirtschaftliche und technologische Facette. Um sinnvoll und nachhaltig zu leben, braucht es ein funktionierendes Sozialgefüge, ökologische Verträglichkeit, ökonomische Stabilität und auch passend eingesetzte Technologien, beispielsweise eine ressourcenschonende Energieversorgung. So können Selbstversorgungsprojekte zukunftsweisend sein und sogar Modellcharakter haben: Sie zeigen, wie sich Gruppen, Nachbarschaften, Regionen oder Staaten nachhaltiger organisieren könnten. Dabei können sie für mehr Ökologie im Alltag und Dezentralisierung stehen, indem zum Beispiel Lebensmittel und Energie direkt vor Ort produziert und verbraucht werden.

Die vier Pfeiler der Nachhaltigkeit

Intentionale Gemeinschaften zwischen Utopie und Realität

Im Zuge unserer Recherchereisen besuchten wir verschiedene intentionale ökologische Gemeinschaften, das heißt solche, die sich gezielt als Wohn-, Wirtschafts- und Lebensgemeinschaften unter dem Leitstern der Nachhaltigkeit zusammengefunden haben. Wer damit heute noch die ausschweifenden Hippie-Kommunen der Sechzigerjahre verwechselt, sollte dieses Vorurteil schnellstens ablegen: Ökodörfer beherbergen längst ganz verschiedene Persönlichkeiten quer durch alle Gesellschaftsschichten, Nationalitäten und persönliche Hintergründe und beruhen in den meisten – zugegeben nicht in allen – Fällen auf soliden, vorbildlichen Ideen. Umweltfreundlichkeit, gesundes Leben und Gemeinschaftlichkeit sind drei Stichworte, die von allen Communities genannt werden, die wir besucht oder die wir beide in der Vergangenheit jeweils kennengelernt oder bewohnt haben.

Intentionale Gemeinschaften bewegen sich seit Anbeginn im Spagat zwischen Utopie und Realität, das heißt zwischen Idealvorstellungen und praktischen Möglichkeiten. Das war im Falle der alternativen Bewegung der Sechzigerjahre und ist heute nicht anders. Die Mentalität, das konkrete Ziel und auch die Rahmenbedingungen sind je nach Standort, historischem Zeitpunkt und Gruppe zwar unterschiedlich. Gleichbleibend ist aber, dass meist ein gewisser Spirit dahintersteckt, eine Art Teamgeist, der die Mitglieder verbindet. Dieser Spirit wird oft aus einer utopischen Vorstellung genährt, wie wir besser zusammenleben könnten. Es sind, wie beschrieben, die Unzufriedenheit mit der Politik oder andere Umstände, die die Menschen dazu bewegen können, sich einen Ort zu erschaffen, der von bestimmten ökologischen und sozialen Idealen geprägt ist. Manche Menschen wandern dafür auch aus, was mittlerweile einfacher funktioniert als je zuvor.

Zwischen Utopie und Realität

Was in gegenwärtigen Gemeinschaften anders ist als früher: In den Sechzigern und Siebzigern ging es um ganz andere Themen als heute. Rebellion, Experimentierfreude und Emanzipation, die exhibitionistische Sinnesfreude, die sogenannte freie Liebe, Rauschmittel und Lebenslust – all das muss auch zusammengesehen werden mit Frustration und dem Drang, sich gegen einengende gesellschaftliche Normen aufzulehnen. Es war zudem eine Auflehnung gegen den Vietnamkrieg und konservative Regierungen und in diesem Sinne ein Generationenkonflikt. Im Kontrast dazu beobachten wir heute, dass in intentionalen Gemeinschaften auch Mehrgenerationenmodelle sehr beliebt sind. Die Generationen kommen heute offenbar leichter auf einen Nenner, zum Beispiel beim Thema Nachhaltigkeit – ein hochaktuelles Gesellschaftsthema, das alle Generationen verbindet.

Wandlung der Themen

Die »Flower Power« war natürlich insgesamt nicht nur ein wilder bunter Auswuchs, sondern auch ein idealistisches Statement ihrer Zeit. Noch heute trifft man Althippies, die sich wacker gegen Konsumsucht, Luxus und Spießbürgertum wenden und das einfache, aber vielleicht fröhlichere Leben verkörpern. Dies kann sympathisch sein. Gerade in Mittelmeerländern wie Spanien sind die Existenzen solcher Lebenskünstlerinnen, Selbstversorgerinnen und Freigeister aus rechtlicher, ökonomischer und klimatischer Sicht etwas einfacher möglich als in Deutschland. Beispielsweise auf Ibiza oder im griechischen Matala treffen wir diese Menschen an. Wohnhöhlen, Fincas, Bauwagen oder Busse dienen als Unterkünfte, und viele leben noch immer gern im Aussteiger-Verbund, das heißt in Gemeinschaften.

Alternative Kommunen der Sechziger und Siebziger waren ein aufsehenerregendes Sinnbild der Freiheit. Wir müssen bedenken, dass bestimmte Frauenrechte, Freizügigkeit und eine Missachtung der geltenden Etikette vor mehreren Jahrzehnten noch große Problemthemen und Tabus waren. Nur die Mutigen und Waghalsigen fanden den Weg in solche Gemeinschaften – dies ist heute anders.

Vereinsamung in unserer modernen Gesellschaft

Heutzutage kann eine Selbstversorgergemeinschaft für sehr verschiedene Menschen quer durch alle Bevölkerungsschichten interessant sein. Es gibt auch integrative und inklusive Gemeinschaften. Gerade für Menschen mit Behinderungen und ihre Familien bedeuten diese Projekte ungeahnte neue Möglichkeiten. Besonders für Alleinerziehende kann Gemeinschaft ein unübertreffliches Lebensmodell sein. Alessandra verbrachte mit ihrer Tochter Zeit in einer Öko-Gemeinschaft in Spanien, dem Molino de Guadalmesí, benannt nach einer alten Mühle. Die *ecoaldea* liegt hinter abenteuerlichen einsamen Hügel- und Bergpisten, weit abgelegen vom hippen Surfer-Ort Tarifa. Ganz nah am Meer gelegen, blickt man auf die Berge Marokkos, die den Horizont säumen. Im Frühling war die Landschaft von wunderschönen Wildblumen förmlich übersät. Das Molino besteht aus liebevoll restaurierten Lehm- und Steinhäusern und liegt in einem Waldstück, durch das ein Fluss fließt, bis zum Meer sind es ungefähr zehn Minuten zu Fuß.

Es war eine wundervolle Erfahrung, besonders für meine damals elfjährige Tochter: Gesellige, handwerklich begabte Menschen malten, werkelten und bastelten ebenso gern wie sie. Die Hühner und Ziegen waren nicht scheu, sondern gingen auf sie zu, ließen sich berühren und füttern. Abends wurden die Ziegen von ihrer weitläufigen hügeligen Weide zurück in den Stall geführt. Morgens läutete eine große alte Glocke zum Frühstück, und nach dem gemeinsamen Essen spielten wir ein oder zwei Gemeinschaftsspiele, bei denen selbst die älteren Bewohnerinnen und Bewohner herumsprangen und lachten. Es war eine große Freude, und schnell entstand ein Gefühl des Zusammenhalts. Erst danach machte sich jede oder jeder an sein Tageswerk. Einige Aufgaben, die der Gemeinschaft dienten, waren in einem Wochenplan vermerkt und wurden im Wechsel verteilt.

Insgesamt ist das Gemeinschaftsmodell für viele Alleinerziehende attraktiv; einige wünschen sich einen alternativen Bildungsweg für ihre Kinder oder einfach nur Gesellschaft, zum Beispiel im Mehrgenerationenmodell, was eine Art Großfamilien-Ersatz sein kann. Der Mensch ist schließlich ein soziales Wesen. Unsere westlichen Trends zum Singlehaushalt und zum Alleinerziehen führen auch dazu, dass Menschen im Alltag vereinsamen und an Sozialkompetenzen einbüßen. Die Digitalisierung, die dazu beiträgt, dass wir weniger miteinander reden und uns weniger treffen »müssen«, kommt hinzu. Ein virtuelles Treffen vor Bildschirmen kann erquickend und erhellend sein, ersetzt aber nicht das Miteinander. Besonders durch die Corona-Maßnahmen hat sich gezeigt, dass sich viele Menschen deutlich mehr nach Zusammenhalt, Vernetzung und Unterstützung sehnen, als ihnen das vorher vielleicht bewusst war. Kinder, die in Gemeinschaften aufwachsen, haben zudem oft verschiedene Identifikationsfiguren und Spielpartner unterschiedlicher Geschlechter – das kann für die Entwicklung förderlich sein. Und auch ältere Menschen, die allein leben, können von Gemeinschaft profitieren, sie können dort eine Aufgabe und neuen Drive finden.

Wunsch nach Gemeinschaft

Also: Man muss heute kein Hippie und keine Vollblut-Aussteigerin sein, um alternativ zu leben. Man muss auch nicht unbedingt auf Komfort verzichten, um sozialverträglich und ökologisch in einer intentionalen Gemeinschaft zu leben. Gleichzeitig muss man nicht unbedingt als festes Mitglied in eine Öko-Gemeinschaft ziehen. Individualistinnen und Einzelgänger, die ihr Selbstversorgerprojekt jeweils allein verwirklichen, können sinnvollerweise trotzdem soziale Strukturen schaffen, die sie mit anderen Menschen, Nachbarn oder Gemeinschaften verbinden – zum Austauschen von Ideen oder Überschüssen aus dem eigenen Garten beispielsweise.

Der Mensch als soziales Wesen

Die Baukultur, das Kunsthandwerk, altes Heilwissen, schamanische Traditionen und Medizinpflanzen und auch die Ehrfurcht vor den betagten Menschen sind bei den Shuar im ecuadorianischen Regenwald besonders sichtbar. Geld ist im naturnahen gemeinschaftlichen Leben kaum ein Thema, da auf Strom, Gas und Luxusgüter nahezu gänzlich verzichtet wird. Die Shuar legen keine Monokulturen an, beuten keine Ressourcen aus und fügen sich sozusagen organisch in die Natur ein. Sie kochen gemeinsam meist über dem Feuer und ernähren sich, typisch für die Tropen, auch durch die Jagd. Selbst die kleinen Kinder der Shuar-Ethnie gehen dort mit wilden Tieren um und können diese im übermütigen Spiel auch verletzen. Ich erinnere mich an einen kleinen Jungen, der mit einem erjagten, noch lebenden Beuteltier auf diese Weise »spielte«. Er wurde von der Großmutter zurechtgewiesen, weil die Tiere – auch diejenigen, die auf dem Speiseplan stehen – im indigenen Weltbild Amazoniens heilig sind. Der Respekt vor dem Leben – nicht nur dem menschlichen – ist dort Teil der Sozialisierung.

Diese Erfahrung war wie eine Zeitreise für mich, denn kulturhistorisch gesehen liegen die Ursprünge des Menschen auch bei uns in Europa in größeren Familien- und Stammesverbünden, die das Überleben sicherten, gemeinsam wirtschafteten, Identität stifteten und dem Leben seinen Sinn verliehen. Die Verbannung aus der Gemeinschaft war bei uns noch im Mittelalter eine Strafe, die die Verstoßenen zu Leid und womöglich sogar zum Tode verurteilte, weil das Überleben außerhalb der sicheren Stadtmauern und sozialen Verbünde, ganz auf sich allein gestellt, gefährlich und schwierig war. In Wald und Wildnis gab es Räuber, Wölfe und Wildschweine, Kälte und Hunger. Schon instinktiv streben wir danach, soziale Strukturen zu etablieren und zu erhalten sowie Geschichten, Wissen und Weisheit weiterzugeben. Wenn wir das

Handy zur Seite legen und uns bewusst gemeinsam zum Essen an einen runden Tisch setzen, macht uns dies zufrieden. Es ist sozial und kulturell bedingt, aber auch biologisch in uns vorgeprägt: Eine starke Gemeinschaft diente ursprünglich dem Schutz und dem Arterhalt unserer Spezies.

Der Aufenthalt – auch probe- oder zeitweise – in einer intentionalen Gemeinschaft kann uns zu diesen Erfahrungen zurückführen. Über das erwähnte GEN (Global Ecovillage Network) lassen sich weltweit intentionale ökologische Gemeinschaften finden, die teils auch offen für Besuche und neue Mitglieder sind.

Scheitern als Variable

Eine möglichst klare Zukunftsvision kann dabei helfen, das Selbstversorgungsprojekt zu verwirklichen. Gerade, wenn man es allein plant, ist ein realistisches Abschätzen der eigenen Grenzen und Ziele wichtig. Was ein gemeinschaftliches Projekt angeht, so sagt man zwar gemeinhin, Gegensätze ziehen sich an, aber es braucht eine große Portion gemeinsamer Ideen und Ziele, damit Gemeinschaft funktioniert. Auch sind viel Toleranz und Kompromissfähigkeit gefragt. Wir müssen Ähnliches wollen *und* miteinander können. Wenn das nicht gegeben ist, ist die Gruppe zum Scheitern verurteilt. Hier helfen regelmäßige Debatten und gemeinsame Regeln. Philosophische Ideale sind eines, die praktische Umsetzung aber ist das andere. Zu lernen, einander möglichst unvoreingenommen zuzuhören, ist ein wichtiger Schlüssel. Und auch nach innen horchen: Was will ich, und was kann ich beitragen? Was löst es in mir aus, dass es Harmonie, aber auch Dissonanzen gibt? Gemeinschaft kann uns als Persönlichkeiten reifen lassen, weil im Miteinander kleine oder größere Krisen vorprogrammiert sind. Daran persönlich und als Gruppe zu wachsen ist eine beachtliche Leistung – dies hörten wir immer wieder in den Ökodörfern, die wir besuchten.

Scheitern ist freilich eine Variable und kann trotzdem prägende Erfahrungen und Lehren beinhalten. Friedliche Strategien der Konsensfindung wurden im Ökodorf Torri Superiore vor Jahren etabliert. Sie ist eine Form der gemeinschaftlichen Debatte, bei der Lösungen angestrebt werden, die für alle akzeptabel sind, und basiert nicht auf dem Prinzip, dass eine Minderheit durch die Mehrheit schlichtweg überstimmt wird. Auch die gewaltfreie Kommunikation nach Marshall B. Rosenberg, wie sie zum Beispiel im Ökodorf Lebensgarten Steyerberg bei Bremen gelehrt und angewandt wird, kann dabei helfen, zwischenmenschliche Schwierigkeiten zu überwinden, tragbare Entscheidungen zu fällen und die Dauerhaftigkeit einer Selbstversorgergemeinschaft zu gewährleisten.

Kritik an alternativen Gemeinschaften

An dieser Stelle möchten wir mit aller Klarheit benennen, dass es Gemeinschaften gibt, deren Grundlagen und Ziele nach unserer Ansicht keine vertretbaren Ideale verfolgen, deren Praktiken uns befremden oder die sogar gegen menschenrechtliche Standards verstoßen. Auch wenn sie teilweise positive Einzelaspekte vorweisen, grenzen wir uns dezidiert von solchen Gruppierungen ab. Damit möchten wir insbesondere interessierten Menschen, die neugierig auf Erfahrungen, Freiwilligendienst oder ein Leben in Ökodörfern und anderen alternativen Gemeinschaften sind, einen Rat mit auf den Weg geben: Es ist unerlässlich, sich im Vorfeld über die Hintergründe und Ziele des jeweiligen Ortes gut zu informieren, um keine ungewollten Überraschungen zu erleben – Ökodörfer sind nicht alle nur grün, und alternativ heißt nicht immer »besser«.

Der harmloseste Vertreter aus unserer Beispielliste der Gemeinschaften, die auf viele Menschen befremdlich wirken, ist die portugiesische Community Tamera. Dieses sehr freizügige Öko-

Einige fragwürdige Beispiele

dorf zelebriert die Polyamorie – also sexuelle Freizügigkeit sowie romantische Beziehungen zu mehreren Personen gleichzeitig –, was sich manche Menschen vorstellen können, viele aber eben auch nicht. Es ist wichtig zu wissen, dass Orte wie Tamera die Ausnahme sind und dass man sie nicht unbedingt auswählen sollte, wenn diese Lebensform den persönlichen Werten widerspricht.

Ein anderes Beispiel für extravagante Gemeinschaften ist der alternative Stadtteil Christiania in Kopenhagen. Auf unserer Rechercheriese durch Dänemark erfuhren wir, wie sehr dieser traditionsreiche Aussteigerort von Drogenkonsum und Gewalt geprägt wurde und dies teils noch immer so ist. Auch in der spanischen Ökogemeinschaft Beneficio sind Rauschmittel eine täglich willkommene Wahl. Doch nicht nur das, auch Kriminelle, nach denen man in anderen Ländern fahndete, sollen dort bereits untergeschlüpft sein.

Auch die Anastasia-Bewegung muss man kritisch sehen, weil sich unter ihren Vertretern rechtes Gedankengut verbreitet hat. Das hat Clemens durch persönliche Erfahrungen selbst erlebt. Es gibt außerdem seriöse Medienberichte, die aufgedeckt haben, dass sich hinter den scheinbar harmlosen Selbstversorgungsprojekten auf sogenannten Familienlandsitzen der Anastasia-Bewegung auch höchst dubiose Akteure befinden. Wir distanzieren uns daher ausdrücklich von dieser Gruppe, die unserer Meinung nach das Thema Selbstversorgung als Feigenblatt benutzt, um die dahinterliegenden menschenverachtenden Positionen zu verbreiten. Wir glauben aber auch, dass sich nicht alle, die sich dieser Bewegung anschließen, der Problematik bewusst sind, und daher nicht jede Anhängerin und jeder Anhänger der Anastasia-Bewegung per se rechtes Gedankengut vertritt. Wir raten Personen, die sich unideologisch der Selbstversorgung widmen möchten, zu einem kritischen Blick auf vorhandene Angebote.

Autonome Ökonomie

Gerade in Krisenzeiten ist das Thema »Geld« für viele Menschen heikel – manche fürchten um den Wertverlust ihrer Güter und Ersparnisse, andere sorgen sich um das nackte Überleben und um die Strom-, Heiz- und Lebensmittelkosten – tangiert wird auf die eine oder andere Weise jede und jeder. Regiert Geld die Welt? Ein großer Teil unserer weltweiten Finanztransaktionen beruht auf Spekulation – mit Geld kann man also Geld machen. Oxfam beklagt, dass Spekulationen, beispielsweise mit Agrarrohstoffen, immer wieder zu rasantem Preisanstieg und globalen Problemen wie Nahrungsmittelkrisen beitragen.[35] Längst sind unsere »Moneten« nämlich kein reines Tauschmittel mehr, sondern wir haben um das Geld herum ein komplexes Finanzsystem geschaffen, aus dem nur die wenigsten großen Profit schlagen und von dem wir scheinbar alle abhängig sind. Aber ist das wirklich der Fall? Wie wäre es, wenn wir zumindest in Teilbereichen unseres Lebens aus dem vorherrschenden System aussteigen könnten, indem wir beispielsweise auf Gemeinschaftsarbeit, nachbarschaftlichen Tausch oder Regionalwährungen setzen? Und was wäre, wenn wir mit einer Gruppe von Menschen unsere Finanzkraft in einen Topf werfen oder Wege finden, Förderungen für ein Selbstversorgerprojekt zu erhalten?

Schattenseiten des herrschenden Finanzsystems

Die persönliche Finanzkraft wird in unserer Kultur sehr diskret behandelt, über das Vermögen »spricht man nicht einfach so«. Das eigene Einkommen ist gerade für Frauen ein Sinnbild der Unabhängigkeit und Emanzipation. Zahlreiche Frauen wie Männer stehen zudem unter dem Druck, eine Familie zu versorgen, oft als Alleinverdiener mit einer nicht selten fürchterlichen Work-Life-Balance, unter der das

Über Geld sprechen!

Privatleben stark leidet. Wie können wir uns selbst verwirklichen und uns sowie Nahestehende versorgen, wenn uns Krisen treffen und wir noch Großes vorhaben? Und wie können wir uns nicht nur selbst versorgen, sondern dabei womöglich auch noch für unser Alter *vor*sorgen, wenn es schon jetzt vorn und hinten nicht zu reichen scheint?

Möchte ich mir ein Zuhause mit einer möglichst autarken Energieversorgung einrichten, sodass ich dort auch im höheren Alter gut leben kann, so braucht es Mittel und Wege, um dies zu finanzieren und dauerhaft unterhalten zu können. Auch wenn ich dazu einen Selbstversorgergarten bestelle, der mich vor dem Kauf von hochpreisigen und teils minderwertigen Lebensmitteln verschont, werde ich wahrscheinlich stets mehr oder minder hohe laufende Kosten und Ausgaben haben: Drogerieprodukte, Dienstleistungen, Grundnahrungsmittel, Mobilität, Einrichtungsgegenstände, technische Geräte, Geschenke, Bekleidung, Bildung, Freizeitveranstaltungen und vieles mehr wird bei den meisten hin und wieder auf der Einkaufs- oder Wunschliste stehen und sich summieren. Versicherungen und Steuerabgaben sind verpflichtend. Was also tun?

Eine Möglichkeit: Im norddeutschen Ökodorf Lebensgarten Steyerberg wurde beispielsweise eine günstige Initiative als Alternative zur gängigen Krankenversicherung gegründet; auch die Erschaffung einer Tiny-House-Siedlung für Seniorinnen und Senioren steht zur Debatte, um so im Falle von Krankheit und im Alter gemeinschaftlich abgesichert und selbstversorgt zu sein.

Zu den notwendigen Ausgaben, die wir trotz einer weitgehenden Selbstversorgung tätigen müssen, kommt hinzu, dass viele Menschen nicht nur keine roten Zahlen schreiben wollen, sondern am liebsten grüne: Die Ökobilanz einer wirtschaftlichen Tätigkeit spielt neben der Autonomie eine große Rolle – sie soll in verschiedener Hinsicht nachhaltig sein. Wie dies gelingen kann, wollen wir uns in diesem Kapitel ansehen.

Autonomie und Krisensicherheit durch alternative Währungen

Was wäre, wenn wir unser eigenes Wertpapier basteln könnten? Diese Frage stellten sich nicht nur die Erfinder von Gesellschaftsspielen wie Monopoly, sondern auch Avantgardistinnen wie Margrit Kennedy bereits vor Jahrzehnten – und mittlerweile sind Alternativwährungen in manchen Ökodörfern oder in ganzen Regionen bereits Realität, weitgehend unabhängig von Staat und Weltmarkt. Parallele Wirtschaftssysteme können uns von globalen und nationalstaatlichen Monopolen und Krisen loslösen und uns auf finanzieller, sozialer und ökologischer Ebene Gewinn bringen.

Geld ist bekanntlich ein allgemeines Tauschmittel, mit dem man aus allen möglichen Waren und Dienstleistungen wählen kann. Viele Menschen sind nur mit der jeweiligen Landeswährung vertraut, mit der überall bezahlt wird und die scheinbar als einzige Option zur Verfügung steht, doch alternative Geldsysteme existieren bereits: Sie erlauben es, beliebige Waren und Dienstleistungen auszutauschen, gerecht zu entlohnen und besonders nachhaltige Wertschöpfungsströme anzuregen. So wollen sie dazu beitragen, den einzelnen Menschen und seine direkte Umgebung zu stärken und für einen zukunftsfähigen Aufschwung in der Wirtschaft zu sorgen. Die Wirtschaft kommt ohne Finanzblasen und Zinsen aus und könnte sich stattdessen an realen Kapazitäten und begrenzten Ressourcen orientieren. Der deutsche Umweltwissenschaftler Michael Kopatz nennt in seinem Buch *Ökoroutine: Damit wir tun, was wir für richtig halten* den Kapitalismus »ein System, dessen Intention die Geldvermehrung ist – Moral spielt dabei zunächst keine Rolle«.[36] Alternative Wirtschaftsformen können diesen Missstand bewusst umkehren.

Alternative Geldsysteme

Der Umwelt zuliebe kann so die wirtschaftliche Zirkulation

vor Ort unterstützt werden, und endlich profitieren davon nicht in erster Linie wenige Börsenprofis und Großhändler, sondern die Mehrzahl der Menschen zieht einen Vorteil daraus – besonders »kleine Leute«, die hochwertige Erzeugnisse, etwa aus dem eigenen Anbau, nachhaltige Produkte, wie handwerkliche oder technologische Gebrauchsgüter, sowie Dienstleistungen, also zum Beispiel eine Kinovorführung, untereinander in Anspruch nehmen: Sie können sich auf eine eigene Währung einigen, die dann fortan in einem kleineren oder größeren Raum zirkuliert, und das völlig legal.

Ein Besuch im Wohnzimmer der Kennedys

Persönlich konnten wir Margrit Kennedy im norddeutschen Ökodorf Lebensgarten Steyerberg, den sie als Architektin selbst plante und aufbaute, leider nicht mehr besuchen. Sie verstarb 2013 mit 73 Jahren und ließ ihren Mann Declan zurück, einen inspirierenden Pionier der Permakultur, mit dem wir eine köstliche Tasse Tee von seiner Zitronenverbene tranken. Das Backsteinhaus ließ Margrit Kennedy einst stilvoll restaurieren. Sie war neben ihrer Tätigkeit als Architektin aber auch eine renommierte Währungsspezialistin, die sich insbesondere mit alternativer Ökonomie auseinandersetzte. Ihr Buch *Geld ohne Zinsen und Inflation – ein Tauschmittel, das jedem dient*[37] erschien im Jahr 1991 und wurde in über zwanzig Sprachen übersetzt. Darauf folgte eine internationale Bewegung zur Gründung von Komplementärwährungen. Eine prägnante Stelle aus einem Interview mit Margrit Kennedy lautet: »Was man seit den frühen achtziger Jahren beobachten konnte, war eine immer stärkere Loslösung des Geldsystems von der wirtschaftlichen Realsphäre. Das exponentielle Wachstum, das durch unser Geldsystem angeheizt wird, ist auf Dauer nicht durchzuhalten auf einem endlichen Planeten.«[38]

Margrit Kennedy steht im Kontext der in den Siebzigerjahren unter anderem von Karl William Kapp begründeten Ökologischen Ökonomie, einer wissenschaftlichen Fachrichtung, die ökologische Zusammenhänge und Wirtschaft zusammendenkt, um nachhaltiges Wachstum zu erreichen.

Die Währungsexpertin Margrit Kennedy

Mit der grundlegenden Unterscheidung zwischen Anthropozentrismus und Ökozentrismus können wir die (fehlende) Ethik unseres wirtschaftlichen Systems erklären: Unser bestehendes Finanzwesen legt den Fokus auf den gewinnorientierten Menschen, während ökozentrische Alternativen darauf abzielen, alle Beziehungen in dem natürlichen System zu fördern, das der Mensch bewohnt.[39] Ersteres kann in die Ausbeutung der Umwelt münden, letzteres führt zu nachhaltiger Entwicklung – also Wachstum auf Kosten der Natur oder mit ihr. Damit die Wirtschaft florieren kann – ohne finanzielle Notlagen ärmerer Menschen oder ökologische Probleme zu riskieren –, dürfen nicht noch schneller noch mehr Ressourcen ausgebeutet werden, an denen sich wenige Global Player auf Kosten aller massiv bereichern, sondern unsere Prozesse müssen fairer und vor allem effizienter werden.[40]

Einerseits muss also auf verbesserte Technologien gesetzt werden, die auf erneuerbaren Energien aufbauen, andererseits sollten wir die Rahmenbedingungen unserer Wirtschaft betrachten. Probleme wie die ungerechte Verteilung (Allokation), die Ausbeutung von Arbeitskraft, gerade in Schwellenländern, und die verheerenden Folgen für Naturräume durch einen rücksichtslosen Kapitalismus sind aus den täglichen Schlagzeilen bekannt. Wir erfahren die Finanzwelt, mit der wir großwerden, aber als quasi naturgegeben: Vielen Menschen erscheint unser Geldsystem viel zu komplex und kaum veränderlich, aber das ist es nicht.

Ein genauer Blick auf dieses Thema zeigt, dass auch Sie das Finanzsystem proaktiv mitgestalten können – zum Beispiel, indem Sie sich ein eigenes schaffen. Das mag zunächst verwegen klingen, aber eine zunehmende Anzahl von Menschen findet mittlerweile tatsächlich konkrete Wege aus dem alten in ein neues System. Wie sie dies bewerkstelligen, wollen wir uns im Anschluss ansehen. Um zu verstehen, was genau wir ändern und erreichen können, lohnt es sich aber, die Probleme des derzeit herrschenden Systems nachzuvollziehen und zu wissen, warum wir es überhaupt ändern sollten. Denn Nachfrage und Angebot allein regulieren unsere Probleme nicht. Diese marktregulierende »unsichtbare Hand«, wie sie der Brite Adam Smith zu Beginn der Industrialisierung vorstellte, führte schon damals zu katastrophalen Folgen für die damalige »Arbeiterklasse« und die Umwelt.

Im wissenschaftlichen Sammelband *Zukunft entsteht aus Krise* erschien im Jahr 2009 ein spannendes Interview mit Margrit Kennedy. Darin vergleicht sie unseren kapitalistischen Finanzmarkt mit einem Krebsgeschwür, dessen Wachstum sich gegen die eigentliche Natur der Dinge richtet. Man könnte es auch mit einem Ekzem vergleichen, das große Blasen bildet, die in Form von Finanzkrisen in bestimmten Zeitabständen platzen – zum Leidwesen der Bevölkerung und zur Freude einiger weniger Spekulanten, die an der Börse »herumdoktern«. Sie spielen damit, dass unser Bankensystem in antizyklischen Wellen funktioniert, in denen der Leitzins politisch gesteuert wird: Bei eher schwacher Wirtschaft wird er normalerweise gesenkt und bei starker Wirtschaftsentwicklung angehoben. Bei drohender Rezession wird der Leitzins ebenfalls genutzt, um die Stabilität des Wirtschaftssystems erhalten zu können. Die antizyklische Geldwirtschaft, die wiederkehrend zu Inflationserscheinungen führt, ließe sich nur mit einem Währungssystem abschaffen, in dem, so schließt auch die Pionierin Margrit Kennedy, nicht mehr auf unendliches Wachstum gezielt und nicht mehr verzinst wird.

Probleme unseres Finanzsystems

Zeit ist Geld – der Zeitgutschein

Was wir heute erleben, ist eine Entwertung, die viele Menschen in Not bringt: Vom Kleingeld bis hin zu den erarbeiteten Ersparnissen ist unser Geld derzeit immer weniger wert. Gleichzeitig bläht die Inflation die Einkaufspreise auf. Dies hat es in der Geschichte aber bereits oft gegeben. Was also können wir dagegen selbst unternehmen, wenn wir uns in solch einer einschneidenden wirtschaftlichen Zwickmühle befinden? Als eine Alternative zum Euro gibt es mittlerweile zinslose Währungen wie den Minuto, die ein interessanter Ausweg besonders aus einer konjunkturellen Krise sein können – vor allem, wenn man in einem Ökodorf oder einer Nachbarschaft eigene Wertschöpfungsketten unterhält.

Der Minuto wurde 2009 vom Permakultur-Designer Konstantin Kirsch entwickelt und ist eine Geldalternative in Form von Gutscheinen. Der Zeitgutschein berücksichtigt die Arbeitszeit, die reell in die Herstellung eines Produkts eingeflossen ist. So soll der Arbeitsaufwand gerecht entlohnt werden. Die Menschen vom Lebensgarten Steyerberg beispielsweise veranstalten gelegentlich einen Markt, auf dem man auch mit dem Minuto »bezahlen« kann. Er ist seit Jahren erprobt, und die Verwendung denkbar einfach. Die Wertscheine lassen sich selbst handschriftlich ausstellen, mit allen wichtigen Daten versehen und unterschreiben. Dann kommt dieser Zeitgutschein in Umlauf und dient dem Handel mit ganz unterschiedlichen Produkten und Dienstleistungen innerhalb einer Gemeinschaft, die den Minuto akzeptiert.

Der Minuto als Beispiel

In einem Lehrvideo zeigt Konstantin Kirsch, wie der Zeitgutschein eines Imkers durch ein gesamtes Dorf zirkuliert, nachdem der Imker in der Autowerkstatt damit bezahlt hat. Der Kfz-Mechaniker begleicht mit den 30 Minutos, die der Imker ihm für die Reparatur gegeben hat, die Reitstunden seiner Töchter, die Reitlehrerin wiederum nutzt den Zeitgutschein für etwas anderes. Erst am Ende des Videos erscheint jemand und bittet den Imker um zwei Gläser Honig – überrascht stellt er fest, dass sein eigener Wertgutschein nach ein paar Tagen bereits zu ihm zurückgekehrt ist. Die Rechnung ist aufgegangen und mit den beiden Honiggläsern beglichen.

Alternative Währungen wie der Minuto basieren auf einem Wertfluss, statt auf dem lukrativen Horten von verzinsten Geldern. Trotzdem können solche Zeitgutscheine als Euro-Alternative natürlich auch für einen späteren Zeitpunkt aufbewahrt werden, was aber wegfällt, ist der Mechanismus des exponentiellen Wachstums durch Zinswirtschaft. Dieses Wachstum kann leicht die tatsächlich verfügbaren Ressourcen und Kapazitäten übersteigen, die sich als konkreter Wert überhaupt auf unserer Erde befinden. Im etablierten wachstumsorientierten Währungssystem müssen etwa 80 Prozent der Deutschen indirekten Zins und Zinseszins auf alltägliche Dinge wie die Mietkosten zahlen, während eine Minderheit, etwa 10 Prozent, ihr Geld auf diese Art »für sich arbeiten lässt« und daran verdienen kann.[41] Die restlichen 10 Prozent, so führt Margrit Kennedy aus, seien in einer ökonomischen Lage, in der sich der Verlust und Gewinn an Zinsen die Waage hält. Die meisten Menschen haben also äußerst schlechte Karten gezogen. Sie leiden darunter, wenn es zu einer Inflation kommt – und selbst diejenigen, die von der Zinswirtschaft profitieren, riskieren bei großen Finanzkrisen, Schaden zu nehmen. Die Stabilität, die sich mithilfe alternativer Währungen aus gleichbleibenden, fairen Produkt- und Dienstleistungspreisen ergibt, wäre sehr förderlich für den Großteil der Menschen. Angesichts der multiplen Krisen unserer Zeit wünschen sich viele von ihnen mehr denn je Sicherheiten, besonders finanziell. Ein teilweiser Umstieg auf Zeitgutscheine könnte diese finanzielle Not reduzieren und gleichzeitig die Umwelt schonen, da er den Handel vor Ort fördert.

Alternative Währungen auf regionaler und globaler Ebene

Für eine autonome Ökonomie kann neben dem System des Zeitgutscheins auch eine Regionalwährung sorgen. Allein in Deutschland gibt es derzeit 46 Regionalwährungen mit klingenden Namen wie Rheingold (Düsseldorf), Bürgerblüte (Kassel) oder Elbtaler (Dresden). Sie beschränken sich nicht nur auf eine intentionale Gemeinschaft, einen Markt oder ein Dorf, sondern sind in einer ganzen Gegend im Umlauf. Der bekannteste Vertreter solcher »Regios« ist der Chiemgauer, mit dem man mittlerweile in rund 600 Geschäften bezahlen kann. Er ist eine bayrische Regionalwährung, die 2003 im Zuge eines Schulklassenprojekts entstand – das Konzept ist so effizient, dass es sich rasch in der ganzen Region etablierte.

Ein Vorbild für den Chiemgauer war das sogenannte »Wunder von Wörgl«: Im österreichischen Ort Wörgl sicherte der Bürgermeister 1932 die Menschen angesichts der Weltwirtschaftskrise und hoher Arbeitslosigkeit mittels einer alternativen Währung zur lokalen Stärkung der Wertschöpfungskette ab – und das Experiment führte erstaunlich schnell zum rettenden Wachstum.

Auch der Schweizer WIR-Wirtschaftsring, der 1993 mit seiner eigenen Währung ins Leben gerufen wurde, ist ein interessantes Beispiel für eine Vereinigung von Unternehmen, die sich gegenseitig Kredite gewähren – besonders in Krisenzeiten – und die Abzahlung in Form von Warenkäufen vereinbaren, sodass alle Beteiligten einen reellen und direkten Nutzen davon haben. Die Stärke des WIR ist gleichwertig mit dem Schweizer Franken – man kann sogar mit der Kreditkarte in WIR zahlen. Allerdings ist er nur dort tauglich, wo Unternehmen sich ebenfalls für den WIR geöffnet haben. Auch Hybridzahlungen sind möglich, sodass ein Teil mit der alternativen und der Rest mit der konventionellen Währung beglichen werden kann. Dies wird im Übrigen auch mit Zeitgutscheinen wie dem Minuto mitunter so gehandhabt.

Alternativwährungen sind anders als Wertbons, die wir etwa von gemeinnützigen Veranstaltungen kennen. Wir tauschen einen bestimmten Euro-Betrag gegen Bons aus Papier und können damit dann beispielsweise ein Stück selbstgemachten Kuchen kaufen. Wertbons sind also zwar ein internes Tauschmittel, aber im Unterschied zum Minuto werden sie erst käuflich erworben. Der Zeitgutschein aber kann nach vereinbarten Regeln von jedem Teilnehmer nach Bedarf selbst hergestellt und gebraucht werden. Denn wer den Minuto mitnutzen möchte, kann eigenmächtig einen Zeitgutschein mit seinen persönlichen Daten und seiner Unterschrift versehen, diesen in Umlauf bringen und damit seinen eigenen Produkten oder Dienstleistungen Wert verleihen, ohne für den Tauschschein im Vorfeld einen Cent auszugeben. Herkömmliche Währungen wie der Euro allerdings kosten uns Geld in Form von Zinsen und Zinseszinsen, Inflationen und vielen anderen Verlusten. Auch die Umwelt zahlt einen hohen Preis für unsere konventionelle Geldwirtschaft: Wenn die neuseeländischen Äpfel im Discounter billiger sind als die im Hofladen eines Biobauern um die Ecke, läuft einiges verkehrt.

Das Wertbon-System

Interne Währungssysteme, beispielsweise in einem Ökodorf, basieren auf Vertrauen und darauf, dass möglichst viele Menschen mitmachen, sodass es eine vielfältige Auswahl an Waren und Dienstleistungen gibt, aus denen man im Gegenzug zum eigenen Angebot auswählen kann. Als großer Vorteil gegenüber dem Tauschhandel lassen es beispielsweise der Minuto oder eine Regionalwährung prinzipiell offen, wo ich mir meinen Gegenwert zur verkauften Leistung zurückhole; in diesem Sinne stehen sie den etablierten Währungen in nichts nach. Ansonsten funktionieren sie nach unterschiedlichen Prinzipien. Die Chiemgauer Regionalwährung beispielsweise verliert vierteljährlich leicht an Wert. Dies motiviert die Menschen, die damit einkaufen, den Regio für

Alltägliches zu benutzen, die regionale Wertschöpfung beständig anzuregen und den Geldwert somit rasch wieder in der Region in Umlauf zu bringen. Doch auch Sparen ist mit vielen Regio-Währungen ohne Verluste möglich. Sie können unser altes Geldsystem bereits vielfach ersetzen.

Obwohl es wichtig ist, sinnvolle Strukturen vor Ort zu fördern, ist damit jedoch nicht gemeint, dass wir dem globalen Handel grundsätzlich den Rücken kehren müssen: Mit dem »Terra« beispielsweise wurde eine inflationsresistente internationale Alternativwährung entwickelt, die sowohl den globalen Handel als auch Tausch krisensicher und zinslos möglich macht. Solche Währungen können Unternehmerinnen oder Unternehmer im internationalen Handel Sicherheiten geben, abseits schwankender Wechselkurse. Auch die simple Lösung des Zeitgutscheins lässt sich auf internationale Geschäfte anwenden.

Der Terra

Alternative Währungen – Rettungsring oder Richtungsweiser?

Der Ökonom und Tiefenpsychologe Bernard Lietaer vergleicht komplementäre Tauschhandelswährungen mit einem Ersatzreifen: Sie können auf lokaler, nationaler und internationaler Ebene besonders in Krisenzeiten Wohlstand und Autonomie erhalten helfen und fördern vor allem den einzelnen Menschen, soziale Notwendigkeiten und gemeinschaftliche Interessen – die etablierten Währungen ergänzen sie seiner Meinung nach nur: Diese fördern in erster Linie »den Wettbewerb, die wirtschaftliche Konkurrenz, bilden Kapital und dienen dem Warentausch«. Deshalb schließt er: »Mit einem einzigen Geldsystem können wir einfach nicht alle Probleme lösen, besonders nicht die sozialen [ ]«[42]

Auch Margrit Kennedy betonte bis zuletzt, dass es eine Vielfalt von Geldern geben müsse. Wie in jedem komplexen System trägt Diversität zur Gesundheit und Resilienz desselben bei. Dies ist zum Beispiel in Ökosystemen nicht anders zu beobachten als im Finanzsystem. Jedes Ökodorf oder jede Region könnten von einer Alternativwährung, in Form von Regios, Zeit-, Bildungs- oder Pflegegutscheinen, profitieren. Mit einer solchen Vielfalt, die lokale Bedürfnisse stillt, wäre viel gewonnen. Uneinigkeit besteht allerdings bezüglich der Aufrechterhaltung und der erzwungenen Partizipation an konventionellen Währungen wie dem Euro. Es ist schwer möglich, sich selbstermächtigt aus diesem System zu lösen. Auch im bayrischen Chiemgau, dessen Regionalwährung bereits funktioniert, müssen beispielsweise die Steuerabgaben weiterhin in Euro geleistet werden. Dies ist nicht nur ein Aufwand, der die Dinge erschwert, sondern zeigt auch unsere Abhängigkeit vom bestehenden System.

Vielfalt von Währungen

Margrit Kennedy entlarvte zu ihren Lebzeiten für jedermann verständlich die problematischen gegenzyklischen Mechanismen des Finanzmarkts, der auf ein Wachstum ausgerichtet ist, das unsere ökologischen und sozialen Kapazitäten übersteigt und zu Ungleichgewicht führt. Daher ist ein großer Streitpunkt, ob alternative Währungen in der Zukunft mehr als nur »Ersatzreifen« sein sollten und könnten. Alternativwährungen können zur echten Systemverbesserung beitragen, denn eines ist sicher: »Auch für die Umwelt brauchen wir wirtschaftliche Regulierungen, die verhindern, dass das Kapital in zerstörerische Aktivitäten wandert, statt in wertschaffende, welche die Naturschätze erhalten.«[43] Mit alternativen Modellen können sich Menschen gezielt gegenseitig fördern, die im größeren, aber auch im kleinen Rahmen nachhaltig, autonom und krisensicher wirtschaften möchten. Es lohnt sich, in diese vollkommen legalen Parallelsysteme hineinzuschnuppern, die mittlerweile gut erprobt und in vielen

Systemverbesserung durch alternative Währungen

Regionen bereits verfügbar sind – man muss sie nicht überall neu erschaffen.

Insbesondere das Prinzip des Zeitgutscheins lässt sich überall anwenden, wo mehrere Menschen in einen Wertaustausch gehen möchten. Durch den Regio und andere Währungsalternativen setzen wir mehr auf eine regionale Vernetzung und gegenseitige Unterstützung, ermöglichen mehr lokalen Austausch von Erzeugnissen, vermeiden die oft unnötig weiten Lieferketten und auch die Bereicherung weniger auf Kosten von Menschen und Natur. Margrit Kennedy hielt Regios und Zeitgutscheine zwar nicht für die große Lösung, aber für einen guten Anfang, durch den jeder Mensch feststellen kann, dass autonomes Wirtschaften möglich ist. So können wir beginnen, die verzinste Finanzgier zu umgehen, die mit ihrer exponentiellen Wachstumsphilosophie nicht nur uns Menschen in Not bringt, beispielsweise in der aktuellen Inflationskrise, sondern die auch auf eine Bankrotterklärung mit Blick auf die Umwelt zuläuft. Ob das Prinzip der Komplementärwährung irgendwann nicht mehr nur eine ergänzende Funktion haben wird, sondern das alte System reformieren kann, steht noch in den Sternen.

Die gemeinsame Kasse

In einigen Selbstversorger-Communities finden wir das Konzept der Gemeinschaftskasse. Die Idee von einer gemeinsamen Ökonomie hat eine gewisse Brisanz, und die Vergemeinschaftung ihrer Einkommen würde viele Menschen eine enorme Überwindung kosten. Sein erarbeitetes Geld will man ganz für sich allein oder die Familie, sofern vorhanden. Aber wofür genau setze ich mein Geld dabei ein? Für Statussymbole? Für Dinge, die sich später im Keller ansammeln? Oder könnte man mit dem Geld gemeinsam mit anderen etwas Größeres und Sinnvolleres erschaffen? Das wäre eine der Überlegungen, die zu einer Gemeinschaftskasse führen kann. Haushaltsgeräte, Fahrzeuge und vieles andere kann man sich im Alltag mit anderen gemeinsam finanzieren und teilen und so Geld für Projekte freimachen, die der gemeinsamen Sachen ebenso wie der Selbstverwirklichung dienen.

Gerade das Thema alternative Ökonomie birgt immense Chancen. Viel Geld ist meist nicht per se Voraussetzung, um in einer intentionalen Gemeinschaft zu leben. Man kann sich auch zusammen ein Haus mit großem Garten mieten, wie in einer WG. Jeder zahlt einen Teil zur Miete dazu, das hat finanzielle Vorteile und schont Ressourcen. So testet man erst einmal, wie sich das Gemeinschaftsleben und die Selbstversorgung aus dem eigenen Garten anfühlen. Dies legt auch die italienische Ökodorf-Gründerin Lucilla Borio Menschen ans Herz, die diesen Lebensstil eher unverbindlich ausprobieren möchten, wie sie uns im Frühjahr 2022 erzählte, als wir sie im liebevoll restaurierten ligurischen Ökodorf Torri Superiore besuchten. Eine gemeinsame Ökonomie besteht dann mindestens insofern, als dass alle ihren Anteil zu Miete und Nebenkosten beitragen.

Chancen der Gemeinschaftskasse

Viele etablierte Gemeinschaften und Ökodörfer haben ökonomische Richtlinien vereinbart. Wenn man dorthin ziehen möchte, gerade in Deutschland, erwarten einige von ihnen, dass man eine größere Einlage tätigt, bevor man dort leben und mitwirken kann. Mancherorts, wie in der dänischen Dorfgemeinschaft Dyssekilde, ist es notwendig, ein Grundstück zu erwerben und sich selbst ein Haus zu bauen oder eines zu kaufen oder zu mieten – dort zu leben ist allerdings etwas teurer als im angrenzenden Dorf Torup. Begründet wird dies damit, dass die Lebensqualität im Ökodorf deutlich besser und es mit ökologischen Materialien erbaut ist. In Dyssekilde lebt also jeder auf eigene Kosten in seinem Haus und partizipiert mehr oder minder in gemeinschaftlichen Aktivitäten.

Andere Gemeinschaften wiederum teilen sich bestehende Gebäude und sorgen für ein kostengünstiges Leben, das sich jeder recht einfach leisten kann: Im walisischen Ökodorf Brithdir Mawr ist ein fast lächerlich kleiner Beitrag für Miete, gemeinsames Essen, Grundsteuer und Instandhaltung monatlich fällig (im August 2022 sind es 350 Pfund), was es im Prinzip jedem finanziell erlaubt, den Traum von der krisensicheren Selbstversorgung zu verwirklichen. Wieder andere Öko-Gemeinschaften bestimmen für sich, dass jedes Einkommen, ob inner- oder außerhalb erworben, vergemeinschaftet wird (oder zumindest ein großer Teil davon). Das führt dazu, dass Menschen, je nach ihrem Einkommen, mehr oder weniger hohe Beträge freiwillig zum gemeinsamen Geldtopf beisteuern. Persönliche Ersparnisse oder Erbschaften werden meistens nicht von der Gemeinschaftskasse berührt.

Wenn man sich für eine Gemeinschaftskasse entscheidet, braucht es klare Richtlinien und am besten einen Vertrag. Auch über eine Buchführung über die Bedürfnisse und Ausgaben der einzelnen Mitglieder sollte man nachdenken. Man kann sich ein Leben mit Gemeinschaftskasse wie folgt vorstellen: In der Gemeinschaftsküche steht eine kleine Truhe mit Geld. Man nimmt sich daraus, was man braucht, und notiert es. Vertrauen und Verantwortungsbewusstsein müssen dabei auf jeden Fall gegeben sein. Gewissenhaftigkeit und Sparsamkeit werden vorausgesetzt. Jemand, der übermäßigen Luxus im Leben möchte oder unter Kaufsucht leidet, ließe ein solches Modell sehr schnell zerplatzen. Man benötigt zudem klare Regeln für den Fall, dass jemand irgendwann wieder ausziehen möchte: Bekomme ich einen Teil zurück, damit ich mir mit dem Geld außerhalb der Gemeinschaft wieder ein Leben aufbauen kann – gerade, wenn ich für Kinder Sorge trage? Dann kann ungefähr verrechnet werden, was die Person in dem Zeitraum auf dem Hof oder außerhalb an überschüssigem Gewinn erwirtschaftet hat; diesen Anteil erhält sie zurück.

Voraussetzungen einer gemeinsamen Kasse

Die Entscheidung für eine gemeinsame Ökonomie, sei es als Community oder als Paar, ist freiwillig und kann sinnvoll sein, wenn zusammen gewirtschaftet wird. So können alle genau gleich viel beitragen – oder man beteiligt sich prozentual, das heißt im Verhältnis zu seinen tatsächlichen Möglichkeiten. Ein gemeinsamer Geldtopf deckt notwendige Ausgaben ab, von denen alle profitieren, zum Beispiel Reparaturen. Wählt man in weitgehender Absicht eine Gemeinschaftskasse und legt mehrere Einkommen zusammen, so stärkt dies den Zusammenhalt und die Planungssicherheit. Mit gebündelter Finanzkraft lässt sich Großes in kurzer Zeit erreichen.

Fördermöglichkeiten

Das walisische *One Planet Development Program* bezuschusst Privatpersonen, die nach strengen Standards wirtschaften und leben möchten und sich somit den Nachhaltigkeitszielen der »17 Sustainable Development Goals« der Vereinten Nationen annähern. Auf unserer Recherchereise im walisischen Ökodorf Brithdir Mawr lernten wir die freiwillige Arbeiterin Sarat Jones kennen, die gemeinsam mit ihrem Lebensgefährten demnächst ein eigenes Wohn- und Gartenprojekt in der Nähe initiiert.

Sarat Jones hatte vor ihrer Ankunft in Brithdir Mawr ein recht »normales« Leben, trotzdem beeinträchtigte dieses die Umwelt. Würde jeder Mensch auf der Welt einen durchschnittlichen westlichen Lebensstil wie Sarat führen, so würden wir insgesamt ganze 1,7 Planeten benötigen. »Jetzt entspricht mein Lebensstil weniger als einem Planeten«, erzählte sie uns mit leuchtend braunen Augen. Aufrecht und entspannt saß sie auf einem Granitfelsen an der Pferdeweide. Mit ihrer grauen Kleidung und ihren silbernen Haarsträhnen fügte sie sich perfekt in die felsige Umgebung am kleinen See ein. Dass wir alle uns besser in das Gesamtsystem einfügen müssen, liegt für sie auf der Hand. Wir sollten intelligenter sparen, verteilen und konsumieren, findet sie. Die Ressourcen und die Energie, die wir täglich verbrauchen, müssen sich in Grenzen halten, sonst werden wir zur Belastung für die Erde.

Und hier kommt das walisische *One Planet Development Program* ins Spiel: Es ist einzigartig in Großbritannien.

Die Idee hinter dem Programm ist, dass wir als Menschheit nicht mehr als einen Planeten »verbrauchen« dürfen. Gefördert werden Sanierungen, kreislaufwirtschaftliche und möglichst energieautarke Projekte im ländlichen Raum. Neubauten werden unter strengen Auflagen kontrolliert. Einkommen, Lebensmittelversorgung, Strom – alles soll möglichst vor Ort produziert werden. Gefördert wird also die Bemühung zur umfassenden Selbstversorgung. Abfälle aller Art sollen ebenfalls möglichst vor Ort recycelt werden. Geeignete Projekte im ländlichen Raum werden über mindestens fünf Jahre begleitet und gefördert.

Welche Wege gibt es, um Ähnliches in Deutschland umzusetzen und Förderungen für ein nachhaltiges (Um-)Bauprojekt zu erhalten, fragten Clemens und ich uns. Wo liegen die Chancen und Grenzen? »Leider sind wir von dem in Wales entwickelten vorbildlichen Programm in Deutschland noch weit entfernt«, sagte uns die Gruppierung Architects for Future e.V. (A4F), als wir ihr in einem Interview diese Frage stellten. Die Architects bilden eine nachhaltige Architekturbewegung, die im Rahmen der »4Future«-Proteste entstand und 2019 in Wuppertal gegründet wurde. Das walisische *One Planet Development Program* halten die Mitglieder für vorbildlich. »Wir kämpfen als A4F jeden Tag dafür, diesem Vorbild ein Stück näher zu kommen und müssen hierbei Schritt für Schritt vorgehen.« Die gesetzlichen Rahmenbedingungen in Deutschland seien gerade vielfach in der Diskussion, beispielsweise hinsichtlich der Förderung ökologischer Bauvorhaben. Positive Veränderungen in naher Zukunft sind also realistisch.

Die Architects for Future und ihre Vision

Wie definiert die Gesetzgebung aktuell den Begriff des »nachhaltigen Gebäudes«, wollen wir von den Architects wissen. »Der Fokus liegt nach wie vor auf dem energieeffizienten Gebäudebetrieb und nicht auf Kreislaufwirtschaft, Regionalität, Suffizienz und Minimierung der Grauen Emissionen.« Dabei könnten Selbstversorgungsprojekte wie jene, die in Großbritannien von der walisischen Regierung gefördert werden, eben diese wichtigen Punkte voranbringen und stärker zum ökologischen Gleichgewicht beitragen als Projekte, die nur einen Fokus auf die Energieeffizienz eines Gebäudes legen.

Verbesserungsbedürftige Rahmenbedingungen

Letztere werden in Deutschland zwar maßgeblich gefördert, doch auch die KfW-Bank kommt für die Finanzierung eines Selbstversorgerprojekts in Frage. Viele Menschen überlegen, für ein Selbstversorgerprojekt ein sanierungsbedürftiges Haus zu erwerben. Eine geförderte Energieberatung und die Erstellung eines individuellen Sanierungsfahrplans sowie Unterstützung aus der Städtebauförderung, des Denkmalschutzes oder aus kommunalen Förderprogrammen sind laut den A4F denkbar.

In Sachen nachhaltiges Bauen ist viel mehr Mut zur Veränderung erforderlich. »Allerdings«, so erklären die Architects, »müssen wir nicht auf das perfekt zugeschnittene Förderprogramm warten, um vom Ökozid abzulassen und klima- und generationengerecht (um-)zubauen.« Es gibt da diverse Möglichkeiten, und Fördermittel lassen sich oft kombinieren.

Recherche-Tipps

In Deutschland finden Sie auf verschiedenen Internetseiten Förderungen zu unterschiedlichen Aspekten der Nachhaltigkeit im Privatbereich durch Bund, Länder und kommunale Träger. So können Sie beispielsweise eine Bezuschussung zu Kauf und Installation einer Solaranlage nach dem EEG (Erneuerbare Energien Gesetz) oder Förderungen für eine umweltfreundliche Haussanierung erhalten. Ähnliche Themenausschreibungen finden Sie auf den Seiten des Bundesamts für Wirtschaft und Ausfuhrkontrolle (BAFA). Hinweise auf entsprechende Internetadressen mit weiterführenden Informationen entnehmen Sie bitte dem Anhang dieses Buches.

Die Deutsche Bundesstiftung Umwelt (DBU) ist regierungsunabhängig. Wenn Sie Ihr Selbstversorgerprojekt mit unternehmerischen Tätigkeiten verbinden können, so kann die DBU interessant sein: Sie fördert Vorhaben mittelständischer wirtschaftlicher Unternehmen im Nachhaltigkeitsbereich, etwa klima- und ressourcenschonendes Bauen, nachhaltigen Umgang mit Lebensmitteln, Energieeffizienz, nachhaltige Bewirtschaftung von Nutzland und vielem mehr. Auch ein themenoffener Antrag kann gestellt werden. Die DBU ist unabhängig und kann staatliche Förderprogramme ergänzen.

Auch bei Öko-Test finden Sie Hinweise zu Förderungen von ökologischen Um- oder Neubauten. Die Umweltberatung wiederum ist eine Anlaufstelle, wenn Sie Fördermittel für ein nachhaltiges Projekt in Österreich suchen. Regiosuisse beispielsweise ist eine Plattform für Fördermittel in der Schweiz. Ein Verzeichnis der entsprechenden Internetseiten finden Sie im Anhang.

Förderung à la Torri Superiore

Das Ökodorf Torri Superiore, das Clemens und ich gemeinsam in Italien besuchten, ist einen ganz eigenen Weg gegangen, um mit Fördermitteln Großes zu schaffen – die Gründungsmitglieder schufen einen eingetragenen kulturellen Verein, durch den sie Spendengelder erhalten konnten, sodass ihr historisches Wohngebäude restauriert werden konnte. Dadurch erhielten sie übrigens nicht nur großzügige Finanzspritzen, sondern auch ehrenamtliche Hilfe durch Architektinnen, Installateure und Ingenieure. Es gibt also verschiedene Möglichkeiten, um Fördermittel für ein Selbstversorgungsprojekt zu beschaffen.

Geldloses Wirtschaften

Es ist möglich, einen Teil unserer wirtschaftlichen Aktivitäten unabhängig vom Tauschmittel Geld zu gestalten. Die wohl naheliegendste ist der direkte Tauschhandel: Schließlich praktizierten wir ihn lange, bevor Währungen überhaupt erfunden wurden. Noch heute gibt es Tauschhandelsgeschäfte großer Firmen untereinander auf dem Weltmarkt, die dadurch Verluste durch schwankende Wechselkurse vermeiden. Dies nennt man Countertrade. Je nach Fähigkeiten und Ressourcen lassen sich auch privat einmalige oder sogar regelmäßige Tauschgeschäfte vereinbaren mit anderen Menschen, die etwas zu bieten haben, das man selbst gut gebrauchen kann, zum Beispiel gebrauchte, neue oder selbst produzierte Dinge. Die Transportwege und Kosten für diese Waren und Güter können somit geringgehalten werden, und im Falle von Objekten aus zweiter Hand wird Müll vermieden.

Tauschwirtschaft

Habe ich beispielsweise eine Apfelernte, die so reich ist, dass ich weder noch mehr Mus kochen noch meine Nachbarn mit Äpfeln bombardieren möchte, muss eine sinnvolle Lösung gefunden werden, damit nicht allzu viele Früchte unter den Bäumen verfaulen. Vielleicht hätte ich statt zu vieler Äpfel gern Steinobst und könnte mich erkundigen, ob ein Gartenfreund aus der Region zu einer sogenannten Naturaltauschwirtschaft bereit ist – möglicherweise lässt sich solch ein Deal über Jahre vereinbaren, und beide brauchen sich um die Beschaffung bestimmter Lebens- oder Genussmittel nicht mehr kümmern. In mehreren kleinen Städten am Rhein und auch andernorts gibt es kleinere Fruchtsaftfirmen, die hochwertigen Saft pressen. Auch hier wäre es möglich, einen Handel zu vereinbaren und das Erzeugnis Apfel gegen Fruchtsaft einzutauschen. Ob Tausch von Erzeugnissen, Produkten oder Second-Hand-Objekten wie Kleidung, Geräte oder Baustoffe – über Absprachen oder Inserate können einmalige oder dauerhafte geldlose Tauschbeziehungen entstehen.

Beim Volk der Quechua beobachtete ich die *minka* ebenfalls als Form des unentgeltlichen Wirtschaftens im Sinne der Gemeinschaftsarbeit. Benötigt in einer *comunidad*, das heißt einer dörflichen Gemeinschaft, jemand ein Haus, so setzen die Menschen in der regenfreien Periode gemeinsam alles daran, dass dieses gebaut wird. Professionelle Kräfte und Laien arbeiten gemeinsam an einem neuen rotbraunen Lehmhaus mit Stroh- oder Ziegeldach. Auch die Reinigung der Bewässerungskanäle für die Mais-, Kürbis- und Bohnenfelder oder Kartoffeläcker werden traditionell auf freiwilliger Basis übernommen – bis heute, denn alle profitieren sowohl von einer reichen Ernte als auch vom gemeinschaftlichen Zusammenhalt. In europäischen Ökodörfern finden sich ähnliche Gemeinschaftsverbünde, beispielsweise in Form der solidarischen Nachbarschaftshilfe, des Interessensverbundes oder der Baugenossenschaft.

Das Beispiel der Quechua

Auch das *Schenken* oder freiwillige Geben von Arbeitskraft oder Gütern ist also ein Austausch – hier erwarte ich jedoch nichts im Gegenzug. Von der Permakultur-Philosophie lernen wir, dass das Verteilen des eigenen Überflusses als sinnvolles Prinzip betrachtet werden kann: Schenken kann beiden Seiten Freude bereiten und Vorteile bieten; zudem können bestimmte Güter so eine sinnvolle Bestimmung finden, anstatt herumzustehen oder zu vergammeln. Die Quechua bezeichnen dies als *ayni*. Der *ayni* ist ein Konzept der Reziprozität und bezeichnet eine regelmäßige freiwillige Abgabe, damit der Energieaustausch von Geben und Nehmen in einer Gemeinschaft im Fluss bleiben kann. Auch ohne eine schuldnerische Vereinbarung vertrauen diese Menschen auf dieses Prinzip, weil für sie das Leben naturgemäß zwischen zwei Polen hin- und herschwingt, die sich reziprok ergänzen. Sie leben nach einem

Weltbild, das in Ergänzungen (Komplementarität) statt in Gegensätzlichkeit (Oppositionen) gedacht ist.

Auch die abendländische Kultur kennt das Konzept der Reziprozität im Sinne der Nächstenliebe oder sozialer, ehrenamtlicher Dienste. Solche materiellen oder immateriellen Initiativen des Schenkens können auch bei uns in Europa aus der stark individualisierten Gesellschaft ein »Beziehungsgeflecht« machen, stellt der katholische Pater Josef Sayer in seinem Aufsatz *Kultur und Nachhaltigkeit aus der Perspektive des »Südens«* fest, den er nach einem Aufenthalt in den Anden publizierte.[44] Sayer hebt darin Folgendes hervor: In der indigenen Kultur der Anden gehe es »darum, den Umgang mit dem Lebensraum Erde zu optimieren und nicht zu maximieren. Zu diesem Raum gehört neben den Pflanzen und den Tieren auch die Dorfgemeinschaft. Das alles bildet eine Einheit und wird von den kulturellen Verhaltensmustern so gestaltet, dass man in Würde darin überleben kann.«[45]

Das Modell der Reziprozität

Zwischenmenschliche Impulse und Initiativen können in den auf diese Weise gepflegten Sozialkreisen zu einer besseren Lebensqualität und Verteilung beitragen, und wir können einen Blick dafür entwickeln, was wir oder andere brauchen beziehungsweise nicht brauchen und diese Güter freiwillig in Umlauf bringen. In kultureller Hinsicht seien *wir* das Entwicklungsland, was die Nachhaltigkeit angehe, stellt Josef Sayer, der eigentlich als kirchlicher Missionar und Entwicklungshelfer nach Südamerika gereist war, kleinlaut fest. »Wir brauchen den interkulturellen Dialog, die Vielfalt der Kulturen, den Reichtum der Kulturwahrnehmung«, lautet sein Plädoyer, um uns an nachhaltige Strukturen des sozialen Miteinanders zu erinnern, wie sie sich an verschiedenen Orten weltweit erhalten haben.[46] Von ihnen können wir viel für ein gemeinschaftliches, umweltverträgliches Wirtschaften lernen.

Beim Konzept der *Allmende* geht es um das Teilen von Ressourcen, um uns vom Geld unabhängiger zu machen. Auch auf diese Weise können wir wirtschaften, ohne einen Cent auszugeben. Oder wie es Silke Helfrich und David Bollier formulieren: »Wir sind in den wichtigsten Lebensbereichen in ein globales Wirtschaftssystem integriert, das soziale Spaltung produziert und endliche Ressourcen [...] in abstrakte Finanzprodukte verwandelt.«[47] Wie sie plädieren auch andere Forscherinnen und Aktivisten dafür, geeignete Ressourcen im Sinne des Gemeinwohls zu sogenannten *commons* beziehungsweise Allmenden zu erklären, die herausgelöst aus dem Finanzsystem gemeinschaftlich genutzt werden können. Aus dem Begriff Allmende entstand übrigens das Wort Alm, also die alpine Fläche, auf der die Kühe verschiedener Landwirte grasen durften. Solche gemeinschaftlichen Nutzungsrechte können ein interessantes Modell für Communities und Nachbarschaften sein. Nach bestimmten Regeln kann so beispielsweise gemeinsam mit anderen für Holz zum Heizen gesorgt werden, etwa auf einer gemeinsam bewirtschafteten Agroforstfläche.

Das Prinzip Allmende

Inklusion im Ökodorf

Im September 2022 fuhr Clemens mit seinem Sohn Jonas zur Lebensgemeinschaft Hertha im Herzen Dänemarks, westlich der Küstenstadt Aarhus. Die Gemeinschaft, die auf Dänisch Hertha Levefællesskab heißt, beherbergt 150 Menschen, davon 30 mit geistigen und körperlichen Beeinträchtigungen. Von Anfang an – die Gemeinschaft wurde 1996 gegründet – war die Idee, dass Menschen mit und ohne Behinde-

Erfahrungsbericht

rungen in Hertha zusammenleben sollen: Jonas und ich streiften, 1500 Kilometer von zu Hause entfernt und am nördlichsten Rand unseres sommergrünen und winterkalten Zonobioms, durch das weitläufige, von Äckern, Weiden und kleinen Wäldern umgebene Dorf. Hertha betreibt einen biologisch zertifizierten Bauernhof mit Viehwirtschaft. Sogleich fiel mir eine Rarität auf: Alle Rinder trugen Hörner. Üblicherweise werden die Tiere durch ihre Halterinnen und Halter enthornt. Doch in Hertha möchte man bei dieser Praxis nicht mitmachen und lässt die mächtigen Säugetiere ihre stattlichen Hörner lebenslang tragen. Das wird durch den Demeter-Verband, von dem Hertha zusätzlich zum EU-Biozeichen zertifiziert wird, so vorgegeben. Außer Rindern werden in dem Betrieb auch Ziegen und Hühner gehalten.

Direkt neben dem Hof befindet sich die Molkerei der Gemeinschaft, in der Milch und Milchprodukte hergestellt werden. Hertha produziert auch eigenes Biofleisch. Besonders groß ist die Palette aus dem Acker- und Gartenbau: Flächen mit Kulturpflanzen, wohin das Auge reicht! Jonas und ich spazierten erwartungsfroh über eine Brücke, die uns über einen Bachlauf führte, und schlenderten zwischen Kürbissen, Sonnenblumen, Mangold und Bohnen hindurch, bis wir zum Haus des Architekten Ole Uggerby und seiner Frau Ellinor Møller Uggerby gelangten, die uns schon erwarteten. Sie sind für Organisatorisches zuständig und gehören zu den am längsten ansässigen Bewohnerinnen und Bewohnern der Gemeinschaft von Hertha.

Die dänische Lebensgemeinschaft Hertha

Ole empfing uns mit Strohhut und Sonnenbrille – es war für einen dänischen September ungewöhnlich warm. Jonas ging sofort entspannt auf das freundliche Ehepaar zu und streckte den beiden seine Hand zum Gruß entgegen, während er sein Gesicht hinter seiner zweiten Hand versteckte. Jonas gehört dem Autismus-Spektrum an. Es hatte uns viel Übung gekostet, bis er überhaupt damit anfing, Menschen zu begrüßen. Heute tut er es sehr gern, wenn auch stets zaghaft und vorsichtig.

»Du bist aber weit gereist, kleiner Mann«, sagte Ellinor. Wir alle lachten. Jonas ist ein wunderbarer Reisebegleiter. Er reist oft über Stunden, ja tagelang, geduldig und ohne zu murren mit der Bahn oder dem Auto durch ganz Europa, wohin auch immer unser Ziel uns führt. Solange er dabei seine Musik hören kann, ist die Welt für ihn in Ordnung. Wir nächtigen unterwegs jedes Mal ohne Komplikationen in unterschiedlichen Hotels, und dort, wo wir zu Besuch sind, erhalten wir meistens eine freundliche und gemütliche Unterkunft. Jonas hat beim Übernachten in der Fremde schon Routine, und das ist für einen kleinen Jungen aus dem Autismus-Spektrum erstaunlich, denn diesen Kindern fällt es oft schwer, sich an Neues zu gewöhnen. In Hertha wurden wir in einem Holzhaus auf Matratzen in der Weberei der Gemeinschaft einquartiert und hatten dort sogar unsere eigene Küchenzeile.

Ebenso gastfreundlich wie in unserem Quartier wurden wir auch im Garten der Uggerbys aufgenommen. Das ruhige, freundliche Ehepaar nahm Jonas spontan an den Händen und führte ihn singend und ausgelassen durch ein Labyrinth aus Kräutern. Der Spaß war für alle drei groß. Mein Vaterherz jauchzte bei dem Anblick. So bekam ich sofort zu spüren, was Inklusion in Hertha bedeutet: Man geht auf Augenhöhe und ohne Berührungsängste auf Menschen mit besonderen Bedürfnissen zu und nimmt sie herzlich in der Mitte der Gemeinschaft auf.

Ole zeigte uns das ganze Dorf, in dem Menschen in Blockhütten, Holzhäusern, Rundhäusern und anderen Bauwerken, umrahmt von Gärten, wohnen. Wir sahen bei der Holzarbeit und bei der Apfelernte zu. Wir waren beim Melken der Kühe und Füttern der Ziegen dabei. Unter einem weitläufigen Zelt stapelte sich Stroh und Holz. Und als wir ins Herz der Gemüseplantage kamen, saß dort an einem Holztisch eine Gruppe von Menschen beisammen, die Kaffee und Tee tranken, Kuchen aßen und sich in der Wärme der Sonne entspannten, um Energie für die nächste Runde Gartenarbeit zu tanken. Danach wurde wieder geerntet und gejätet, umgegraben und gestriegelt.

Jonas spazierte schnurgerade auf einen jungen Mann mit Kappe und blauer Arbeitskleidung zu. Die beiden blieben voreinander stehen und lachten einander ins Gesicht. Es war Oliver, einer der dreißig Menschen mit besonderen Bedürfnissen. Er strahlte über beide Ohren, als wir uns ihm vorstellten. Jonas nahm ihn gleich an der Hand und zog ihn zwischen Salaten, Rote Beten und Mangoldgewächsen durch den Garten. Offenbar war mein Sohn bei den Uggerbys auf den Geschmack des Schlenderns zwischen Pflanzen gekommen. Oliver, dessen Muttersprache Dänisch war, sprach in exzellentem Englisch zu uns. Er erzählte mir, dass er Kinder sehr gern möge und dass er selbst einen Neffen in Jonas Alter habe. Jonas war damals acht, wirkte aber eher wie ein Sechsjähriger. Er fühlte sich in Olivers Gegenwart sehr wohl – und ich auch. Später schulterte Oliver seinen Spaten und stapfte zwischen Tomaten- und Paprikapflanzen weiter in das Gemüsedickicht hinein, um seiner Arbeit nachzugehen.

Inklusiv leben

»Das Essenzielle an Hertha ist, dass es ein Ort für Menschen mit besonderen Bedürfnissen ist, die hier leben und arbeiten können«, sagte Ole, während wir unseren Streifzug fortsetzten. »Ihr Leben hier soll möglichst normal und selbstbestimmt sein. Um dieses Niveau der Inklusion zu erreichen, war es von Anfang an die Idee von Hertha, viele ganz normale, nicht-behinderte Menschen einzuladen, in Nachbarschaft mit unseren dreißig Menschen mit besonderen Bedürfnissen zu leben. Wir haben hier auch viele Familien. Von den 150 Nicht-Behinderten sind 30 Kinder.«

Auf einer Wiese kamen wir an einer Gruppe von Bäumen vorbei, die dicht mit leuchtend roten, großen und saftig aussehenden

Äpfeln behangen waren. Jonas und ich waren von diesem Anblick im Sonnenschein begeistert. Eine junge, lebenslustige Frau kam in Begleitung eines Betreuers mit einem Schubkarren heran. »Wunderschöne Äpfel«, rief sie mit dem Ausdruck von Freude, während sie in ein Paar Arbeitshandschuhe schlüpfte und gemeinsam mit ihrem Begleiter mit der Ernte begann. »Das Leben und die Arbeit in Hertha sind so organisiert«, kommentierte Ole das Geschehen, »dass für unsere 30 besonderen Menschen 45 Betreuungspersonen angestellt sind. Von diesen leben 15 selbst hier in Hertha. Die anderen kommen morgens und gehen nach der Arbeit wieder nach Hause.« Einige arbeiten in Teilzeit, aber durch die hohe Anzahl an Mitarbeiterinnen und Mitarbeitern sind immer genügend Betreuungs- und Ansprechpersonen im Dorf vor Ort, um für die Begleitung und Sicherheit der Klientinnen und Klienten zu sorgen sowie mit ihnen gemeinsam landwirtschaftliche Arbeit zu verrichten oder künstlerisch tätig zu sein. Viele der hier lebenden besonderen Menschen sind aber auch dazu in der Lage, ihren Pflichten nach Anweisung allein nachzugehen. »Der Großteil aller Menschen aus unserem Dorf«, weiß Ole, »ist nicht in die Betreuung unserer besonderen Gemeinschaftsmitglieder involviert. Sie leben in Hertha ein ganz normales Leben. Wir sind so etwas wie eine Gruppe von Freunden, ein ›Stamm‹ sozusagen.«

Ideales Zusammenleben

Die Aufgabe der Bewohnerinnen und Bewohner mit besonderen Bedürfnissen in Hertha ist die Erzeugung von biologischen Lebensmitteln: Milch und Milchprodukten, Fleischerzeugnissen, Obst und Gemüse. Außerdem betreiben sie eine eigene Bäckerei, in der täglich vollwertiges Brot, Kleingebäck, Kuchen und Kekse hergestellt werden. Alle Produkte werden in dem Bioladen des Dorfes verkauft oder in Gemüsekisten an die Bewohnerinnen und Bewohner verteilt. In dem Laden werden auch Produkte von anderen Biobäuerinnen und Biobauern vermarktet, sodass allen Menschen in Hertha ein umfangreiches Angebot vor Ort zur Verfügung steht. »Wir alle hier essen Lebensmittel, die direkt in Hertha erzeugt wurden. Wir bezahlen einen monatlichen Kostenbeitrag und dürfen dafür auch jederzeit selbst für unseren Eigenbedarf ernten und uns aus den Gärten bedienen. Das ist wirklich ein großer Vorteil für uns«, berichtete Ole.

Laut Ole werden etwa 30 Prozent der in Hertha konsumierten Lebensmittel vor Ort durch die eigene Gemeinschaft erzeugt, der Rest wird aus ökologischen Quellen eingekauft. »Und ich kann sagen«, fuhr Ole fort, »dass es nie unser Ziel war, uns vollständig selbst zu versorgen. Die ganze Welt ist eine Gemeinschaft, die Wirtschaft ist global, und wir möchten gern Akteure auf diesem Markt sein. Kein Mensch oder keine Gemeinschaft ist eine Insel für sich. Alle Menschen leben gemeinsam auf *einem* Planeten, und wir sollten diesen Planeten miteinander teilen. Wir müssen als Gesellschaft eine Lebensweise finden, mit der wir anderen Menschen und anderen Regionen der Erde nichts wegnehmen. Wir haben großes Glück, dass wir auf einem sehr fruchtbaren Stück Land leben, wo wir vielfältige landwirtschaftliche Produkte erzeugen können. Anstatt uns vollständig selbst zu versorgen, möchten wir lieber eine soziale und ökologische Wirtschaft mitgestalten, in der wir alle aufeinander Rücksicht nehmen. Wir brauchen eine solidarische Wirtschaft, würde ich sagen.«

Zielsetzungen in Hertha

Ole wünscht sich eine Gesellschaft, »in der jedes Individuum nach seinen eigenen Vorlieben aufblühen kann, egal ob mit oder ohne Behinderung«. Und er findet es sehr schön, dass alle Menschen, die in Hertha wohnen, mit den natürlichen Rhythmen des Tages und der Jahreszeiten leben können. In Hertha werden regelmäßig Konzerte veranstaltet und Feste gefeiert. Dann sind alle Bewohnerinnen und Bewohner eingeladen, und auch Nachbarn aus umliegenden Dörfern kommen. »Das alles stand während der Corona-Lockdowns aber still«, so Ole, »und jetzt müssen wir unser Gemeinschaftsleben in einer gewissen Weise neu erfinden.«

Der Name »Hertha« geht übrigens auf eine Göttin zurück, die laut der germanischen Mythologie für das Wohlergehen der Menschen sorgen soll. »Früher haben viele Farmen und Siedlungen in Skandinavien und Norddeutschland so geheißen«, erklärte mir Ole. Für unsere Gesellschaft möchte er mehr Orte wie Hertha, in denen Menschen mit besonderen Bedürfnissen als Teil einer Gemeinschaft ein Leben mit sinnerfüllender Arbeit führen können.

Nachdem wir Hertha verlassen hatten und uns auf dem Rückweg nach Österreich befanden, dachte ich über die Zukunft meines Sohnes nach. Ich wünsche ihm, dass er eines Tages, wenn er erwachsen ist, an einem ähnlichen Ort wie Hertha leben kann, an dem er mit seiner Autismus-Spektrum-Störung angenommen ist, in eine Gemeinschaft von Menschen integriert, die füreinander Respekt empfinden und Behinderung nicht als Bürde, »Andersartigkeit« nicht als Manko begreifen, sondern die Vielfalt des Menschseins würdigen; Menschen annehmen, wie sie sind. An einem solchen Ort soll Jonas eines Tages so selbstbestimmt wie möglich unter Betreuung leben und arbeiten können, und am liebsten umgeben von Gärten und Natur – so wie in Hertha. Für mich ist diese Gemeinschaft ein großes Pionierprojekt in Europa, etwas Einzigartiges, und wir brauchen mehr Gemeinschaften und Ökodörfer nach dem Vorbild Herthas. Davon würden nicht nur die Menschen mit besonderen Bedürfnissen profitieren, sondern auch die nicht-behinderten Menschen, die Teil einer so lebensfrohen Gemeinschaft sind.

Gastbeitrag

Christine und Wolf-Dieter Storl: unser Weg zur Selbstversorgung

Was du aus dem eigenen Garten erntest, ist allem überlegen, was du kaufen kannst. Es schmeckt besser, ist nahrhafter und gibt dir mehr Kraft ...

Wir verfolgten allerdings zu Beginn, als wir 1988 aus Indien nach Deutschland kamen und unseren Hof im Allgäu bezogen, nicht das Ideal der Selbstversorgung. Wir brauchten einfach ein Zuhause und etwas zu essen. Damals hatten wir praktisch kein Einkommen, weil ich, Wolf-Dieter, als Schriftsteller noch unbekannt war. Zum Glück kannten wir uns mit essbaren Wildpflanzen aus. Die nahmen wir aus der Natur, und ich bin froh, dass Christine das mitmachte. So etwas kann man nicht von jeder Partnerin verlangen. Wir hatten keine andere Wahl, als möglichst rasch einen Garten anzulegen. Wo heute unser Obst und Gemüse und unsere Kräuter und Blumen wachsen, war früher einmal eine Brennnesselwildnis. Ein Nachbar aus dem Tal brach den Boden für uns ein kleines bisschen mit einem uralten Traktor auf, aber das reichte in diesem Dickicht noch lange nicht aus. Also begann ich, die Fläche händisch umzugraben. Es war eine unglaublich schwere Arbeit. Jeder Quadratmeter benötigte Stunden, und ich sagte zu Christine: »Ich schaffe das nicht, es ist einfach viel zu viel Arbeit.«

Sie antwortete: »Wir haben wohl keine Wahl. Machen wir einfach einen Arbeitsschritt nach dem anderen, mit dem Ziel unseres Gartens vor Augen.« Und so arbeiteten wir zeitweise alle beide 16 Stunden pro Tag daran, den Boden aufzuschließen. Aber wir hatten ja auch ein kleines Kind, ein Wickelkind, und Christine war ständig am Wäschewaschen mit der Hand. Wir hatten keinen Wohlstand, waren ganz in unsere Pionierarbeit vertieft – in eine regelrechte Knochenarbeit –, und dann mussten wir auch noch Holz hacken, es überhaupt zuerst einmal aus dem Wald schleppen. Die Winter im Allgäu sind sehr kalt, noch dazu in dieser Höhenlage. Unser mehr als 800 Jahre alter Hof befindet sich auf fast 1000 Metern Höhe. Im ersten Herbst sägte ich mit einer schwedischen Bogensäge Brennholz, und da fingen meine Ellenbogen und Finger zu schwellen an. Wir waren aber zu diesem Zeitpunkt noch nicht lange hier und hatten noch keine Heilkräuter. Und was macht man in einer solchen Situation? Man betet und hofft, dass man die richtige Eingebung erhält. So stellten wir fest, dass auf unserem Grundstück zum Glück Ackerschachtelhalm wuchs. Christine kochte die Pflanzen ab und bereitete daraus Umschläge. Das ist natürlich nicht konventionell, aber nach einer Woche klang diese Schleimbeutelentzündung, die ich damals hatte, wieder ab. Auch Kartoffelpackungen haben diese heilsame Wirkung. Wenn man sie kocht, behalten sie die Hitze sehr lange und wärmen intensiv. Ich denke, dass auch einfach die ätherische Energie der Kartoffel, die kompakt in ihr gespeichert ist, eine positive Wirkung entfaltet.

Doch ich habe bei all dieser Arbeit nie vergessen, dass ich Schriftsteller bin, denn das ist mein Dharma, mein Beruf, meine *Berufung*. Ich hatte eine kleine Reiseschreibmaschine, auf der ich Texte verfasste, und irgendwann spät abends hörte ich meistens Christines Stimme durch unser Haus hallen: »Du musst aufhören und etwas essen!« Es ging bei uns wirklich ums Überleben. Unter Gutverdienern stößt man oft auf so eine romantische Idee von der Selbstversorgung. Aber viele von ihnen wissen nicht, welch harte Knochenarbeit damit verbunden ist. Uns hat das Schicksal hier herauf geführt. Wir hatten das große Glück, dass hiesige Almbauern just zu der damaligen Zeit Hirten für ihre Kühe suchten. Diese

Arbeit haben wir dann in den Sommermonaten übernommen und mussten dafür ein halbes Jahr keine Miete bezahlen. Wir haben einfach ganz auf das vertraut, was ich geistige Führung nenne. Ich glaube, dass es eine größere Weisheit in all unseren Leben gibt. Damit ist auch unsere Lebensaufgabe verbunden. Und deswegen haben wir uns nicht von unseren Zielen abbringen lassen. Wir haben einfach weitergemacht. Und es hat uns auch Freude bereitet. Das haben wir beide so empfunden.

Auch ich, Christine, fand es immer sehr schön, in der Natur zu sein. Man hört die Vögel singen, und es gibt so vieles, das man in der Stadt nicht findet. Wir leben im Jahres- und Tagesrhythmus der Natur. Wenn es draußen dunkel wird, beenden wir die Gartenarbeit und gehen ins Haus. Künstliches Licht haben wir im Garten ja keines – und auch keine Lichtverschmutzung. Es ist viel ruhiger als in der Stadt. Eine Zeit lang hat Wolf-Dieter die Erde im Frühjahr mit einem motorisierten Kultivator bearbeitet. Aber damit haben wir dann auch wieder aufgehört, weil uns das eigentlich schon zu viel Maschinenlärm war. Was für ein Krach! Er stört diese Ruhe hier oben. Außerdem stellte Wolf-Dieter fest, dass der Boden viel zu schwer für dieses Gerät war. Und dann sah er die kleinen toten Regenwürmer und sagte: »Nein, das geht nicht!« Ab und zu stießen wir auch auf Krötennester, die von dem Kultivator zerstört worden wären. Und jetzt graben wir beide unseren Garten einfach gemeinsam mit dem Spaten um. Das geht schneller, als man denkt. Seit wir älter sind, helfen uns Freunde dabei, vor allem im Frühling. Wolf-Dieter pflegt zu sagen, das Umgraben sei wie Meditation.

Man verbindet sich allein schon olfaktorisch, also über den Geruchsinn, mit der Erde, die einem durch die unterschiedlichen Gerüche mitteilt, was im Boden los ist. Wer auf einem Traktor sitzt, bekommt davon nichts mit. Bei der Handarbeit sieht man die Regenwürmer, fühlt die Krume der Erde, spürt, wo der Boden bereits locker und wo er verdichtet ist, sodass er noch ein wenig Bearbeitung benötigt. Das nimmt man alles nicht wahr, wenn man die Arbeit maschinell erledigt.

Zum Glück habe ich, Wolf-Dieter, das biologische Gärtnern auf einem Demeter-Betrieb erlernt – in einem 2 Hektar großen Gemüsegarten mit 30 Hektar Landwirtschaft dazu. Das war damals eine biodynamische Gemeinschaft. Wir nahmen auch Menschen mit geistigen Behinderungen auf und jeder arbeitete, was er konnte. Die Großen und Starken setzten ganze Mist- und Komposthaufen um. Wir hatten auch Mitarbeiter mit Down-Syndrom, die viel Humor besaßen und täglich für Spaß sorgten, sodass wir beim Gärtnern immer etwas zu lachen hatten. Einer von ihnen war zum Beispiel ein großartiger Stimmenimitator, der Louis Armstrong nachahmen konnte.

Unser Gemüsegarten ist ungefähr so groß wie ein Tennisplatz, also knapp 300 Quadratmeter. Dazu kommen noch unsere Obstbäume, die rundherum wachsen. Außerdem geht unser Garten ringsum in Natur über, und auch diese nährt uns. Wir haben bewusst essbare Wildpflanzen rund um das Gewässer neben unserem Garten gesät: Rohrkolben und Bachehrenpreis zum Beispiel – verschiedene Gewächse, die man essen kann, wenn im Garten gerade wenig zu ernten ist. Der Rohrkolben ist ein schilfähnliches Gewächs; alle seine Teile sind genießbar. Sein Wurzelstock ist stärkehaltig und kann als Notnahrung wie Kartoffeln zubereitet werden. Der üppig vorhandene gelbe Blütenstaub ist reich an Eiweiß und Stärke. Er kann in Suppen und im Brotteig verwendet werden. Im Frühjahr kann man sich die jungen Triebe nehmen. Sie geben ein zartes Gemüse ab – so wie Spargel aus der Wildnis. Auch die unreifen Blütenstände eignen sich als Suppengemüse oder können gebraten werden. Sie erinnern an Maiskörner. Man sät den Rohrkolben im Herbst in Sümpfen und rund um stehende Gewässer aus oder setzt ihn als Jungpflanzen. Hat er erst Fuß gefasst, überdauert er als mehrjährige Pflanze. Bachehrenpreis holen wir uns das ganze Jahr über als Salat und grünes Blattgemüse. Man kann alles davon essen: Stängel, Blätter und Blüten. Besonders zart ist der Bachehrenpreis im Frühjahr. Im Winter versorgt er uns mit frischen Vitaminen. Er hält Temperaturen bis minus 28 Grad Celsius stand. Um Bachehrenpreis zu vermehren, teilt man im Frühjahr einfach den Wurzelstock und setzt die Teile davon an anderen Stellen in den Boden. Man kann das Wildgemüse auch aussäen. Daher endet unser Gemüsegarten eigentlich nicht am Rand der Beete.

Mit Gemüse können wir beide uns über das gesamte Jahr vollständig selbst versorgen. Manchmal haben wir eine Überproduktion, sodass wir etwas von unserer Ernte verschenken oder eintauschen können. Von einem Imker haben wir für unser Gemüse zum Beispiel Honig erhalten, von einem Milchbauern Quark und Käse. Einmal hat ein Jäger ein gutes Stück Reh mit uns getauscht. Gärten schaffen Gemeinschaft! Ob man sich aus dem eigenen Garten vollständig autark mit Nahrung versorgen kann, hängt davon ab, wie gut man das macht. Zum Beispiel sollte man genug von den sättigenden Pflanzen wie Kartoffel und Topinambur anbauen. Topinambur ist die nahrhafteste Knolle, die es unter den Kulturpflanzen überhaupt gibt.

Der Garten muss gut gepflegt werden. Möhren müssen zum Beispiel ausgedünnt werden, sonst nehmen sie sich gegenseitig den Platz weg und bleiben ganz dünn. Fruchtfolgen müssen eingehalten werden – das ist ganz wichtig. Zum Beispiel darf man niemals Kartoffeln oder andere Nachtschattengewächse an derselben Stelle wie im Jahr davor anbauen. Man muss die Familien der Pflanzen kennen, um Fruchtfolgen einzuhalten, damit man zum Beispiel nach Weißkohl nicht Kohlrabi oder Rosenkohl an derselben Stelle kultiviert. Denn die ganze Familie der Kohlgewächse zehrt den Boden stark aus. Auch der Mais ist ein Starkzehrer. Und so wandern die Pflanzen im jährlichen Rhythmus durch den Garten. Mit dem Gärtnern kann man zu jeder Zeit im Leben anfangen, lernt jedes Jahr dazu und hat nie ausgelernt. Wir staunen immer wieder, wie wenig Fläche man für die Selbstversorgung braucht, wenn man sie effizient nutzt.

Wenn wir an unserem reifen Kompost riechen, nehmen wir den Duft des Lebens wahr. Man könnte süchtig nach diesem Geruch werden. Auf unseren Kompost geben wir Küchenabfälle und nach dem Jäten jede Menge sogenannter »Unkräuter«. In manchen Jahren geben wir auch Tiermist dazu. Reifer Kompost ist eigentlich ein kleines Wunder. Er muss allerdings auch gepflegt werden und schön heranreifen. Viele wissen nicht, wie wichtig der Kompost im Garten ist. Er ist das Geheimnis eines fruchtbaren Bodens. Wir decken den Komposthaufen immer gut ab, sonst kommen die Amseln aus den Baumkronen herunter und kratzen sich die Würmer heraus.

Es wäre wichtig, dass die Menschen sich nicht nur von staatlichen Institutionen betreuen lassen, sondern selbst Verantwortung übernehmen. Diese zentrale Steuerung tut uns nicht gut. Auch Strom sollte besser dezentral erzeugt werden – direkt im Dorf, in Siedlungen, auf Häusern und so weiter. Dazu braucht es keinen großen Dirigismus der Politik. Es muss sich von der Basis her entwickeln, als Graswurzelbewegung. Bei den traditionell gewachsenen Gesellschaften – aber auch in Europa – wurde zum Beispiel die Stallwärme genutzt, um das Wohnhaus der Bauernfamilie zu beheizen oder um im Winter Chicorée zu ziehen. Heute kehrt man wieder zu diesen alten Methoden der Nutzung von Energie, wo sie entsteht, zurück. Vor allem in der Schweiz kennen wir einige Höfe, auf denen es so gemacht wird. Der Mensch hat früher immer schon versucht, sich anzupassen und ökologisch zu leben.

Was dann zum Problem wurde, ist diese Möglichkeit zur rasenden Industrialisierung und zum Wachstum der großen Städte. Wir finden, dass man wieder mehr auf die alten Traditionen, das alte Wissen zurückgreifen sollte. Zum Beispiel ist das alte Heilpflanzenwissen manchmal sogar der Schulmedizin überlegen. Es handelt sich um Erfahrungswissen, das über sehr viele Generationen hinweg übermittelt wurde.

Manchmal stehen aber auch moderne Gesetze dem Althergebrachten im Weg. Vor etwa 15 Jahren kam ein Beamter zu uns auf den Berg und informierte uns, dass das Land Baden-Württemberg ein Gesetz erlassen hat, das es uns verbiete, unser Altwasser aus der Klärgrube wieder dem Wasserkreislauf zuzuführen, in dem der Überlauf in die Erde sickerte. Unser gebrauchtes Wasser muss seither entsorgt werden. Zweimal im Jahr kommt ein riesengroßer Tanklastwagen den Berg herauf, wird ratternd und qualmend über die Schotterwege hoch gequält, und auf dem Wassertank steht in großen Buchstaben geschrieben: »Der Umwelt zuliebe!« Und dann wird unser Altwasser dort hineingepumpt. Dabei haben wir hier oben nur bestes Quellwasser, und wir ernähren uns gesund, nehmen keine Medikamente und verwenden keine Chemikalien. In Städten, wo das Wasser stark belastet ist, haben solche Vorschriften aus hygienischer Sicht sicher ihren Sinn. Aber bei uns hier oben ergibt es keinen Sinn.

Als der Tankwagen zum ersten Mal zu uns kam, wurde das Abpumpen ganz plötzlich unterbrochen. Ich fragte, was denn passiert sei. Dann hieß es, das sei nun eine »Kriminalsache«. Es war ein Totenschädel in dem Saugrohr stecken geblieben. Doch der Fall klärte sich bald auf. Es stellte sich heraus, dass der Vormieter, ein wunderbarer Maler, einen Totenschädel als Requisite besaß. Eines Tages warf er ihn wohl einfach, warum auch immer, in die Klärgrube. Wenn man so abseits lebt wie wir, erlebt man eine Menge interessanter Geschichten – auch mit Tieren. Von Wildtieren werden wir regelmäßig besucht, sie naschen manchmal auch aus unserem Garten. Einmal aß ein Fuchs unsere Erdbeeren auf. Er verzehrte nur die reifen Früchte. Die grünen spuckte er wieder aus. Ich habe das beobachtet.

Unsere Katzen patrouillieren im Garten und jagen Wühlmäuse. Dadurch ist die Maulwurfpopulation angestiegen, und das ist sehr gut für den Boden. Maulwürfe essen Schädlinge wie Engerlinge oder Schnecken. Sie sind ausgesprochene Nützlinge im Garten! Auch unsere Hunde schützen den Garten. Sie hören in der Nacht, wenn draußen die Wildschweine kommen. Dann wecken sie uns auf und wollen zur Tür. Von uns hinausgelassen rennen sie in den dunklen Garten und verbellen die Wildschweine. Auch Füchse jagen sie mittlerweile aus dem Garten. Unsere Hunde sind sehr wichtig für uns. Sie bewahren unsere Ernte. Als unser Sohn ein Schuljunge war und jeden Morgen zwei Kilometer durch den Wald ins nächste Dorf hinuntergehen musste – und nach der Schule wieder zurück –, gaben wir ihm immer einen Hund als Beschützer mit. So fühlten wir uns ruhiger.

Unser Sohn wuchs hier oben ganz frei und umgeben von der Natur auf. Wir glauben, dass es überhaupt kein Problem ist, mit Kindern so weit abseits vom gesellschaftlichen Leben zu wohnen. Das Wichtigste ist nach unserer Meinung, dass die Eltern miteinander auskommen, dass es ein schönes Familienleben ist. Noch schöner wäre es natürlich, wenn auch die Großeltern dabei wären – als Mehrgenerationen-Projekt, wie es Jahrtausende lang war. Wir haben früher auch häufiger in Gemeinschaften gelebt. Das ist prinzipiell eine gute Idee, aber das Gemeinschaftsleben hat meist seine Grenzen, und die bedingen die Egos der Menschen, also wer was zu sagen hat. Oft entwickelt sich in Gemeinschaften eine Art »Guru« – jemand, der eine autoritäre Rolle spielt, egal ob Frau oder Mann. Und dann diese endlosen Gespräche und Plenarsitzungen; zermürbende Diskussionen zum Teil. Manche Gemeinschaften funktionieren sehr gut. Für uns persönlich waren diese Modelle dann aber nichts mehr. Wir sind von unserer Veranlagung her lieber eigenständig und eigenverantwortlich. Bei anderen Menschen mögen auch die Vorlieben andere sein. Jeder und jede kann eine Lebensform finden, die ihm oder ihr entspricht.

Wer Selbstversorgung anstrebt, soll keine Angst davor haben, diesen Weg zu gehen. Es gibt einen Grund, warum wir auf der

Erde sind; eine Lebensaufgabe, die jeder hat. Wenn man vor einer Entscheidung steht, sollte man diese nicht nur aus Berechnung treffen, sondern auch spüren, wie es sich in der Seele, im Herzen anfühlt, diesen oder jenen Schritt zu machen. Dann muss man natürlich auch überlegen, wie man eine Aufgabe meistert. Aus gutem Grund haben wir einen Verstand. Das heißt nicht, dass es immer leicht sein muss. Eine Lebensaufgabe zu erfüllen ist oft herausfordernd, und es fordert die Energien, die man hat. Vor allem in der heutigen Zeit. Wir brauchen Mut, um unsere Visionen zu verwirklichen. Und wir sollten nie aufhören, an das Gelingen zu glauben.

Dr. Wolf-Dieter Storl ist Kulturanthropologe, Ethnobotaniker sowie Autor zahlreicher Bücher, darunter *Der Selbstversorger – mein Gartenjahr* (2016) und *Der Selbstversorger – mein Gartenwissen* (2017). *Christine Storl* ist Autorin des Buches *Unsere grüne Kraft – das Heilwissen der Familie Storl* (2019).

Kapitel 3

Lebensmittel- und Ernährungssouveränität

Von Jägern, Sammlern und Ackerbauern

Der Wunsch, hochwertige Lebensmittel selbst zu erzeugen und die Ernährung unabhängig von Lebensmittelkonzernen und Wirtschaftslage in die eigenen Hände zu nehmen, ist der häufigste und wichtigste Grund für Selbstversorgung. Das Bedürfnis, essbare Pflanzen zu sammeln und zu kultivieren, stellt ein evolutionäres Erbe unserer Spezies dar, das sich über Hunderttausende von Jahren in unsere Psyche eingeschrieben hat.

Die Spezies *Homo sapiens* hat über ihre gesamte Evolution hinweg durch eigene Arbeit Verantwortung für die Ernährung ihrer Sippen übernommen – zunächst als Jäger und Sammler, ab 11.000 Jahren vor unserer Zeitrechnung zunehmend auch als Ackerbauern und später als Gärtnerinnen. Der Wunsch, unsere Ernährung selbstbestimmt zu sichern und dadurch Krisen zu vermeiden, ist uns aus evolutionsgeschichtlicher Tradition angeboren. An diesen Zeitspannen gemessen stellt das Zeitalter der Industrialisierung ein bedeutungsloses Aufflackern in der Menschheitsgeschichte dar.

Der Homo sapiens

Dass wir Lebensmittel im Supermarkt kaufen, ist dagegen ein Novum, das unsere ältesten und unbewussten Gehirnanteile – das Reptiliengehirn und das limbische System – noch kaum erreicht hat. Wir sind und bleiben über Äonen geformte Naturwesen, die sich aus der Natur ernähren und selbst über ihre Lebensmittel bestimmen möchten. Dabei trachten wir nach Sicherheit und Autonomie, genau wie unsere Vorfahren. Wir sind evolutionär darauf ausgerichtet, die *Souveränität* über unsere Ernährung zu bewahren.

Selbst im Supermarkt verspüren viele Menschen diesen alten, in uns verankerten Sammeltrieb – und befüllen, von Reptiliengehirn und limbischem System beeinflusst, ihre Einkaufswägen im Übermaß. Diesen »Autopiloten« spricht die Werbepsychologie bewusst an, möchte ihn durch emotionales Marketing aktivieren und zum »Sammeln« von Lebensmitteln im Supermarkt animieren. »Neuromarketing« nennt sich der nicht mehr ganz so neue Trend, der die Aufmachung und Bewerbung von Lebensmitteln mit emotional ansprechenden Bildern und Geschichten erforscht und das Ambiente der Supermärkte in den letzten Jahren immer mehr beeinflusst hat, sodass es die Urinstinkte unserer Sammlergehirne aktiviert.

Doch Supermärkte können die Erfüllung menschlicher Urbedürfnisse allenfalls vorgaukeln. Das »Sammeln« von ansprechend präsentierten Produkten der Agrar- und Lebensmittelindustrie unter beruhigender Musikbeschallung hat nur wenig mit Ernährungssouveränität zu tun. Wer neben Reptiliengehirn und limbischen System auch die Großhirnrinde hinzuzieht, merkt schnell: Wir können keinerlei Entscheidungen über die Bedingungen der Erzeugung und Produktion der Konzernprodukte fällen. Das Urbedürfnis, Souverän über die eigenen Lebensmittel zu sein, wird durch Supermärkte und die Lebensmittelindustrie in keiner Weise erfüllt.

Die Illusion des Supermarktes

Garniert mit Ökosiegeln und Versprechen von »Nachhaltigkeit«, die den Markt inflationär überschwemmen, verkauft man uns ein »gutes Gefühl« beim Einkauf, doch ein tatsächliches Mitbestimmungsrecht haben wir nirgendwo. Wir haben auch keinen Einfluss auf die Produktionsbedingungen, die Sortenwahl, die

Faktoren *Fairness* und *Ethik*, und wir haben nicht die Hoheit über unsere Lebensmittel und schon gar nicht über die Lebensmittelpreise. Diese Hoheit haben kommerzielle Unternehmen inne, denen es um Gewinnmaximierung geht. Wir können uns dann allenfalls zwischen unterschiedlichen bereits fertig geschnürten Paketen entscheiden.

Nachdem der moderne Markt das menschliche Urbedürfnis der Ernährungssouveränität nicht oder allenfalls oberflächlich erfüllt, suchen immer mehr Menschen nach Alternativen, in denen sie über ihre eigenen Lebensmittel und ihre Ernährung bestimmen können. Selbstversorgung durch eigenen Anbau ist dafür eine Möglichkeit – ebenso wie der Zusammenschluss zu Kooperativen und Netzwerken, die die Agrar- und Lebensmittelindustrie umgehen und gemeinsam – mit vereinten Kräften – autonome, souveräne Lebensmittel- und Ernährungsalternativen schaffen, die sich alle unabhängig vom Einkommen leisten können und die zukunftssicher sind. Mit solchen Ansätzen befasst sich dieses Kapitel.

Der Garten – ein Menschheitserbe

Beginnen wir mit einem kurzen Rückblick auf die Entstehung unserer Gärten und darin angebauten Nahrungspflanzen, über die Selbstversorgerinnen und Selbstversorger ihre Souveränität zurückgewinnen möchten.

Der Garten ist kultivierte, das heißt vom Menschen geformte und gepflegte Natur. Nahezu überall, wo Menschen siedeln, gibt es Gärten – oder andersherum: Einst siedelten wir uns dort an, wo fruchtbares Land urbar gemacht und zu Gärten gestaltet werden konnte. Je nach Zweck und Vorliebe wurden weltweit zahlreiche unterschiedliche Gartenkonzepte entwickelt. In Gärten spiegelt sich der Zeitgeist von Kulturen, Gesellschaftsschichten und Epochen wider.

Die historische Beziehung zwischen dem Menschen und seinem Garten ist reich und vielfältig. Der Buchautor und Professor für Pflanzenökologie an der Leibniz Universität Hannover, Hansjörg Küster, postuliert aus gutem Grund: »Ohne Kulturpflanzen wäre die Geschichte der Menschheit völlig anders verlaufen«[48] – denn sie haben unsere Entwicklung in den letzten 10.000 bis 12.000 Jahren stark geprägt und unterstützt. Andersherum wären Kulturpflanzen ohne den Menschen nicht entstanden, und stellt er ihre Pflege ein, würden unsere Nutz- und Zierpflanzen von ihren durchsetzungsstarken wilden Schwestern größtenteils überwuchert. Es war also eine Co-Evolution, die hier stattgefunden hat. Bäuerinnen und Gärtner haben den Pflanzen neue Refugien geboten, in denen sie gehegt und gepflegt wurden. Im Gegenzug haben sich die Pflanzen über Jahrtausende an diese neuen Standorte angepasst. Ihr Zoll für die menschliche Pflege ist ihr ertragreicher Wuchs.

Co-Evolution zwischen Mensch und Pflanze

Nach den frühesten menschlichen Versuchen mit dem Ackerbau vor 13.000 Jahren in Mesopotamien wurde die Landwirtschaft in mehreren Regionen der Erde unabhängig voneinander erfunden – man könnte auch sagen »entdeckt«. Einfache Gärten dürften unsere Vorfahren bereits bald nach Beginn des Ackerbaus angelegt haben, indem sie Felder und Pflanzenbestände als Schutz vor dem Verbiss durch Wildtiere einzäunten. Unsere Nutzgärten entwickelten sich von urtümlichen Hausgärten zu mittelalterlichen Klostergärten, romantischen Bauerngärten und schließlich beispielsweise auch zu den noch heute weit bekannten Schrebergärten.

Der Garten, der neben dem Acker als Wiege unserer Kulturpflanzen zu betrachten ist, war nicht nur eine Revolution der

Menschheitsgeschichte, sondern er ist auch ein Ort, an dem sich unser Umweltbewusstsein bis in die Gegenwart verändert: Konzepte wie der ökologische Landbau, die Biodynamik und insbesondere die *Permakultur* brechen die verabsolutierte Mentalität der »Einpferchung« auf, mit der die Natur im Garten für uns zunehmend passend gemacht wurde. Seit Jahrzehnten findet eine Rückbesinnung darauf statt, dass Gärten und Äcker sich wieder an natürlichen Kreisläufen, dem Prinzip der Vielfalt und auch dem Verzicht auf Eingriffe mit Chemikalien und Kunstdünger orientieren sollten.

Ökologischer Landbau

Naturnahe Gärten können nicht nur uns Menschen Erfüllung, Erholung, Nahrung, Rohstoffe und Souveränität über unsere Lebensmittel bieten, sondern auch den wichtigen Bodenlebewesen sowie Igeln, Insekten, Fröschen, Vögeln und vielen anderen Lebensformen einen Platz gewähren. Damit stellen sie wichtige Ökoinseln der Biodiversität in einer Zeit des durch den Menschen bedingten Artensterbens, der Flurbegradigung und Verbauung von Naturräumen dar. Dieser Paradigmenwechsel ist ein überfälliges Zugeständnis an die vom Menschen überformte Umgebung, sie sich nicht mehr blind zur Untertanin machen zu wollen – eine neue Maxime in Bezug auf unsere Gärten. Die Grundlage hierfür ist die Einsicht, dass auch unsere Gärten als Teil des ökologischen Gesamtsystems zu betrachten sind. Sie werden daher zunehmend nicht nur nach Nutzen oder Ästhetik angelegt, sondern vermehrt wieder nach ökologischen Aspekten konzipiert und gepflegt. Dank der zunehmend breiteren gesellschaftlichen Debatte über den Klimawandel und des Bewusstseins über zahlreiche Umweltprobleme etabliert sich eine stetig wachsende Kultur der Nachhaltigkeit auch in unseren Gärten.

Aspekt der Nachhaltigkeit

Urban Gardening und Co.: Konzepte für moderne Nutzgärten

Die Idee vom nützlichen Gärtnern kehrt heute immer mehr in das Bewusstsein zurück, sogar bis in die Zentren unserer Städte: Das *Urban Gardening* nutzt mittlerweile auch kleine städtische Freiflächen zwischen Wohnhäusern, auf Brachflächen, in Hochbeeten, auf Balkonen, an Fassaden und auf Flachdächern für das Gärtnern, oft in recycelten Gefäßen und mit wiederverwendetem Wasser zum Gießen. Sie zeigen, dass auch Gärten im Kleinstformat mitten im urbanen Raum sinnvoll, abwechslungsreich und ökologisch sein können und Erwachsenen wie Kindern Freude bereiten, besonders, wenn das Gärtnern gemeinschaftlich, mit Familie, Freundeskreis oder Nachbarschaft, praktiziert wird. In vielen Vierteln sind diese Gärten aus der städtischen Kultur mittlerweile nicht mehr wegzudenken. Einst waren sie Produkt unserer materiellen Nöte in der Nachkriegszeit, als zerstörte Infrastrukturen zu Hunger in den Städten führten.

Heute benötigen wir längst keine »Rosinenbomber« mehr, und manche Menschen glauben, alles Nötige im endlosen Überfluss zu besitzen – doch Ressourcen sind knapp, Preise schwanken, Lieferketten sind in Krisenzeiten unsicher, und dazu kommt, dass die Löhne der Bevölkerung nicht entsprechend steigen, um unseren Lebensstandard halten zu können – kurz gesagt: Durch die Krisen unserer Zeit gibt es heute so viele arme Menschen in Deutschland, wie seit der Wiedervereinigung nicht mehr. Auch in diesem dicht besiedelten, hochindustrialisierten Land werden das Sparen und der Wunsch nach einer autarken Versorgung – unabhängig von stetig steigenden Preisen – deshalb immer stärker.

Ferner werden Gedanken bezüglich der Qualität und Frische unserer konsumierten Lebensmittel lauter – auch unsere Gesundheit soll also vom Gärtnern profitieren. Ein oft gehörter Satz, der diesen tiefgreifenden Wandel unserer Mentalität widerspiegelt, lautet: ›Dann weiß ich, woher das kommt, was auf meinem Teller landet.‹ Auch damit lässt sich der Gedanke der Ernährungssouveränität treffend zum Ausdruck bringen. So sind es gerade urbane Gärten, die recht schnell und einfach den Wunsch vieler Menschen erfüllen, in kleinen Schritten mehr Autarkie, Nachhaltigkeit und Gesundheit in ihren Lebensalltag zu integrieren, ohne das kulturelle Leben im Ballungsgebiet aufgeben zu können oder zu wollen. Gerade das Urban Gardening zeigt uns, dass Teilaspekte der Selbstversorgung leicht in das Leben in Städten integriert werden können.

Menschen in Städten können sich durch Selbsterntеparzellen auch ohne Selbstversorgerhof ein Stück Lebensmittelautarkie erschaffen. Zum Beispiel bietet das Projekt Bauerngarten Berlin seinen Kundinnen und Kunden Selbsterntеflächen an vier Standorten in der Stadt: Ahrensfelde, Havelmathen, Mette und Pankow. Schon 2012 traf Clemens den Projektgründer Max von Grafenstein im Botanischen Volkspark Blankenfelde im Stadtteil Pankow zwischen Mischkulturen unterschiedlicher Gemüsearten. Dieser Standort ist mittlerweile gefährdet, weil die Organisation Grün Berlin nicht mehr als Betreiberin des Botanischen Volksparks fungiert, nachdem das Bezirksamt den Vertrag nicht verlängert hat. Die Betreiberinnen und Betreiber des Bauerngartens Berlin legen Parzellen mit Gemüsekulturen an, die dann von den Kundinnen und Kunden besucht, gepflegt und abgeerntet werden. Es bleibt zu hoffen, dass auch der Standort im Botanischen Volksgarten Blankenfelde durch weitere langfristige Verträge eine Zukunft erhält und dass es noch viele neue Projekte des Urban Gardening zur Selbstversorgung von Menschen, die über keinen eigenen Garten verfügen, geben wird.

Bauerngärten in Berlin

Dass das Konzept Stadt an sich neu definiert werden kann, zeigt die »essbare Stadt« Andernach in Rheinland-Pfalz am deutschen Mittelrhein: Die Gartenbauingenieurin Heike Boomgaarden und der Geo-Ökologe Lutz Kosack begannen im Jahr 2007 auf einer Fläche rund um die gut erhaltenen Reste der historischen Stadtmauer mit der Gestaltung eines Gartens, in dem Mangold, Spalierobst, Bohnen, Kohlköpfe, Kürbisse und vieles mehr von jedem als begehbare Augenweide genossen und zudem frei geerntet werden können. Auf Informationstafeln lernen wir etwas über die Pflanzen. Interessierte gärtnern in Gemeinschaftsarbeit beim Projekt »essbare Stadt« mit.

Gerade für Menschen mit geringem Einkommen bedeutet dieses Konzept einen großen Mehrwert. Ergänzt wird das Projekt durch eine vierzehn Hektar große, öffentliche Permakultur-Anlage außerhalb von Andernach, in der sich neben Nutzpflanzen unter anderem auch alte Hühner-, Schafs- und Ziegenrassen finden. Diese Umnutzung von Freiflächen, wie sie sich 2009 zum Beispiel auch in der »essbaren Stadt Kassel« entwickelte, könnte künftig ein Vorbild für weitere Städte, Kommunen und Nachbarschaften werden, um gemeinsam von einem nützlichen Garten zu profitieren, der zugleich einen attraktiven Erholungsraum bietet. Führungen und Seminare laden Menschen, gerade auch Kinder, dazu ein, in die Welt des städtischen Nutzgartens einzutauchen.

Das Konzept der »essbaren Stadt«

Nutzgärten können gezielt zu Stätten der Begegnung werden, in denen Flüchtlinge, Arbeitslose, Menschen mit besonderen Bedürfnissen oder Jugendliche mit Problemen gemeinsam mit anderen Menschen gärtnern, wie dies mancherorts in kleinen Nutzgarten-Projekten gefördert wird. So hat die Idee vom – in mehrfacher Hinsicht nützlichen – Garten immer mehr zurück in unser Bewusstsein gefunden, und zwar mitten in das Herz unserer Kulturräume. Als Beispiel für ein integratives Lebensprojekt haben wir bereits das dänische Ökodorf Hertha Levefællesskab genannt. Den interkulturellen Dialog und die Integration von geflüchteten Menschen fördert man zum Beispiel in dem Begegnungsgarten Marzahn-Hellersdorf in Berlin, wo Menschen unterschiedlicher

Herkunft gemeinsam gärtnern, ernten, Feste feiern und ins Gespräch kommen.

Auch ein »Gärtnern auf Zeit« ist möglich, ob als Einzelperson, Paar, Gruppe oder Familie, in Deutschland oder weltweit: Möglichkeiten für Freiwilligenarbeit im Garten bietet beispielsweise die Plattform WWOOF (World Wide Opportunities on Organic Farms), um herauszufinden, inwiefern bestimmte Aspekte rund um den Garten uns Freude bereiten, oder um mehr darüber zu lernen.

Gärtnern auf Zeit

Konzepte wie die 1974 in Japan entwickelte *solidarische Landwirtschaft*, in der sich Produzierende mit Konsumierenden zusammentun und gemeinsam unter Umgehung der Profitinteressen von Industrie und Handel über die Erzeugung ihrer Lebensmittel entscheiden, geben der Beziehung von Mensch, Garten und Nahrungsmitteln eine neue Dimension. Im Laufe dieses Kapitels werden wir uns noch ausführlich mit der solidarischen Landwirtschaft befassen. Zuletzt machten Innovationen wie das Infarming und die Fassadenbegrünung als vertikaler Garten auf sich aufmerksam, sodass ertragreiche Nutzpflanzen in oder an Wohn-, Büro- und Supermarktgebäuden wachsen. So werden Erzeugnisse daheim, in der gebäudeeigenen Kantine oder für den Verkauf direkt vor Ort geerntet.

Solidarische Landwirtschaft

Vom urzeitlichen Hausgarten zum modernen Nutzgartenkonzept zeigt unsere Geschichte, dass sich der Garten stetig neu an die kulturellen Bedingungen anpassen lässt – und aus einer Kultur, so hochindustrialisiert sie auch sei, nie gänzlich wegzudenken ist.

Heute lässt sich im Selbstversorgergarten, ähnlich wie in früheren Kulturen, auch mit dem Anbau und der Pflege alter und seltener Sorten experimentieren. So kann man zum Beispiel durch die Anlage von Versuchsreihen herausfinden, mit welchen Pflanzabständen eine bestimmte Sorte an dem gegebenen Standort am besten gedeiht und optimalen Ertrag erbringt. Mit ungewöhnlichen Sorten wie Süßkartoffel, Amaranth, Quinoa, Pepino, Erdmandel oder winterharten asiatischen Blattgemüsen aus der Verwandtschaft der Kohlgewächse lässt sich vorzüglich experimentieren, und es ist sogar möglich, versuchsweise aus essbaren Wildpflanzen durch das Ausbringen deren Samen – wie es damals unsere Vorfahren am Beginn der Jungsteinzeit getan haben – neue regionale Sorten zu kreieren und durch züchterische Selektion über Jahre und Jahrzehnte hinweg zu bearbeiten, an den eigenen Garten anzupassen und immer schmackhafter, bekömmlicher und ertragreicher werden zu lassen. Daraus kann sogar ein äußerst interessantes Generationenprojekt werden, da diese Domestizierung von Wildpflanzen nur durch geduldigen alljährlichen Anbau einer neu begonnenen Zuchtlinie mit sortenreiner, händischer Bestäubung und sorgfältiger Auswahl des daraus gewonnenen Saatguts für das nächste Jahr möglich ist. Ein solches Vorhaben – die Domestizierung einer neuen Wildpflanze mit Metamorphose zur Kulturpflanze in einem Bauern- oder Selbstversorgergarten – wäre wohl so etwas wie die »Königsdisziplin« der Ernährungssouveränität.

Experimente mit alten Sorten

Lehren für die Gegenwart

Die vielfältige, jahrtausendealte Beziehung des Menschen zum Garten macht deutlich, wie sehr sie unsere Kulturgeschichte geprägt hat – und dies weiterhin tut. Sie kann Denkanstöße geben, damit sich eine zunehmend bewusstere, zeitgemäße und zukunftstragende Gartenkultur etabliert. So werden noch unsere Kindeskinder die Früchte unserer Gärten genießen und hoffentlich Lust und Neugier verspüren, eine persönliche Beziehung zum eigenen oder gemeinschaftlichen Garten zu kultivieren.

Zwar füllt das ganze Jahr über eine große Auswahl an Früchten, Gemüse, Kräutern, Nüssen, Samen und Getreideerzeugnissen die Regale von Feinkostläden, Supermärkten und Discountern, was durch die kulturelle Leistung der Globalisierung, neue Vernetzungen, Transportmittel, Liefer-, Kühlketten und Handelsabkommen ermöglicht wurde – doch diese Art des wachstumsorientierten Wirtschaftens und bedenkenlosen Konsumierens geht oft nicht konform mit den Prinzipien der Nachhaltigkeit. Lebensmittelskandale, Umweltschäden, Emissionen, Ausbeutung in der Lohnarbeit und neokolonialistische Verstrickungen sind nur ein paar der Problempunkte, die unseren luxuriösen westlichen Lebensstil überschatten.

Unsere derzeitige Praxis kann nicht der Höhepunkt einer kultivierten Landnutzung sein, da sie nicht wenige Nachteile in Bezug auf soziale und ökologische Standards bringt. Es braucht eine bewusstere Auswahl unserer alltäglichen Lebensmittel, auch eine neu entdeckte Freude an dem, was vor Ort zu bestimmten Jahreszeiten frisch zu ernten ist. Die zunehmende Teuerung von Lebensmitteln könnte dafür einen weiteren Anstoß liefern und indirekt zu dem positiven Resultat führen, dass die dezentrale Lebensmittelproduktion im Einklang mit lokalen Bedingungen und Potenzialen verstärkt in den Fokus rückt – dass Menschen sich wieder vermehrt für ihre Ernährungssouveränität einsetzen. Nicht nur in der Theorie, sondern auch in Form praktischer Maßnahmen haben wir als Menschen des 21. Jahrhunderts das Erfahrungswissen und die Möglichkeiten, höchste umweltverträgliche Standards in unseren Nutz- und Ziergärten zu verwurzeln und mehr Vielfalt, Schönheit und Autarkie in unser Leben und das unserer Mitmenschen zu bringen. So können wir nicht nur eine gewachsene, sondern auch nachhaltige, erneuerte Beziehung zum einzigartigen Lebens- und Schaffensraum Garten pflegen.

Bewusste Auswahl unserer Lebensmittel

Mit samenfesten Sorten die Ernährung sichern

Botanischen Gärten dienen naturkundlichen Lehrzwecken und sind lebendige Studienportale, die eine Vielzahl heimischer und exotischer Pflanzen beherbergen. Oft stellen sie verschiedene Böden, Vegetationszonen und Pflanzengesellschaften dar, und einige verfügen über Gewächshäuser, in denen mediterrane Palmen und Blumen, Kakteen und andere Sukkulenten oder ein kleiner tropischer Regenwald untergebracht sind – meist in einem sogenannten »Tropenhaus«. Sie sind Gärten der Bildung. Seit Mitte des 18. Jahrhunderts gehört dort zu jeder Pflanze eine lateinische Namenstafel, die der Naturforscher Carl von Linné systematisierte. Die Tomate beispielsweise heißt in der Botanik *Solanum lycopersicum*, der Gartenkürbis *Cucurbita pepo*, die Gartenbohne *Phaseolus vulgaris*. *Arnica montana* nennt sich etwa die in Europa vom Aussterben bedrohte Echte Arnika, die in Botanischen Gärten vor allem im Alpenraum, entlang des Balkans sowie in Nordeuropa häufig anzutreffen ist.

Botanische Gärten

Mit der schwindenden Artenvielfalt unserer globalen Flora gewinnt der Betrieb Botanischer Gärten zunehmend an Bedeutung. Über kulturelle Veranstaltungen, Saatgut- oder Pflanzenbörsen und Themenführungen stehen diese Gärten immer häufiger im Fokus und lenken damit die Aufmerksamkeit auch auf das Thema der globalen Biodiversität. Sie helfen uns seit Jahrhunderten dabei, Garten- und auch Wildpflanzen zu studieren, unsere Beziehung zu ihnen zu stärken und sie fest in unserem Alltagsbewusstsein zu verankern.

In immer mehr Botanischen Gärten werden auch alte, vom Markt verdrängte Kulturpflanzensorten angepflanzt, und ihr Saatgut wird vor Ort vermehrt. Darin besteht ein Beitrag zum Erhalt der gefährdeten Sortenvielfalt, weil die Botanischen Gärten ein genetisches Reservat für verdrängte Arten und Sorten schaffen, auch wenn diese in der Landwirtschaft derzeit nicht verwendet werden. Das Problem ist nämlich, dass das bloße Aufbewahren von Samen durch Trocknung und Einfrieren nicht ausreicht, um das genetische Menschheitserbe unserer Kulturpflanzen zu schützen. Samen verlieren mit der Zeit ihre Keimfähigkeit. Wann genau das geschieht, kann niemand vorhersagen. Außerdem fällt bei der bloßen Aufbewahrung von Samen die wichtige Sortenpflege weg. Erst die regelmäßige züchterische Selektion von Pflanzen, in denen die typischen Eigenschaften der jeweiligen Sorte optimal verwirklicht sind, führt zu einem Fortbestand einer Sorte. Zudem passen sich alte Sorten laufend an sich ändernde Klimabedingungen und ihre Standorte an, was industrielle Hochleistungszüchtungen nicht mehr können.

Gefährdete Sortenvielfalt

Um gefährdete Sorten vital und einsatzfähig für die Zukunft zu bewahren, müssen sie also laufend angebaut und der Umwelt ausgesetzt werden, damit sich diese – wie seit nunmehr 13.000 Jahren – in ihr Genom schreiben kann. Da sich klimatische Bedingungen und andere Umweltfaktoren ändern können, müssen die alten Sorten diese Änderungen regelmäßig *erfahren*, damit ihre Entwicklungslinie und Umweltanpassung nicht abreißt. Nur so können wir in Krisenzeiten auf sie zurückgreifen – zum Beispiel falls die Versorgung durch die Agrar- und Lebensmittelindustrie wegen der sich zuspitzenden Energiekrisen ins Wanken geraten sollte.

Wir sollten uns im Klaren darüber sein, dass es sich bei den Züchtungen, die derzeit den Markt beherrschen, durchweg nicht um *Sorten* handelt. Diese Aussage klingt vielleicht für manche zunächst etwas befremdlich, ist aber biologisch gesehen zutreffend. Eine Sorte ist eine genetisch definierte Zuchtlinie mit bestimmten Eigenschaften, die von einer Generation zur nächsten im Wesentlichen stabil bleiben, ähnlich wie ein Chihuahua nur dann ein

Rassehund ist, wenn er bestimmte Eigenschaften aufweist, die er auch an folgende Generationen weitergeben kann. Das heißt, wenn wir aus einer Tomate einer alten Sorte – zum Beispiel der französischen Sorte *Marmande* – Samen entnehmen und anbauen, keimen diese und bringen wieder sortenreine Pflanzen hervor, welche die gleichen Eigenschaften wie die Mutterpflanzen aufweisen und Früchte tragen, deren Farbe, Form, Geschmack und Inhaltsstoffe der jeweiligen Sorte entsprechen. Daher werden diese Sorten auch als *samenfest* bezeichnet. Sie können über ihre Samen von Generation zu Generation weitervermehrt werden.

Der Unterschied zwischen Sorten und Züchtungen

Eine bekannte samenfeste Sorte ist die Ochsenherztomate, die große, schwere, saftig-fleischige und intensiv schmeckende Früchte hervorbringt, die wie ein organisches Herz geformt sind. Sie geht auf eine russische Züchtung des 19. Jahrhunderts zurück, gelangte zu Beginn des 20. Jahrhunderts nach Nordamerika und wurde dort weiter züchterisch bearbeitet. Ochsenherz ist eine exzellente, geschmackvolle Tomatensorte, findet sich aber nur mehr selten in ausgewählten Bioläden und auf Bauernmärkten. Häufig hingegen findet man sie in Gärten von Selbstversorgerinnen und Selbstversorgern. In Supermärkten werden inzwischen ebenfalls Tomaten angeboten, die als »Ochsenherzen« bezeichnet werden. Aber Achtung! Es handelt sich dabei fast immer um Etikettenschwindel. Die Sorte Ochsenherz ist über längere Strecken nicht transportfähig und übersteht keine Fließbänder und keine Lagerung in großen industriellen Bündelungsbetrieben. Sie kann auch nicht in Plastik verpackt werden. Ihre großen, schweren Früchte sind uneinheitlich und können leicht platzen. Sie müssen vorsichtig behandelt und am besten einzeln in Schälchen gelagert werden. Was im Supermarkt als Ochsenherztomate angepriesen wird, hat meis-

Das Beispiel Ochsenherztomate

tens nichts mit dieser außergewöhnlich schmackhaften Sorte zu tun. Es handelt sich um Neuzüchtungen der Saatgutindustrie, bei denen die nicht geschützte Bezeichnung Ochsenherz für Vermarktungszwecke missbraucht wird, die aber nur einen Abklatsch des Originals darstellen.

Nahezu *keine* der Marktsorten bei Gemüse, Getreide und Hülsenfrüchten, die wir im Supermarkt finden – egal ob konventionell oder mit EU-Biozeichen – ist samenfest. Es handelt sich um besonders ertragreiche und lukrative Hybriden. Hybriden sind per Definition keine Sorten. Es ist nicht möglich, ihren Früchten Samen zu entnehmen und diese immer wieder anzubauen. Die Jungpflanzen würden verkümmern, wären anfällig für Pflanzenkrankheiten oder schlechte Witterungsbedingungen und würden keine guten Erträge mehr bringen. Hybriden sind Kreationen der Saatgutindustrie. Um sie zu züchten, wird mit Pflanzen über viele Generationen Inzucht betrieben. Die Saatgutindustrie ist also eine »Inzuchtindustrie«, setzt aber auch laborbiologische Eingriffe ein, um bestimmte Zuchtergebnisse zu erreichen. Das Ergebnis der Inzucht sind genetisch verkümmerte, anfällige und kaum tragende »Nahrungspflanzen«. Dieser massive Leistungsabfall wird als »Inzuchtdepression« bezeichnet. Dann werden Inzuchtlinien einer bestimmten Art, zum Beispiel von der Paprika, die genetisch möglichst unterschiedlich voneinander sein müssen, miteinander gekreuzt.

Hybride

Dieser Eingriff unter kontrollierten Bedingungen führt zum sogenannten *Heterosiseffekt*. Darunter versteht man eine enorme Leistungsexplosion eines Lebewesens nach der Kreuzung zweier stark unterschiedlicher genetischer Linien. Wenn Inzuchtlinien miteinander gekreuzt werden, ist dieser Effekt besonders effizient und wird gezielt genutzt. In der Pflanzenzucht bedeutet das einen starken Anstieg des Ertrags

Der Heterosiseffekt

und anderer Eigenschaften, die eine Hochleistungszüchtung für die Agrarindustrie und den Handel lukrativ machen. Aber diese besonderen Eigenschaften halten nur für eine Generation an, die nach Gregor Mendel als F1-Generation bezeichnet wird. Versucht man, aus den Samen dieser Pflanzen erneut Saatgut zu gewinnen, um dieses anzubauen, spalten sich die Nachkommen wieder in die vorangegangenen genetisch verarmten Inzuchtlinien auf, die für Landwirtschaft und Garten nicht interessant sind. Solche Hybriden können sich daher auch nicht mehr weiterentwickeln.

Ein angenehmer Nebeneffekt für die Saatgutindustrie ist, dass Bäuerinnen und Bauern Hybriden nur sehr schwer weiterverwenden können, indem sie aus Früchten Saatgut für das nächste Jahr gewinnen. Dieser sogenannte »Nachbau« ist zwar widerspenstigen Landwirten mit viel Know-how und unter großem Aufwand prinzipiell möglich, zahlt sich aber wirtschaftlich keineswegs aus und bleibt eine Spielerei für agrarische Rebellen – und die Saatgutindustrie sieht diese Versuche gar nicht gern und klagt jede und jeden, den sie dabei erwischt, in Grund und Boden. Abgesehen von der biologischen Degeneration des Hybridsaatguts, die sich nur schwer überwinden lässt, ist es der Bauernschaft nämlich auch vertraglich untersagt, eigenes Saatgut aus den Konzern-Hybriden zu gewinnen. Sie ist dazu gezwungen, das Saatgut jedes Jahr neu bei einem Saatgutunternehmen zu beziehen. Aber die Abhängigkeit von Saatgutkonzernen ist nicht das einzige Problem beim marktbeherrschenden Hochleistungssaatgut.

Seit Anbeginn von Acker- und Gartenbau stehen unsere Kulturpflanzen in einer Entwicklungslinie, die sich Jahrtausende zurückverfolgen lässt. Durch züchterische Eingriffe und Selektion haben sie sich immer verändert, wurden für die menschliche Ernährung stets geeigneter. Vor allem passten sie sich ununterbrochen an ihre Standorte an. Deswegen sind samenfeste Regionalsorten wertvoll für den Selbstversorgergarten. Sie kommen mit regionalen Klimabedingungen und Krankheitserregern besonders gut klar, weil der jeweilige Standort sozusagen ihr »evolutionäres Zuhause« an der Schnittstelle zwischen Mensch und Natur darstellt.

Der Anbau und die Pflege der alten samenfesten Sorten gehört aber nicht nur in die Hände Botanischer Gärten, die mit der hohen Anzahl an gefährdeten Sorten überfordert wären. Selbstversorger überall auf der Erde sollten sich der samenfesten Traditionssorten wieder annehmen und diese in ihren Gärten zur Eigenversorgung anbauen. Der Gedanke der Ernährungssouveränität verlangt regelrecht nach samenfesten Sorten. Wie sollte man sich bei Lebensmitteln als autark wahrnehmen, wenn man Jahr für Jahr Hybridsaatgut aus der Industrie einkaufen muss? Der Anbau samenfester Sorten macht es möglich, auch bei Saatgut unabhängig zu werden und eigenes Saatgut zu produzieren. Samenfeste Sorten haben im Gegensatz zu Hybriden ihre biologische Anpassungsfähigkeit nicht verloren. Durch regelmäßiges Anbauen des von Jahr zu Jahr gewonnenen Saatguts kann im Selbstversorgergarten sogar eine Anpassung der Sorte an den spezifischen Gartenstandort bewirkt werden. Wir können also selbst Saatgut erzeugen, das in unserem eigenen Garten besonders gut keimt und sich zu einem florierenden, reich tragenden und widerstandsfähigen Pflanzenbestand entwickelt.

Samenfeste Sorten

Ganz anders verhält es sich mit dem Hybridsaatgut. Mit der »Inzuchtindustrie« reißt der Entwicklungsstrom unserer Kulturpflanzen einfach ab. An die Stelle natürlicher Anpassungsprozesse tritt nun eine Art »Pflanzendesign« unter unnatürlichen Laborbedingungen. Dieser industrielle Prozess muss immer wieder neu durchgeführt werden, und nur der jeweilige Saatgutkonzern hat die Mittel und kennt das Patent dazu. Nach 13.000 Jahren wird das Saatgut den Bäuerinnen und Bauern an der gesellschaftlichen Basis entrissen. Wer heute in

»Inzuchtindustrie«

der Landwirtschaft auf dem Massenmarkt bestehen möchte, hat keine andere Wahl mehr, als sich einem Agrarkonzern und der Lebensmittelindustrie vertraglich zu verpflichten. Die Rahmenbedingungen geben dann natürlich diese »Big Players« vor.

Das geht so weit, dass auch in Europa bereits Saatgut in Umlauf ist, das mittels einer Art »Gentechnik light« erzeugt wird. Es handelt sich um sogenannte CMS-Hybriden[49]. Kurz zusammengefasst kommt es dabei zu einer genetischen Manipulation in den sogenannten Mitochondrien der Pflanzenzellen. Diese Mitochondrien sind die zellulären »Energiekraftwerke«. Sie stellen die Energie her, die die Pflanzenzelle benötigt. Und sie haben ihre eigene DNA – die sogenannte »mitochondriale DNA«. Diese DNA wird bei den CMS-Hybriden so manipuliert, dass die männlichen Nutzpflanzen unfruchtbar werden. Dadurch kann der Konzern bei der Saatgutproduktion mit Sicherheit ausschließen, dass eine unbeabsichtigte Bestäubung stattfindet. Stattdessen haben die Biotechnologinnen und Biotechnologen die alleinige Kontrolle über die Bestäubung, Befruchtung und Kreuzung ihrer Inzucht- und Hybridlinien. Auf diese Weise können sie ihre Zuchtprogramme einfacher und lukrativer durchführen, um am Ende das gewünschte standardisierte CMS-Hybridsaatgut zu ernten.

Die Europäische Union hat die Wünsche der Saatgutlobby berücksichtigt und gesetzlich festgelegt, dass die CMS-Technologie nicht als Gentechnik gilt, obwohl sie biologisch genau das ist. Der politische Trick ist hierbei, dass die genetische Manipulation der Pflanzen nicht im Zellkern stattfindet, sondern – wie erwähnt – in der mitochondrialen DNA. Dennoch birgt diese Gentechnik, die durch politische Anstrengungen zur »Nicht-Gentechnik« erklärt wurde, ähnliche Gefahren wie andere gentechnische Manipulationen an Pflanzen. Erstens sind CMS-Hybriden oft anfällig für Schädlinge und schwankende Wetterbedingungen, die derzeit weltweit zuneh-

CMS-Saatgut

men. Zweitens schränken sie die Biodiversität auf Äckern und in Gärten noch mehr ein, da sie nach besonders engen, streng kontrollierten Kriterien erzeugt werden. Sie sind Laborpflanzen – und nichts anderes als das. Ihre Degeneration ist noch weiter fortgeschritten als bei herkömmlichen Hybriden. CMS-Hybriden tragen ein »Unfruchtbarkeits-Gen«, sodass ihre Blühorgane und insbesondere der Pollen verändert sind. Die Frage, wie sich diese Eingriffe auf die bestäubende Insektenwelt oder andere Pflanzen auswirken, ist weitgehend ungeklärt. Außerdem ist CMS-Saatgut der absolute Endpunkt der Evolution der Kulturpflanzen, weil diese Züchtungen ja unfruchtbar gemacht wurden, und führt uns endgültig in die vollständige Abhängigkeit von Saatgutkonzernen – ein Zustand, den diese seit vielen Jahren und Jahrzehnten anscheinend gezielt durch immer mehr politischen Lobbyismus herbeiführen.

So ist es bei CMS-Saatgut auch endgültig und absolut ausgeschlossen, dass es jemals wieder einer Landwirtin oder einem Landwirt gelingen wird, das Saatgut wiederzuverwenden, was durch aufwendige Selektionsprozesse mit jahrelanger Geduld bei herkömmlichen Hybriden grundsätzlich möglich wäre. Saatgutkonzerne bezeichnen jeden Versuch durch die Bauernschaft oder auch durch Privatpersonen, ihren Züchtungen Samen zu entnehmen, oft als »Saatgut-Piraterie«, also als eine Art verbrecherischen Akt. Durch die CMS-Technologie schreiben sie ein unüberwindbares biologisches Copyright und Patentrecht genetisch in ihre Marktzüchtungen ein. Bedauerlicherweise findet sich CMS-Saatgut bereits zu großen Anteilen auf dem Markt und wird sogar in der biologischen Gemüseerzeugung eingesetzt, da die EU den Einsatz von CMS-Hybriden im Biolandbau nicht untersagt hat. Mehr dazu finden Sie in Clemens' Buch *Hilfe, unser Essen wird normiert!*, in dem die Machenschaften der Saatgutindustrie beleuchtet werden.

Die Souveränität der Bauernschaft über ihre Sortenwahl und

Produktion ist ebenso im Verschwinden begriffen wie die Ernährungssouveränität der Konsumenten. Hinzu kommt, dass herkömmliche Hybriden und CMS-Hybriden sich auch nicht an sich ändernde Klimabedingungen anpassen können. Ein beliebtes Narrativ der Gentechnik-Lobby ist, dass wir unsere Kulturpflanzen durch genetische Manipulation – natürlich immer auf Basis lukrativer Patente – an den Klimawandel anpassen sollen. Doch genetisch veränderte Pflanzen sind biologisch ebenso degeneriert wie hybride Hochleistungssorten. Außerdem benötigen alle diese Konzernzüchtungen – auch gentechnikfreie, herkömmliche Hybriden – eine sehr energieintensive Landwirtschaft mit Düngung und Pflanzenschutz. Und die Sorten werden überall auf der Erde eingesetzt. Eine regionale Standortanpassung findet nicht statt. Die Antwort auf den Klimawandel lautet aber nicht »noch mehr Industriezüchtungen und Gentechnik«. Die Antwort lautet »Einsatz samenfester Sorten«. Denn diese sind ganz ohne Energieeinsatz und ohne industrielle Zuchtprozesse aus sich heraus in der Lage, sich an Klima- und Umweltbedingungen anzupassen, wenn diese sich ändern. Sie tun genau das seit vielen Jahrtausenden.

Das heißt, gerade im Hinblick auf Energiekrisen und Klimawandel *müssen* wir den genetischen Schatz der alten und samenfesten Sorten erhalten. Selbstversorgerinnen können einen Beitrag dazu leisten, diesen Sorten im eigenen Garten durch kontinuierlichen Anbau Reservate zu schaffen. Außerdem führen sie dadurch einen wichtigen Teil der Ernährungssouveränität, das Saatgut, zurück in die Hände der Menschen an der Basis und durchbrechen die zunehmende Abhängigkeit von Konzernen. Belohnt wird dieses Engagement mit besonders schmackhaften Erträgen und mit der Möglichkeit, durch eine Saatgutgewinnung Geld zu sparen. Die folgende Praxisanleitung erklärt, wie das geht.

Unser Auftrag

Samengärtnerei: Die Produktion von eigenem Saatgut

Eigenes Saatgut zu erzeugen bedeutet, die Basis unserer Ernährung selbst in die Hand zu nehmen, den wachsenden Machthunger der Saatgutindustrie, die den gesamten Planeten mit patentierten Hochleistungszüchtungen vereinnahmt und die Bauernschaft abhängig macht, zu brechen – oder sich zumindest im eigenen Leben dieser Macht zu entziehen. Selbst produziertes Saatgut macht uns souverän mit Blick auf unsere Lebensmittel. Vor allem jedoch macht es uns krisensicher und zukunftsfähig im Hinblick auf unsere Ernährung und die unserer Familien oder Gemeinschaften. Den Anbau von Gartenpflanzen mit dem Ziel, Saatgut zu gewinnen, nennt man *Samengärtnerei.* Um diese zu betreiben, müssen wir uns ein wenig mit Pflanzenzucht befassen.

Grundvoraussetzung für die eigene Saatgutproduktion ist, dass wir samenfeste Sorten anbauen. Keinesfalls sollten die Hybriden verwendet werden, die den Markt dominieren, da es sich dabei, wie ausgeführt, nicht um Sorten handelt und eine sortenreine Erhaltungszüchtung mit Hybriden ebenso schwer gelingt wie die Zucht neuer Sorten durch Kreuzung. Ganz am Anfang bezieht man das Saatgut für samenfeste Sorten entweder von Bäuerinnen, Gärtnern oder anderen Selbstversorgern oder aus einer der Bezugsquellen für samenfestes Sortensaatgut, die im Anhang dieses Buches zu finden sind. Wenn wir eigenes Saatgut gewinnen möchten, können wir dabei eine sortenreine Vermehrung der Samen anstreben. Das heißt, dass wir in diesem Fall darauf achten, dass die Grundeigenschaften der Sorten von Jahr zu Jahr möglichst stabil bleiben. Eine Anpassung an den Standort geschieht allerdings immer und ist gerade im Selbstversorgergarten auch erwünscht. Die Alternative zur sortenreinen Saatgutvermehrung ist die Züchtung *neuer* Sorten durch gezielte Kreuzung. Dabei entstehen neue genetische Linien.

Samenfeste Sorten

Erstes Beispiel: Gartenbohnen

Besonders einfach ist die Saatgutgewinnung bei herkömmlichen Gartenbohnen, egal ob es sich um Buschbohnen oder stattliche, in den Himmel wachsende Stangenbohnen handelt. Da sich die Gartenbohne selbst befruchtet und die Bestäubung häufig bereits vor der Öffnung der Blüten stattfindet, sind keine besonderen Maßnahmen nötig, um einer unbeabsichtigten Kreuzung vorzubeugen. Wer aber im Garten besonders viele Hummeln umherfliegen sieht, sollte sicherheitshalber einige Blüten der ästhetischen Schmetterlingsblütler mit Vlieshäubchen abdecken, die entfernt werden können, sobald sich die Blüte geöffnet hat. Hummeln könnten sich nämlich auch durch geschlossene Blüten beißen und so eine unkontrollierte Fremdbestäubung durchführen. Auch das wäre nicht weiter schlimm, solange man nur eine Bohnensorte im Garten angebaut hat und rundherum keine unmittelbar benachbarten Gärten mit anderen Sorten vorhanden sind.

Damit wären wir auch schon bei einer wichtigen Regel der Samengärtnerei: Blüten, die abgedeckt wurden, damit sie nicht fremdbestäubt werden, oder Blüten, die man von Hand bestäubt hat, um eine gezielte Kreuzung zweier Sorten durchzuführen, müssen immer markiert werden, zum Beispiel durch ein gut befestigtes Bändchen. Denn im Herbst, wenn die Samen reif sind, wollen wir ja die entsprechenden Früchte, die aus den von uns vorbereiteten Blüten hervorgegangen sind, wiederfinden. Samengärtnerei hat etwas sehr Sinnliches. Man hantiert dabei häufig mit Blüten und Pollen – mit den schmuckvollen und duftenden Teilen unserer Gartenpflanzen.

Grundregel der Samengärtnerei

Zur Samenernte müssen die Hülsen der Bohnen so lange an der Pflanze belassen werden, bis sie trocken sind. Wenn die trockenen

Hülsen beginnen, aufzubrechen, sind sie *samenreif*, wie es im Fachjargon heißt. Die Samenreife tritt immer erst nach der Fruchtreife ein. Das ist bei allen Gartenpflanzen so. Auch ein reifer, leuchtend oranger Kürbis, der sich bereits hervorragend als Küchengemüse eignet, enthält noch keine reifen Samen. Diese werden erst reif, wenn der Kürbis intensiv gefärbt und hart ist, oft sogar faserig. Zum Genuss eignet er sich im überreifen Zustand nicht mehr. Das Gleiche bei Tomaten: Reif sind Tomatensamen dann, wenn die überreife Frucht auf der Pflanze schon anfängt, weich und matschig zu werden.

Zurück zur Bohne: Wenn wir also die trockenen, reifen Bohnen als Saatgut entnehmen, um sie zu Hause vollständig trocknen zu lassen und für die folgenden Jahre einzulagern, dann müssen wir uns überlegen, von welchen Pflanzen wir ernten. In der Samengärtnerei ist immer daran zu denken, dass im Saatgut die genetische Information für die nächste Generation gespeichert ist. Achten wir darauf, dass die Pflanze, der wir Samen entnehmen, gesund und kräftig ist, sich gut entwickelt hat und reich trägt, dann erhöhen wir die Chancen, im nächsten Jahr aus dem Saatgut viele Pflanzen mit solchen Eigenschaften ziehen zu können. Das ist der Prozess der Selektion – der Evolutionsprozess der Pflanzen in unserem eigenen Garten: Evolution in Menschenhand.

In der Wildnis findet die evolutionäre Selektion durch die Gegebenheiten der Natur statt: Umweltbedingungen, Konkurrenz und Kooperationsfähigkeit entscheiden über das Überleben der Individuen und den Fortbestand der Arten. Im Garten sind wir es, die Pflanzen selektieren, bestimmen, welche ihre Gene weitergeben und welche nicht, und dadurch die Stammesentwicklung der Kultursorten beeinflussen. Mit Naturbeobachtung und züchterischem Geschick über viele Jahre hinweg selektiert, entstehen dabei genetisch optimale Sorten, die speziell in unserem Garten, an den sie sich allmählich anpassen, gut wachsen. Sie lernen, mit den natürlichen Gegebenheiten, dem Boden und im Besonderen mit Schädlingen sowie regionalen Witterungsbedingungen ihres kulturnahen Habitats umzugehen.

Zweites Beispiel: Kürbisgewächse

Die Samengewinnung bei Kürbisgewächsen ist nicht so unproblematisch wie bei der Bohne. Zu den Kürbisgewächsen zählen Gurken, Melonen, Chayote und natürlich die verschiedenen Arten des Kürbisses: Gartenkürbis, Riesenkürbis, Moschuskürbis und die wesentlich selteneren Arten Feigenblattkürbis und Silbersamenkürbis. Der Hokkaido zählt zum Beispiel zu den Riesenkürbissen, *Cucurbita maxima*, auch wenn er im Gegensatz zu anderen Vertretern dieser Art, wie dem Gelben Zentner oder dem Ungarischen Blauen, nicht sonderlich groß ist. Zu den Moschuskürbissen, *Cucurbita moschata*, zählen unter anderem der Butternusskürbis, der Moschuskürbis und der Lange von Neapel, der sich hervorragend als Bratkürbis eignet, weil man von seinem langen samenlosen Hals zahlreiche Scheiben abschneiden kann. Zur Spezies *Cucurbita pepo*, auf Deutsch Pepo- oder Gartenkürbis, zählen etwa der Steirische Ölkürbis und der Patisson-Kürbis, dessen Form an ein Ufo erinnert. Die Zucchini ist botanisch gesehen ein lang gestreckter Gartenkürbis, der im unreifen Zustand verzehrt wird.

Für die Samengärtnerei sollten keine Zierkürbisse neben Speisekürbissen angebaut werden. Zierkürbisse enthalten hohe Mengen des bitteren Cucurbitacin, das Übelkeit und beim Verzehr größerer Mengen Vergiftungen verursachen kann. Zierkürbisse könnten sich mit Speisekürbissen kreuzen und dazu führen, dass bei letzteren der Gehalt dieser unerwünschten Substanz steigt. Wenn Zierkürbisse vorhanden sind, oder generell, wenn man sortenreines Saatgut erhalten und daher die zufällige Kreuzung unterschiedlicher Kürbissorten vermeiden möchte, ist die ausgeprägte Gefahr der Einkreuzung bei Kürbissen unbedingt zu beachten.

Alle Kürbisgewächse sind Fremdbefruchter und werden von Insekten bestäubt. Die Kontrolle der Bestäubung verlangt in diesem Fall also nach etwas mehr Aufwand und Wissen, zumal sich die unterschiedlichen Sorten einer Kürbisart alle miteinander kreuzen können. Deswegen hält man zwischen verschiedenen Varietäten einen Sicherheitsabstand von mindestens 250 Metern ein. Eine andere Möglichkeit, ungewollte Kreuzungen durch die Fremdbestäubung, um die sich Insekten beim Kürbis kümmern, zu verhindern, ist der Anbau in einem Folientunnel. In diesem Fall empfiehlt es sich, ein Hummelvolk im Tunnel anzusiedeln oder selbst anzurücken und Blüten mit einem Pinsel von Hand zu bestäuben. Diesen Vorgang werden wir uns gleich genauer ansehen.

Fremdbefruchtung

Pragmatisch und weniger aufwendig ist es, Kürbispflanzen im Freiland anzubauen, sich als Bestäuberin oder Bestäuber zu betätigen und dabei den Insekten zuvorzukommen. Dieses Unterfangen ist zwar zeitintensiv, für Liebhaberinnen und Liebhaber von Pflanzen jedoch, die den Anblick der stattlichen Kürbisblüten schätzen, bestimmt eine beglückende Tätigkeit. Der Sinn einer gezielten Bestäubung mit der Hand liegt entweder darin, ungewollten Kreuzungen vorzubeugen und sortenreines Saatgut zu erzeugen oder aber zwei Sorten gezielt miteinander zu kreuzen, um eine neue Varietät hervorzubringen, was manchmal durchaus experimentellen Charakter haben kann.

Kürbispflanzen haben keine zwittrigen Blüten, sondern tragen männliche neben weiblichen Blüten. Die Blüten der Kürbisgewächse sind groß mit langen, orange-gelben Blütenblättern. Sie sind eine leuchtende Augenweide im Garten und können als Salat oder überbacken verzehrt werden. Das Geschlecht der Kürbisblüten ist leicht zu erkennen. Männliche Blüten sind deutlich gestielt und verfügen naturgemäß über keinen Fruchtknoten. Ihr Bau ist schlank und weniger gedrungen als bei den weiblichen. Der Ansatz der weiblichen Blüten ist kurz und kompakt. Sie sind nicht gestielt. Ihr Fruchtknoten, aus dem sich später der Kürbis entwickelt, ist deutlich zu sehen. Es empfiehlt sich aber nicht, weibliche Blüten mit Pollen aus männlichen Blüten derselben Pflanze zu bestäuben. Dabei würde es zwar zur Entwicklung der Frucht kommen, die darin enthaltenen Samen wären aber nicht keimfähig – eine Art Selbstschutz der Kürbisgewächse vor Inzucht.

Männliche und weibliche Kürbisblüten

Die Selektion durch Menschenhand beginnt bereits bei der Bestäubung. Wir überlegen uns natürlich, welche Pflanzen wir miteinander kreuzen, und entscheiden uns für gesunde, gut wachsende, robuste Exemplare mit möglichst vielen weiblichen und einigen männlichen Blüten. Die Anzahl der weiblichen Blüten verrät uns, wie viele Früchte eine Kürbispflanze im Herbst ungefähr tragen wird. Dabei ist aber auch zu bedenken, dass sich nicht jede weibliche Blüte erfolgreich in eine Frucht verwandeln muss. Bei der Beurteilung der Wuchsleistung einer Pflanze sollte außerdem, wie bei uns Menschen, stets berücksichtigt werden, unter welchen Umweltbedingungen ein Individuum lebt und gedeiht. Eine Pflanze, die sich unter schwierigen Bedingungen – zum Beispiel im Schatten, an einem Platz mit verminderter Wasser- oder Nährstoffversorgung oder unter besonders starkem Konkurrenzdruck – zufriedenstellend entwickelt, leistet eigentlich mehr als eine Pflanze, die an einem perfekten Standort prächtig gedeiht.

Selektion

Unbedingt zu beachten ist, dass sich reife Kürbisblüten am frühen Morgen und nur für einen Tag öffnen. Es gilt also, an einem Frühlingsabend jene verschlossenen Blütenknospen zu identifizieren, die kurz vor der Entfaltung stehen. Diesen Zeitpunkt erkennt man am Anschwellen der Knospen, die sich von der Spitze ausgehend gelb zu verfärben beginnen. Dabei fangen die einzelnen Blütenblätter an, sichtbar zu werden und sich allmählich voneinander zu lösen. Vor der Öffnung stehende Blüten werden sofort durch ein locker sitzendes Vlieshäubchen oder durch behutsame Verklebung isoliert, wobei der Verschluss einerseits dicht sein, andererseits aber so angebracht werden soll, dass die Blüte am nächsten Morgen geöffnet werden kann, ohne dabei Schaden zu nehmen. Diese Isolation hat den Zweck, Insekten an der Bestäubung zu hindern. An allen ausgewählten Pflanzen muss mindestens eine weibliche Blüte isoliert werden. Die männlichen Blüten, die isoliert werden, sollten sich auf anderen Pflanzen als die weiblichen befinden.

Am nächsten Morgen oder Vormittag werden dann die isolierten Blüten inspiziert. Sind sie dabei, sich zu entfalten? Um das zu beurteilen, lockert man den Verschluss zunächst ein wenig. Die Blüten müssen dabei deutliche Zeichen der Öffnung geben, was sich durch eine Spreizung der Blütenblätter bemerkbar macht. Ist dieser Wille zur Entfaltung nicht zu spüren, wird die Blüte wieder verschlossen und am nächsten Tag besucht. Sobald die Isolierung entfernt wird, tun sich reife Blüten auf. Zwar geschieht dies langsam, aber noch schnell genug, um die Bewegung sehen zu können. Nun werden den männlichen Blüten mit einem sauberen, weichen Pinsel Pollen entnommen und behutsam auf die Narben der weiblichen Blüten übertragen. Wie bereits erwähnt ist dabei darauf zu achten, weibliche Blüten nicht mit dem Pollen der männlichen Blüten von derselben Pflanze zu bestäuben.

Bestäubung

Um ein »Dazwischenfunken« der umherfliegenden Insekten zu verhindern, empfehlen wir, die weiblichen Blüten – und nur diese – nach der Bestäubung für weitere 24 Stunden erneut zu verschließen. Diese Zeit reicht aus, um die biologischen Vorgänge der Befruchtung zu beginnen, bei der sich der Pollen unter Mithilfe der weiblichen Blütenorgane durch den nun entstehenden

Pollenschlauch einen Weg durch den Griffel bis hinunter in den Fruchtknoten bahnt, wo er die pflanzlichen Spermienzellen entlässt, sodass bald die Befruchtung der pflanzlichen Eizelle stattfindet. Spätestens nach 24 Stunden ist dieser Vorgang so weit fortgeschritten, dass die Narbe keine weiteren Pollen mehr eindringen lässt. Daher können die Bedeckungen der Blüten nach Ablauf dieser Zeit entfernt werden – kein ankommendes Insekt könnte zu diesem Zeitpunkt noch eine erfolgreiche Befruchtung verursachen.

Wichtig ist es, die bestäubten weiblichen Blüten durch ein Etikett, ein Band oder eine locker sitzende farbige Schnur zu kennzeichnen, um sie im Herbst, wenn die Samen reif sind, wiederzufinden, ihnen dann als stattlichen Panzerbeeren erneut zu begegnen. So nennt man in der Botanik die Fruchtform des Kürbisses. Die Samenreife erkennt man an der harten, robusten und intensiv gefärbten Schale der vollständig ausgereiften Panzerbeeren. Die Fruchthaut kann in diesem Reifestadium mit dem Fingernagel nicht mehr eingeritzt werden. Auch durch ihren harten und trockenen Stängel zeichnen sich samenreife Kürbisse aus.

Bei der Ernte sollten die Früchte mitsamt ihren Stielen abgeschnitten werden. Zunächst werden sie für vier bis fünf Wochen in einem trockenen, dunklen Raum bei etwa zehn Grad Celsius Lufttemperatur eingelagert, um nachzureifen. Dabei dürfen sie einander nicht berühren. Feuchtigkeit ist unbedingt zu vermeiden. Bedenken Sie, dass diese Früchte wertvolles Saatgut beinhalten – sie sind wie kleine Schatztruhen aus dem Garten, die das Gold der Selbstversorgung beinhalten. Wer sich der Saatguterzeugung besonders sorgfältig widmen möchte, sollte in dieser Zeit regelmäßig nach den Kürbissen sehen, damit diese keine Fäulnis entwickeln. Das lässt sich am besten verhindern, indem man sie einmal pro Woche umdreht. Lediglich bei den unterschiedlichen Sorten des Pepo- oder Gartenkürbisses fällt diese Lagerperiode weg. Die Abbildung zeigt, wie einfach sich die drei wichtigsten Kürbisarten – Riesenkürbisse, Moschuskürbisse und Pepo- oder Gartenkürbisse – durch ihren Stielansatz voneinander unterscheiden lassen.

Im Anschluss an die Nachreifung werden die Kürbisse mit einem stabilen und gut geschliffenen Messer geöffnet und die Samen aus der Samenhöhle gekratzt. Die gründliche Reinigung der Samen erfolgt unter fließendem Wasser. Haften Fruchtfleischreste zu fest an, werden die Samen für eine Nacht in Wasser eingeweicht. Nach der Reinigung ist eine gründliche Trocknung der auf einer Fläche gut verteilten Kürbissamen nötig. Die Samenschalen sollen nicht entfernt werden. Das Saatgut wird, wenn es ganz trocken ist, am besten in dunklen Schränken in großen Gläsern mit Schraubverschlüssen aufbewahrt.

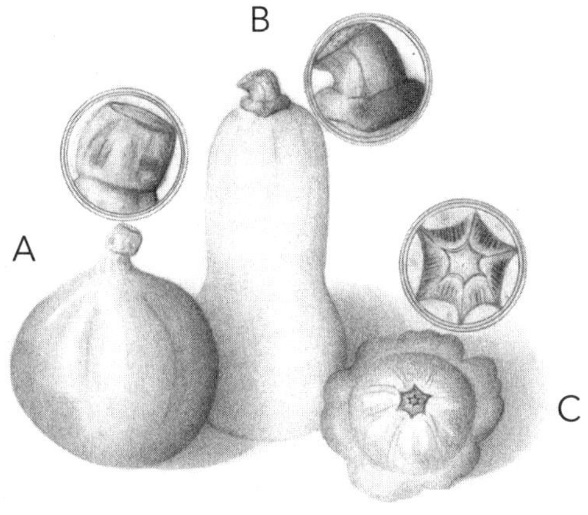

Abbildung 3: Unterscheidung der drei wichtigsten Kürbisarten anhand ihrer Stielansätze: A: Riesenkürbis *(Cucurbita maxima)*, B: Moschuskürbis *(Cucurbita moschata)*, C: Garten- oder Pepokürbis *(Cucurbita pepo)*

Drittes Beispiel: Tomaten

Zuletzt werfen wir noch einen Blick auf die Erzeugung von Tomatensaatgut, um unseren Exkurs in die Samengärtnerei abzurunden. Der Kontakt zu Tomatenpflanzen ist eine äußerst aromatische Erfahrung für den menschlichen Geruchssinn, da sowohl die Stängel und Blätter als auch die zarten gelben Blüten der Pflanzen intensiv nach Tomate duften. Das gilt ganz besonders für alte und samenfeste Sorten.

Wie beim Kürbis, so muss auch bei der Tomate unkontrollierte Kreuzung verhindert werden. Anders als Kürbisgewächse bilden Tomatenpflanzen, die zu den Nachtschattengewächsen gehören, aber zwittrige Blüten mit männlichem Pollen und weiblichem Fruchtknoten, aus dem sich die Früchte entwickeln. Daher lassen sich Tomatenpflanzen allein durch Schütteln bereits sortenrein bestäuben. Die Pollen rieseln dabei einfach auf die Narbe einer Blüte. Viele Anleitungen für die eigene Tomatensaatgutproduktion empfehlen, die Pflanzen, die man zur Samenernte vorgesehen hat, im Frühjahr täglich sanft zu schüttelt. Wir empfehlen hingegen, etwas mehr Aufwand zu betreiben. Lässt man nämlich über mehrere Jahre Selbstbefruchtung zu – also die Befruchtung der weiblichen Blütenteile durch dieselbe Pflanze –, kann es mit der Zeit zu Inzuchterscheinungen und einem Leistungsabfall kommen.

Die Ernte der Früchte

Ab dem Beginn der Blütezeit, also sobald die Tomatenblüten sich geöffnet haben und Pollen produzieren, sollte man sich täglich ein wenig Zeit für die Bestäubung in Handarbeit nehmen. Am besten tut man das vormittags zwischen neun und zehn Uhr, da zu dieser Zeit die weibliche Narbe gut befeuchtet und aufnahmefähig ist, während sie im Laufe des Tages trockener wird. Zu früh am Morgen, also vor neun Uhr, können die männlichen Pollen miteinander verklebt sein. Die Blütenstände, die man bestäuben möchte, müssen vor der Öffnung der Blüten mit einer Vlieshaube isoliert werden. Für die Bestäubung schüttelt man eine Pflanze, von der man Pollen entnehmen möchte, und fängt diese in Gefäßen auf. Das ist nötig, da der Pollen der Tomatenblüten äußerst fein ist. Die Gefäße sollten dunkel sein, damit man die hellgelben Pollen darin gut sieht. Sodann begibt man sich mit den Gefäßen zu den Pflanzen, die man bestäuben möchte. Durch Kippen und leichtes Schütteln der Gefäße sammeln sich die Pollen an den Innenkanten. Von dort nimmt man sie mit einem feinen, weichen Pinsel auf und streicht sie auf die Narben der Blüten.

Beim ersten Mal sollte das feine Häutchen, das die Narbe schützt, entfernt werden. Um ganz sicherzugehen, dass die Bestäubung klappt, sollte man diesen Vorgang einige Tage lang jeden Vormittag wiederholen, bis der Fruchtknoten beginnt, sich zu vergrößern. Während dieser Zeit isolieren viele Samengärtnerinnen und Samengärtner die Blüten durchgehend mit einem Vlieshäubchen, das sie auch nach Abschluss der Bestäubungsphase für ein paar Tage angebracht lassen. Achten Sie darauf, die weiblichen Narben mit Pollen einer anderen Pflanze zu bestäuben. Wenn Sie sich diese Mühe machen, erhalten sie genetisch gesehen die besten Resultate, und Ihre Tomatensorten bleiben von Jahr zu Jahr vital, gesund, robust und leistungsstark. Möchten Sie sortenreines Saatgut gewinnen, paaren Sie je zwei Pflanzen derselben Sorte miteinander. Spricht Sie hingegen die Idee an, mit eigenen Kreuzungen und der Kreation neuer Sorten zu experimentieren, dann kreuzen Sie jeweils zwei Vertreter unterschiedlicher samenfester Tomatensorten miteinander. Jedenfalls empfiehlt es sich, pro Sorte beziehungsweise Kreuzung mehrere Pflanzen zur Saatguternte vorzubereiten, damit Sie im Herbst für die Entnahme der Samen die Pflanzen mit großer Widerstandskraft, der gewünschten Fruchtform und zufriedenstellendem Ertrag auswählen können.

Feinheiten der Bestäubung

Vergessen Sie nicht, die jeweiligen Blütenstände nach der Bestäubungsphase zu kennzeichnen, damit Sie auch zum Zeitpunkt der Samenernte noch wissen, welche Blüten Sie mit welchem Pollen bestäubt haben.

Insekten werden von Tomatenblüten nicht sonderlich angezogen, solange sie ringsum ein reiches Angebot an Blütenpflanzen vorfinden. Auch ist es möglich, die Insekten durch Aussaat von Frühlingsblühern im Garten abzulenken – eine Maßnahme, an der sich auch das menschliche Auge erfreuen kann. Aus diesem Grund verzichten manche Samengärtnerinnen und Samengärtner auf die Isolation der Blüten, insbesondere im Folientunnel. Der größte Störfaktor beim Bestäuben und Kreuzen ist ohnehin die Gefahr der eingangs erwähnten Selbstbefruchtung. Dieser können Sie mit einem Vlieshäubchen nicht vorbeugen, da die Tomate Zwitterblüten bildet.

Gefahr der Selbstbefruchtung

Der Selbstbefruchtung können Sie nur zuvorkommen, wenn Sie die Entwicklung der Blütenknospen genau beobachten und die erste Bestäubung vornehmen, sobald die Blüten sich geöffnet haben und Pollen produzieren. Wenn Ihnen dieser Aufwand zu groß ist, können Sie gerade bei der Saatgutproduktion für den Eigenbedarf auch auf das frühe und regelmäßige Schütteln der Pflanzen zurückgreifen, was zur sicheren Selbstbefruchtung führt, und die selektierte Handbestäubung nur jedes zweite oder dritte Jahr durchführen. Wir raten aber jedenfalls davon ab, zahlreichen Anleitungen im Internet zu folgen und sich allein auf die Selbstbefruchtung zu verlassen – insbesondere, wenn ihr Saatgut über viele Jahre und Jahrzehnte hinweg genetisch intakt bleiben soll und Sie Ihre Tradition der Samengärtnerei womöglich sogar an nachkommende Generationen weitergeben möchten.

Die Früchte der Tomatenpflanzen zählen botanisch gesehen zu den Beeren – so wie die Panzerbeeren der Kürbispflanzen.

Als Beere wird in der Biologie eine Fruchtform bezeichnet, die sich nach der Reifung nicht öffnet. Sie ist daher eine sogenannte Schließfrucht. Bei den Beeren sind die Samen frei im Fruchtfleisch verteilt. Die Tomate ist dafür ein ideales Beispiel – man denke an ihr saftiges Inneres mit den darin lose enthaltenen Samen. Weitere Beeren sind zum Beispiel die Aubergine, die Paprika, die Tomatillo, die Andenbeere sowie alle Zitrusfrüchte. Auch die Heidelbeere und die Preiselbeere entsprechen dieser botanischen Definition.

Der Begriff »Beere«

Ganz anders verhält es sich mit so mancher Frucht, die umgangssprachlich als »Beere« bezeichnet wird. So ist beispielsweise die Erdbeere wissenschaftlich gesehen eine Sammelnussfrucht. Jedes einzelne Körnchen der Erdbeere ist eine winzige Nuss, ein sogenanntes Nüsschen. Das rote und saftige »Fleisch« der Erdbeere ist nichts anderes als eine Scheinfrucht. Es handelt sich um den früheren Blütenboden, der bei der Reifung anschwillt, sich wölbt und zu einem Nährmedium entwickelt, auf dem die Nüsschen – die eigentlichen Früchte – gemeinsam befestigt sind. Ganz ähnlich ist es bei der Himbeere. Diese ist eine Sammelsteinfrucht. Alle einzelnen Kügelchen mit den darin enthaltenen Samen, aus denen die Scheinfrucht der Himbeere zusammengesetzt ist, stellen Steinfrüchte dar und entsprechen daher keinen Beeren, sondern derselben Fruchtform, die wir auch von Pflaumen, Pfirsichen oder Aprikosen kennen. Bei der Himbeere sind viele kleine Steinfrüchte miteinander vereint.

Falsche Beeren

Nun zurück zu unseren aromatischen Früchten, die botanisch gesehen Beeren sind: den Tomaten, denen wir nach erfolgreicher Bestäubung und Befruchtung Saatgut entnehmen möchten. Die ausgewählten Früchte bleiben bis zur Samenreife auf der Pflanze. Zu diesem Zeitpunkt sind sie bereits tief gefärbt und sehr weich. Je nach Sorte können sich sogar erste Risse in der Schale bilden, in denen Fruchtfleisch sichtbar wird. Sollten die Tomaten aufgrund ungünstiger Wetterbedingungen früher geerntet werden müssen, können sie an einem warmen, trockenen Ort nachreifen. Es empfiehlt sich, die Samen von jenen Früchten zu entnehmen, deren Geschmack unseren Erwartungen entspricht. Die Samen können einfach mitsamt dem Fruchtmark in ein Sieb gelöffelt und unter lauwarmem Wasser abgespült werden. Die klebrige Substanz des Fruchtmarks sollte dabei so gut wie möglich entfernt werden, da sie eine keimungshemmende Wirkung hat. Sie verhindert, dass die Samen schon im Inneren der Frucht keimen. Von Natur aus sind Beeren dazu gemacht, von Tieren gegessen und verdaut zu werden, wobei die Samen die Verdauung überstehen und dann an einem anderen Ort – durch den Kot der Tiere gedüngt – auf den Erdboden entlassen werden.

Allen, die besonders gründlich vorgehen wollen, empfehlen wir die Nassreinigung durch Gärung. Hierzu werden die Samen in Gläser getan, welche mit Wasser aufgefüllt werden. Die Gläser werden abgedeckt, aber nicht luftdicht verschlossen. Es setzt nun ein Gärungsprozess ein, der zum Abbau der keimhemmenden Schicht rund um die Samen führt. Nach etwa ein bis drei Tagen ist dieser Prozess in der Regel bereits abgeschlossen. Die Samen sinken dann zu Boden und fühlen sich nicht mehr schleimig an. Sobald sich dieses Ergebnis zeigt, sollten die Samen wieder aus den Gläsern genommen werden. Keinesfalls dürfen sie länger als nötig im Wasser belassen werden, da sonst die Gefahr besteht, dass sie nach Abbau der hemmenden Substanzen zu keimen beginnen. Das frisch gewonnene Saatgut wird lose auf eine Unterlage aus saugfähigem Papier gelegt, wozu sich Filterpapier – das Material von Kaffeefiltern – am besten eignet. Filterpapier ist auch im Laborbedarfshandel erhältlich. Wenn das Saatgut trocken ist, füllt man es am besten in Papiertüten und lagert es ein.

Nassreinigung durch Gärung

Das Prinzip der Samengärtnerei ist immer dasselbe. Mit den Beispielen der Gartenbohnen, Kürbisgewächse und Tomaten möchten wir ein Gefühl für die Abläufe bei der Erzeugung eigenen Saatguts vermitteln.

Der Mensch und seine Haustierrassen

Als Haustiere bezeichnet man alle domestizierten Tiere, die sich schon unsere Vorfahren in irgendeiner Form »nützlich« oder zu zahmen Freunden gemacht haben. Ähnlich wie die gefährdete Kulturpflanzenvielfalt sind auch alte Haustierrassen ein Menschheitserbe an der Schnittstelle zwischen Natur und Kultur. Sie sind Teil der biokulturellen Vielfalt unseres Planeten. Menschen zähmten Wildtiere schon lange vor der Sesshaftwerdung und ließen beispielsweise Wölfe, Füchse und Kojoten zeitweise in ihren Siedlungen leben. Hunde könnten schon seit 20.000 bis 30.000 Jahren als Nachfahren gezähmter Wölfe mit Menschen oder in deren Nähe leben. Die heutigen Hauskatzen sind Nachfahren afrikanischer Falbkatzen –Wildkatzen, die vor 9000 Jahren gezähmt wurden.

Die Domestikation von Wildtieren, sodass diese zu landwirtschaftlichen Nutztieren wurden, begann zugleich mit der Erfindung des Ackerbaus. Seither hat sich eine Vielzahl an unterschiedlichen Rassen entwickelt. Das Hausschwein stammt vom westasiatischen Wildschwein ab, das Rind vom Auerochsen im Nahen Osten. Schafe haben sich aus Mufflons, Ziegen aus Wildziegen entwickelt – beide in Westasien. Diese vier sind die ältesten Nutztierarten. Sie entstanden vor 10.000 bis 11.000 Jahren. Vor 8000 Jahren folgte das Haushuhn durch die Domestikation des ostasiatischen Bankivahuhns. Der Esel entstand ein Jahrtausend später aus den

Die Domestikation von Wildtieren

majestätischen Wildeseln Afrikas. Die Existenz der Hausgänse verdanken wir den Ägyptern, die vor 5000 Jahren wildlebende Graugänse domestizierten. Enten gingen vor 3000 Jahren aus chinesischen Stockenten hervor, Puten vor 2000 Jahren aus den Wildtruthähnen Mexikos. Kulturgeschichtlich sehr jung sind die Kaninchen, die erst vor 500 Jahren erstmals in Frankreich gezüchtet wurden.

Alte Nutztierrassen wie das österreichische Altsteirer Huhn, das französische Bresse Bleu, das britischen Orpington Huhn, das durch seine außerordentliche Körpergröße auffällt, oder das für Anfänger der Hühnerhaltung besonders gut geeignete Deutsche Lachshuhn, wurden durch moderne Hochleistungszüchtungen der Agrarindustrie weitgehend verdrängt. Alle diese alten Rassen haben eines gemeinsam: Sie sind Zweinutzungshühner. Sie eignen sich sowohl zur Fleischerzeugung als auch zur Erzeugung von Eiern. Dadurch ist es nicht nötig, männliche Küken bei der Geburt auszusortieren und zu töten, wie das in der Eierindustrie nach wie vor üblich ist. Denn die modernen Legehennen eignen sich nicht für die Gewinnung von Hühnerfleisch. Männliche Tiere dieser Züchtung sind für die Agrobranche wirtschaftlich unnützlich. Umgekehrt eignen sich moderne Masthühner nicht als Legehennen.

Gerade bei Geflügel ist der gesamte Markt so gut wie vollständig durch Züchtungen einiger weniger Tierzuchtkonzerne besetzt, die die bäuerliche Hühnerzucht mehr oder weniger vernichtet haben. Beachten Sie bitte den Unterschied zwischen Zucht und Haltung. Der Begriff »Zucht« bezieht sich auf die Erzeugung genetischer Tierformen durch Kreuzungen und heutzutage auch durch biotechnologische Eingriffe – zum Beispiel bei der Zucht hochproduktiver Legehennen. Der Begriff »Haltung« beschreibt die Aufzucht, Beherbergung und Fütterung der Tiere in Ställen oder Industriehallen bis zur Schlachtreife in der Hühnermast oder bis zum Aussortieren der Legehennen. Die Zucht wird von wenigen

Konzernen dominiert. Die Haltung erfolgt durch Landwirtinnen und Landwirte sowie immer mehr auch durch Industriebetriebe. Extensive Hühnerhaltung mit kleinen Herdengrößen ist heute wirklich die Ausnahme. Der Großteil der Hühnerprodukte wird in riesigen Masthallen oder Legeställen erzeugt. Selbst Bäuerinnen und Bauern stehen gegenwärtig größtenteils unter Vertrag mit Agrokonzernen, halten etliche Tausende von Tieren. Dabei wird ihnen oft sogar vorgegeben, welches Futter sie beziehen müssen – und nicht selten handelt es sich um Futtermittel, die durch denselben Konzern vertrieben werden, der die Produzierenden unter Vertrag genommen hat, die Küken aus industriellen Brutfabriken anliefert und dadurch finanziell mehrfach profitiert.

Die Situation bei Geflügel

Diese Praxis ist auch auf dem Bio-Massenmarkt üblich. Fast alle Legehennen, die heute für die biologische oder konventionelle Produktion in europäischen Stallungen gehalten werden, stammen vom Lohmann-Konzern, einem der größten Player der Hühnerzuchtindustrie. Die erfolgreichste Hybridzüchtung, die den gesamten Markt dominiert, nennt sich *Lohmann Brown Classic.* Bei Masthühnern gehört der Konzern Hubbard zu den Platzhirschen in Europa. Seine Hochleistungszüchtungen *JA-757* und *Red-JA-Brown* beherrschen sowohl die konventionellen als auch die biozertifizierten Ställe – auch in Deutschland, Österreich und der Schweiz. Über die Marktherrschaft der Tierzuchtindustrie hat Clemens mit *Friss oder stirb* sowie *Der große Bio-Schmäh* zwei umfangreiche Bücher verfasst, für die er in ganz Europa recherchiert hat.

Die alten Hühnerrassen – allesamt Zweinutzungshühner – finden ihre Refugien nur mehr in regionalen bäuerlichen Betrieben mit Direktvermarktung. Wie bei den samenfesten Kulturpflanzensorten können Selbstversorgerinnen und Selbstversorger einen Beitrag zum Erhalt und zur Pflege dieser alten Rassen leisten, indem sie darauf achten, keine Hybriden, sondern traditionsreiche Rassehühner zu halten. Diese sind auch wesentlich robuster als die degenerierten Hybriden und kommen daher im Freiland auch bei widrigen Witterungsbedingungen zurecht, bei denen Hochleistungshühner längst krank werden und reihenweise sterben würden. Wie bei den samenfesten Pflanzensorten ist es auch bei alten Hühnerrassen möglich, eigenen Nachwuchs hervorzubringen und so dazu beizutragen, dass die Hühnerzucht wieder in die Hände der Basis gelangt – bei den Menschen, die aus Leidenschaft Landwirtschaft betreiben.

Schweinehaltung

Auch die Schweinehaltung wird heute von wenigen besonders leistungsstarken Hybridzüchtungen beherrscht. Nur selten noch stößt man auf alte, robuste Rassen wie das *Mangalitza Wollschwein*, das *Schwäbisch-Hällische*, das *Bunte Bentheimer Schwein*, das *Rotbunte Husumer Schwein*, das *Angler Sattelschwein* oder auch das *Dänische Sortbroget Schwein*. Auf britische Hochlandrinder mit mächtigen, gebogenen Hörnern trafen wir auf unseren Wanderungen auf die Carn Ingli Mountains rund um das Ökodorf Brithdir Mawr in Wales. Im Ziegenstall der Gemeinschaft – einem selbst gebauten Rundhaus aus Holz, Stroh und Lehm mit Grasdach – leben originellerweise *Gämsfarbige Gebirgsziegen*. Dabei handelt es sich um eine alte Rasse aus der Schweiz.

Das *Kärtner Brillenschaf* erfreut sich unter Selbstversorgerinnen und Selbstversorgern in Österreich wachsender Beliebtheit. Julia und Alexander Elpons, eine Absolventin und ein Absolvent der Universität für Bodenkultur, haben sich als sogenannte »Neobauern«, also als Quereinsteiger in die Landwirtschaft, der extensiven Haltung des *Krainer Steinschafs* auf den Hügeln des Südburgenlands am Rande der Pannonischen Tiefebene verschrieben. Die biokulturelle Vielfalt alter Nutztierrassen ist enorm hoch, sollte geschützt und bewahrt werden und eignet sich als genetischer

Schatz für Menschen, die die Tierzucht selbst in die Hand nehmen und nicht den Agrarkonzernen überlassen möchten.

Lebensmittelkooperativen und solidarische Landwirtschaft

Die meisten Selbstversorgungsprojekte werden nicht alles Lebensnotwendige auf eigene Faust herstellen. Eine nachhaltige Versorgung steht also in den meisten Fällen zumindest teilweise im Spannungsfeld von Ökologie und Ökonomie, denn es werden weiterhin Erzeugnisse auswärts zugekauft. Wem aber überlassen wir dabei die Kontrolle über die Preise und Produktionsstandards, die sich auf uns und auch auf die Umwelt auswirken?

Der Volkswirtschaftler und Rechtswissenschaftler Klaus Mathis untersucht diese Zusammenhänge und fragt spitzfindig, ob eine nachhaltige Entwicklung der Lebensmittelproduktion in den Händen der Umweltpolitik belassen werden kann. »Oder ist ein grundlegender Wandel des Lebensstils erforderlich? Letzterer wäre mit einem einschneidenden Konsumverzicht verbunden«[50] – auch im Hinblick auf knappe Ressourcen, benachteiligte Weltregionen und kommende Generationen. Eine gewisse Bereitschaft zum punktuellen Verzicht auf Produkte, die uns und der Umwelt schaden, müssten wir zähneknirschend aufbringen, wenn wir Konsequenz zeigen möchten. Doch in erster Linie geht es nicht um Verzicht, sondern um das Finden vertretbarer Alternativen, bei deren Einkauf wir unsere Bedürfnisse auf nachhaltige, solidarische und ökologische Weise stillen können.

Alternativen statt Verzicht

Neben der eigenen, selbstbestimmten Erzeugung von Lebensmitteln und Saatgut sind auch Lebensmittelkooperativen und solidarische Landwirtschaft eng mit der Idee der Ernährungssouveränität verbunden. Diese beiden Konzepte ermöglichen es auch Menschen, die nicht in Ökodörfern oder als Selbstversorgerinnen und Selbstversorger leben, mehr Bestimmungsrecht über ihre Lebensmittel zu erlangen. Denn Lebensmittelkooperativen und solidarische Landwirtschaft lassen sich überall umsetzen – in Städten ebenso wie in ländlichen Regionen.

Lebensmittel-kooperativen

Bei einer *Lebensmittelkooperative* tun sich Konsumenten zusammen, um gemeinsam ökologische Lebensmittel einzukaufen, die nach ihren Vorstellungen produziert werden. Durch diesen Zusammenschluss ist es möglich, direkt bei Landwirtinnen, Erzeugerzusammenschlüssen oder auch im Großhandel Sammelbestellungen zu tätigen und dadurch günstige Preise angeboten zu bekommen. Lebensmittelkooperativen umgehen die Supermärkte und unterhalten direkte Beziehungen zu Produzierenden und Bündelungsbetrieben. Sie agieren im Grunde wie ein Unternehmen und erhalten beim gemeinsamen Einkauf die Konditionen von Wiederverkäufern. Häufig mieten Lebensmittelkooperativen ein Lager, wo sie die Ware unterbringen. Von dort wird sie an die Mitglieder der Kooperative verteilt. Da Lebensmittelkooperativen nicht gewinnorientiert sind, können die einzelnen Mitglieder die Lebensmittel dort zu Preisen erwerben, die weit unter jenen im Einzelhandel liegen.

Die Lebensmittelkooperative im Lebensgarten Steyerberg nennt sich Ledi. Diese Abkürzung steht für »Lebensmitteldistribution«. Jannes Bohmfalk berichtete: »Die Ledi gibt es hier bei uns vor Ort seit über 20 Jahren. Im Endeffekt wird da im Großhandel biologisch eingekauft. Menschen haben sich zusammengeschlossen, um Nahrungsmittel günstig und in guter Qualität verfügbar zu machen. Mittlerweile ist dieses Prinzip so weit optimiert worden, dass auch Leute von außerhalb des Ökodorfs, ähnlich wie in einem Bioladen, hier bei uns einkaufen können.«

Die Außenstehenden bezahlen etwas mehr als die Mitglieder der Kooperative, kaufen aber noch immer günstiger als im herkömmlichen Einzelhandel ein. Das Sortiment im Lebensgarten wird durch eigene Erzeugnisse aus dem Permakulturgarten ergänzt. Heutzutage existieren Lebensmittelkooperativen überall auf der Erde. Die meisten großen Städte in Europa verfügen über solche Initiativen, die immer von der Basis kommen und das Ziel verfolgen, den Menschen die Souveränität über ihre Lebensmittel zurückzugeben.

Eine besondere Form der Lebensmittelkooperative ist der *kooperative Supermarkt*. Dabei wird von einer Gruppe ein Geschäftsraum angemietet oder gekauft, der sich im Besitz aller aktuellen Mitglieder befindet. Da zu diesem Zweck meist Genossenschaften gegründet werden, bezeichnet man diese Form der Kooperation auch als *Genossenschaftssupermärkte*. Die Mitglieder verfügen über ein Mitbestimmungsrecht bei der Gestaltung des Sortiments. Ihre Lebensmittel können sie dann – wie in einem gewöhnlichen Supermarkt – zu günstigen Konditionen nach Bedarf einkaufen. In der Regel ist die Mitgliedschaft in der Kooperative eine Voraussetzung für den Einkauf im kooperativen Supermarkt. Das Konzept ist neuartig, und bisher gibt es nur ein paar Pionierprojekte.

Der kooperative Supermarkt als Sonderform

In Berlin existiert beispielsweise der kooperative Supermarkt SuperCoop, in dem mit Stand vom Januar 2023 mehr als 1000 Genossenschaftsmitglieder einkaufen. Ein Genossenschaftsanteil kann um einmalig 100 Euro erworben und bei finanzieller Not in Raten über 24 Monate bezahlt werden. Diese Summe wird im Falle eines Austritts zurückerstattet. Alle vier Wochen arbeitet jedes Mitglied für drei Stunden in dem Laden mit und wird mit dem Einkaufsrecht zu günstigen Konditionen belohnt. Nach demselben Prinzip funktionieren

Beispiele

die Supermärkte FoodHub in München, BeesCoop in Brüssel, La Louve in Paris und Park Slope Food Coop in New York.

Seit Mai 2022 besteht auch in Wien ein sogenannter »Mitmach-Supermarkt« in der Testphase. Zunächst wurde von dem Trägerverein MILA ein kleines Geschäft eröffnet. Die Genossenschaftsgründung erfolgte im Februar 2023. Seither wird das Sortiment erweitert. Das Ziel ist ein Vollsortiment von mehreren 1000 biologischen und fair gehandelten Produkten auf mindestens 600 Quadratmetern Geschäftsfläche und mit den Öffnungszeiten eines herkömmlichen Supermarkts. Diese Ziele sollen 2024 erreicht werden. Die Genossenschaftsbeiträge sind sozial gestaffelt und werden nach der Einkommenssituation der Mitglieder bemessen. So unterstützen jene, die ein hohes Einkommen haben, auf solidarische Weise die Mitglieder mit geringeren finanziellen Mitteln.

Die Idee der Lebensmittelkooperativen und Genossenschaftssupermärkte lässt sich, wie die vorangegangenen Beispiele zeigen, sowohl in Ökodörfern zur Ergänzung der eigenen Lebensmittelerzeugung als auch für alle anderen Bürgerinnen und Bürger umsetzen. Eine weitere Möglichkeit, Ernährungssouveränität zu fördern, ist die *solidarische Landwirtschaft*. Sie ist auch als »CSA« bekannt. Diese Abkürzung stammt von der englischen Bezeichnung *Community Supported Agriculture* – »durch eine Gemeinschaft unterstützte Landwirtschaft«. Auch die solidarische Landwirtschaft kann sowohl in Selbstversorgergemeinschaften als auch von allen anderen Menschen an der Basis umgesetzt werden. Sie stellt neben der vollständigen Selbstversorgung mit Lebensmitteln die höchste Verwirklichung des Ideals der Ernährungssouveränität dar. Im Prinzip handelt es sich dabei um eine Art von Selbstversorgung durch Kooperation zwischen Konsumierenden und Produzierenden.

Solidarische Landwirtschaft basiert auf denselben Prinzipien wie die Lebensmittelkooperativen, nämlich auf Zusammenarbeit, Selbstbestimmung und Fairness. Allerdings umfasst die Kooperation bei der solidarischen Landwirtschaft nicht nur diejenigen, die Lebensmittel konsumieren, sondern auch jene, die sie produzieren. Solidarisch ist dieses Konzept in zweierlei Hinsicht. Erstens finanziert die Konsumentengruppe die Arbeitszeit der Bäuerinnen und Produzenten. Dadurch wird die Landwirtschaft aus dem wirtschaftlichen Druck und dem Zwang des Wachsens oder Weichens befreit. Zweitens werden die jährlichen Beiträge nach den wirtschaftlichen Verhältnissen der einzelnen Mitglieder individuell gestaffelt. Die Mindestbeiträge liegen in vielen Projekten bei nur 10 bis 30 Euro pro Jahr für Mitglieder, die in prekären Verhältnissen leben. Personen und Familien mit hohem Einkommen übernehmen freiwillig einen Teil der Kosten für andere Mitglieder, deren finanzielle Mittel beschränkt sind. Hierbei können auch Faktoren wie zum Beispiel die Anzahl und das Alter der zu versorgenden Kinder oder etwaige Tätigkeiten als pflegende Angehörige mitberücksichtigt werden.

Solidarische Landwirtschaft

Die Preise für die Lebensmittel richten sich nicht nach Gewicht oder Volumen, wie das im Supermarkt der Fall ist, sondern nach dem tatsächlichen Arbeitsaufwand, der nötig ist, um Lebensmittel zu erzeugen oder zu verarbeiten. Am Beginn jeder Saison einigen sich alle Teilhabenden, also die Konsumierenden und Produzierenden, was produziert wird und unter welchen Bedingungen das geschehen soll. Außerdem wird ein Finanzierungsplan festgelegt, der sich nach einem vereinbarten Stundenlohn für die Bauernschaft richtet. Das ist außergewöhnlich und einzigartig, denn der gesamte sonstige Lebensmittelmarkt orientiert sich ausschließlich am Gewicht oder Volumen von Erträgen und nimmt auf die bäuerliche Arbeitszeit keine Rücksicht. Das heißt, in einem Jahr,

Preisberechnung nach Arbeitsaufwand

in dem die Landwirtinnen und Landwirte zum Beispiel durch unvorhergesehene Wetterereignisse von Ernteeinbußen betroffen sind, trägt die Konsumentengruppe diese Verluste geschlossen mit. In einem solchen Jahr erhalten sie weniger Ernte als in einem günstigen Jahr. Die Finanzierung, die sich ja nach der Arbeitszeit richtet, bleibt aber die gleiche. Mit anderen Worten werden die Risiken der Landwirtschaft solidarisch von der gesamten Kooperative mitgetragen. Umgekehrt erhalten die Konsumentinnen und Konsumenten für dasselbe Geld in einem günstigen Jahr mit hohen Erträgen auch höhere Ernteanteile und steigen dadurch bei der Sicherung ihrer Ernährung günstig aus.

Das Beispiel Torri Superiore

In dem ligurischen Ökodorf Torri Superiore wird der Eigenanbau durch solidarische Landwirtschaft ergänzt, da die Gemeinschaft für die Verpflegung im Seminarbetrieb einen erhöhten Bedarf an Lebensmitteln verzeichnet. Zu diesem Zweck hat man sich mit Landwirtinnen und Landwirten aus der Region zusammengeschlossen. Torri Superiore wird aber nicht nur von diesen beliefert, sondern nimmt auch selbst an der Produktion teil. Lucilla Borio erklärte uns: »In der jüngeren Vergangenheit haben wir begonnen, im größeren Stil Landwirtschaft zu betreiben. Wir sind also jetzt sowohl im Ökotourismus als auch im Ökolandbau aktiv. Einer unserer Bewohner besitzt zum Beispiel eine Olivenplantage und erzeugt eigenes Olivenöl, das hier in der Region kaltgepresst wird. Außerdem produzieren wir im Zusammenschluss mit anderen Landwirtinnen und Landwirten im benachbarten Tal Gemüse für eine Gruppe von 200 Familien. Wir beliefern sie mit Gemüsekisten, zum Beispiel in Ventimiglia, Sanremo, Bordighera – in unserer gesamten Region. Die Idee dahinter ist, dass man zu günstigeren Preisen hochwertige ökologische Lebensmittel anbieten kann und gleichzeitig für die Produzierenden ein höheres, angemessenes Einkommen erwirtschaftet, weil man den gesamten Groß-

und Einzelhandel umgeht. In der solidarischen Landwirtschaft fließen die Waren direkt von den Produzierenden in die Hände der Konsumierenden.«

Dieses Konzept lässt sich auch als gut organisierte, bedarfsgerechte und faire Form der Direktvermarktung in einem großen Umfang und mit sozial gestaffelten Preisen beschreiben. Jede und jeder kann ungeachtet der eigenen finanziellen Kapazitäten daran teilhaben. Auch außerhalb von Ökodörfern und autarken Lebensformen sollte die solidarische Landwirtschaft als zukunftsfähiges Modell ausgebaut werden, weil sie den Machthunger der Agrar- und Lebensmittelkonzerne bricht und das Bestimmungsrecht über die Lebensmittelproduktion wieder in die Hände der Bäuerinnen und Verbraucher legt – in unsere Hände! Erste Pionierprojekte für eine ernährungssouveräne Zukunft mit solidarischer Landwirtschaft verteilen sich bereits über ganz Europa, ja finden sich weltweit.

Direktvermarktung

Etwa 35 Kilometer nördlich von Hamburg befindet sich zum Beispiel der Kattendorfer Hof, wo auf mehr als 400 Hektar – das entspricht über vier Quadratkilometern – Acker-, Obst-, Beeren- und Gartenbau betrieben wird sowie Schweine und Rinder auf Weiden gehalten werden. Die lehmigen Sandböden des sanften Hügellandes eignen sich hervorragend für die Kultivierung von Kartoffeln und Feldgemüse. Mit den schweren Lehmböden der angrenzenden Moränenlandschaft, die sich auf Schuttablagerungen eiszeitlicher Gletscher gebildet hat, kommt Dinkel gut zurecht. Auf diesen Böden wird außerdem Futterklee für die hofeigenen Rinder angebaut, die den alten Rassen *Schwarzbuntes Niederungsrind* sowie *Rotbunte* angehören. Diese Rassen sind sowohl für die Milcherzeugung als auch als Mastrinder für die Erzeugung von Fleisch geeignet. Es handelt sich also, wie bei den alten Hühnerrassen, um

Das Beispiel Kattendorfer Hof

Zweinutzungsrinder. Eine eigene Käserei ist ebenfalls angeschlossen. Das Getreide wird zu Brot verarbeitet, das Schweine- und Rindfleisch frisch verkauft sowie verarbeitet.

Der Kattendorfer Hof versorgt nicht nur die Mitglieder der solidarischen Landwirtschaft mit regionalen ökologischen Lebensmitteln pflanzlicher sowie tierischer Herkunft, sondern auch zahlreiche Lebensmittelkooperativen in der Region, die direkt beim Betrieb Sammelbestellungen tätigen. Bei der Gründung neuer Kooperativen bietet das erfahrene Team vom Kattendorfer Hof Unterstützung und Zusammenarbeit an. In Hamburg betreiben sie außerdem Hofläden und Verkaufsstände zur Direktvermarktung im Pergolen- sowie im Schanzenviertel, in der Lappenbergsallee, in Othmarschen sowie in Hamburg-Barmbek. Im Umland der Stadt befinden sich Hofläden in Bad Oldesloe und in Kattendorf selbst, wo die Zentrale des Betriebs ansässig ist.

»Wir haben uns auf die Vielfalt spezialisiert und erzeugen Lebensmittel direkt für die Menschen, so wie diese sie brauchen und in den Mengen, die benötigt werden«, sagte der Landwirt Mathias von Mirbach, der den Kattendorfer Hof 1995 gegründet hatte, im Gespräch.[51] »Die Mitglieder unserer solidarischen Landwirtschaft und der Lebensmittelkooperativen können nicht nur aus einem reichen Angebot wählen, sondern erhalten von uns auch regionale Lebensmittel, für die keine weiten Transportwege nötig sind.« Gerade in Zeiten der zunehmenden Umwelt- und Klimakrisen sind regionale Vermarktungskonzepte mit geringen Emissionen ausgesprochen wichtig. Der Kattendorfer Hof zeigt, wie effizient und ertragreich regionale Landwirtschaft auch im großen Stil sein kann und dass es durchaus möglich ist, tragfähige Alternativen zum zentral gesteuerten Markt der Agrar- und Lebensmittelkonzerne aufzubauen.

»Aus meiner Sicht ist es die Aufgabe der Bäuerinnen und Bauern, die natürlichen Grundlagen der Landwirtschaft zu erhalten und pflegen«, fuhr Mathias von Mirbach fort. »Damit meine ich die Böden, das Saatgut sowie die Vielfalt der Kulturpflanzensorten und Haustierrassen. Die Gewinnmaximierung darf gerade bei Lebensmitteln nicht das höchste Ziel sein. In der Landwirtschaft sollte es in erster Linie darum gehen, gute Lebensmittel für die Menschen herzustellen. Außerdem ist Landwirtschaft ein hochpolitisches Thema, denn mit unserer mitteleuropäischen Wohlstandsgesellschaft, unserem Überverbrauch und dem Wegwerfen von Lebensmitteln, erzeugen wir Armut im globalen Süden. Und dagegen sträube ich mich als Landwirt.«

Im Hinblick auf Nachhaltigkeit und soziale Gerechtigkeit sei die Bedeutung der solidarischen Landwirtschaft laut von Mirbach nicht hoch genug einzuschätzen, »weil sie die Verantwortung für Ernährung und Lebensmittel wieder dorthin bringt, wo sie hingehört: zu jeder und jedem Einzelnen! Denn jeder Mensch sollte die Möglichkeit haben, selbst mitzuentscheiden, wie Landwirtschaft betrieben wird und unsere Lebensmittel erzeugt werden. Jeden Tag, wenn ich die Entscheidung treffe, ein Produkt aus dem Regal zu nehmen und zu kaufen, sorge ich dafür, dass genau das gleiche Produkt wieder dorthin gestellt wird. Das heißt, ich unterstütze genau diese Art der Produktion. In der solidarischen Landwirtschaft kauft man aber kein Kommerzprodukt mehr, für das alle Entscheidungen bereits im Vorfeld von einem Konzern getroffen wurden, sondern man spricht selbst ein Wort mit, wenn es um die Gestaltung der Produktion geht. In diesem Konzept besteht eine Beziehung zwischen den Konsumierenden und den Produzierenden, und es findet ein Austausch zwischen beiden Seiten statt. Entscheidungen werden gemeinsam getroffen und nicht vom Handel diktiert. Die solidarische Landwirtschaft ist die Landwirtschaft der Zukunft.«

Nachhaltigkeit und soziale Gerechtigkeit

Kapitel 4

Gartenbau und Landwirtschaft

Land urbar machen

Erfahrungsbericht

Damals im Südburgenland, am Rande der Pannonischen Tiefebene, gestaltete Clemens eine Wiesenfläche vor dem Haus zu einem experimentellen Gemüsegarten um: Hier versuchte ich, alte und exotische Sorten anzubauen. Die erstmalige Anlage eines Gartens oder Ackers auf einer brachliegenden, von Gras und allerlei Buschwerk überwucherten Fläche, ist eine große Herausforderung, die viel Geduld und Mühe kostet. Nur die wenigsten finden auf einem neu erworbenen oder gepachteten Stück Land einen bereits vorbereiteten und gepflegten Garten oder einen gemachten Acker vor. Aller Anfang ist schwer, und das wird deutlich spürbar, wenn man mit der schier unerschöpflichen Widerstandskraft von Gras, Disteln und Co. konfrontiert wird.

Gartengröße

Der Garten, den ich anlegte, war etwa 500 Quadratmeter groß – ein Zwanzigstel eines Hektars. Für eine vierköpfige Familie wäre diese Fläche zur vollständigen Selbstversorgung mit Gemüse zu klein. Für eine Person reicht sie aus – auch für zwei. Pi mal Daumen kann man damit rechnen, dass pro Person 250 Quadratmeter Netto-Anbaufläche nötig sind, um sich mit frischem Obst, Beeren und insbesondere Gemüse sowie im Winter mit eingelagerten Erzeugnissen autark zu versorgen. Damit ist die tatsächlich bepflanzte Fläche abzüglich der umgebenden Infrastruktur gemeint. Manche Quellen gehen von 100 bis 160 Quadratmetern pro Person aus, die für die Selbstversorgung ausreichen sollen. Derartig optimistische Angaben sind mit Vorsicht zu genießen. Wir möchten realistisch bleiben und Ihnen nicht das »Blaue vom Himmel« versprechen. Mit 100 bis 160 Quadratmetern pro Person wird Lebensmittelautarkie schwer gelingen. Die genannten 250 Quadratmeter pro Person sind hingegen ein realistischer Richtwert. Und auch das reicht nur, wenn man die Aussaat und Bepflanzung wohlüberlegt plant und ertragreiche Mischkulturen anlegt. Mit diesen befassen wir uns im Anschluss.

Ein Teil der Fläche muss für Kartoffeln und je nach Vorlieben auch für andere kohlenhydratreiche Wurzelgemüsearten wie Süßkartoffeln und Topinambur reserviert werden. Diese Erzeugnisse sind als Sättigungsgrundlagen ein wichtiger Bestandteil unserer Ernährung. Kartoffeln können außerdem über den Winter gelagert werden. Der Rest des Gartens muss mit einer möglichst großen Vielfalt an Obst-, Beeren- und Gemüsearten bepflanzt werden, die zu unterschiedlichen Zeiten reif werden und von denen sich einige zur Einlagerung eignen. Mit der Lagerung, Verarbeitung und dem Haltbarmachen selbst erzeugter Lebensmittel werden wir uns noch ausführlich befassen.

Vielfältiger Anbau

Ein Getreide, das sich ganz einfach reihenweise am Rand jedes Gemüsegartens integrieren lässt, ist der Mais. Seine Pflege und Ernte sind händisch sehr einfach durchzuführen. Wer hingegen andere Getreidesorten wie Weizen, Dinkel, Roggen, Gerste oder Hafer anbauen möchte, oder auch sogenannte *Pseudocerealien* wie das aus Eurasien und Ostafrika stammende Knöterichgewächs Buchweizen oder die aus Nord- und Südamerika stammenden Fuchsschwanzgewächse Quinoa und Amaranth, die keine echten Gräser und damit keine Getreidearten sind, benötigt eine separate Ackerfläche. Mit dem Anbau von Getreide werden wir uns noch befassen.

Erster Schritt: Entfernung der Grasnarbe

Kehren wir vorerst zurück zu den 500 Quadratmetern Brachfläche im Südburgenland. Die Grasnarbe entfernte ich mit zwei Freunden, die mir freiwillig dabei halfen, mit einem Spaten – ein wichtiger Arbeitsschritt, wenn man im Garten kein rasant wachsendes Gras als Konkurrenz haben möchte. Zur Entfernung der Grasdecke sticht man zunächst mit dem Spaten Rechtecke in der Größe der Spatenfläche in die Vegetation, ähnlich wie beim Ausstechen eines Keksteigs. Danach schiebt man den Spaten unter diese rechteckigen »Flecken«. Entscheidend ist, dass man die Grasnarbe tief genug anhebt und keine Graswurzeln in der Erde zurückbleiben. Die dabei anfallenden Teile der Grasnarben kann man verwenden, um andernorts kahle Böden zu begrünen. Dazu legt man sie auf die nackte Erde und bewässert sie – sie wachsen dann einfach an ihrem neuen Standort wieder fest. So kann man sie auch verwenden, um Dächer rasch zu begrünen und grasbewachsene Steinmauern zu errichten.

In Wales und Irland werden traditionelle Hecken angelegt, deren Basis ein Wall aus großen, unregelmäßig geformten Natursteinen bildet. Die Räume zwischen den Steinen werden mit Erde ausgefüllt und mit Grasnarben, die zum Beispiel für die Anlage eines Ackers oder Gartens ausgehoben wurden, möglichst lückenlos bedeckt. Sobald das Gras dort angewurzelt ist, stabilisiert es die Mauer. Außer Gras werden in die Erde zwischen den Steinen auch Sträucher und sogar Bäume gepflanzt – eine urtümliche und zugleich ästhetische Komposition. Mit der Gemeinschaft von Brithdir Mawr kam Clemens erstmals im Jahr 2006 in Kontakt, als er sich als freiwilliger Helfer bei der Restauration sowie Neuerrichtung solcher Mauern auf dem Farmland des Ökodorfs beteiligte.

Bei 500 Quadratmetern war die händische Entfernung der Grasnarbe damals im Südburgenland für drei Personen zumutbar, aber strapaziös. Auch sollte man die Zeit, die dafür benötigt wird, nicht unterschätzen. Zwei volle Tage sind auf jeden Fall einzuplanen. Es war auch das letzte Mal, dass Clemens bei der Anlage einer Anbaufläche dieser Größe die Grasnarbe händisch entfernte. Gartenarbeit soll Freude bereiten – und nicht Rückenschmerzen verursachen. Tatsächlich halten wir es für völlig legitim, wenn bei der Anlage eines großen Gartens beim ersten Mal ein Pflug verwendet wird, der die oberen 40 Zentimeter des Bodens aufreißt und wendet. Bei der Anlage eines neuen Ackers erscheint uns der einmalige Einsatz eines Wendepflugs sogar als unvermeidlich.

Es stimmt, dass Wendepflüge das Bodenleben stark stören und beeinträchtigen, allerdings erholt sich der Boden wieder. Die Kosten-Nutzen-Rechnung bei einem *einmaligen* oder *gelegentlichen* Pflugeinsatz fällt durchaus positiv für den Pflug aus. Lediglich das wiederholte Pflügen – in der modernen Landwirtschaft jedes Jahr, nicht selten sogar zweimal, nämlich im Frühjahr und im Herbst – vermag das Bodengefüge und Bodenleben nachhaltig zu beeinträchtigen. Dabei kommen zudem noch schwere Traktoren zum Einsatz, die den Boden immer mehr verdichten. Schreitet die Verdichtung der Bodenmineralien fort, ist sie irgendwann für lange Zeit irreversibel. In tieferen Bereichen der oberen Bodenhorizonte, etwa 40 Zentimeter unterhalb der Erdoberfläche, bildet sich dann eine harte, biologisch unbelebte, tote Schicht, die beinahe an Asphalt erinnert und sich auch durch den Einsatz von Pflügen, Bodenfräsen, Eggen, Hacken oder Spaten nicht mehr lockern und zerkrümeln lässt. Auf diese Problematik kommen wir noch zurück, wenn wir über den ökologischen Getreideanbau im Ökodorf Brithdir Mawr berichten. Die Bewohnerinnen und Bewohner des Ökodorfs lehnen die maschinelle Bodenbearbeitung strikt ab und vermeiden auch das bodenwendende Umstechen mit dem Spaten. Ihr äußerst konsequenter Ansatz ergänzt unsere eigenen, eher

Vor- und Nachteil von Wendepflügen

kompromissorientierten Ausführungen und führt eine weitere Perspektive in unsere Betrachtungen ein.

Die Kritik an schweren Maschinen und dem häufigen Einsatz des Wendepflugs ist ohne Zweifel gerechtfertigt. Dennoch muss der einmalige oder gelegentliche Einsatz eines Pflugs nicht grundsätzlich verurteilt werden. Pflügen ist die effizienteste, rascheste und für den Rücken schonendste Methode, um dicht bewachsenes Brachland urbar zu machen. Clemens hat gute Erfahrungen mit einem alten Allradtraktor gemacht, den er 2009 für 4000 Euro erworben hat, um einen Acker anzulegen und als streifenweise Mischkulturfläche zu bewirtschaften. Es war ein italienisches Fabrikat, Baujahr 1978, mit der Bezeichnung Same Minitauro, 60 PS, blau-rot lackiert – ein Kultfahrzeug. Das Gewicht des Allradtraktors betrug nur 1,9 Tonnen. Manche Weingartentraktoren, die für kleine Ackerflächen durchaus geeignet sind, bringen sogar noch weniger Gewicht auf die Waage; moderne Modelle gibt es ab einer Tonne – zum Beispiel den Lamborghini Runner 450. Übliche neuartige Traktoren, die heute im Einsatz sind, beginnen hingegen bei zehn Tonnen. Große Schlepper, die weitläufige Monokulturen beackern, wiegen im Schnitt 20 Tonnen. Der schwerste Traktor der Welt namens Big Bud 747 ist ein amerikanischer Koloss mit mehr als 45 Tonnen und wird in den endlosen, kaputtgemachten Bodenwüsten der Agrarindustrie eigesetzt. Er ist ein Sinnbild der Absurdität und krankhaften Auswüchse moderner »Landwirtschaft«.

Schweres Gerät: Traktoren

Selbst im Vergleich mit den zehn Tonnen eines heute üblichen durchschnittlichen Traktors sind kleine, alte Traktoren wie der Same Minitauro wahrlich »Fliegengewichte«. Leichte Traktoren schonen den Boden. Auch diesbezüglich muss also zwischen einem schweren Schlepper, der den Boden stark verdichtet, und einem leichten Traktor unterschieden werden. Fairerweise muss man aber sagen, dass Ingenieurinnen und Ingenieure heute über das technische Wissen verfügen, um auch moderne, schwere Traktoren so zu bauen, dass sich ihr Gewicht optimal auf den Boden verteilen. Doch diese Möglichkeiten sind naturgemäß limitiert, denn groß und schwer bleibt groß und schwer.

Wer die Anschaffung eines Traktors ins Auge fasst, sollte ein Modell mit *maximal* vier Tonnen wählen, wie zum Beispiel den Kubota M 110 GX mit seinen 3900 Kilogramm als absolute Obergrenze beim Gewicht. In dieser hohen Leistungsklasse von 110 PS gibt es keinen leichteren Schlepper als das genannte Modell. Viel besser wäre es aber, einen kleinen Schlepper mit 45 bis 65 PS zu erwerben wie den oben erwähnten Minitaurus oder einen Weingartentraktor mit bis zu zwei Tonnen Eigengewicht. Falls Sie einen Traktor ohne Kabine erwerben, achten Sie darauf, dass er zumindest über einen Überrollbügel verfügt, oder lassen Sie einen solchen montieren. Dieser dient Ihrer eigenen Sicherheit, damit der Traktor für den Fall, dass er kippen sollte, sich nicht überschlagen und Sie mit seinem Gewicht erdrücken kann. Entscheiden Sie sich unter keinen Umständen für einen Traktor ohne Kabine und ohne Überrollbügel.

Alternativ zur maschinellen oder händischen Bodenbearbeitung ist es auch möglich, den Boden von einer Herde Schweine umgraben zu lassen, wie wir noch sehen werden. Immer mehr Bäuerinnen und Bauern vermieten ihre Tiere zu diesem Zweck für ein paar Tage. Doch auch Schweine graben sich mit ihrer Schnauze in den Boden und stören das Gefüge und das Leben im Erdreich – allerdings ohne den Boden zu wenden wie beim Umgraben und Pflügen. Wer ein wildes Stück Land urbar machen möchte, wird zumindest am Anfang nicht umhinkommen, zunächst Chaos in der Erde zu schaffen und bestehendes pflanzliches Leben sowie viele Kleinlebewesen abzutöten – egal, für welche Methode man sich entscheidet. Im Anschluss kann man der Natur jedoch noch mehr Biodiversität

Schweine zum Pflügen

wieder zurückgeben, als man ihr genommen hat, sofern man ein artenreiches Garten- oder Ackerökosystem mit Mischkultur entstehen lässt und sich durch die Anlage von Kompost und einer Mulchschicht gut um den Boden kümmert.

Abdeckung durch Mulchmatten

In der Permakultur hat sich eine besonders schonende und wenig arbeitsintensive Methode durchgesetzt, Gras und sonstigen Bewuchs von einer Brachfläche zu entfernen. Dazu benötigt man aber viel Zeit, und die Methode funktioniert auf großen Flächen nicht, da der Materialeinsatz dann zu groß ist, sodass es unwirtschaftlich wird. Die Fläche muss nämlich im Hochsommer des vorhergehenden Jahres, spätestens bis Mitte August, so abgedeckt werden, dass kein Licht mehr bis zur Pflanzendecke durchdringt. Sollte der Pflanzenbewuchs hoch sein, muss das Areal vorher gemäht werden. Manche verwenden zum Abdecken der Fläche Mulchmatten aus Schurwolle oder Jute. Natürlich kann man auch Mulchfolien aus Kunststoff verwenden, aber das ist nicht ökologisch.

Wir haben auch schon gesehen, dass findige Selbstversorgerinnen und Selbstversorger alte Teppiche oder auch Pappkartons verwendet haben, um zukünftige Gartenflächen zu bedecken. Teppiche sind rar und daher nur für kleine Flächen geeignet und sollten im nächsten Jahr wieder entfernt werden. Ungebleichte Pappkartons ohne Kunststoffanteil erfüllen ihren Zweck und sind mitunter auch in großen Mengen aus Müllräumen und Altpapierlagern zu bekommen, allerdings lösen sie sich durch Regen, Schnee und Eis auf, und im nächsten Jahr findet man sie – verteilt als kleine Bruchstücke – überall in der Erde wieder. Es dauert Jahre, bis sich die Bruchstücke zersetzt haben. Außerdem sind viele Kartons bedruckt und die Druckerschwärze sowie die Druckerfarbe werden im Erdboden freigesetzt. Allerdings gelten diese Stoffe heutzutage nicht mehr als gesundheitsschädlich.

Auf jeden Fall sind die zuvor genannten Mulchmatten aus Schurwolle oder Jute die effizienteste, nachhaltigste, aber leider auch teuerste Methode, um braches Land abzudecken. Sie können einfach über die Fläche gerollt werden, wobei sich die Ränder so überlappen müssen, dass nirgends Licht bis zum Boden durchdringt. Mit dieser Maßnahme möchte man die Gras- und sonstige Pflanzendecke zum Absterben bringen. Das gelingt erstens durch den vollständigen Entzug von Licht. Zweitens heizt die Sonne im Sommer die Abdeckungen stark auf, was das Absterben der Pflanzen darunter ebenso wie die bakteriellen Zersetzungsprozesse beschleunigt. Der Frost tut über den Winter dann das Seine. Der dritte Faktor – ebenso wichtig – ist die Zeit. Der Prozess der sanften Entfernung von Vegetation mit dieser Methode benötigt viele Monate von August bis zum März des darauffolgenden Jahres. Zu Beginn der Gartensaison werden die Abdeckungen dann einfach entfernt und können, wenn sie gut erhalten sind, aufgehoben und wiederverwendet werden.

Das Ergebnis dieses Prozesses ist dasselbe wie nach dem Entfernen der Grasnarbe oder nach dem Einsatz eines Wendepflugs: ein nacktes, unbewachsenes Stück Erde. Die abgestorbene Pflanzendecke hat sich bis zum nächsten Frühjahr weitgehend zersetzt und fungiert als organischer Dünger. Möglicherweise vorhandene Reste der vertrockneten Vegetation können einfach mit dem Rechen entfernt werden. Die Variante des maschinellen Pflügens ist den anderen beiden Methoden hinsichtlich eines einzigen Aspekts unterlegen. Beim Pflügen stirbt das Gras nämlich weder ab, noch wird es entfernt. Es wurde lediglich in eine Tiefe von 40 Zentimetern verfrachtet. Dort unten im Erdreich ist es feucht genug, um das Gras am Leben zu halten. Gras hat – ebenso wie Disteln – die Eigenschaft, dass es auch aus Bruchstücken von Wurzeln neu austreiben kann. Und genau das wird in jedem Fall im ersten Jahr nach dem Pflügen passieren, sodass in der ersten Saison mit einem hohen Aufkommen von Beikräutern und dadurch mit einem erhöhten Arbeitsaufwand für das Jäten zu rechnen ist. Außerdem hinterlässt das Pflügen große Erdschollen, die danach durch den Einsatz eines Grubbers, einer Egge oder einer Bodenfräse zerkleinert und geebnet werden müssen. Auf kleineren Flächen kann man diesen Arbeitsschritt auch mit Spaten, Spatengabeln oder Hacken verrichten.

Nicht zu vergessen: Auch nach der Entfernung der Grasnarbe mittels Spaten oder mittels der innovativen Abdeckmethode aus der Permakultur muss das Erdreich gelockert und gleichmäßig verteilt werden, bevor man mit dem Pflanzen und Säen anfangen kann. Je nach Beschaffenheit des Bodens kann dabei der Spaten zum Einsatz kommen und das Umgraben nötig sein, wenn der Boden eher fest und schwer ist. Bei leichten, sandigen Böden hingegen reicht es oft aus, den Boden mit einer Hacke zu lockern und mit einem Rechen zu verteilen.

Boden auflockern

Oft hört man, dass zur Anlage eines neuen Gartens oder Ackers auch ein Grubber oder eine Bodenfräse direkt auf dem Grasbewuchs zum Einsatz kommen können, ohne davor zu pflügen. Doch vergessen Sie solche Ratschläge! Wir haben zahlreiche Experimente zur Bodenbearbeitung durchgeführt. Das Grubbern oder Fräsen auf einer grasbewachsenen Brachfläche ohne Vorbearbeitung mit einem Wendepflug liefert keine zufriedenstellenden Resultate! Bevor man sich dafür entscheidet, wäre es noch immer besser, mit dem Spaten oder mit Mulchmatten anzurücken.

Grubber und Bodenfräsen

Ab der zweiten Saison, nachdem die dichte Grasdecke bezwungen war, benutzte Clemens im Südburgenland zur Erleichterung der Bodenbearbeitung keinen Spaten mehr, sondern eine Motorhacke, die das Erdreich aufbricht und lockert. Dazu schiebt man das Gerät vor sich her und versucht, das wilde, kräftige Ungetüm halbwegs in der Spur zu halten. Die Motorhacke lockert den Boden, ohne ihn zu wenden. Sie entwickelt daher keinesfalls die negativen Wirkungen, die der wiederholte Einsatz eines Wendepflugs auf das Bodenleben hat. Anschließend zerkleinerte Clemens die obere Bodenschicht mit einer selbstfahrenden Motorfräse, die ein wunderbares Pflanzbeet aus fein verteilten Erdkrumen hinterließ.

Mit diesen beiden Geräten – Motorhacke und Motorfräse – lassen sich Selbstversorgergärten und kleine Ackerflächen, wenn sie erst einmal angelegt worden sind, Jahr für Jahr schonend bearbeiten und für den Anbau vorbereiten. Der Begriff »schonend« bezieht sich dabei sowohl auf die Erde und das Bodenleben als auch auf den Rücken der Selbstversorgerin oder des Selbstversorgers. Motorhacke und Motorfräse können, wenn nötig, auch zweimal pro Jahr eingesetzt werden, also im Frühjahr und im Herbst. Doch auch hier scheiden sich die Geister. Wir trafen immer wieder auf Selbstversorgerinnen und Selbstversorger – so auch in Brithdir Mawr –, die den Einsatz motorisierter Gartengeräte ablehnen, weil diese im Naturidyll der Mischkultur zu viel Lärm verursachen und das Spüren und Wahrnehmen der Erde und Bodenlebewesen während der Arbeit erschweren.

Angepasste Technik

Wie gerade angeklungen ist, gehören wir nicht zu denen, die moderne technische Hilfsmittel ablehnen und meinen, landwirtschaftliche Arbeit für den Eigenbedarf habe ausschließlich mit der Hand zu erfolgen. Denn das kann mit der Zeit sehr ruinös werden. »Angepasste Technik« heißt das Schlagwort unserer Zeit, das uns in eine nachhaltige Zukunft führt. Motorhacken und Motorfräsen – beides von Hand geführte Geräte – verdichten den Boden nicht wie ein Traktor und zerstören die Anordnung der Bodenschichten nicht wie ein Wendepflug. Natürlich sind diese Geräte in der Lage, Regenwürmer zu zerteilen und teilweise zu töten, aber das passiert auch mit Spaten und Hacken. Auch Handgeräte sind für kleine Lebewesen nichts anderes als Mordinstrumente. Beim Umgraben mit einem Spaten wird der Boden außerdem ebenso gewendet wie beim Pflügen. Alle diese Überlegungen sollte man anstellen, bevor man sich für die reine Handarbeit entscheidet, die sehr viel Energie kostet und vor allem bei der Bearbeitung größerer Flächen die Gesundheit schädigen kann.

Erwirbt man die Motorhacke und Motorfräse mit Dieselmotor, so besteht noch dazu die Möglichkeit, die Motorisierung durch eine diesbezüglich erfahrene Landmaschinenmechanikerin auf den Betrieb mit Altspeiseöl umzurüsten und mit wiederverwendeten, gefilterten Speiseölen aus der eigenen Küche zu betreiben, was eine höchst ökologische Lösung darstellt, bei der keinerlei Ressourcen zur Gewinnung der Betriebsenergie verschwendet werden. Mit dem Sammeln des Altspeiseöls sollte rechtzeitig vor dem geplanten Einsatz der Maschinen begonnen werden. Eine andere Möglichkeit besteht darin, Altspeiseöl in größeren Mengen bei einem Restaurant, das eine Fritteuse betreibt, abzuholen. Auf das Filtern darf niemals verzichtet werden.

Doch Achtung! Fräsen Sie niemals den Erdboden, ohne vorher die Grasnarbe mitsamt dem Wurzelwerk entfernt zu haben. Die Fräse zerschneidet alles, worüber sie fährt. Befinden sich nun im Boden Graswurzeln, so werden diese in Stücke zerteilt und überall verstreut. Das ist so, als würde man auf der gesamten Fläche Rasensamen ausbringen, da viele Gräser wie erwähnt aus den zigtausenden Bruchstücken ihrer Wurzeln wieder austreiben können. Der Konkurrenzdruck durch Gras wäre bei einem solchen Vorgehen so extrem, dass Sie das Gärtnern auf dieser Fläche im Laufe des ersten Jahres vermutlich wieder aufgeben müssten. Motorhacke und Motorfräse setzt man am besten zur laufenden Bodenbearbeitung ein, nachdem das Land bereits urbar gemacht wurde.

Die vorangegangen Überlegungen zeigen, dass es eben nicht nur eine Methode gibt, Brachland in einen Garten oder Acker umzuwandeln, das heißt, neuen Boden für die Selbstversorgung

·müse, das auch Spätherbst und Winter überdauert, ist für Selbstversorger
sonders wertvoll. Dazu zählen Kohl, Feldsalat, Lauch und vieles mehr.

e Hühnerrassen sind in Vergessenheit geraten – sie finden im abwechs-
gsreichen Freilandgehege ideale Bedingungen.

Das luxemburgische Earth Ship ist ein inspirierendes Gemeinschaftsproje
das beweist, dass Energieautarkie möglich ist.

Benjamin Klein und die Mitarbeiter des CELL (Center for Ecological Learr
Luxemburg) erklärten uns die Funktionalität des Gebäudes.

Durch unseren Besuch während der Bauphase des Earth Ships konnten wir am Umsetzungsprozess teilhaben.

Alte Glasflaschen werden neben Autoreifen und Bauteilen aus zweiter Hand im Upcycling-prozess praktisch und ästhetisch genutzt.

Die Lebensgemeinschaft Steyerberg verwandelte eine Munitionsfabrik a
dem Dritten Reich in einen Ort des Friedens und Zusammenhalts.

Joachim Kreutzer, ein Pionier für ökologische Baustoffe, errichtete auf d
Gelände ein gemütliches Hobbithaus für den kleinen Geldbeutel.

s alte Gemäuer der
ienischen Festung
ri Superiore hat uns
sonders beeindruckt –
ses mediterrane Ökodorf
net Geschichte.

Der traumhafte Blick vom Permakulturgarten, in dem viele Zitrusgewächse
edeihen, leitet das Auge auf die Steingebäude und die ligurischen Alpen.

Im dänischen Ökodorf Dyssekilde konnten wir zahlreiche ökologische Häu
bestaunen, die teils mit traditionellen Strohdächern versehen sind.

Die Lebensgemeinschaft Hertha setzt sich für Inklusion ein. Hier wird Ge
ligkeit großgeschrieben: Das »Anderssein« ist herzlich willkommen.

r Leiter für Öffentlichkeitsarbeit, Matawa, führt regelmäßig interessierte sucher durch das autofreie Ökodorf Dyssekilde.

ch in Dyssekilde gibt es Earth Ship. Es trägt als ashügelhaus mit verglaster dfront zur passiven Wärme-winnung bei.

Clemens liebte Kürbisse in all
Sorten und Varianten, ob als
Speisekürbis oder Kalebasser
die er zu Gefäßen und Musik-
instrumenten verarbeitete.

Der Mangold ziert, wie viele samenfeste Sorten, in vielen verschiedenen Farb
unsere Gemüsebeete.

·fel lassen sich, wie Karotten und Kartoffeln, den ganzen Winter hin-
·rch gut lagern, wenn wir für eine geeignete Vorratshaltung sorgen.

Der Heilpflanzengarten ist unsere Hausapotheke. Echter Lavendel *(Lavandula angustifolia)* dient der inneren und äußeren Anwendung. Er nützt auch den Insekten sehr.

Unser Besuch bei Familie Storl war besonders inspirierend: Seit vielen Ja
zehnten führen sie einen Selbstversorgerhof im Allgäu.

Samenfeste Sorten sind ein Kulturerbe: Sie sind an lokale Bedingungen
gepasst, liefern exzellente Erträge und ermöglichen Ernährungssouveräni

s Orpington-Huhn ist ein besonderer Vertreter der alten Hühnerrassen.

e Ziegenhaltung ist auch für Anfänger gut möglich: Ziegen liefern Milch, ob
r oder für Molkereiprodukte, sowie Dünger für unseren Garten.

Die walisische Gemeinschaft Brithdir Mawr verfügt über liebevoll restaurie
Granitsteingebäude, die in rauen Wetterlagen gut Wärme speichern.

Die Rundhäuser von Faith und Tony Wrench sind mit ihren begrünten Däch
und Naturmauern kaum von der idyllischen Landschaft zu unterscheiden.

son Wood nahm uns mit auf den Getreideacker der Gemeinschaft, der
ch Methoden der regenerativen Landwirtschaft bestellt wird.

e naturnahe Lebensart an der stürmischen
stküste von Wales lässt den Betrieb eines
ndrades zu und macht sich so das Wetter
Nutze.

Im Freilichtmuseum Mechernich-Kommern wird gezeigt, wie schon s
Urzeiten mit einfachsten Mitteln gebaut und gewirtschaftet wurde.

Nutztiere liefern nicht nur Rohstoffe wie Wolle und Milch, sondern brin
auch Lebendigkeit auf den Hof. Sie erfreuen besonders die Kinder.

»essbare Stadt« Andernach ermöglicht das Gärtnern und Ernten jedem,
vohl im historischen Stadtkern als auch im Permakulturgarten.

Ein umsichtiges, gut geplantes Wirtschaften im naturnahen Wald-
garten schont unsere Böden und erlaubt auch ohne große Mühe
reiche Erträge.

zu erschließen. Je nach eigenen Vorlieben, Idealen, Grundeinstellungen zu Fragen der Bodenbearbeitung und körperlicher Kondition stehen mehrere Wege zur Verfügung, und alle haben ihre Vor- und Nachteile, die es gegeneinander abzuwägen gilt. Ein grandioses Gerät zur Bearbeitung und Lockerung des Bodens vor der Aussaat haben wir übrigens im Lebensgarten Steyerberg in den Händen des Permakulturgärtners Jean-Philippe Genetier gesehen. Er benutzte eine breite Grabegabel mit sieben Zinken, die mit zwei Händen geführt werden muss. Sie war etwa 70 Zentimeter breit und dadurch außergewöhnlich effizient. Allerdings lässt sie sich aufgrund ihrer Breite und des damit verbundenen Widerstands nur bei lockeren, eher sandigen Böden einsetzen – dort aber sehr effizient. »Mit sehr wenig Mühe kann man ziemlich schnell den Boden vorbereiten, zum Beispiel für die Aussaat«, kommentierte Jean-Philippe seine Vorführung der Grabegabel.

Die Grabegabel

Mischkultur im Mulchgarten

»In diesem Garten wächst alles durcheinander«, sagte Massimo Candela mit italienischem Akzent, während er uns durch einen der Terrassengärten rund um Torri Superiore führte. Der charmante weißhaarige Mann mit der Hornbrille blickt auf eine jahrzehntelange Erfahrung mit der Anlage von Mischkulturen zurück – sowohl bei Obst als auch bei Gemüse. Umrankt von Bäumen und Sträuchern standen wir mit ihm im mediterranen Nieselregen und blickten von unserer erhöhten Position auf die Dächer und Steinmauern des Ökodorfs, hinter dem sich, eingehüllt in Nebel, die südlichen Ausläufer der Ligurischen Alpen erhoben. Der Anblick war mystisch.

»Was ihr hier seht«, fuhr Massimo fort, »ist einfach ein durchmischter Bestand mit Obstbäumen wie Feige, Granatapfel, Zitrone, Orange, Grapefruit, Avocado, Beerensträuchern, Stickstoffbindern und Blütenpflanzen, die nützliche Insekten anlocken sollen. Die Natur baut auf Komplexität auf. Deswegen gestalten wir unsere Gärten so vielfältig und komplex wie möglich. Wenn ihr auf einem Stück Land nur eine Baumart pflanzt, werden eure Bäume von Schädlingen umgebracht werden. So einfach ist das. Ihr braucht dann immer mehr Pestizide, um das zu verhindern. In hundert Prozent aller Fälle wird es in einer Monokultur so kommen. Pflanzt ihr hingegen viele unterschiedliche Arten auf ein und derselben Fläche an, dann lockt ihr damit auch eine hohe Vielfalt an Insekten an, die miteinander konkurrieren. Es entsteht ein Gleichgewicht. Man muss eine gute Balance zwischen Pflanzen, Boden- und Wurzelschicht sowie der Insektenwelt schaffen.«

Komplexe Gärten

Hohe Biodiversität zieht auch die Präsenz von Nützlingen nach sich. Marienkäfer fressen zum Beispiel Blattläuse, Spinnmilben und den Mehltau, bei dem es sich um einen Pilz handelt. Diese Schädlinge stehen außerdem auf dem Speiseplan der grün schimmernden Florfliegen, deren Larven zum Zweck der Ernährung zusätzlich auch Raupen anzapfen und diese daran hindern, durch Blattfraß größere Schäden zu verursachen. Wussten Sie, dass Laufkäfer nachts Schneckeneier und die Larven des Kartoffelkäfers vertilgen? Außerdem stehen Milben und Drahtwürmer auf dem Speiseplan eines Laufkäfers. Schlupfwespen fungieren als eine Art »Gartenpolizei«. Sie sind wahrhaftige Allrounder, die gegen eine Vielzahl von Schädlingen anrücken, von der Blattlaus über die Minierfliege bis hin zum gefürchteten Apfelwickler, einer Nachtfalterart, deren Raupen sich an Obst vergreifen. Nützliche Raubmilben treten als An-

Biodiversität

tagonisten der Spinnmilben auf. Fadenwürmer – sogenannte Nematoden, die Teil eines intakten Bodenlebens sind – befallen sogar die fünf bis sechs Zentimeter langen Maulwurfsgrillen, die sich an Pflanzenwurzeln vergreifen und große Schäden im Garten und auf dem Acker anrichten können.

Biodiversität und viele Nützlinge, die verhindern, dass eine schädliche Spezies überhandnimmt, sind die Garantie für ein intaktes Ökosystem in unseren Gärten oder auf unseren Äckern. Die Insektenvielfalt, an der auch Bienen und Hummeln teilnehmen, sorgt außerdem für die Bestäubung unserer Kulturpflanzen und ist daher essenziell für gute Erträge im Selbstversorgergarten.

Keine andere Methode ist besser geeignet, um die Biodiversität auf einer Anbaufläche zu erhöhen, als die Mischkultur. Doch die Vorteile des durchmischten Anbaus von Pflanzen gehen weit über das Anlocken von Nützlingen hinaus. Auch der Boden profitiert von der Pflanzenvielfalt. So gehören die von Massimo erwähnten Stickstoffbinder – die sogenannte Gründüngung – auf jede ökologische Anbaufläche von Obst und Gemüse. Durch Symbiosen mit bestimmten Bodenmikroben, als Knöllchenbakterien bezeichnet, reichern sie die Erde mit wertvollem Stickstoff an, sodass es obsolet wird, Stickstoffdünger auszubringen. Zu diesem Zweck eignet sich der Anbau von Luzerne, auch Alfalfa oder Schneckenklee genannt. Diese ökologisch wertvolle Pflanze gehört wie alle Kleearten zu den Leguminosen, also Hülsenfrüchtlern. Diese gehen besonders gern Symbiosen mit Knöllchenbakterien ein. Deswegen empfiehlt es sich auch, essbare Leguminosen wie Gartenbohnen, Erbsen, Kichererbsen oder Linsen zu kultivieren und mit anderen Gewächsen zu durchmischen. Das ist auch zwischen Obstbäumen und Beerensträuchern möglich. Weitere Pflanzen, welche als Gründüngung die Gesundheit und das Nährstoffangebot des Bodens verbessern, sind Gelbsenf und die Bienenweide, auch *Phacelia* genannt. Diese üppig violett blühende, duftende Pflanze ist Bienen- und Augenweide zugleich.

Symbionten im Boden sind nicht nur für die Gesundheit der Pflanzen selbst von Vorteil, sondern auch für die menschliche Gesundheit. Die kanadische Biologin Miranda Hart von der University of British Columbia und ihr Kollege Pedro Antunes von der Algoma University untersuchten, wie sich die Mykorrhiza auf die Inhaltsstoffe von Nahrungspflanzen auswirkt. Bei dieser Symbiose, die wir in allen intakten Ökosystemen finden, handelt es sich um eine Partnerschaft zwischen Pflanzen und Bodenpilzen. Der Pilz geht eine Verbindung mit den Pflanzenwurzeln ein, die ihn mit Kohlenhydraten aus der Photosynthese versorgen. Im Gegenzug gibt der Pilz, der durch die große unterirdische Ausdehnung seines aus Fäden bestehenden Mycels ein weites Einzugsgebiet erschließen kann, Wasser und darin gelöste Mineralien an die Pflanzenwurzeln ab. Hart und Antunes stellten fest, dass Gartenpflanzen, die in einer Symbiose mit einem Mykorrhiza-Pilz leben, signifikant mehr sekundäre Pflanzenstoffe bilden als Pflanzen ohne Pilzsymbiose.[52]

Symbionten

Die Pflanzenstoffe, die durch den Pilz gefördert werden, schützen unsere Gesundheit, wenn wir sie über die Nahrung aufnehmen. Darunter befinden sich zum Beispiel Polyphenole, die den Blutdruck regulieren, die Blutfettwerte verbessern und Gefäßverkalkungen vorbeugen, von denen die Gefahr eines Herzinfarkts ausgeht. Carotinoide, die Gartenpflanzen mit Mykorrhiza ebenfalls vermehrt bilden, verbessern die Kommunikation zwischen unseren Zellen – unter anderem auch zwischen unseren Abwehrzellen – und unterstützen dadurch unsere Immunfunktionen. Sie weisen auch eine antioxidative Wirkung auf. Das heißt, sie machen freie Radikale unschädlich, die im menschlichen Körper beispielsweise Krebs auslösen können. Die Pilzsymbiose erhöht außerdem den Gehalt an Flavonoiden in unseren Nahrungspflanzen, die Schutz vor Herz-Kreislauf-Erkrankungen bieten.

Mit der Studie von Hart und Antunes wurde bewiesen, dass

sich die Bodengesundheit auch auf die menschliche Gesundheit auswirkt. Solche Zusammenhänge erforscht die *Gesundheitsökologie*, mit der sich Clemens unter anderem am Institut für Biologie der Universität Graz in seiner Doktorarbeit über Umwelteinflüsse aus Wäldern auf das Immunsystem befasste. Er hatte auch über Jahre hinweg Bodenproben unterschiedlichster Standorte untersucht. Die Mykorrhiza-Symbiose konnte er in intakten Mischwäldern immer nachweisen. In der agrarischen Monokultur fand er sie nicht oder nur in geringem Umfang. Hingegen ließ sich die wertvolle Symbiose in Mischkulturen regelmäßig in starker Ausprägung nachweisen, insbesondere, wenn ein Garten auch gemulcht wird. Je höher die Biodiversität eines Gartens oder Ackers, desto besser kann sich auf dieser Fläche ein Mykorrhiza-Netzwerk entwickeln.

Gesundheitsökologie

Im ökologischen Gartenbaufachhandel kann man Präparate erwerben, die im Garten und auf dem Acker ausgebracht werden, um die Entstehung von Mykorrhiza zu fördern. Es handelt sich dabei meist um Bruchstücke des Pilz-Mycels, das sich im feuchten Boden wieder zu lebendigen Pilzgeflechten regeneriert. Manche Präparate enthalten auch Pilzsporen – eine Art »Saatgut« für Mykorrhiza-Pilze.

Mischkultur bedeutet, Gehölze und andere Pflanzen anzubauen, die sich gegenseitig erfahrungsgemäß gut vertragen und einander unterstützen. Apfelbäume profitieren zum Beispiel durch die Nähe von Pfirsich-, Pflaumen-, Mirabellen- und insbesondere Kirschbäumen – vor allem von Süßkirschen. Gegenüber der Aprikose, Hasel, Mispel und dem Holunder verhalten sie sich neutral. Sehr bewährt hat sich die Pflanzung von Himbeeren rund um sowie unter Apfelbäumen. Die Vorlieben von Birnenbäumen sind ähnlich. Bei der Frage, ob man Apfel- und Birnenbäume als unmittelbare Nach-

Mischkulturen

barn anpflanzen soll, scheiden sich die Geister. Mischkultur ist eben keine exakte Wissenschaft, sondern basiert auf Erfahrungswerten, Neugier und Experimentierfreudigkeit.

Unter den Gemüsearten existieren ebenfalls bewährte Kombinationen. So werden Mais, Kürbis und Stangenbohne auch als »drei Schwestern« bezeichnet. In Mittel- und Südamerika handelt es sich bei dieser Kombination um eine traditionsreiche Form der Mischkultur. Die Stangenbohne reichert den Boden mit Stickstoff an – sie ist ja eine Leguminose und lebt mit Knöllchenbakterien zusammen. Der Mais dient der Bohne als Kletterhilfe. Auch der Kürbis rankt teilweise auf den Maispflanzen und wächst zwischen ihnen. Die großen Blätter der Kürbisgewächse beschatten den Boden und schützen die Erde vor zu starker Sonneneinstrahlung und dem Austrocknen. So unterstützen die »drei Schwester« einander in ihrer Gartenlebensgemeinschaft – ein anschauliches Beispiel des Prinzips der Mischkultur.

Bewährte Kombinationen

Wichtig ist es, den Mais und die Bohnen Anfang Mai auszusäen und dann zu warten, bis die Samen gekeimt und die jungen Pflänzchen sichtbar geworden sind. Erst danach sollte man ab Mitte Mai den Kürbis aussäen oder als Jungpflanzen, die man in einem Folientunnel herangezogen hat, in die Erde setzen. Hat der Kürbis nämlich gegenüber dem Mais und der Stangenbohne zu viel Vorsprung, besteht die Gefahr, dass er sie überwuchert und beschattet, sodass sie in ihrer Entwicklung gehemmt werden.

Bohnen vertragen sich außerdem mit Salat, Tomaten, Sellerie und allen Kohlgewächsen inklusive Blumenkohl, Brokkoli und Rosenkohl. Sie mögen auch Gurken, die ja zu den Kürbisgewächsen gehören. Gurken vertragen sich daher auch mit dem Mais. Die Aubergine bevorzugt als Nachbarn Spinat, Salat und ebenfalls Kohlgewächse. Kohlgewächse kommen ansonsten sehr gut mit Kartoffeln, Sellerie, Erbsen und Roten Beten aus. Setzen Sie Erdbeeren ruhig zwischen Bohnen. Die süßen roten Scheinfrüchte fühlen sich sogar in der Nachbarschaft von Knoblauch, Zwiebel und Lauch wohl. Gurken und Dill harmonieren nicht nur in Salaten und im griechischen Tsatsiki miteinander, sondern auch im Garten. Erbsen, Spargel und Rhabarber sind ebenso gut verträgliche Nachbarn. Die stabilen Stängel der Ackerbohne oder Puffbohne bieten den zarten Erbsenpflanzen eine ideale Stütze. Der Mangold bevorzugt die Nähe von Karotten und Pastinaken. Karotten kommen auch mit Radieschen, Rettich, Zwiebel und Lauch klar. Sehr bewährt hat sich die Tomate im Team mit Basilikum – nicht nur in dem italienischen Salat namens Caprese, sondern auch in der Mischkultur. Tomaten wachsen auch gut mit Petersilie, Salat, Zwiebel und sogar Knoblauch. Auch Paprika und Tomaten vertragen einander gut. Aber bitte verschonen Sie die Tomate beispielsweise vor der direkten Nachbarschaft der Kartoffel, die Paprika vor dem Fenchel und die Rote Bete vor der Aubergine.

Mischkulturen sind außerordentlich ertragreich, wenn sich die Pflanzen gegenseitig unterstützen und die Fläche optimal genutzt wird. Wie wir gesehen haben, dienen manche Kulturpflanzen anderen sogar als Stütze und Kletterhilfe, zum Beispiel die Ackerbohne der Erbse oder der Mais der Stangenbohne. In keiner Monokultur kann der Boden so effizient genutzt werden wie in einer Mischkultur. Daher sind die Erträge pro Quadratmeter in der Mischkultur deutlich größer als in der Monokultur. Außerdem greifen die Erntezeiten der unterschiedlichen Kulturpflanzen ineinander über und wechseln einander ab. Dadurch ist während der gesamten Garten- und Ackersaison eine kontinuierliche Versorgung gewährleistet.

Es gibt vier verschiedene Formen der Mischkultur. Bei der *gestaffelten Mischkultur* findet die Durchmischung nur während eines bestimmten Entwicklungsstadiums der Kultur statt, zum Beispiel, wenn in eine Monokultur Stickstoffbinder wie die Luzerne als Untersaat eingebracht werden. Für eine *Streifenmischkultur* werden mindestens zwei unterschiedliche Arten in breiten Streifen abwechselnd ausgesät. Diese Streifen bestehen aus mehreren Reihen derselben Art. Streifenmischkulturen können maschinell bearbeitet werden. Die Breite eines Streifens wird nach der Arbeitsbreite des Traktors bemessen. In einer *Reihenmischkultur* wachsen mindestens zwei, meistens jedoch deutlich mehr Arten abwechselnd in Reihen. Diese Form der Mischkultur kann nur händisch bearbeitet werden und ist für den Selbstversorgergarten ideal. Schließlich ist noch die *echte Mischkultur* zu nennen, bei der die verschiedenen Arten mit zufälliger Verteilung ausgebracht werden. Diese Form der Mischkultur ist am ehesten in der Permakultur zu finden. Dabei wird das Saatgut von Pflanzen, die gut zueinander passen, einfach miteinander vermischt und dann auf der Anbaufläche verstreut. Nach der Keimung wachsen die Pflanzen wild durcheinander. Wie in der Natur sollte sich dabei unter den Arten ein Gleichgewicht einstellen. Das Ergebnis ist nicht vorhersehbar, da die Pflanzen einander teilweise auch verdrängen könnten. Gegebenenfalls müssen sie noch vereinzelt werden. Hingegen lassen sich alle anderen Formen der Mischkultur, die wir zuvor genannt haben, räumlich planen und gestalten.

Vier Formen der Mischkultur

Wichtig für eine gelingende Mischkultur ist zudem die Einhaltung von Fruchtfolgen. An ein und derselben Stelle sollte man im ersten Jahr Starkzehrer wie Kartoffel, Tomate, Paprika, Kohl, Gurke oder Kürbis anbauen. Im zweiten Jahr folgen dann Pflanzen, die den Boden mittelmäßig beanspruchen, wie zum Beispiel Karotte, Mangold, Salat, Spinat, Fenchel, Sellerie, Süßkartoffel. Im dritten Jahr sollten dann Schwachzehrer nachfolgen. Dazu gehören unter anderem Radieschen, Kresse, Zwiebel oder Lauch. Besonders günstig ist es, wenn man im dritten Jahr solche Pflanzen anbaut, die den Boden aufbauen und mit Stickstoff anreichern, also Erbse, Bohne, Linse oder andere Hülsenfrüchtler. Danach fängt der Kreislauf von vorn an, und man kann an der jeweiligen Stelle wieder Starkzehrer kultivieren. Ein weiterer Grund für die Fruchtfolge ist auch, dass man durch den Wechsel der Kulturpflanzenart den Schädlingsdruck verringert. Manche Arten werden daher im Idealfall überhaupt nur alle vier Jahre an derselben Stelle angebaut – zum Beispiel der Kohl und die Kartoffel. Die Kartoffel ist ein Nachtschattengewächs. Man sollte nach der Kartoffel auch vom Anbau anderer Nachtschattengewächse wie Tomate, Paprika oder Aubergine am selben Standort – wenn möglich bis zum vierten Jahr – Abstand nehmen.

Die Fruchtfolge

Ansonsten könnte sich der Standort mit spezifischen Schädlingen der Nachtschattengewächse anreichern. Dazu zählt zum Beispiel die Kraut- und Braunfäule, verursacht durch den im Erdboden überdauernden Pilz *Phytophthora infestans.* Nach Kohl sollte man idealerweise ebenso lang auf andere Kohlgewächse wie etwa Blumenkohl, Rosenkohl, Brokkoli, Kohlrabi und Senf am selben Ort verzichten. Die Kohlverwandtschaft zehrt den Boden ausgesprochen stark aus, und spezifische Schädlinge wie die Kohlfliegen überwintern als Larven im Boden und hätten ein leichtes Spiel, wenn an ein und derselben Stelle Jahr für Jahr Kohlgewächse angebaut werden.

An anderen Stellen im Garten kann man die Pflanzen in den Folgejahren natürlich anbauen. Fruchtfolge bedeutet, dass die unterschiedlichen Kulturpflanzen von Jahr zu Jahr im Garten »rotieren«, also ihren Standort wechseln, bis der Kreislauf neu beginnt.

Um die Biodiversität und das Bodenleben zu optimieren, sollte ein Mischkulturgarten auch gemulcht, also mit einer schützenden organischen Schicht bedeckt werden, ähnlich wie die Streuschicht auf einem Waldboden. Das verbessert den Wasserhaushalt des Bodens und gleicht Temperaturschwankungen aus. »An jedem Ort in der Natur, an dem Pflanzen leben und Wasser vorhanden

Mulchen

ist, ist der Boden bedeckt«, gab Massimo in dem gemulchten Terrassengarten von Torri Superiore zu bedenken. »Deswegen sollte auch der Boden in unseren Gärten niemals freiliegen. Die Natur fängt das Regenwasser auf, wo es herunterkommt. Durch das Mulchen können wir es auch im Garten sofort im Boden speichern.«

Als Mulchmaterialien eignen sich Heu und Stroh, da sie leicht und kostengünstig zu bekommen und im Überfluss vorhanden sind. Meistens müssen Heu oder Stroh nicht über weite Strecken transportiert werden, sondern können bei Landwirtinnen oder Landwirten aus der Region einfach bezogen und abgeholt werden. Es handelt sich um Biomasse, die sich in unseren Gärten auf natürliche Weise zersetzt und dem Boden zugeführt wird. Stroh hält sich länger als Heu. Letzteres schützt den Boden aber besser und verhindert das Austrocknen der Erde effizienter als Stroh, weil es eine dichtere Schutzschicht bildet, ähnlich wie die herbstliche Streuschicht des Waldes. Alternativ kann man auch den eigenen Grasschnitt als Mulchmaterial ausbringen, wobei es sich aber empfiehlt, diesen vorher trocknen zu lassen. Frischer Grasschnitt verdichtet sich zu stark und kann Fäulnisprozesse begünstigen. Als Mulchmaterial kommt auch Laub in Frage, das man im Herbst zum Beispiel unter den eigenen Obstbäumen vorfindet. In der Regel fällt dabei aber bei weitem nicht genug Material an, um einen ganzen Garten zu bedecken, und dem Wald sollte man aus ökologischen Gründen keinesfalls Laub entnehmen.

Von Rindenmulch ist abzuraten, da es den Boden sauer macht, vor allem, wenn es die Rinde von Nadelbäumen enthält. Es eignet sich nur für bestimmte Zierpflanzen wie Rhododendren, Hortensien, Rosen oder Farne, die saure Böden bevorzugen oder zumindest vertragen. Rindenmulch von Nadelbäumen entzieht dem Boden außerdem Stickstoff und ist dadurch beim Aufbau eines gesunden Bodenlebens und einer nachhaltigen Nährstoffversorgung kontraproduktiv. Heu und Stroh sind unbedingt zu bevorzugen. Jungpflanzen können einfach durch die Mulchschicht hindurch in die Erde gepflanzt werden. Wenn man Saatgut ausbringt, sollte man das Mulchmaterial erst auslegen, wenn die Keimung stattgefunden hat und die Jungpflanzen sichtbar geworden sind. Ihre grünen Teile und Blätter müssen dann aus der Mulchschicht herausragen. Bei der Aussaat auf einer bestehenden Mulchschicht kann diese dort, wo die Samen in die Erde gegeben werden, einfach zur Seite geschoben werden.

Die Funktionen des Mulchens auf einen Blick

- Sofortiges Auffangen und Speichern des Regenwassers ohne Gefahr des Abflusses
- Verbesserung des Feuchtigkeitshaushalts des Bodens
- Schutz vor Austrocknung
- Temperaturausgleich
- Schutz vor direkter Sonneneinstrahlung
- Förderung des Bodenlebens
- Verhinderung des direkten Aufliegens von Früchten auf der Erde (Fäulnisgefahr)

Kompost

Zum Aufbau eines intakten Bodenlebens mit nachhaltiger Nährstoffversorgung empfiehlt es sich, Kompost anzulegen und auszubringen. Der richtige Platz für einen Komposthaufen befindet sich im Halbschatten auf nackter Erde, damit der Kompost von unten durch Bodenlebewesen besiedelt werden kann. Ein Komposthaufen muss von allen vier Seiten belüftet sein. Er sollte also niemals an einer Hecke oder Mauer errichtet werden. Am besten rahmt man die Kompoststelle mit unbehandelten Holzlatten ein, die gegebenenfalls nach oben noch erweitert werden können.

Bei der Anlage des Komposts schichtet man diesen so auf, dass am Boden Geäst und Reisig aufliegen, die nach unten hin eine Belüftung möglich machen. Darüber positioniert man Laub und Grasschnitt, und ganz oben kommen weiche Pflanzenteile aus dem Garten sowie aus dem Biomüll. Es empfiehlt sich, den Kompost abzudecken, um die sogenannte Rotte, also die mikrobiellen Abbauprozesse, zu beschleunigen. Diese setzen relativ rasch ein und sind an der steigenden Temperatur im Komposthaufen erkennbar. Alternativ dazu, wenn zu Beginn wenig kompostierbare Biomasse vorhanden ist, kann der Kompost auch sukzessive über das Jahr aufgeschichtet werden, sodass die Rotte erst nach und nach einsetzt.

In den Kompost sollte man insbesondere alle Arten von pflanzlichen Resten aus dem Garten oder der Küche geben, auch Laub und alten, getrockneten Rasenschnitt. Sogar Eierschalen und Kaffeesud sind erlaubt. Abfälle von Zitrusfrüchten sollten nur in geringen Mengen in den Kompost gelangen – ebenso aufgrund der Fäulnisgefahr frischer Rasenschnitt. Gekochte Speisereste sollten niemals auf den Kompost kommen. Verboten sind außerdem Brot, behandelte Hölzer, Teile von Pflanzen mit Schädlingsbefall sowie Haushaltsabfälle wie Katzenstreu. Manche geben geringe Mengen Papier und Pappe zum Kompost, sofern diese Materialien nicht mit Kunststoff beschichtet sind. Mit Maß und Ziel sollte das kein Problem sein. In einem fortgeschrittenen Stadium können auch Regenwurmkulturen hinzugefügt werden, die im ökologischen Gartenfachhandel erhältlich sind und zudem von manchen Biolandwirtinnen und Biolandwirten angeboten werden.

Mindestens einmal im Jahr – am besten im Frühjahr – sollte der Kompost gewendet werden, um die Sauerstoffversorgung zu verbessern und die Rotte zu unterstützen. Der Kompost kann im Herbst ein zweites Mal umgesetzt werden. Das ist aber nicht unbedingt nötig. Ein Kompost benötigt zehn bis zwölf Monate, bis er sich in Humus verwandelt hat. Diesen erkennt man an der dunklen Färbung und dem angenehmen Geruch nach Waldboden. Sobald dieser Zustand erreicht ist, kann der selbst erzeugte Humus im Garten ausgebracht werden. Idealerweise bringt man zuerst den Humus und erst danach das Mulchmaterial aus.

Permakultur am Beispiel des Waldgartens

Massimo, der Zitrusgärtner in Torri Superiore, unterrichtet Permakultur. Diese beschrieb er wie folgt: »Permakultur ist eine Konstruktion aus zwei Begriffen: ›permanent‹ und ›Agrikultur‹. Die *permanente Agrikultur* hat mit der Beobachtung der Natur zu tun.« Die Prinzipien der Natur, die Biodiversität und Komplexität eines Ökosystems, werden in der Permakultur nachgebildet. Ein Garten oder Acker soll sich zu einem intakten, möglichst aus sich selbst heraus bestehenden Ökosystem entwickeln.

Ähnlich beschrieb auch Declan Kennedy bei unserem Besuch im Lebensgarten Steyerberg die Idee der Permakultur. Der 1934 in Dublin geborene Architekt und frühere Professor an der Technischen Universität Berlin mit den langen weißen Haaren und der roten Brille leitete von 1984 bis 1989 das damals neu gegründete Permakultur-Institut für Europa, das als eingetragener Verein organisiert ist. Er gilt als ein Pionier der Permakultur auf dem europäischen Kontinent und hat auch den Lebensgarten, in dem heute etwa 150 Menschen leben, in den Achtzigern mitbegründet. »Ich habe das Konzept der Permakultur 1981 gemeinsam mit meiner Frau Margrit von Australien nach Europa gebracht«, erinnerte sich Declan Kennedy, der für unser Gespräch in seinem üppig blühenden Wintergarten Platz genommen hatte. Im Jahr 1986 war er Mitorganisator der ersten internationalen Permakultur-Tagung.

Permakultur als Designsystem

»Permakultur ist ein Designsystem«, fuhr er fort, »in dem alle Elemente einander unterstützen. Dagegen besteht unser heute übliches Design, unsere Gesellschaft und Wirtschaft, vor allem auf Konkurrenzdenken. Permakultur bringt alle Sparten des Lebens zusammen, vom Gemüsebau und der Landwirtschaft bis zur Wirtschaft und dem Zusammenleben von Menschen.«

Die Art und Weise, wie einzelne Elemente in der Natur einander unterstützen, lässt sich beispielsweise anhand der landschaftsökologischen Funktion von Fels und Stein veranschaulichen. Dunkles Gestein speichert die Wärme der Sonne und gibt sie langsam wieder ab. Hingegen reflektiert helles Gestein das Sonnenlicht und kann es dadurch auch in landschaftliche Nischen lenken, die kein direktes Sonnenlicht abbekommen. Diese Naturbeobachtung lässt sich in der Permakultur nutzen. In kühlen Gebirgslagen oder in Regionen, die nachts stark abkühlen, kann man durch die Verteilung von dunklem Gestein in einem Garten oder Agrarökosystem die Wärme der Sonne einfangen und über viele Stunden speichern, sodass die Anbaufläche nachts weniger stark auskühlt als umliegende Regionen. Dadurch lassen sich Temperaturschwankungen ausgleichen und Wärme dauerhaft im Ökosystem halten.

Helles und dunkles Gestein

Indem man hingegen helles Gestein so platziert, dass es tagsüber das Sonnenlicht in schattige Bereiche reflektiert – beispielsweise hinter eine Felswand oder in eine Senke –, kann man Sonnenenergie dorthin bringen, wo sie sonst nicht hinkäme. Auf ähnliche Weise lassen sich auch Gewässer anlegen, die so positioniert werden, dass ihre Oberfläche Licht in schattige Bereiche reflektiert. Außerdem speichert auch Wasser die Wärme der Sonne und gibt sie langsam an die Umgebung ab. Dadurch eignet sich Wasser hervorragend zum Ausgleich von Temperaturschwankungen. Wasser ist einer der effizientesten Wärmespeicher. Deswegen kühlen auch Regionen an großen Gewässern wie zum Beispiel am Genfer See oder am Gardasee sowie maritime Küstenregionen im Winter weniger stark ab als andere Regionen entlang desselben geografischen Breitengrades. Große Gewässer speichern die Wärme des Sommers und Spätherbstes und geben diese während der Wintermonate allmählich ab. Allein diese einfachen landschaftsökologischen Aspekte können eine Anbaufläche bereits begünstigen und das Pflanzenwachstum sowie den Ertrag an benachteiligten Standorten fördern.

Das Konzept des Waldgartens stellt das Ideal der Permakultur dar. Wussten Sie, dass rund 80 Prozent der Fläche Mitteleuropas Eichen- und Buchenwald wäre, wenn der Mensch nicht in das Ökosystem eingegriffen hätte und weiter eingreifen würde? Nur auf sehr salzigen oder sandigen Böden wie etwa in Norddeutschland, an Klippen oder in kargen Höhen stehen natürlicherweise keine oder kaum Bäume. Ansonsten strebt die Natur, auch vor unserer Haustür, nach dem Aufbau von Waldökosystemen. Daher ist es so aufwendig, Äcker und andere Flächen frei von Wildwuchs zu halten. Überall, wo der Erdboden nicht versiegelt ist, möchten sich im besten Falle komplexe Waldsysteme entfalten.

Waldgärten

Das Konzept des essbaren Waldgartens arbeitet in diesem Sinne nicht gegen, sondern mit der Natur. Es stammt aus der Permakultur und fokussiert die bestmögliche vertikale und horizontale Ausschöpfung des Raumes. Passende Pflanzennachbarn und ihre zeitliche Taktung werden vorausschauend bestimmt – ein Waldgarten ist ein geplanter Raum, in dem sich Bäume, Ranken, Gemüse, Zierpflanzen, Bodendecker und vieles mehr ergänzen. So können ein- und mehrjährige Knollen, Gemüse, Früchte, Beeren und Gehölze ein räumlich und zeitlich verschachteltes Ganzes ergeben. Im essbaren

Food Forest

Waldgarten, der im Englischen auch *food forest* genannt wird, denken wir in Etagen. Der Australier Bill Mollison, einer der Väter der Permakultur, ließ sich für dieses Konzept von den sieben Zonen inspirieren, die wir natürlicherweise im stockwerkartigen Aufbau des Regenwaldes finden.

Der Dschungel dient Indigenen als Vorbild, um komplexe und äußerst ertragreiche Systeme zu kultivieren, stellte Bill Mollison in Australien fest. Sie integrieren nach und nach mehr essbare Pflanzen in das bestehende System, ohne seine Intaktheit zu beeinträchtigen. Auch in unserem Selbstversorgergarten können wir uns dieses »Tetris-Prinzip« zunutze machen – sichten Sie Ihr Stück Land, und versuchen Sie, weniger Bestehendes zu entfernen und zu roden, sondern prüfen Sie den gewachsenen Bestand, der sich Ihrem Standort angepasst hat, auf Nützlichkeit. Wilde Himbeeren, Brennnesseln, Vogelmiere oder Haselnüsse sind nützliche Gewächse, neben denen sich andere Pflanzen wohlfühlen könnten. Gestandene Bäume können Jungpflanzen in den ersten Jahren Schutz bieten, bevor wir sie womöglich zu Holz verarbeiten. Bestimmte Pflanzen ergänzen sich, spenden einander Schatten, dienen als Rankhilfe oder bilden eine lebendige Mulchschicht, die Unkräuter fernhält.

Wollen wir das Prinzip des Dschungel-Waldgartens beispielsweise auf Mitteleuropa übertragen, so müssen wir allerdings die Tatsache, dass hier im Schnitt weniger Licht sowie vier Jahreszeiten vorhanden sind, als minimierende Faktoren einkalkulieren, sodass etwas größere Pflanzenabstände gewählt werden als in den Tropen. Auch die Sukzessionen, also die Weiterentwicklung und Nachfolge unterschiedlicher Pflanzen im Waldgarten, die einander mit der Zeit verdrängen oder ersetzen, werden in die Planung einbezogen. So reift über die Jahre ein System heran, das sich maßgeblich selbst reguliert, Erträge liefert und – einmal angelegt – kaum Arbeit erfordert. Es bietet nebenbei vielen Lebewesen ein Zuhause, von den Wurzeln bis in die Baumkronen – mehr als dies in einem gewöhnlichen Gemüsegarten der Fall wäre. Zuletzt erfreut ein Waldgarten auch das Auge. Einen üppigen essbaren Wald hinter dem Haus zu betrachten, zu durchqueren und zu beernten ist eine Sinnesfreude. Allerdings ist die Ernte wegen des dichten Bewuchses meist nicht mit Maschinen möglich, und wir brauchen eine gute Orientierung, wo und wann genau wir etwas Essbares in unserem »Privatdschungel« vorfinden können.

Die sieben Etagen des Waldgartens

1. Wurzeln
2. Mulchschicht
3. Krautschicht
4. Beerensträucher und Stauden
5. Obstbäume
6. Rankgewächse
7. Solitärbäume

Auf welche Weise indigene Menschen traditionell verschiedene ertragreiche Pflanzen und Bäume in die Wildnis integrieren, lernte Alessandra 2007 als junge Erwachsene bei dem Volk der Shuar kennen: Mit ihnen lebte und wirtschaftete ich als Neunzehnjährige im tropischen Regenwald von Ecuador nahe dem kleinen Ort Yapapas. In ihrem Waldgarten wuchsen viele Früchte, von denen ich noch nie zuvor gehört, geschweige denn gekostet hatte. Ich habe den wilden Garten, der sich im Grunde kaum vom umgebenden Dschungel unterschied, noch in guter Erinnerung. Anhand der Zeichnung auf der nächsten Seite wollen wir uns ansehen, wie die Shuar die sieben Schichten des Waldgartens optimal nutzen, ohne das bestehende Ökosystem in schädlicher Weise zu beeinflussen:

Abbildung 4: Die sieben Schichten des tropischen Waldgartens

1. Wurzeln: Maniok (Yuca)
2. Mulchschicht: Bienenweide
3. Krautschicht: Ananas
4. Beerensträucher und Stauden: Banane
5. Obstbäume: Zapotefrucht
6. Rankgewächse: Passionsfrucht
7. Solitärbäume: Palme (z. B. Kokos)

In der Wurzelschicht finden wir bei den Shuar Yuca, botanisch als *Manihot esculenta* bezeichnet, auch als Maniok bekannt. Die Blätter dieses Strauches mit seinen nahrhaften pfahlförmigen weißen Wurzelfrüchten sehen aus wie wunderschöne grüne Sterne. Auch Exoten wie die Papa China *(Colocasia esculenta)*, auch Taro genannt, bilden essbare Knollen, die bei uns gänzlich unbekannt sind. Die großen dunkelgrünen Blätter des Taro-Strauches erinnern ein wenig an Monstera-Gewächse, die bei uns beliebte Zimmerpflanzen sind.

Die sieben Schichten

Auf der zweiten Waldgarten-Etage finden wir eine lebendige Mulchschicht: *Desmodium Incanum* bildet duftende Blumenteppiche, die die reinste Bienenweide sind und aus denen man Tee kochen kann, der gut für die Leber ist. Auch robuste Kohlsorten können wir hier anpflanzen. Salat und ähnliche Gewächse lassen sich in den Tropen allerdings meist nur mithilfe von Netzen, Folientunneln oder in Gewächshäusern anbauen, weil sich ansonsten viele kleine Krabbeltiere daran sattfressen würden.

In der dritten Schicht finden wir eine saftige Ananas. Bei den Shuar lernte ich Ananassorten kennen, deren Schale rot oder beinahe schwarz ist, während das Fruchtfleisch weiß bis sonnengelb leuchtet.

Die vierte Schicht bildet in diesem Beispiel die Bananenstaude. Die Gattung der Bananen wird in der Botanik als *Musa* bezeichnet. Davon existieren mehrere Arten. Wussten Sie, dass die Banane, ebenso wie die Kiwi, eine Beere ist? Als Clemens mir dies wie eine Selbstverständlichkeit erklärte, musste ich lachen. Die botanischen Zuordnungen sind sinnvoll, aber manchmal nicht auf den ersten Blick erkennbar. Die Banane soll also eine Beere sein? »Weißt du, welche weitere Frucht überraschenderweise auch eine Beere ist?«, fragte er mich. »Komm schon, du weißt es!« Mein Gedächtnis ratterte, aber mir wollte keine andere ungewöhnliche Beere einfallen. »Ah, doch«, sagte ich triumphierend, »deine Lieblingsfrucht, der Kürbis!« Auch Kürbisgewächse hatte ich in den hügeligen Gegenden von Ecuador gesehen. Sie stammen ursprünglich aus Südamerika und füllen die vierte Etage des Waldgartens als eifrige Kletterpflanzen auch in der vertikalen Richtung wunderbar aus.

Was die fünfte Schicht des tropischen Waldgartens angeht, so hatten die Shuar auf ihrem Nutzpflanzengelände mehrere riesige Fruchtbäume, deren Namen ich teilweise wieder vergessen habe. Es sind Obstsorten, die ich nur dort und sonst nie wieder gesehen habe. Doch an eine besonders leckere Frucht mit leichtem Vanillearoma und faserigem, tieforangenem Fruchtfleisch erinnere ich mich sehr gut: die Zapote vom riesigen Zapotebaum *Pouteria sapota* – diese Früchte gibt es in Südamerika auch auf den Märkten zu kaufen. Sie sind mit der Papaya verwandt. Ihre Schale ist khakibraun und samtig. Die rundliche, große Zapotefrucht lässt sich leicht wie eine Banane abschälen und schmeckt einfach köstlich – das wissen auch die frechen Totenkopfäffchen, die durch die Bäume jagen.

Auf der sechsten Etage unseres tropischen Waldgartens darf die Passionsfrucht keinesfalls fehlen: *Passiflora edulis.* Diese Frucht, auch Maracuya genannt, gibt mit etwas kühlem Wasser gemischt ein aromatisches Erfrischungsgetränk ab. Die Maracuya rankt sich zielstrebig an den Bäumen empor und blüht unvergleichlich schön.

Die Kokospalme *Cocos nucifera* schließlich bildet, neben vielen anderen Urwaldgiganten, die siebte Etage des Waldgartens bei den Shuar. Ihre Früchte sind nahrhaft und bekömmlich. Auch die riesige Königspalme *Roystonea regia* ist nützlich: Ihre Blätter nutzen die Shuar zum Flechten von Hausdächern, Körben und vielem mehr.

Der Etagen-Aufbau des tropischen Naturgartens macht deutlich, dass auf diese Weise auch kleinere Gartenflächen intelligent und ertragreich genutzt werden können. Zudem bietet der Waldgarten Wind- und Sonnenschutz und beugt besonders in Dürresommern der Bodenerosion vor, weshalb wir dieses weniger bekannte Gartenkonzept sehr schätzen. Der bis heute florierende Waldgarten, den Clemens in der Wachau selbst angelegt hat, diente unserem Plan für einen mitteleuropäischen Waldgarten als Vorbild.

Mitteleuropäischer Mustergarten

Für die sieben Schichten unseres Modell-Waldgartens wählten wir:

1. Wurzeln: Karotten und Zwiebeln
2. Mulchschicht: Klee und Totmulch
3. Kraut und Stauden: Erdbeere, Ringelblume, Salat, Giersch (Wildspinat)
4. Beerensträucher: Himbeere
5. Obstbäume: Apfelbaum links, junger Pflaumenbaum rechts
6. Rankgewächs: Bohne
7. Solitärbaum: großer Kirschbaum

Achten Sie, begonnen bei Ihrer Knollenschicht, darauf, dass die Pflanzen einander zuträgliche Nachbarinnen sind. Knollenfrüchte gibt es in vielen Variationen, von Radieschen über scharfe Rettichsorten, Karotten und Roten Rüben bis hin zu Topinambur und Kartoffeln – sie liefern wertvolle Nährstoffe für die gesunde Kü-

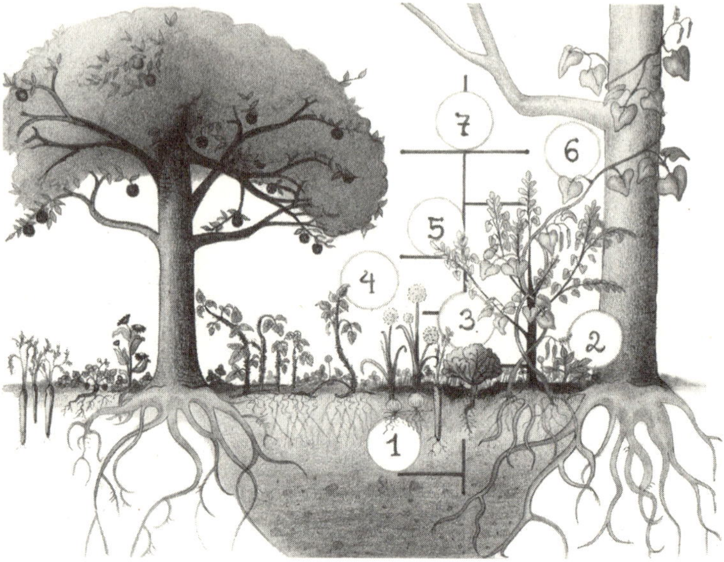

Abbildung 5: Waldgarten mit sieben Schichten in Mitteleuropa

che, und einige von ihnen sind kohlenhydratreiche Sattmacher, deshalb sollte die Wurzelschicht in keinem Selbstversorgergarten ungenutzt bleiben.

Die Mulchschicht, die den Boden bedeckt und für die beispielsweise Luzerne und andere Kleearten zum Einsatz kommen, dient der Vermeidung von Unkraut und hilft, Stickstoff zu binden. Auch Gelbsenf, Phacelia und andere Sorten können nach der Ernte der Hauptfrucht als Gründünger sprießen und lassen den Garten bunt erblühen. Unter Obstbäumen gedeihen zum Beispiel auch Buschwindröschen, Schlüsselblumen und das Lungenkraut. Auch Rhabarber eignet sich als Lebendmulch unter Bäumen – und dient auch der menschlichen Ernährung. Statt des Lebendmulches können Sie sich, beispielsweise für den Platz unter einer Staude, auch für Totmulch entscheiden, mit dem wir uns bereits befasst haben. Dabei werden

Vorteile der Mulchschicht

Heu, Stroh oder gehäckselte Pflanzenreste verwendet, beispielsweise vorgetrockneter Grünschnitt. Mulchmaterialien können Sie anfangs auch auswärts in ökologischer Qualität kaufen. Achten Sie darauf, dass er aus einer guten Quelle stammt und keine Plastikteile oder andere Verunreinigungen enthält.

Feldklee, Weißklee und andere Kleesorten, Gräser, Luzernen und Leguminosen sind wunderbare Lebendmulchpflanzen – nicht nur für die Mischkultur, sondern auch für den Waldgarten. Bedenken Sie, dass manche von ihnen unter Umständen mit Hauptkulturen des Waldgartens konkurrieren, da sie ebenfalls Wasser, Nährstoffe und Licht benötigen. Im Einzelfall ist hier also auf den optimalen Zeitpunkt für die Aussaat zu achten, besonders wenn es ein Dürrejahr mit einem sehr langen, trockenen Sommer ist oder Sie in einer besonders trockenen Klimazone leben. Ist es zu feucht, kann eine zu enge Bepflanzung mit einer Lebendmulchschicht wiederum zu Pilzgefahr führen. Sie können Ihren Lebendmulch ein- bis zweimal im Jahr mähen. Noch pflegeleichter ist Totmulch als dauerhafte zweite Waldgartenschicht – er verhindert das Aufkommen von unerwünschten Beikräutern, ohne mit den erwünschten Nutzpflanzen zu konkurrieren. Auch natürliche Wälder verfügen über eine Totmulchschicht aus alten Blättern und abgestorbenen pflanzlichen Materialien.

Kraut und Stauden

Als Beispiele für die dritte Schicht unseres Schemas für einen essbaren Waldgarten wählten wir mehrjährige Erdbeeren, Ringelblumen, Salat und auch Giersch, der auf vielen Grundstücken wild wuchert und einen wunderbaren Spinat abgibt. Der Salat kann anfangs noch zwischen Möhre und einem jungen Pflaumenbaum stehen. Im Folgejahr wird dort kein Platz mehr sein, wenn das junge Obstbäumchen gewachsen ist. Ebenso ist damit zu rechnen, dass sich die Erdbeeren und der Giersch in Zukunft weiter ausbreiten.

Auch die Himbeere, die unsere vierte Waldgarten-Etage repräsentiert, wird im kommenden Jahr mehr Platz einnehmen. Vermutlich wird sie bald den Platz zwischen den beiden Obstbäumen ausfüllen, sodass wir dort weniger Zwiebeln und Karotten setzen werden. Für sie müssen wir künftig den Raum links vom Apfelbaum nutzen. Unter dem kleinwüchsigen Apfelbaum fühlt sich unsere Himbeere sichtlich wohl – sie genießt den Sonnenschutz und wird zunehmend bessere Erträge liefern. Auch der Apfelbaum profitiert davon, dass es um seinen Stamm herum grünt und wuchert. So trocknet die Erde auch im Sommer nicht zu sehr aus, und er beschenkt uns im Herbst mit seinen roten Früchten.

Beeren und Obstbäume

Und was passiert auf der sechsten Etage, dort am Stamm des stolzen, alten Kirschbaums? Da sind doch tatsächlich zwei Bohnenranken emporgeklettert und winken mannshoch mit ihren Schoten im Wind. Die Blüten der Hülsenfrüchte leuchten und duften herrlich in der Sonne. Wir greifen nach den Bohnenhülsen und befreien den jungen Pflaumenbaum ein wenig von den wuchernden Ranken, damit er sich gut entwickelt. Die Bohnen dürfen sich an den Stamm der alten Kirsche schmiegen. Sie bildet die siebte Schicht und stand bereits auf dem Grundstück, auf dem wir unseren Modell-Waldgarten anlegten. Noch trägt sie im Mai ein paar saftige Früchte, spendet Schatten und schützt unseren Pflaumenbaum, der sich so viel wohler fühlt als nackt und exponiert auf freier Flur. Doch einige schwere, tote Äste der alten Kirsche haben wir bereits sorgsam entfernt. In wenigen Jahren wird die Pflaume ihren Platz einnehmen und hoch emporwachsen. Bis dahin können sich neben Hülsenfrüchten auch Hopfen, Wein oder Kiwis an ihrem Stamm emporranken. So haben wir alle sieben Schichten unseres essbaren Waldgartens optimal ausgenutzt.

Bohnen und Kirschbaum

Anzumerken wäre noch, dass übrig gebliebene Freiräume, die

für einen Baum mit stattlicher, ausladender Krone nicht genug Platz bieten würden, auch mit Säulenobstbäumen bepflanzt werden können. Das sind spezielle Züchtungen mit äußerst schlanken, säulenförmig nach oben wachsenden Baumkronen, die bei allen gängigen Obstsorten erhältlich sind. Säulenobstbäume haben auch den Vorteil, dass sie wenig Schatten werfen, sodass sich die Fläche unter ihnen optimal für den Anbau von Beerensträuchern, Gemüse und Kräutern nutzen lässt. Sie eignen sich auch zur Pflanzung von »essbaren Hecken« oder Begrenzungen innerhalb eines Waldgartens sowie um diesen herum. Säulenobstbäume sind zudem eine Lösung für knapp bemessene Selbstversorgergärten, um bei geringem Platzangebot auch eigenes Obst anzubauen. Diese Bäume können sogar entlang sonnenexponierter Gebäudefassaden oder knapp an Zäunen gepflanzt werden.

Nutzung von Freiräumen

Getreideanbau am Beispiel von Brithdir Mawr

Alle Getreidearten gehören zu den echten Gräsern, die in der Botanik als Süßgräser oder *Poaceen* bezeichnet werden. Zum Getreide zählen Weizen, Roggen, Hafer, Gerste, Reis und Mais. Dinkel, Kamut, Einkorn und Emma – auch als Zweikorn bezeichnet – sind Formen des Weizens. Waldstaudenkorn ist eine alte Roggensorte. Ähnliche Pflanzen mit essbarem Korn, die nicht zu den Süßgräsern gehören, sind keine Getreidearten, sondern werden als *Pseudocerealien* bezeichnet. Dazu zählen, wie zuvor erwähnt, zum Beispiel Buchweizen, Amaranth und Quinoa. Buchweizen ist ein Knöterichgewächs, das sich auch als Gründüngung zur Bodenverbesserung eignet. Amaranth und Quinoa sind Fuchsschwanzgewächse. Alle drei Pseudocerealien werden in Mitteleuropa kultiviert – Buchweizen sogar recht häufig, Amaranth und Quinoa als seltene Sonderkulturen.

Man stößt äußerst selten auf Ökodörfer oder Selbstversorgende, die Getreide kultivieren, da der Anbau – vor allem die Ernte – sehr aufwendig ist und viel Know-how voraussetzt. Dieses Know-how trafen wir jedoch in Brithdir Mawr an, wo uns der Ökodorfbewohner Jason Wood mit auf den Getreideacker der Gemeinschaft nahm, der zum Zeitpunkt unseres Besuchs im August 2022 bereits abgeerntet war.

Ein Brot für das Lammas-Fest

Auf dem Spaziergang über das Gelände des walisischen Ökodorfs Brithdir Mawr hatten wir einen weitläufigen Blick über Wälder und Wiesen, die sich über sanfte Hügel bis zum Horizont erstreckten. Es war eine idyllische Landschaft, gerade so, wie wir uns die Szenerie keltischer Feenmärchen vorstellen könnten. Die Gemeinschaft liegt am Fuße des größten Berges dieser Gegend. Der Berg wird auch als »Sleeping Angel«, also als »Schlafender Engel« bezeichnet, weil er aus der Ferne aussieht wie ein riesiger liegender Engel. Unter dieser besonderen Erhebung, die den Ausläufer der Carningli Mountains bildet, befindet sich ein uralter Steinkreis auf einer großen Waldlichtung. Im Einklang mit den Jahreszeiten wurde hier im Laufe des keltischen Jahresrades gefeiert und der beseelten Natur gedankt. Die Feste der Einheimischen orientierten sich am Sonnen- und Mondlauf sowie den Fruchtbarkeitszyklen der Erde, von und mit der sie lebten. Wir waren zum Lammas-Fest angereist, einem der acht großen Jahreskreisfeste, das dem Sommer und der Ernte, insbesondere der Getreideernte, gewidmet ist. Daher stand den Bewohnerinnen und Besuchern von Brithdir Mawr gerade eine große Fülle schmackhafter Lebensmittel aus dem eigenen Garten zur Verfügung.

Befreundete Nachbarinnen und Nachbarn kamen zu Besuch.

Im Garten des Haupthauses wurde ein köstliches Buffet errichtet, das sich fast ausschließlich aus der selbst erwirtschafteten Ernte speiste; gemeinsam mit den Kindern wurde musiziert und gelacht. Bratkartoffeln mit Kräutern, Bohnen mit Tomaten und Paprika, knackiges Gemüse und Dip, Blattgrün und vieles mehr kam auf den Tisch – und alle Produkte waren am selben Morgen frisch aus dem Garten geerntet und dann auf dem großen feuerbetriebenen Herd in der Küche des Haupthauses verarbeitet worden. Ergänzt wurde das vegane Buffet durch Ziegenkäse. Nach dem Essen wurde ein frisch gebackener süßer Brotkuchen aus Vollkornmehl, Trockenfrüchten und Nüssen serviert; auf das warme Kuchenstück wurde etwas Butter geschmiert, die den wunderbaren Geschmack des Gebäcks abrundete. Auf der walisischen Butter, einem der wenigen Dinge, die in Brithdir Mawr auswärts eingekauft werden, entdeckten wir auf dem golden glänzenden Papier eine Drachenfigur – echte »Drachenbutter«! Clemens und ich schmunzelten über die sympathische walisische Kultur, die hier und dort von Fabelwesen und Magie durchwoben scheint: An einigen Hausfassaden und selbst auf der walisischen Flagge ist die Drachenfigur vertreten. Der Brotkuchen nach traditionellem Rezept war der einzige Bestandteil des Buffets, dessen Zutaten nicht aus eigenem Anbau stammten, zumindest, was das Mehl und die Butter betraf. Die Trockenfrüchte kamen aus dem eigenen Obstgarten der Gemeinschaft von Brithdir Mawr.

Es wurde Lunar Lammas begangen, das keltische Vollmondfest des Getreidemonats August. Auch Brithdir Mawr besaß in diesem Jahr – so wie in Zukunft – ein golden strahlendes Getreidefeld, das in Handarbeit mit der Sichel beerntet wurde. Der Erntevorgang war fast abgeschlossen, nur hier und dort warteten noch einige stehen gebliebene Ähren darauf, geschnitten zu werden. Vom Ökodorf-Bewohner Jason Wood erfuhren wir, mit welcher besonders nachhaltigen und

Lunar Lammas

einfachen Methode das Getreidefeld im Frühjahr bestellt worden war. Er erzählte uns auch, dass die goldenen Getreideähren für die alten Kelten ein Symbol der Hoffnung gewesen seien. Weshalb die Rückkehr zu einem nachhaltig bewirtschafteten Getreideacker nicht nur eine Hoffnung für uns Menschen, sondern auch für das ökologische Gleichgewicht und für das Klima ist, wusste uns Jason Wood ausführlich zu berichten. Für die Gemeinschaft war die Entscheidung, in diesem Jahr selbst Weizen anzubauen, ein kleines Abenteuer.

Von der Bodenbearbeitung mit Schweinen

Das Getreidefeld befand sich auf einer Waldlichtung in leichter Hanglage, die sich an eine Pferdekoppel anschloss. Wir befanden uns an einem Ort auf dem Gelände von Brithdir Mawr, der von der Gemeinschaft Lake Field genannt wird. Weit unten, am Fuße des Hügels, dampfte nämlich ein Tümpel, in dessen sumpfigen Ausläufern im Sommer allerlei Wildblüten die schwirrenden Insekten anzogen. Weiter hinten formte sich ein kleiner klarer See, der wunderschöne zart rosarote Seerosen hervorgebracht hatte. Ringsum verwandelte sich der Ackersaum des Lake Field in einen Wald, der von stattlichen Eichen und Buchen geprägt war. Dazwischen mischte sich mal eine Kiefer, mal eine leuchtende Birke.

Der Getreideacker glühte selbst am späten Nachmittag noch unter der gleißenden Augustsonne – auch in Wales war es in diesem Jahr, ebenso wie im Rest Europas, ungewöhnlich heiß und trocken. Mit Schweißperlen auf der Stirn bauten wir das Equipment für unsere Filmaufzeichnungen auf, während sich unser Gesprächspartner Jason Wood mit seiner Sense vor dem geernteten und in der Mitte des Ackers zusammengetragenen Weizen platzierte.

Hier wollten wir ein spannendes Interview führen, denn der Acker, auf dem wir standen, war mit der sogenannten *No-Dig-Me-*

thode bewirtschaftet worden: Auf die maschinelle Bodenbearbeitung mit einem Wendepflug wurde ebenso verzichtet wie auf das herkömmliche Umstechen mit einem Spaten, das ebenfalls zum Wenden des Erdreichs führt. Die Gemeinschaft wollte die Intaktheit des Bodenlebens von Anfang an nicht beeinträchtigen. In Europa ist seit dem Ende des 19. Jahrhunderts die mechanisierte Landwirtschaft mit Pflügen und anderen Hilfsmitteln kaum mehr wegzudenken. Auch Alessandras Selbstversorger-Großeltern bestellten ihren eigenen Getreideacker in Nordhessen mit einer Dreifelderwirtschaft und nutzten dafür früher einen Ochsenpflug. Doch wird auf das Pflügen verzichtet, so bleiben die Mycelienstrukturen, die beispielsweise Mykorrhiza-Netzwerke unter der Erde bilden, auch bei der Neuanlage eines Ackers erhalten. Sie sorgen für den Austausch von Nährstoffen und Wasser im Boden, der auch für unsere Nutzpflanzen wichtig ist.

Die No-Dig-Methode

Gemeinhin kennen wir in Europa große Äcker, die mit schwerer Maschinerie Jahr für Jahr gepflügt und dabei vollkommen aufgegraben und durchwühlt werden. Oft liegen sie im Winter offen, sodass der Erdboden schutzlos den Elementen ausgeliefert ist. Man sieht dann große braune oder sandfarbene Flächen zwischen der ansonsten grünen Landschaft. Für manchen scheinen diese landwirtschaftlichen Flächen aufgeräumt und »ordentlich« auszusehen – kein »Unkraut« ist zu erblicken, und alles ist in monotonen Bahnen umgegraben, die die professionellen, oft mittels GPS gesteuerten Maschinen hinterlassen. Durch solche Äcker entstehen jedoch im Extremfall solch dichte Staubwolken, die bei Trockenheit und Wind vom nackten Erdboden aufgewühlt werden, dass es auf angrenzenden Autobahnen schon zu Massenkarambolagen gekommen ist.

Zuweilen wird der nach mehreren Jahren dann besorgniserregende Zustand des Bodens nur denjenigen Bauern bewusst, die in

Hanglagen wirtschaften: Hier kommt es nicht selten zu Erosion, Abflussproblemen bei Starkregen und Erdrutschen. Böden, die für unser täglich Brot auf diese Weise beackert und obendrein mit Kunstdünger und sogenannten Schädlingsbekämpfungsmitteln behandelt wurden, weisen kaum mehr Leben auf. Bodenorganismen sterben genauso ab wie die Schädlinge, denen die industrielle Landwirtschaft einen regelrechten Krieg angesagt hat.

Die Gemeinschaft von Brithdir Mawr wollte aus diesen Überlegungen auch auf den einmaligen Einsatz eines Wendepflugs verzichten. Sie hatte bereits Erfahrung mit dem *regenerativen Gemüseanbau* gemacht, ohne dabei den Erdboden umzugraben und Chemikalien einzusetzen. Doch der Weizenanbau stellte ein herausforderndes Experiment für die Gemeinschaft dar. Statt, wie es im Übrigen nicht nur die industrielle Landwirtschaft, sondern auch viele Biobauern tun, den Boden tiefgreifender umzugraben, ließ man auf die ehemalige Koppel, die für den Getreideanbau umfunktioniert werden sollte, die Schweine eines Nachbarn für einige Zeit auf der künftigen Ackerfläche verweilen. Diese wurde durch die Anwesenheit der Tiere und deren nährstoffreiche Ausscheidungen fruchtbarer; das Wachstum von Kraut und Gräsern wurde auf natürliche Weise eingedämmt, sodass Platz für die Aussat des Getreides geschaffen wurde. Die oberste Schicht des Bodens wurde hier und da durch die Aktivität der Schweine aufgelockert und für die Aussaat vorbereitet. Auch dies beeinträchtigt die Bodengesundheit zwar, stelle jedoch einen tragbaren Kompromiss dar und ist laut Jason Wood besser als eine Urbarmachung mithilfe von Spaten oder Pflügen, die beide das Bodengefüge durch Wenden des Erdreichs wesentlich stärker veränderten als die Tätigkeit von Schweinen.

Urbarmachung durch Schweine

Nach ein paar Wochen wurden die Schweine, die ganz nebenbei einen guten Dienst für die Gemeinschaft leisteten, an den

Nachbarn zurückgegeben, und das Korn wurde ausgesät, eine samenfeste Sorte namens *April Bearded*, eine »heritage variety« also, deren gemahlenes Korn sich besonders gut zum Backen eignet. April Bearded kann noch im späten Frühling ausgesät werden, bildet lange Halme aus und eignet sich so auch gut für andere Zwecke, wie zum Beispiel das Decken von Strohdächern. Im kommerziellen Getreideanbau herrschen Sorten vor, deren Halme kurzgezüchtet wurden, weil man in ihnen gemeinhin wenig Nutzen sieht. Diese kurzen Halme eignen sich jedoch nicht als Material zum Dachdecken.

Zwischen den Getreidepflanzen durften Wiesenkräuter wachsen, die die Lücken füllten und einem Austrocknen des Bodens, gerade im Sommer, vorbeugten. Das Korn muss kurz vor der Reife geerntet werden, wenn dies per Hand mit der Sense geschehen soll. Die industrialisierte Landwirtschaft erledigt dies mit großen Erntemaschinen, die gleichzeitig die Halme abschneiden und die Körner abtrennen. In der regenerativen Landwirtschaft werden die ganzen Halme inklusive der Ähren zunächst getrocknet und dann abgelöst.

Auf den ersten Blick scheint die gesamte Herangehensweise nicht nur allzu zeitaufwendig, sondern auch ineffizient: Leicht könnte man glauben, dass das Getreide auf dem unbearbeiteten Boden nur unzureichend Wurzeln schlagen kann oder dass die Beikräuter und das Gras mit dem Korn allzu sehr konkurrieren. Wirft ein solcher Acker, der mit dem No-Dig-Verfahren bewirtschaftet wurde, überhaupt genug Ertrag ab? Und wer tut sich eine so mühsame Arbeit beim Ernten heutzutage noch an?

Mit der bereits fast vollständig erledigten Erntetätigkeit lag bei unserem Besuch allerdings ein beachtlicher Haufen aus Stroh und Ähren in der Mitte des Getreideackers und bewies das Gegenteil. Stumm und zu Recht etwas stolz stand Jason Wood daneben und wartete freundlich, bis wir sein Mikrofon eingerichtet hatten. Die Ernte war gut. Die verbleibenden Halme hier und dort schlug er

Reiche Ernte

mit der Sense, mit einem Lächeln auf den Lippen und einem friedvollen Blick. Für ihn sei der Umgang mit der Sense wie eine Meditation, berichtete er uns. Die gemeinschaftliche Arbeit auf dem dorfeigenen Acker bereitete ihm sichtliche Freude.

Der große Getreidehaufen blieb noch einige Tage zum Trocknen auf dem Feld. Bei Regen musste er abgedeckt werden, um weiter zu trocknen und nicht zu schimmeln. Ringsum leuchtete bereits wieder das saftige Grün der Gräser und Wiesenkräuter auf dem fruchtbaren Getreideacker. Unter ihnen waren insbesondere auch Pflanzen, die erneut der *Gründüngung* dienten und dem Boden wertvolle Nährstoffe zurückgaben, die das prächtig gewachsene Korn ihm entnommen hatte. Jason Wood brachte die schonende Anbaumethode auf dem Getreideacker von Brithdir Mawr mit dem Begriff der regenerativen Landwirtschaft auf den Punkt. Begeistert erzählte er uns, dass der erste Versuch auf dem Lake Field aufregend und wie ein kleines Abenteuer für die Gemeinschaft gewesen war. Der Wunsch, eigenes Getreide anzubauen, solle nicht zu noch mehr Umweltproblemen beitragen, sondern schonend und gleichzeitig möglichst ertragreich bewerkstelligt werden, um einen Wintervorrat anlegen zu können – dies ist der Anspruch, den Jason Wood und die anderen am Getreideanbau beteiligten Gemeinschaftsmitglieder formulierten.

Nach dem Trocknen des Getreides begann die Gemeinschaft mit dem Dreschen. Dazu liehen sie sich als Experiment eine Dreschmaschine aus, die durch menschliche Muskelkraft betrieben wird. Um sie anzutreiben, muss ähnlich wie auf einem Fahrrad in die Pedale getreten werden. Gemahlen werden soll das Korn in einer regionalen Mühle. Wenn alles klappt, wird in Brithdir Mawr fortan das ganze Jahr über mit Mehl aus eigener Erzeugung Brot gebacken werden.

Zur No-Dig-Methode sollte noch ergänzt werden, dass auch das

Abdecken der Vegetation auf einem bewachsenen Stück Brachland, das wir zu Beginn dieses Kapitels beschrieben haben, zu dieser Methodik gehört. Gras und Wildwuchs mit Mulchmaterialien zum Absterben zu bringen und dadurch ein Stück Land urbar zu machen, um anschließend den Boden zu lockern, ohne ihn zu wenden, ist der Bodenbearbeitung durch Schweine in ökologischer Hinsicht ebenbürtig.

Regenerative Landwirtschaft

Der Begriff der regenerativen Landwirtschaft wurde in den USA entwickelt und 2016 von Dietmar Näser und Friedrich Wenz in Europa eingeführt. Ziel der regenerativen Landwirtschaft ist es, möglichst viel Kohlenstoff mittels beständiger Begrünung im Boden einzuspeichern. Berauben wir nämlich den Boden seiner Grünschicht und brechen ihn auf, so wird der Kohlenstoff in die Atmosphäre abgegeben und trägt zum Klimawandel bei. In der regenerativen Landwirtschaft bleibt der Kohlenstoff im Boden möglichst gebunden – und das schon bei der ersten Urbarmachung von Ackerland.

Auch mit Blick auf den *Wasserhaushalt* des Bodens zeigt die sanfte Anbaumethode große Vorteile: Regenerativ bewirtschaftete Äcker können Wasser und Nährstoffe besser speichern, wovon die Pflanzen profitieren. Wenn wir mehr ökologischen Anbau betreiben würden, so gäben die Blätter über ihre Spaltöffnungen aufgrund des reichen Wasserangebots durch Transpiration mehr Feuchtigkeit ab, und wir könnten einen kühlenden Effekt in der Atmosphäre generieren, erklärte Jason Wood und strich mit der Hand durch die drückende Luft des Augustnachmittags.

Ein weiteres Ziel ist es, durch die Schonung des Erdreichs lebendige Wurzelsysteme, Mikroben und Pilzgeflechte zu erhalten, die den Boden systematisch durchziehen und essenziell zur *Bodengesundheit* beitragen. Durch die Schonung des Bodens und den Ver-

Bodengesundheit

zicht auf das Umgraben mit der Hacke oder großen Maschinen, die den Boden zusätzlich plattddrücken und zu Sauerstoffverlust führen, werden auch die Kleinlebewesen geschont, die im Boden leben. Bodenlebewesen wie Würmer leisten wichtige Dienste in der Landwirtschaft, werden jedoch durch das Aufwühlen, Umgraben und Plattwalzen stark dezimiert.

Konventioneller Ackerbau nimmt im Gegensatz zur regenerativen Landwirtschaft auf die vorangehenden Aspekte keine Rücksicht, betreibt strenge Monokultur, rottet Beikräuter aus, muss wegen der Nährstoffarmut des Bodens auf künstliche Düngemittel (*precision farming*) zurückgreifen und lässt nach der Ernte eine staubige Brache zurück, die den nackten Boden den Elementen aussetzt, ihn auslaugt und zur Erosion beiträgt. Dabei werden Nährstoffe leicht ausgewaschen und gehen verloren.

Einer Fehlwirtschaft, die den Boden mittel- und langfristig verschlechtert, wird in Brithdir Mawr beim Getreideanbau erfolgreich vorgebeugt. Statt den Boden zu plündern und auszulaugen wolle die Gemeinschaft viel mehr daran arbeiten, die Bodenqualität stetig zu verbessern und seine Gesundheit zu fördern, und zwar vor, während und nach der sanften Bewirtschaftung, resümmierte Jason Wood. Mit rund acht Milliarden Menschen, die die Erde bevölkern, müssen wir dringend umdenken, mahnte der Landwirt im Interview. Wir könnten potenziell all diese Menschen ernähren und zugleich deutlich mehr Kohlenstoff zurück in den Boden bringen, um ihn dauerhaft dort zu binden, sodass sich die negativen Auswirkungen der steigenden Weltbevölkerung auf das globale Klima signifikant vermindern ließen, argumentierte er. Für uns war und ist dieser freundliche Selbstversorger auf seinem regenerativen Getreidefeld ein Zeichen für einen überfälligen Paradigmenwechsel in der Landwirtschaft. Menschen wie Jason Wood stehen für das

Paradigmenwechsel

Leben ein, indem sie dem alten ausbeuterischen Wirtschaften alternative Methoden gegenüberstellen und so den Weg in eine lebenswerte und nachhaltige Zukunft weisen.

Regenerative Landwirtschaft kann nicht nur uns ernähren, sondern erhält und fördert auch die Umgebung als fruchtbares, nährstoffreiches und intaktes System, das letztlich auch in Interdependenz mit dem globalen ökologischen Gleichgewicht steht, für das wir gemeinsame Verantwortung tragen.

Auf dem großen Haufen im Lake Field lag bei unserer Abreise noch alles durchmischt, Getreidestroh und Körner. Das Stroh in exzellenter Bio-Qualität kann im Winter als Raufutter für die Pferde dienen, die hinter unserem Gesprächspartner auf der Koppel mit ihrem Schweif wackelten, um die Fliegen zu vertreiben, und dabei genüsslich den grünen Klee von der Wiese zupften. Auch der Ziegenstall kann mit dem Stroh ausgelegt werden. Ein bedeutender Teil dieses besonders robusten Strohs wird aber zu höherwertigem Zweck einem Nachbarn geschenkt, der damit sein Hausdach decken möchte.

Vielseitiges Stroh

Anhand des Gesamtprozesses rund um den Getreideanbau in Brithdir Mawr lässt sich beobachten, wie im Rahmen nachbarschaftlicher Vernetzung und diversifizierten Wirtschaftens viele Parteien und Bereiche von der regenerativen Landwirtschaft profitieren. Begonnen mit den Schweinen als Helfer im Ackerbau über das Teilen von Werkzeugen bis hin zum Decken des Strohdachs wurde durch die Praxis auf dem Lake Field ein zirkulierendes System geschaffen, das mehr als nur einen Nutzen bringt. Eine umsichtige und kooperative Nutzung von Flächen und Strukturen ist eine wichtige Säule der Permakultur, wie Bill Mollison, David Holmgren, Margrit Kennedy, Declan Kennedy und andere Pionierinnen und Pioniere sie geprägt haben.

Rund eine halbe Tonne Mehl wird sich wohl aus der Ernte mahlen lassen. Auf diesen Erfolg stießen wir beim Lunar-Lammas-Fest, der kleinen Erntefeier, gemeinsam an. Der Versuch, auch hinsichtlich des Grundnahrungsmittels Getreide autarker zu werden und dennoch nicht die Idee des Low Impact zu vernachlässigen, ist der Gemeinschaft von Brithdir Mawr beispielhaft geglückt. In Brithdir Mawr wird es zum nächsten Lammas-Fest Brot aus der eigenen Getreideernte geben!

Die kleine Naturapotheke im Garten

Spezialisierte Bereiche des Gartens dienten unseren Vorfahren als lebenswichtige Naturapotheke: In ihnen konzentrierte sich eine Auswahl an natürlichen Heilmitteln mit kurzem Weg zum Wohnhaus, in dem manche Bettlägerigen auf einen heilenden Trunk oder auf kühlende, in Sud getränkte Wadenwickel warteten. So deutet beispielsweise der hyperbolische Name des bitterstoffreichen Tausendgüldenkrauts den unschätzbaren Wert der kleinen pflanzlichen Helfer für den Menschen an. Auch Heilpflanzen wie der Beinwell und der Frauenmantel verraten etwas über die Beziehung des Menschen zu diesen Kräutern sowie zur spezifischen Nutzung ihrer Wirkkraft: Der Beinwell half insbesondere bei gebrochenen Knochen, die veraltet auch mit »Bein« oder »Gebein« bezeichnet werden. Der Frauenmantel weist mit seinem Namen ebenfalls auf seine Wirkung hin, ist er doch ein wohltuendes Mittel bei Zyklus- und Wechseljahresbeschwerden. Die Vielfalt an Kräutern und Heilpflanzen kann zu Tees, Tinkturen, Spülungen, Badezusätzen, Inhalationsmitteln, Essenzen, Waschungen, Mundspülungen, Salben, Einreibungen, Umschlägen, Verbänden, Seife, Gesichtsmasken, Körperspray, Duftsäckchen und vielem mehr verarbeitet werden.

Die heilsame Kraft der Pflanzen

Schon nomadische Stämme sammelten wildwachsende, nützliche Arzneipflanzen, und bei unseren jungsteinzeitlichen Vorfahren wurden sie in den ersten Gärten kultiviert. In Freilichtmuseen lässt sich einiges über die Kulturgeschichte von Arzneipflanzen, ihre Symbolik und die Herkunft ihrer Namen erfahren, die oft Aufschlüsse zum Brauchtum liefern. An ihnen zeigt sich, wie viele Traditionen wir Menschen an die pflanzlichen Wesen geknüpft haben, die zunehmend auch in unseren Gärten als Heil- und Zauberpflanzen ein Zuhause fanden.

Im Mittelalter waren vor allem die Klöster mit dem Anbau von Arzneipflanzen und der Pflege Kranker betraut, darunter auch die der bekannten Hildegard in Bingen und Rüdesheim. Diese lobte in ihren Werken die heilsame »Grünkraft« der Pflanzen (*viriditas*). Aber auch die einfachen Leute hegten und pflegten auf dem Hof ihre Heilpflanzen, die sich zwischen die Nutzpflanzen im Garten mischten. Noch heute siedeln sich zwischen unsere angepflanzten Arzneikräuter und -sträucher Wegerich, Dost, Kamille, Eisenkraut und andere wertvolle Pflanzen an, auch oft von allein. Andere Pflanzen, wie etwa Minze, Salbei oder Thymian, wurden der Natur entnommen und im Garten vermehrt sowie zu unterschiedlichen Sorten gezüchtet. Für jedes große oder kleine Übel war ein Kraut gewachsen.

Noch heute finden wir in Bingen am Mittelrhein, in dessen Nähe Alessandra lebt, einen Kräutergarten nach Hildegards Vorbild, von dem wir uns einiges abschauen können: die Auswahl der Pflanzen, ihre Anordnung und auch Beispiele dafür, wie wir sie verarbeiten können. Im *Großen Buch der Hildegard von Bingen* heißt es: »In unserer Zeit, in der sich immer mehr Menschen vom staatlich verordneten Gesundheitswesen [...] im Stich gelassen fühlen und sich auf

Hildegard von Bingen

die Natur zurückbesinnen, ist Hildegards Heilkunde mit Pflanzen und Kräutern aktueller denn je.«[53]

Auf allen Kontinenten finden sich Arzneipflanzen und Rezepturen, deren Inhaltsstoffe und Wirkungsweisen noch gar nicht alle abschließend untersucht sind. Als ich im Alter von siebzehn Jahren nach Ecuador zog und zum ersten Mal den tropischen Regenwald betrat, tat ich dies mit Ehrfurcht: Der faszinierende Urwald ist als große Apotheke des Menschen anerkannt und dennoch vielerorts so sehr in seiner Existenz und Artenvielfalt bedroht. Vom heilenden Drachenblut (*Sanguis draconis*) über die vitalisierende Dulcamara (*Kalanchoe gastonis-bonnieri)* bis hin zur kraftvollen Katzenkralle (*Uncaria tomentosa*) finden sich hier Tausende wirkungsvolle Heilpflanzen, derer sich nicht nur die Pharmaindustrie für moderne Medikamente mehr und mehr bedient, sondern durch die sich naturnah lebende Ethnien bis heute einer guten Gesundheit erfreuen. Auch in Ihren Breitengraden gibt es ein Repertoire an endemischen und angesiedelten Arzneipflanzen, die Sie sammeln oder anbauen und nutzen können.

Nutzen eines Arzneigartens – aus guten Gründen

Die Auswahl an Kräutern und Heilpflanzen ist enorm, und die meisten von ihnen sind nicht nur schön anzusehen, sondern auch unglaublich aromatisch, lecker und duftend. Sie halten uns gesund, sind, selbst angebaut, garantiert schadstofffrei und helfen beim Geldsparen: Gerade mehrjährige Pflanzen, aber auch einjährige, deren Samen wir weiterverwenden können oder die sich selbst neu aussäen, beliefern uns, einmal eingesetzt, dauerhaft und kostenfrei mit frischem, gesundem Grün und wertvollen gesundheitsförderlichen Inhaltsstoffen. So lohnt sich die kleine Investition, denn der Gebrauch eigener Küchen- und Heilkräuter ist preiswerter als Tiefkühlware, kulinarische Trockenmischungen oder Abgepacktes aus der Apotheke.

Wer selbst Lust verspürt, den lange ersehnten oder neu entdeckten Traum vom Aroma- und Arzneigarten wahr werden zu lassen, kann zunächst mit besonders pflegeleichten und dankbaren Klassikern beginnen, darunter Basilikum, Minze, Thymian und Schnittlauch. Auch Menschen, die bisher nicht glaubten, einen sogenannten »grünen Daumen« zu besitzen, können mit diesen dankbaren Pflanzen erste Erfolgserlebnisse sammeln und sich mit der Welt des Gärtnerns vertraut machen. Die ersten Erträge sind schnell zur Hand und können gleich in den Salat, aufs Brot, in den Auflauf oder in die Teetasse wandern – es gibt kaum eine Gartenvariante, die uns mehr schenken und motivieren kann als der eigene Kräuter- und Heilpflanzengarten.

Aroma- und Arzneigärten

Die bekannten Küchenkräuter Petersilie, Oregano, Basilikum, Minze und Co. sind zwar in erster Linie als Gewürzkräuter bekannt, haben aber auch Heilwirkungen. So sind Petersilie und Oregano beispielsweise exzellente Frauenkräuter und ergeben jeweils einen Tee, der unter anderem zyklusregulierend wirkt. Oregano hat zudem antiparasitäre Eigenschaften, vor allem in Form von Oregano-Öl, von dem Sie im Rahmen einer Kur übrigens zu Beginn nur einen Tropfen täglich zu sich nehmen sollten, weil seine Wirkung stark ist. Die verschiedenen Basilikumarten wiederum wirken unter anderem gegen Entzündungen und Bakterien. Basilikum gibt es nicht nur als kleine Pflanze im Töpfchen, wie wir ihn aus dem Supermarkt kennen, sondern auch als riesige Sträucher, wie Alessandra ihn in einem Urban-Gardening-Projekt entdeckte, als sie in Andalusien lebte.

Pharmazeutische Präparate sind in einigen Fällen nicht ersetzbar. Doch wir müssen nicht bei jedem Kopfschmerz bedenkenlos eine Aspirin einwerfen – wo es doch oft nebenwirkungsfreie und gut erprobte Naturheilverfahren gibt. Wussten Sie zum Beispiel, dass der Wirkstoff des Aspirins aus der Weidenrinde gewonnen wird? Ein Weidenrindentee ist sanfter und unbedenklicher als die konzentrierte Tablettenform, die aus einem Wirkstoffkomplex besteht, der stark blutverdünnend wirkt. Zuletzt hat das Bundesinstitut für Arzneimittel und Medizin-Produkte (BfArM) im September 2022 eine Verschreibungspflicht und die Verkleinerung der Packungsgröße gefordert, um die unterschätzte Wirkkraft von Schmerzmitteln zu kommunizieren, die oft sehr bedenkenlos und zu häufig eingenommen werden.[54] Der Antrag wurde vom Bundesgesundheitsministerium abgelehnt. Um im Alltag zu »funktionieren«, versorgen wir uns mit Präparaten, die nicht heilen, sondern betäuben, statt daran zu arbeiten, den Körper ganzheitlicher in Balance zu bringen.

Natürliche Alternativen

Um eine sinnvolle Auswahl an Arzneikräutern für die Hausapotheke und den eigenen Anbau zu treffen, sollten Sie überlegen, welche Heilpflanzen Ihnen und Ihrer Familie besonders gut bekommen – zu welchen Pflanzen haben Sie bereits eine gute Beziehung? Und welche schmecken Ihnen? Ich kenne Menschen, denen beispielsweise harntreibende Ginsterblüten furchtbar bekommen oder die Räucherwerk aus Rosmarin einfach nicht vertragen. Es passt nicht alles für jeden, ebenso wenig, wie jedes Lebensmittel jedem Menschen gleich gut bekommt.

Die Hausapotheke

Überlegen Sie, welche kleinen oder größeren Übel Sie mit Arzneipflanzen präventiv oder therapeutisch behandeln möchten. Für Alltagsleiden wie Fieber, Husten, Kopfschmerzen, Magenleiden, Schnittwunden, Stöße und Prellungen, Atemwegserkrankungen, Gliederschmerzen, Immunschwäche und vieles Weitere lohnt es sich, eine oder mehrere passende pflanzliche Helfer im eigenen Arzneigarten zu haben. Meist erfüllt eine einzelne Pflanze auch mehrere heilsame Funktionen. Die Erträge aus dem Medizingarten sollten vorrätig gemacht werden und immer zur Hand sein. Damit befassen wir uns im Laufe dieses Kapitels.

Eine ansprechende und immunbiologisch wirksame Arzneipflanze für den Selbstversorgergarten ist der Purpur-Sonnenhut *Echinacea purpurea*. Prachtvoll bestechen seine Blütenstände das Auge in leuchtenden purpur- bis rosaroten Farbabstufungen. Der Korbblütler enthält zahlreiche bioaktive sekundäre Pflanzenstoffe, darunter Alkylamide, Glykoproteine, Polysaccharide und verschiedene Kaffeesäuren. Eine Übersichtsarbeit über den Purpur-Sonnenhut aus dem Jahr 2019, für die neun Studien analysiert wurden, wies bei mehr als 2000 Teilnehmenden im Gegensatz zu den Placebogruppen nach, dass die Einnahme eines Extrakts der Arzneipflanze das Risiko oberer Atemwegsinfekte tendenziell reduziert.[55] Diese Wirkung war bei kurzfristiger Einnahme messbar, aber nicht signifikant ausgeprägt. Wissenschaftlerinnen und Wissenschaftler vermuten, dass die Pflanze für eine stärkere Wirkung hinsichtlich der Unterstützung der Abwehrkräfte über längere Zeit regelmäßig eingenommen werden sollte. So zeigte eine Studie aus dem Jahr 2020, dass Kinder mit chronischer Mandelentzündung, die *Echinacea purpurea* sechs Wochen lang einnahmen, einen signifikanten Rückgang der Symptome erfuhren, wobei die Kombination aus dem Extrakt mit einem konventionellen Arzneimittel die höchste Effizienz aufwies.[56] Da diese Studie nicht doppelblind durchgeführt wurde – die Teilnehmenden aus der »Echinacea-Gruppe« wussten also, dass sie die Arzneipflanze erhielten –, ist die klinische Studienlage noch immer nicht zufriedenstellend, und es sollte mehr an dieser interessanten Arzneipflanze geforscht werden. Es ist nämlich schon länger bekannt, dass die regelmäßige Einnahme des Extrakts zu einer Vermehrung weißer Blutkörperchen führt, die zu unserem Immunsystem gehören, darunter die natürlichen Killerzellen.

Purpur-Sonnenhut

Der Purpur-Sonnenhut kann ab Februar im Haus oder in einem Gewächshaus in kleinen Töpfen vorgezogen und nach dem Ende der letzten Nachfröste ausgepflanzt werden. Direkt im Garten kann man ihn von April bis Mai aussäen. Die Pflanze eignet sich hervorragend für den Mischkulturgarten, da sie nützliche Insekten anlockt. Sie bevorzugt sonnige und windgeschützte Standorte. Da der Purpur-Sonnenhut mehrjährig ist, können Sie die Kultur, wenn sie erst angelegt wurde, nachhaltig für Ihre Gesundheit nutzen. Geerntet wird im August oder September, indem die Stauden mitsamt den Blüten abgeschnitten werden. Alle grünen Teile können mit Honig angesetzt werden. Zur Herstellung eines Extrakts werden die Pflanzen hingegen zerkleinert und in gut verschließbare Glasgefäße gegeben, dabei leicht angedrückt. Anschließend füllt man das Gefäß mit mindestens 50-prozentigem klaren Alkohol auf, bis alle Teile bedeckt sind. Lassen Sie die Mischung für vier Wochen bei Zimmertemperatur im Halbschatten stehen. Zeitweise Sonneneinstrahlung ist erwünscht und nötig. Danach wird die Flüssigkeit durch ein Sieb geleert – man kann sie auch filtrieren – und in braune Fläschchen gefüllt, die das Extrakt vor zu viel Licht schützen. Davon kann man dann im Rahmen von wiederholten Kuren täglich 15 bis 20 Tropfen einnehmen. Die Kuren sollen am Stück nicht länger als zwei Wochen sein. Insbesondere vor und während der Erkältungszeit können sie im Abstand von 14 Tagen wiederholt werden.

Die schon lange erprobte Ringelblume *Calendula officinalis*, die ebenso wie der Purpur-Sonnenhut eine Korbblütlerin darstellt, ist für ihre äußere sowie innere entzündungshemmende und wundheilende Wirkung bekannt. Verwendet werden vor allem die getrockneten, ganzen oder zerkleinerten gelb bis orangen Blütenstände. Ringelblumen sind unkompliziert und können von März bis Juni in ein gut gelockertes Beet gesät werden. Sie müssen jedes Jahr neu ausgesät werden.

Wermutkraut, botanisch als *Artemisia absinthium* bezeichnet, kann wegen seines hohen Gehalts an Bitterstoffen sowohl als verdauungsförderndes Gewürz als auch als Arznei verwendet werden. Er wirkt gegen Blähungen, krampfartige Magen-Darm-Beschwerden und Magenschleimhautentzündung. Außerdem unterstützt er die Funktion der Leber und reguliert Störungen des Gallenflusses. Wermutkraut mag trockene und eher sandige Standorte, jedenfalls keine Staunässe. Er verträgt direkte Sonneneinstrahlung, gedeiht aber auch im Halbschatten. Die Aussaat erfolgt Ende April bis Ende Mai. Wermutkraut ist mehrjährig, wächst zu einem beachtlichen kleinen Strauch heran, der sogar teilweise verholzt, und verbreitet sich rasch. Daher ist es für den Hausgebrauch nicht nötig, ihn großflächig anzubauen. Die Blätter können getrocknet und zu bitterem Tee verarbeitet werden. Auch lassen sie sich frisch als Gewürz verwenden – eine Wohltat für Magen, Darm und Leber. Mit Rotwein lässt sich Wermutkraut ansetzen – das Ergebnis ist der bekannte und wohltuende Wermutwein.

Wermutkraut

Nicht jeder hat Platz und Zeit für den Anbau eigener Heilpflanzen. So erging es auch Alessandra in ihrem Studienjahr in Sevilla. Doch dann entdeckte sie das »Urban Gardening«-Projekt Huerto del Rey Moro, an dem sie auf dem Fußweg zur Yogaschule im Viertel San Julián fast täglich vorbeikam. Schnell ergaben sich Kontakte, und schon bald hatte sie einen Ort gefunden, an dem sie pflanzliche Helfer pflücken durfte. In dem weitläufigen wilden Garten gab es nicht nur die bereits erwähnten gigantischen Basilikumsträucher, sondern auch üppig wuchernden Salbei etwa für Halsschmerzen, frische Zitronenmelisse für einen entspannenden Tee nach einem langen Tag sowie aktivierenden Rosmarin für einen leckeren Aufguss, der übrigens auch eine verdauungsfördernde Wirkung hat. Falls Sie also keinen eigenen Platz und auch nicht viel Zeit und Geld für den eigenen Anbau

Gemeinschaftsprojekte

haben, schauen Sie sich nach solchen Gemeinschaftsprojekten um, in denen es meist auch Heilpflanzen gibt! Meist freuen die sich über helfende Hände und teilen Überschüsse gern.

Kräutergarten ohne Garten?

Ein Kräuter- und Heilpflanzenbereich lässt sich klassisch im Garten, aber auch platzsparend in Kübeln anlegen. Daher verzagen Sie nicht wegen einer fehlenden Freilandfläche. Selbst auf dem Balkon ist ein Kräutergarten möglich: Von Küchenkräutern bis hin zu aromatischen Pflanzen, zum Beispiel für einen schmackhaften und heilsamen Tee, ist aufgrund ihrer oft geringen Platzansprüche vieles möglich. Sei es in hängenden Pflanztöpfen am Balkongeländer, in Kübeln, auf einer Pflanzenleiter, oder in einem schmalen Hochbeet. Auf einer Dachterrasse fühlen sich besonders mediterrane Kräuter und Sträucher wohl.

Steht ein Hinterhof zur Verfügung, ist darauf zu achten, wie viel Licht hineinfällt, sodass die Pflanzen passend ausgewählt werden können, denn hier werden vermutlich Vertreterinnen eines halbschattigen Standorts am glücklichsten sein. Möchte man das ganze Jahr über frisches Basilikum, saftige Minze oder Petersilie genießen, dann dürfen die Pflanzen auch ins Wohnhaus, wo sich viele von ihnen durchaus wohlfühlen. Auch für Menschen, die weder Garten noch Hinterhof, Terrasse, Balkon, oder ein begrünbares Dach zur Verfügung haben, ist es so möglich, einen kleinen Kräutergarten einzurichten.

Kräuter und Heilpflanzen lassen sich hydroponisch, das heißt in einem wässrigen Lösungsmittel, oder in Zimmerpflanzenerde ziehen, die speziell gedüngt wird. Indoor-Kräutergärten, zum Beispiel mit Dill, Oregano, können sogar in Räumen gelingen, in die wenig Licht fällt, indem sie mit einer LED-Pflanzenlampe bestrahlt werden. Mittlerweile sind solche Pflanzenlampen als Set fest montiert an Pflanzbehältern aus zertifiziertem Holz erhältlich. Wir selbst haben sie nicht ausprobiert, aber wenn sie noch dazu selbst Strom produzieren, wäre es eine Überlegung. Eine solche Pflanzenlampe gibt es auch als Solar-Variante. Im besten Fall allerdings wird ein Platz nah an einem nach Süden oder Westen ausgerichteten Fenster gewählt, an dem die Pflanzen mehrere Stunden pro Tag natürliches Sonnenlicht genießen können – je nach Art sind mehr oder weniger Stunden direktes oder indirektes Sonnenlicht erwünscht. Der kleine Kräutergarten kann ein Set aus Töpfen sein, die in einer Holzkiste auf einer Ablage oder in einem Pflanzenregal Platz finden, am besten nicht direkt über einem Heizkörper. Achten Sie bei der Wahl des Gefäßes darauf, ob Ihre Kräuter Flach- oder Tiefwurzler sind.

Vertikaler Kräutergarten

Auch ein vertikaler Indoor-Kräutergarten ist möglich, und der Kreativität sind kaum Grenzen gesetzt: Zuweilen werden hierfür sogar Hausschuhhalter aus Stoff umfunktioniert, die an die Wand oder an eine Zimmertür gehängt werden können. Werden Sie kreativ und schauen Sie, ob Sie Materialien zum Upcycling und Müllvermeiden verwenden können, statt eine teure Investition zu tätigen. In alten Stofftaschen und anderen Hängevorrichtungen finden kleine Töpfe mitsamt Übertopf in Ihrem vertikalen Kräutergarten Platz, wirken besonders mit schönen Namensschildern dekorativ, duften angenehm, verbessern die Raumluft und sind durch die Nähe zur Küche praktischerweise bei jedem Wetter schnell zur Hand. Zudem haben wir die Pflanzen und ihre Bedürfnisse so stets im Blick und erfreuen uns an ihrer Schönheit. Nehmen Sie sie zum Gießen am besten heraus, falls es zu Tropfen und Verschmutzung kommt.

Wenn Sie trotz dieser vielen Möglichkeiten derzeit keinen Zugang zu kultivierten Kräutern und Arzneipflanzen haben, dann finden Sie auch viele nützliche und heilsame Vertreter in der freien Natur. Für die Verarbeitung von Heilpflanzen insbesondere aus dem Wald und von der Wiese ist eine umfassende Kenntnis und treffsichere Bestimmung unbedingt notwendig, um keine geschützten Arten oder giftigen Doppelgänger zu pflücken.

Sollten Sie es nicht erwarten können, Ihr Arzneipflanzenbeet anzulegen oder zu erweitern, so wollen wir uns auch damit nachfolgend eingehender befassen.

Kräuterspirale und Drei-Zonen-Beet

Wer einen Garten nutzt und sich gern einen aromatischen Kräuter- und Heilpflanzenbereich anlegen möchte, kann ein Drei-Zonen-Beet im Freiland direkt auf dem Erdboden oder im Hochbeet erschaffen, das insbesondere für Menschen geeignet ist, die sich beim Gärtnern schlecht hinunterbeugen können. Die Aufteilung eines Kräuterbeets oder einer Kräuterspirale in spezielle Bereiche ermöglicht es, verschiedenen Pflanzen mit ihren individuellen Bedürfnissen die bestmöglichen Bedingungen zu liefern. Die Vorliebe für Sonne oder Halbschatten, sandigen oder humosen Boden sowie Feuchtigkeit oder Trockenheit variiert schließlich je nach Art.

Klassifizierung der Kräuter und Heilpflanzen nach Bedürfnissen

- Manche bevorzugen Sonne, andere Halbschatten.
- Manche wollen sandigen Boden, andere fruchtbaren Boden mit Komposterde.
- Manche mögen es eher feucht, andere eher trocken.

Aus diesen Kriterien ergeben sich verschiedene Gruppen mit eigenen Bedürfnissen

- Gruppe a) liebt es sandig und trocken (z. B. mediterrane Kräuter wie Thymian, Bohnenkraut, Wermutkraut).
- Gruppe b) braucht es nährstoffreich und halbschattig (z. B. Majoran, Minze, Melisse, Liebstöckel).
- Gruppe c) mag es noch schattiger und eher feucht (z. B. Kümmel, Brunnenkresse und Minze-Arten).

Dieses Wissen lässt sich auch auf die Kräuterspirale übertragen, zum Beispiel, indem man an der sonnigsten Stelle etwas Sand für die mediterranen Kräuter aufschüttet. An die schattigste Stelle wiederum können feuchtigkeitsliebende, nährstoffhungrige Pflanzen gesetzt werden, nachdem der Boden für sie passend vorbereitet wurde.

Ernten und Sammeln zum richtigen Zeitpunkt

Wie bereits erwähnt ist die exakte Bestimmung anhand der Pflanzenmorphologie von Wurzel, Stängel, Blatt und Blüte sehr wichtig beim Ernten und Sammeln von Arzneipflanzen. Bei feuchtem Wetter sollten Sie sie nicht einsammeln, sondern am besten an einem trockenen Vormittag. Nutzen Sie saubere Pflanzen, die sie abschütteln und putzen, und lassen Sie verschmutzte Pflanzen stehen. Der Apotheker Mannfried Pahlow, dessen *Großes Buch der Heilpflanzen* zu einem der Standardwerke der Heilpflanzen- und Kräuterkunde wurde, rät, die schönsten Exemplare der Arzneipflanzen zu selektieren und diese dann ungewaschen zu verarbeiten, nachdem der Morgentau verschwunden ist.[57]

Für viele wildwachsende Heilpflanzen ist das Frühjahr eine optimale Sammelzeit, denn nach einem kalten und dunklen Winter kann man sie im Rahmen einer Frühjahrskur besonders gut gebrauchen. Kräuter enthalten unter anderem förderliche Bitterstoffe, die unsere alltägliche Ernährung vermissen lässt. Knoblauchrauke, Bärlauch, Wiesenschaumkraut, junger Löwenzahn und viele andere würzige Pflanzen ergeben nicht nur leckere Rezepte, wie etwa die Grüne Soße, die meine hessische Großmutter Anneliese aus Garten- und Wildkräutern mit Eiern und Kartoffel auftischte. Dieses Gericht ist in Hessen auch als Frankfurter Soße bekannt. Noch heute erinnert auch das Rezept der Grünen Neune an die uralte Kultspeise unserer Ahnen, die mit dem frischen Grün symbolisch auch die Potenziale und die Fruchtbarkeit des neuen

Jahres feierten. Die Frühjahrskräuter sind nicht nur lecker und würzig, sondern haben, neben einigen anderen Gesundheitseffekten, auch eine stark blutreinigende Wirkung. Im Laufe der Jahreszeiten haben unterschiedliche Heilpflanzen Hochsaison.

Brennnesseln, vor allem ihre wertvollen Samen, lassen sich an vielen Orten noch bis in den Oktober hinein sammeln, in milden Jahren auch noch im November. Später im Jahr werden auch die Wurzeln der Pflanzen interessanter: So ist die gestampfte Brennnesselwurzel vor allem im südamerikanischen Hochgebirge als Grundlage für Hustensäfte bekannt. Passend zur kühleren Jahreshälfte können wir im Herbst für die Erkältungszeit vorbeugen und Präparate für die Hausapotheke zubereiten. Nach dem ersten Frost büßen unsere Heilpflanzen an Kraft ein, Brennnesselblätter können dann aber noch als Suppengemüse dienen. Im nordfinnischen Ylitornio nah am Polarkreis, wo der Winter lang ist, schätzte meine Großmutter Kyllikki die Brennnessel im Eintopf genauso wie aus der Teetasse, und wenn wir die Brennnessel oder andere nützliche Pflanzen nicht frisch verfügbar haben, können wir sie getrocknet und auch in Pulverform verwenden. Je nach Heilpflanze, die Sie im Garten oder in der Natur zur Verfügung haben und für die Hausapotheke gebrauchen können, sollten Sie sich in einem Sammelkalender über die beste Erntezeit informieren und sie dann verarbeiten.

Beispiel Brennnesseln

Bei unvorhergesehenen Alltagserkrankungen wie Verdauungsstörungen, Erkältungen, Schlafproblemen und anderem gilt: Der beste Sammelzeitpunkt ist vorher! Denn wenn unser Immunsystem bereits geschwächt ist oder uns ein Unwohlsein nachts überrascht, dann haben wir oft keine Kraft oder Zeit, uns um das Ernten von Heilpflanzen und das Anlegen einer Hausapotheke zu kümmern. Der beste Zeitpunkt, eine Naturapotheke anzulegen, ist also jetzt, denn wir können bestimmte Heilpflanzenpräparate auch präventiv einnehmen und möchten sie im besten Falle vorrätig machen, um uns und unseren Liebsten damit helfen zu können, wenn der Bedarf entsteht. Dies gilt besonders für die Selbstversorgung auf dem Land, wo die nächste Apotheke meist nicht direkt um die Ecke zu finden ist. Bewährte Hausmittel sind dann eine umso wichtigere Ergänzung zu Ihrer persönlichen Grundausstattung an Schmerz- und Heilmitteln aus der Apotheke.

Heilpflanzen als Teeaufguss

Mit der Ringelblume und dem Wermutkraut haben wir bereits zwei mögliche Teekräuter aus dem eigenen Garten und deren Anbau näher vorgestellt. Tee ist die Nummer eins unter den Möglichkeiten, Heilpflanzen für uns nutzbar zu machen. In Japan werden seit Jahrtausenden kunstvolle Gärten angelegt, unter denen wir auch die Sonderform des japanischen Gartens mit Teehaus finden. Ähnlich wie der Zen-Garten, der zur Meditation einlädt, bietet dieses im 16. Jahrhundert entwickelte Konzept einen Raum für die zeremonielle Einnahme eines gesundheitsfördernden Grüntees, dem Matcha-Tee. Taoistische Mönche hatten sich durch die bereits im 6. Jahrhundert entwickelte chinesische Teezeremonie und den damit zusammenhängenden Anbau zahlreicher Kräuter und Blüten im Rahmen der *Traditionellen Chinesischen Medizin* (TCM) auf Reisen nach China inspiriert. So ließen sie in Japan ebenfalls solcherlei Tee-Gärten anlegen.

Der Tee aus selbst gewonnen Aroma- und Arzneipflanzen ist etwas Besonderes, das wir, oft auch als Geschmackserlebnis, zelebrieren können – einen Pavillon oder eine Sitzgelegenheit in der Nähe unseres Heilkräutergartens zu installieren kann für die Verköstigung eines aromatischen Tees ein besonders stimmungsvoller Ort sein – dies kann mit einem Moment des Gebets oder einer Achtsamkeitsmeditation verbunden sein, in dem wir uns auf die heilenden Kräfte der Natur besinnen, die uns durchwirken.

Auch einem bitteren Tee oder einer strengen Kräutermischung

zu heilenden Zwecken lässt sich viel abgewinnen, da uns Heilpflanzen helfen, wieder ins Gleichgewicht zu kommen. Als Alltagsgetränk empfiehlt Hildegard von Bingen neben Wasser und einem gelegentlichen dünnen Dinkelbier vor allem Fenchel- und Hagebuttentee. Andere Kräuter- und Früchtetees oder in Wein angesetzte Kräuter sollten nach Hildegard nur gezielt, je nach Indikation, zur Anwendung kommen. Tee lässt sich als Infusion, Abkochung oder Sud herstellen. Für Dosierung und Kochzeit ist es sehr wichtig, sich an erprobte Rezepturen zu halten, denn ähnlich wie bei Medikamenten kann auch die Anwendung pflanzlicher Mittel zu Überdosierungen, Neben- oder Wechselwirkungen führen.

Die Bedeutung der Tierhaltung für die Selbstversorgung

Unter Selbstversorgerinnen und Bewohnern von Ökodörfern stößt man häufig auf Menschen, die vegan leben, sich also rein pflanzlich ernähren. Andere essen darüber hinaus auch Eier oder Milchprodukte oder beides. Genauso sind wir auf unseren Recherchen aber auch auf Menschen gestoßen, die Fleisch zu sich nehmen. Da wir nur Ökodörfer besucht haben, in denen Toleranz eine große Rolle spielt und wo man sich gegen Dogmatismus ausspricht, waren unterschiedliche Ernährungsgewohnheiten an keinem der von uns besuchten Orte ein Anlass für Konflikte. Die meisten Gemeinschaften, bei denen wir waren, kochen zu den gemeinschaftlichen Essenszeiten entweder vegan oder wahlweise vegetarisch – dann kann jede und jeder mitessen. Was auswärts oder innerhalb der eigenen vier Wände gekocht oder konsumiert wird, bleibt Privatsache.

Nick Ward erläuterte uns in der Küche von Brithdir Mawr neben dem selbst gebauten, von Ruß geschwärzten Holzofen, wie es die Gemeinschaft mit tierischen Produkten hält. »Ich selbst esse kein Fleisch«, stellte er klar, während er nach der erledigten Gartenarbeit im ärmellosen violetten Shirt in der wärmenden Abendsonne stand, die durch das Fenster hereinfiel. Nick blickte auf seine Hände herab. Er schnitt gerade mit einem scharfen Messer geschickt und flink das frisch geerntete Wurzelgemüse in Stücke: knorrig geformte Karotten, dunkel gefärbte Rote Bete und weiße Petersilienwurzeln. Sich beschwingt zu Blues-Musik bewegend, erzählte er uns, dass es in der Gemeinschaft auch Menschen gibt, die Fleisch konsumieren. »Unsere Regel ist, dass jeder von uns, der Fleisch essen möchte, die Verantwortung für eine möglichst stressfreie Schlachtung direkt auf der Weide selbst übernimmt. Also wer Tiere isst, tötet sie bei uns auch selbst.«

Wir erfuhren von Nick auch, dass dies nur selten vorkommt, da das selbst erzeugte, pflanzliche Nahrungsangebot das ganze Jahr über sehr abwechslungsreich und reichhaltig sei. Die Gemeinschaft verfügt über einen selbst errichteten Hühnerstall mit einer gut eingezäunte Auslauffläche, auf der Büsche, Sträucher und Bäume gedeihen. Das ist für Haushühner sehr wichtig, denn so wie das wildlebende Bankivahuhn in Südostasien, von dem sie abstammen, suchen sie im Freiland immer Schutz nach oben. Ihr Instinkt veranlasst sie, sich von möglichen Angriffen durch Greifvögel aus luftiger Höhe zu schützen. Daher bewegen sie sich auch nur entlang von Deckungsstrukturen wie Gebüsch oder Hecken. Freie Flächen meiden sie. Diese evolutionär im Huhn angelegte Eigenschaft ist der Grund, warum viele Auslaufflächen in der industriellen Freilandhaltung von Hühnern kaum genutzt werden. Sowohl Legehennen als auch Masthühner leben zu Tausenden im Stall. Rundherum befindet sich dann eine große grüne Fläche. Grün ist sie vor allem deswegen, weil sie von den Tieren größtenteils nicht frequentiert wird. Hühner hinterlassen auf Weideflächen binnen kurzer Zeit

Hühner

braune Erde, da sie die Grasnarbe beim Scharren und Picken zerstören. In intensiven Haltungsformen sieht man regelmäßig, dass die Erde nur direkt rund um den Stall aufgescharrt ist. Es befinden sich meist höchstens einige hundert Tiere vor dem Stall. Der Großteil von ihnen – Tausende! – tummelt sich zu jeder Zeit im Inneren.

Das gleiche Auslaufproblem fand Clemens bei seinen Recherchen zu früheren Büchern auch bei biologisch zertifizierten Betrieben vor, die im großen Stil unter Vertrag mit Agrar- und Lebensmittelkonzernen Hühner halten. In jeder Stalleinheit dürfen laut EU-Bioverordnung 3000 Legehennen oder 4800 Masthühner leben – sieben Biohennen beziehungsweise zehn ausgewachsene Biomasthühner pro Quadratmeter Stallfläche. Häufig werden mehrere Stalleinheiten aneinandergereiht, sodass sich die Zahl der Tiere auf einem Betrieb summiert. In Deutschland stieß er auf Biobetriebe mit Standorten bis zu 70.000 Hühnern, in Österreich mit bis zu 18.000. In der konventionellen Hühnerhaltung können diese Zahlen nach oben hin noch weit ansteigen.

Ganz anders leben die walisischen Hühner in Brithdir Mawr. In einer Gruppe von etwa zwanzig Tieren – Hennen mit Hähnen – picken und scharren sie entspannt in ihrem hölzernen Stall oder auf der umliegenden, gut geschützten Weide. Im Stall ist für jedes Huhn eine erhöhte Sitzmöglichkeit vorhanden – so fühlen sie sich vor Raubtieren sicher und behalten ihre soziale Herde gut im Blick. Es sind Vertreter verschiedener alter Rassen, zum Beispiel des *Bovan Huhns*, das vor etwa hundert Jahren durch Kreuzung einer australischen und einer nordamerikanischen Rasse entstanden ist. Diese Kulturvögel sind für ihre Friedfertigkeit bekannt, welche bei unserem Besuch auf der Weide spürbar war. Die Tiere bewegten sich außergewöhnlich geschmeidig und langsam, verhielten sich ruhig und kamen uns freundlich und neugierig näher. Bovan Hühner sind pflegeleicht und gelten als gut geeignet für Anfänger. Sie lebten in Brithdir Mawr unter anderem mit *Ma-*

rans Hühnern zusammen – einer noch älteren französischen Rasse aus der Mitte des 19. Jahrhunderts. Diese verhielten sich ebenso friedlich, aber etwas quirliger als ihre Nachbarn.

Die täglich im Ökodorf gelegten Eier sind hellbraun, schokoladenbraun, beige und teilweise grünlich gefärbt und stellen für die Gemeinschaft von Brithdir Mawr, mit Ausnahme der Veganerinnen und Veganer, eine hochwertige Eiweißquelle dar. Ab und zu wird von den Fleischesserinnen und Fleischessern ein Hahn für einen Braten oder eine Henne für die Suppe geschlachtet. Im oberen Mischkulturgarten leben Enten und Gänse in einem Freigehege mit einer überdachten Rückzugsmöglichkeit. Die dort regelmäßig auffindbaren Enteneier – meistens weiß – ähneln Hühnereiern, sind aber ein bisschen größer. Die Eier der Gänse sind ebenfalls weiß und viel größer als Hühnereier. Sie können auch von Menschen mit Hühnereiweißallergie genossen werden.

Besonders ökologisch ist die Haltung von Geflügel in mobilen Ställen auf Rädern. Diese können auf der Weidefläche bewegt werden, damit nicht immer dieselbe Stelle durch Scharren und Picken belastet wird. So kann man mobile Ställe beispielsweise auch sukzessive durch einen Obstgarten oder über eine Streuobstwiese bewegen. Die Hühner düngen den Boden mit ihrem Kot und halten Gras und Wildpflanzen in Schach, die den Bäumen Konkurrenz machen könnten. Hühnerkot in Maßen fördert die Bodengesundheit. Zu viel davon macht ihn aber sauer. Deswegen sollte ein mobiler Stall mitsamt seinen Bewohnerinnen und Bewohnern weitertransportiert werden, bevor der Boden vollständig braun wird. Die Grasnarbe darf nicht gänzlich verschwinden, da sonst die Regeneration des Bewuchses sehr lange dauert.

Mobile Ställe

Am besten umgibt man den Mobilstall an seinem jeweils aktuellen Standort mit einem transportfähigen Zaun, damit die Tiere stets in dem vorgesehenen Areal bleiben. Einen solchen mobilen

Stall für Legehennen haben wir zum Beispiel im kommunalen Permakulturgarten der Stadt Andernach gesehen. In diesem Stall wurden die marktbeherrschenden ertragreichen Hybrid-Legehühner *Lohmann Brown Classic* gehalten, allerdings in vorbildlicher Haltung. Doch nebenan, mitten im Mischkulturgarten, lebten Zweinutzungshühner in Kleingruppen – alles alte Rassen. Darunter befanden sich auch braun gefiederte Vertreter des imposanten *Orpington Huhns*, einer traditionellen Züchtung aus Großbritannien. Ebenfalls dabei waren *Sundheimer Hühner*, eine alte deutsche Züchtung aus dem Jahr 1886 mit weißem Federkleid, schwarzem Hals und schwarzen Schwanzfedern. Beide alten Rassen legen cremefarbene Eier.

Übrigens ist die schwarz gefiederte, im Jahr 1920 in Australien gezüchtete Rasse *Australorps* ganz besonders anfängerfreundlich und im Rahmen der Selbstversorgung gut geeignet, um erste Erfahrungen mit der Hühnerhaltung zu sammeln. Unter Insidern heißt es, es gebe keine besser für Anfänger geeignete Rasse als diese. Die etwa 100 Jahre alte Rasse des *Deutschen Lachshuhns* ist für den Beginn ebenfalls zu empfehlen. Für Fortgeschrittene in Mitteleuropa eignen sich die anspruchsvolleren *Sulmtaler* und *Altsteirer Hühner* aus Österreich oder die Rasse *Bresse-Gauloise* aus Frankreich, die durch ihre bläulich gefärbten Beine auffallen.

Ziegen trafen wir in Dyssekilde sowie bei der integrativen ökologischen Lebensgemeinschaft Hertha an. In Brithdir Mawr nahm uns der junge Familienvater George zum morgendlichen Melken der *Gemsfarbigen Gebirgsziegen* mit. Von ihm erfuhren wir, wie erfüllend und nützlich die nötigen Tätigkeiten rund um die tägliche Versorgung der eigenen Tiere sein können, die von einem der Gemeinschaftsmitglieder oder Nachbarn im Krankheitsfall oder bei Abwesenheit unbedingt übernommen werden müssen. Wer sich bei der Selbst-

Ziegen

versorgung für die Tierhaltung entscheidet, übernimmt schließlich Verantwortung für andere Lebewesen. Als wir George bei den morgendlichen Aufgaben rund um die Ziegen halfen, wurde uns bewusst, dass das Melken, die Haltung und der richtige Umgang mit den Ziegen Geschick, Kraft, Technik und Wissen brauchen.

Den geräumigen Ziegenstall hat die Gemeinschaft in Form eines Rundhauses aus Baumstämmen, Lehm und Stroh mit einem grasbewachsenen Dach selbst erbaut. Gemolken wird jeden Tag, die Ziegenmilch frisch verwendet – pur, im Tee und Kaffee oder zum Kochen. Auch für die Käseherstellung ist Ziegenmilch gut geeignet. An jenem Morgen erfuhren wir von George, dass die Haltung von Ziegen einen großen Vorteil gegenüber der Kuhhaltung mit sich bringt. Eine Ziege muss nämlich nur einmal Junge bekommen und kann dann über lange Zeit frische Milch geben, solange man sie regelmäßig melkt und nicht damit aufhört. Die Milchproduktion wird über Jahre langsam weniger. Für die kommerzielle Ziegenzüchtung wäre das ein Problem. In der nicht profitorientierten Selbstversorgung stört ein allmählicher Leistungsabfall jedoch nicht.

Kühe

Kühe müssen hingegen jedes Jahr oder alle zwei Jahre ein Kalb bekommen, damit sie Milch geben. Ansonsten versiegt die Milchproduktion. Statistisch gesehen ist der halbe Nachwuchs männlich. Junge Stiere eignen sich naturgemäß nicht für die Milcherzeugung, sondern nur als Masttiere. Sie werden in der Regel geschlachtet. Sie am Leben zu halten und durchzufüttern wäre auch in der extensiven Landwirtschaft sehr kosten- und zeitintensiv, zumal der laufende Zuwachs an riesigen Stieren mit der Zeit ein großes Platzproblem darstellen würde. Wer ohnehin eigenes Rindfleisch produzieren möchte, wird sich von der Milchkuhhaltung mit diesen Argumenten natürlich nicht abschrecken lassen. Viele Gemeinschaften und Familien, die wir besucht haben, wollen aber keine Rinder schlachten beziehungsweise regelmäßig zum Schlachter bringen.

Rinder zu schlachten ist ein immenser Aufwand, und diese Tiere – vor allem die Vertreter der alten Rassen – sind hoch intelligent. Manche Menschen haben einfach Hemmungen beim Schlachten von Rindern. Hingegen ist die Geflügelschlachtung, wie sie gelegentlich in Brithdir Mawr stattfindet, wesentlich einfacher und für so manchen Selbstversorger emotional weniger herausfordernd. In diesem Punkt wird sich jeder nach seinen eigenen Überlegungen und Empfindungen richten. Die Eigenschaft von Ziegen, nach dem Gebären eines Jungen über Jahre hinweg Milch zu geben, solange man sie kontinuierlich melkt, macht die Erzeugung von Ziegenmilch hinsichtlich dieser Aspekte jedenfalls wesentlich unkomplizierter.

Rinder

Massimo aus Torri Superiore, wo derzeit nur pflanzliche Lebensmittel erzeugt werden, gab zu bedenken, dass sein Ökodorf, sollte es im Fall einer schweren Krise für die Ernährung ausschließlich auf die eigene Landwirtschaft zurückgreifen müssen, für diesen Zweck auf den Terrassen rund um das Dorf Tiere hält – zum Beispiel Ziegen, Schafe und Hühner. Gut gehaltene Tiere vervollständigen auch den ökologischen Kreislauf eines Hofes oder Dorfes. Reine Bioabfälle können teilweise an sie verfüttert werden, ebenso Teile der Ernte, die für den menschlichen Verzehr nicht mehr geeignet sind. Das Mähen von Grünflächen und das daraus entstehende Heu können ebenfalls der tierischen Fütterung zugeführt werden. Mit ihren Exkrementen düngen die Tiere den Boden auf ihren Weiden. Ebenso kann aus ihren Ausscheidungen Dünger für den Garten oder Acker erzeugt werden. Wurden die Tiere mit eigenen Futtermitteln versorgt, führt man damit auch dem Boden vor Ort wieder die entnommenen Nährstoffe zu. Übrigens kann Stallmist in mäßigen Mengen auch auf den Komposthaufen gegeben oder mit dem fertigen Humus vermengt und ausgebracht werden.

Möglich ist zudem die Anfertigung eines reinen Mistkomposts. Dazu legt man im Freien einzelne locker aufgeschüttete Haufen mit den tierischen Ausscheidungen an, die rundherum gut belüftet sein müssen, und deckt sie wasserdicht ab. Sie sollen nicht austrocknen und vor Regen geschützt sein. Der Rotteprozess setzt rasch ein, und der Mist wärmt sich binnen weniger Tage durch die Aktivität der abbauenden Bakterien stark auf. Nach etwa vier bis sechs Wochen kühlt der Mistkompost ab und die Mikroorganismen machen den Pilzen Platz, die mit der Zersetzung schwer abbaubarer Substanzen beginnen. Der Mistkompost muss nicht gewendet werden. Im letzten Stadium beginnen Würmer, den Kompost zu beleben. Die Reife des Komposts erkennt man durch die sogenannte Faustprobe. Dazu nimmt man etwas Kompost in die Hand und drückt ihn zusammen. Es darf nur wenig Wasser austreten. Solange Wasser dabei aus der Hand zu Boden rinnt, ist der Kompost noch nicht reif. Öffnet man die Hand wieder, soll sich darin ein komprimierter, aber nicht nasser Klumpen gebildet haben. Dann ist der Mistkompost fertig und kann im Garten oder auf dem Acker ausgebracht werden. Eine sehr einfache Möglichkeit, Stallmist zu verwenden, besteht außerdem darin, den Mist während des Mulchens frisch auf die nackte Erde auszubringen und dann das Mulchmaterial – zum Beispiel Heu oder Stroh – darüberzulegen.

Mistkompost

Weiterentwicklung unseres Stücks Land

Es ist Zeit, auch unseren fiktiven Hektar Land als Schaubeispiel weiterzuentwickeln. Bis dort ein Gebäude errichtet werden kann, lässt sich auf dem Baugrundstück provisorisch ein Bauwagen aufstellen. Das ermöglicht es, auf dem neu erworbenen Gemeinschaftsgrundstück anwesend zu sein und gelegentlich zu übernachten, sodass wir uns bereits der Ausgestaltung der Fläche zuwenden können. Manche geben zu diesem Zeitpunkt ihre bisherigen Wohnsitze bereits auf, um Kosten zu sparen, und ziehen vorübergehend – in einigen Fällen dauerhaft – in einen solchen Bauwagen, der einem Micro House entspricht. Was es mit kleinen Wohnformen auf sich hat, werden wir uns nachfolgend im Kapitel zum Wohnen und Bauen ansehen. Natürlich hängt diese Möglichkeit stark von der Familien- oder Gruppengröße ab. Um mehr Platz zu schaffen, können auch zwei Wagen aufgestellt oder es kann eine Hütte oder Jurte errichtet werden, die man später, wenn ein Haus gebaut wurde, als Schuppen, Werkstatt, Wirtschaftsgebäude, Gemeinschaftsraum oder Gästehaus nutzen kann. Möchte man den Wagen oder die Hütte zur kalten Jahreszeit bewohnen, müssen Wände, Boden und Dach isoliert werden. Im Lebensgarten Steyerberg gab es einige liebevoll hergerichtete, gemütlich gestaltete und winterfeste Bauwagen, die beheizbar waren. Die meisten Ökodörfer verfügen über solche.

Die Gartenfläche

Es ist Zeit, den Boden urbar zu machen. Da wir 10.000 Quadratmeter zur Verfügung haben, müssen wir beim Garten nicht sparen. Wir kalkulieren mit der vollständigen Selbstversorgung für mindestens vier Personen und legen daher 2000 Quadratmeter Gartenfläche an. Wie erwähnt könnte man auch auf 1000 Quadratmetern die Versorgung von vier Menschen mit pflanzlichen Erzeugnissen bewerkstelligen – 250 Quadratmeter pro Kopf. Wir können uns vorstellen, weitere Menschen in unserem Gemeinschaftsprojekt zu begrüßen, ob dauerhaft, als Gäste oder freiwillige Helfer. Unser Garten soll also ein üppiger begehbarer Waldgarten werden und genügend Platz für Ertrag bieten, auch um diesen mit Nachbarn zu teilen oder zu tauschen. Die vorhandene Vegetation – Hecken mit Hundsrosen und Holunder, einen Apfel- und Kirschbaum – lassen wir stehen und planen sie in den zukünftigen Waldgarten ein.

Das Gras und die Disteln müssen auf der für den Waldgarten vorgesehenen Fläche allerdings entfernt werden. Da wir es nicht eilig haben und noch ein wenig für den Bau von zwei Wohnhäusern sparen müssen, entscheiden wir uns für die Abdeckmethode. Die 2000 Quadratmeter für den Waldgarten werden – mit Ausnahme der bestehenden Gehölze und Büsche – im Jahr des Grundstückerwerbs Mitte August mit Woll- und Jutematten abgedeckt. Im nächsten Frühjahr lockern wir den Boden und beginnen mit der Bepflanzung des Waldgartens, der von Anfang an gemulcht wird.

Tierhaltung

Außerdem möchten wir Zweinutzungshühner halten. Da wir Anfänger in der Hühnerhaltung sind, entscheiden wir uns für eine Mischung aus jeweils zehn *Australorps* und *Deutschen Lachshühnern*, also zwanzig Tiere, darunter ein paar Hähne. Die Hühner sollen in einem mobilen Stall leben, der bald über unsere Grünfläche wandern wird. Übrigens sollten Hühner in Gruppen von maximal fünfzig Tieren leben, um von wahrlich artgemäßer Haltung sprechen zu können. Diese ungefähre Gruppengröße findet sich auch unter den in Südostasien nach wie vor wildlebenden *Bankivahühnern*.

Auch ein weitläufiges Ziegengehege findet auf dem fiktiven Grundstück Platz. Pro Kopf ist ein jährlicher Milchkonsum von etwa 120 Litern normal. Die *Thüringer Waldziege* ist eine kleine,

Abbildung 6: Unser fiktiver Hektar mit provisorischer Unterkunft (Bauwagen), frisch angelegtem Waldgarten, Ziegenrundhaus mit Weide und mobilem Hühnerstall

unkomplizierte Zweinutzungsrasse, die sich hervorragend als Milchziege eignet. Ein weibliches Tier gibt pro Jahr etwa 600 bis 700 Liter Milch. Ziegen soll man aber nie allein halten, da es sich um soziale Tiere handelt. In Einzelhaltung leiden sie psychisch und entwickeln Verhaltensstörungen. Daher beginnen wir mit zwei weiblichen Thüringer Waldziegen – und haben mit etwa 1200 bis 1400 Litern Milch pro Jahr zu rechnen, also mit weit mehr, als wir benötigen würden. Das macht aber nichts, da sich so auch Besucherinnen und Besucher aus unseren Freundeskreisen verköstigen lassen. Die Überschüsse lassen sich mit Nachbarn tauschen, zum Beispiel gegen den Honig eines Imkers oder gegen

Getreide. Mit der Aufnahme eines Ziegenbocks warten wir noch, bis wir ausreichend Erfahrung in der Ziegenhaltung gesammelt haben.

Auf unserem Hektar errichten wir, ausgehend von unserem Bauwagen als Basis, also schon einen Ziegenstall in einfacher Rundbauweise aus Holz und Lehm mit begrüntem Dach, inspiriert von dem Stall, den wir in Brithdir Mawr gesehen haben. Ein Ziegenstall muss mindestens 2,5 Meter Innenraumhöhe aufweisen. Rundherum zäunen wir eine Fläche von 300 bis 400 Quadratmetern als Weide ein und bepflanzen diese mit einigen ungiftigen Sträuchern, an denen Ziegen gern knabbern. Ein paar Büsche sind bereits vorhanden. Die Ziegenweide wird außerdem mit Klettermöglichkeiten ausgestattet. Daher pflanzen wir einen Baum und errichten ein Klettergerüst aus Holzbrettern mit darauf angebrachten Sprossen, die den Ziegen beim Begehen der Fläche Halt geben. Ziegen sind neugierige, intelligente und aktive Tiere, die genügend Beschäftigungsmöglichkeiten benötigen.

Kapitel 5

Lagerung und Verarbeitung pflanzlicher Erzeugnisse

Dieses Kapitel ist ausschließlich dem Thema *Vorratshaltung und Verarbeitung* von selbst geernteten pflanzlichen Erzeugnissen gewidmet. Es soll die Betrachtungen zum Thema Selbstversorgung abrunden. Gerade in Breitengraden, in denen im Garten nicht ganzjährig gleichermaßen geerntet werden kann, sind Lagerhaltung und Verarbeitung von großer Bedeutung. Alessandra wird Sie in diesem Kapitel durch Keller, Küche und Speisekammer führen: Wir wollen uns ansehen, was, wo und wie am besten gelagert werden kann, ob als Naturprodukt, im Glas oder in einer anderen haltbaren Form.

Lagern von Lebensmitteln

Lagerobst und -gemüse lässt sich in einem unbeheizten Raum unterbringen, am besten in einem Keller oder einem anderen kühlen Zimmer. Viele unserer Häuser und Wohnungen sind heutzutage allerdings nicht mehr darauf ausgerichtet, eine Ernte beziehungsweise Essensvorräte darin besonders gut lagern zu können. Deshalb wollen wir zwar einen Blick in den Keller werfen, aber auch alternative Orte kurz beleuchten. Zuletzt bieten auch die Speisekammer sowie der Gefrier- und Küchenschrank unter bestimmten Bedingungen gute Möglichkeiten, unsere Erzeugnisse zu lagern, ohne schnellen Verderb, Schimmel oder Schädlinge zu riskieren.

Wurzelgemüse, Knollen und Kohl

Ein möglichst lichtarmer Raum mit einer Temperatur von 4 bis 10 Grad Celsius und einer relativen Luftfeuchtigkeit von bis zu 80 Prozent ist für die Lebensmittellagerung besonders gut verträglich. Am besten installieren Sie ein Thermometer sowie ein Hygrometer im Vorratsbereich, damit sie das Raumklima erfassen können. Rote Bete, Karotten, Sellerie, Rettich und andere Wurzelgemüse sowie Kohl können so ideal gelagert werden, am besten auf Rosten oder Latten. Bei einem zu trockenen Raumklima empfiehlt es sich, Lagergemüse wie Karotten in Sandkisten zu vergraben, da sie so ihre Frische und Knackigkeit bewahren. Entfernen Sie dafür das Blattgrün, graben Sie das Wurzelgemüse ein, und legen Sie ein Brett darüber. Kohl ist ein typisches, äußerst gesundes Lagergemüse, das uns mit Mineralien wie Kalzium, Kalium und Eisen sowie mit Folsäure und Vitaminen wie beispielsweise C und E versorgt. Die in Kohlgewächsen enthaltenen Senföle wirken antibakteriell und antiviral. Sie haben sich zum Beispiel als förderlich für die Heilung von Blasen- und Harnwegsentzündungen erwiesen, weil sie über die Nieren ausgeschieden werden und sich in den Schleimhäuten der Harnwege ansammeln. Es gibt zahlreiche Kohlsorten. Für die Lagerung eignen sich jene am besten, die dichte Köpfe bilden. Zur Einlagerung lässt sich Kohl mit einem Stück Jute oder Leinen zudecken.

Zwiebeln und Knoblauch sind ebenfalls sehr dankbare Lebensmittel zum Lagern. Diese beiden schmackhaften Erzeugnisse sollte man nach der Ernte an einem zugigen Ort gut durchtrocknen lassen. Man kann das Laub zu Flechtezöpfen binden. So hängen jeweils mehrere Zwiebeln und Knoblauchknollen in Bünden luftig im Keller und halten sich bis ins Frühjahr. Sie nehmen durch die hängende Lagerung kaum Platz weg und sehen dabei auch noch sehr ansprechend aus. Der Hauswirtschaftsraum des alten steinernen Hauptgebäudes im Ökodorf Brithdir Mawr war an der Decke mit Zwiebeln und Knoblauch behangen. Dieser Anblick gefiel uns ebenso gut wie die Vorstellung, dass die Bewohnerinnen und Bewohner sich während der dunklen Jahreszeit an dieser essbaren Zierde bedienen.

Kartoffeln mögen es etwas kühler. Rund 2 bis 6 Grad Celsius in einem luftigen, kühlen und am besten dunklen Keller sind ideal. Sie können gut in Kisten gelagert werden. Untersuchen Sie regelmäßig, ob einzelne Exemplare zu keimen beginnen, und verwenden Sie diese zuerst, indem Sie die Keimtriebe vor dem Kochen herausschneiden.

Äpfel

Äpfel sind wunderbare Lagerfrüchte und können vielerorts auf Streuobstwiesen oder auch im Garten geerntet werden. Typische Lagersorten sind neben regionalen bäuerlichen Züchtungen wie dem *Rheinländer Pfannkuchen*, dem *Finkenwerder Prinz* oder etwa der in Vellahn in Mecklenburg-Vorpommern bereits im 19. Jahrhundert gezüchteten Sorte *Gelber Richard* sowie dem ebenso alten *Steirischen Maschanzker* beispielsweise die bekannteren Sorten *Elstar, Topaz, Boskoop, Jonagold, Berlepsch, Gala, Gloster* und *Melrose.* Auch die beliebte Sorte *Golden Delicious* lässt sich über den Winter einlagern. Frühäpfel wie zum Beispiel die Sorten *Klara* und *Gravensteiner*, die schon ab August geerntet werden können, eignen sich zur Einlagerung hingegen nicht.

Äpfel fühlen sich im Lager unter den Bedingungen wohl, die auch für Kartoffeln am besten passen, sollten aber dennoch getrennt von diesen aufbewahrt werden. Legen Sie die Äpfel am besten Stück für Stück in einem Regal mit Lattenbrettern aus, sodass die Luft zirkulieren kann. Idealerweise sollten sie einander nicht berühren. Ich erinnere mich gut an den Lagerkeller meiner Großeltern. Die beiden hat nicht nur die ländlich-bäuerliche Kultur, sondern auch der Krieg geprägt – die Wertschätzung für Lebensmittel war enorm. Der Kellerboden bestand aus gestampfter Erde ohne Barriere zum Erdreich; die Wände waren aus Lehm und Mörtel, darüber eine Kalkschicht, die gegen Schimmel wirkt – ein idealer Lagerkeller, wie wir ihn in den meisten Neubauten leider nicht mehr finden. Moderne Keller sind meist Allzweckräume. Sie liegen bei Temperaturen um die 12 Grad Celsius – das ist für viele Lebensmittel zu warm – und verfügen über rund 50 Prozent relative Luftfeuchtigkeit –, das ist zu trocken. Mit Wasserzerstäubern können Sie nachhelfen. Zugluft und Frost im Lagerkeller müssen verlässlich verhindert werden. Eine schattige Bepflanzung rund um die Außenwände nahe des Kellers kann zur Kühlung beitragen.

Damit wir noch lange nach der Ernte etwas von den Äpfeln haben, sollten neben ihnen keine anderen Obst- oder Gemüsesorten lagern, da diese dann aufgrund der Reifestoffe im Apfel schneller schlecht werden. Kontrollieren Sie regelmäßig den Zustand der Äpfel, und nehmen Sie diejenigen Exemplare umgehend heraus, die zu verderben beginnen, damit die anderen Äpfel nicht »angesteckt« werden.

Die Äpfel aus dem Garten meiner Großeltern haben eine wachsartige Schicht entwickelt – diese ist natürlich und kann je nach Sorte unterschiedlich stark ausgeprägt sein. Aus der Ernte vom eigenen Baum oder der nächstgelegenen Streuobstwiese können schnell sehr viele Äpfel zusammenkommen – planen Sie also genug Platz für die Lagerung Ihrer Äpfel ein, und machen Sie Überschüsse besser schnellstmöglich anderweitig haltbar. Besonders Fallobst mit Makeln sollte lieber zu Mus oder Apfelsaft verarbeitet werden. Im Laufe dieses Kapitels betrachten wir diesbezüglich passende Methoden. Bleiben Sie realistisch in Bezug auf die Menge, die sich in Ihren Räumlichkeiten gut und effizient lagern lässt, damit Sie möglichst wenige verderbende Lebensmittel wegschmeißen müssen.

Kürbisse

Kürbis- und Kalebassenfrüchte gibt es in sehr verschiedenen Farben und Formen, wobei die oft gefäß- oder flaschenförmigen Kalebassen ursprünglich aus Afrika stammen dürften und von dort vermutlich vor Jahrtausenden durch Wasserströmungen über den Atlantik nach Südamerika gelangten. Das belegen genetische Analysen einer jungen Wissenschaft, die sich als molekulare Biogeografie oder im Falle der Pflanzen als molekulare Geobotanik bezeichnet und die globale Entwicklungsgeschichte der Lebensformen durch genetische Methoden nachzeichnet. Mit anderen Worten untersucht diese Forschungsrichtung die Ausbreitung und Verteilung von Genen auf der Erde. Kalebassen werden gemäß ihrer afrikanischen Herkunft als »Altweltkürbisse« bezeichnet. Sie gehören innerhalb der Kürbisgewächse der Gattung *Lagenaria* an und gelangten auf dem Landweg durch Völkerwanderungen vor Tausenden von Jahren auch nach Asien.

Die von Natur aus in Südamerika heimischen »Neuweltkürbisse« werden hingegen der Gattung *Cucurbita* zugerechnet. Unsere Speisekürbisse von Hokkaido- und Butternusskürbis über Muskat- und Eichelkürbis bis hin zu Ölkürbis, Patisson oder Zucchini gehören überwiegend diesen Neuweltkürbissen an. Da sie Clemens' Lieblingsfrüchte sind und ich sie auch sehr mag, bereiten wir gern gefüllten Ofenkürbis oder Kürbissuppe zu und interessieren uns ganz besonders für den Anbau alter Kürbissorten wie dem Ungarischen Blauen, dem Roten Zentner, dem italienischen Trompetenkürbis oder auch dem Grünen Hokkaido und den ebenfalls japanischen Sorten des wenig bekannten Futsu-Kürbisses. Sie alle sind im Ursprung Neuweltkürbisse aus der südamerikanischen Gattung *Cucurbita*, die den Globus erobert haben.

Kürbispflanzen sind sehr dankbar und unkompliziert, und so können auch eher Unerfahrene mit Leichtigkeit ein großes Ernteglück erfahren. Wohin dann aber mit den vielen Kürbissen, die wir gern weit über Halloween hinaus lagern und verzehren möchten? Kürbisse brauchen es etwas wärmer als die zuvor betrachteten Lebensmittel. Sie hängen am liebsten in luftigen Netzen in dunklen Räumen bei 11 bis 17 Grad Celsius und einer relativen Luftfeuchtigkeit bis maximal 60 Prozent, je nach Sorte. Typische Winterkürbisse mit dicker, harter Schale und besonders langer Haltbarkeit aus der Art der Moschuskürbisse, wie zum Beispiel Butternuss, Muskatkürbis, Langer von Neapel, Trompetenkürbis oder Futsu-Kürbis, bevorzugen Temperaturen von über 15 Grad Celsius. Gut gelagert können Kürbisse lange Zeit überdauern, manche Sorten bis zu acht Monate.

Die zuvor genannten Altweltkürbisse, zu denen die Kalebassen gehören, eignen sich vor allem im zarten und unreifen Zustand zum Verzehr als delikates Sommergemüse. Sie können ähnlich wie Zucchini gekocht und zubereitet werden. Junge Früchte können aber nicht eingelagert werden. Die Voraussetzung, um einen Kürbis zu lagern, ist dessen Fruchtreife. Das Fruchtfleisch der Kalebassen wird schwammig und faserig, wenn sie reifen. Daher müssen wir einräumen, dass der Genuss einer ausgereiften Kalebasse nicht mit dem Genuss anderer Speisekürbisse vergleichbar ist. Grundsätzlich lassen sich reife Kalebassen bei etwa 10 Grad Celsius und niedriger Luftfeuchtigkeit monatelang lagern.

Erdkeller und Erdmiete

Einige Selbstversorger-Projekte, die wir im Zuge unserer Rechercheiese für dieses Buch besuchten, verfügen über sogenannte Erdkeller für die Lagerung von Erzeugnissen. Im norddeutschen Ökodorf Lebensgarten Steyerberg wurde ein Erdkeller direkt unter der Ebene des Permakulturgartens gebaut, um die Wege von der Ernte zur Lagerung kurz zu halten. Die Mitglieder der dänischen Ökosiedlung Dyssekilde errichteten einen Erdkeller am Rande einer hügeligen Ziegenweide. Er wurde in einen Hang geschlagen. Es handelt sich um reine Lagerräume ohne Verbindungen zu Wohngebäuden. Auch neben dem von uns besichtigten luxemburgischen Äerdschëff (Earth Ship) in Rédange, einem ausgeklügelten ökologischen und vollständig energieautarken Gebäude, wurde eine Grube ausgehoben, in die ein vom Haus unabhängiger runder Keller eingelassen wurde. Als wir auf die Baustelle kamen, wirkte der Erdkeller unten in der tiefen Grube wie ein graues Iglu, denn die Erde war noch nicht über dem Kellerraum angehäuft worden. Aus rechtlichen Gründen wurde dieser Keller mit Zement hergestellt, aber auch Lehm wäre als Baustoff möglich und besonders effizient in Bezug auf das erzeugte Raumklima.

Schon die keltischen Siedlerinnen und Siedler am Rhein nutzten riesige Tongefäße, um Lebensmittel in der Erde zu lagern: So einen originalen »keltischen Kühlschrank« kann man sich etwa im LVR-Landesmuseum in Bonn ansehen. Nach gleichem Vorbild funktioniert eine moderne, mit Styropor verkleidete Isolierkiste, in die Sie auch auf einer Terrasse oder einem Balkon Lebensmittel einlagern können, wenn Sie keine Grünfläche zur Verfügung haben. Ist dies aber der Fall, dann denken Sie über eine sogenannte Erdmiete nach: Sie stellt einen effizienten Ort für die Lagerung dar. In einem luftdurchlässigen Gefäß in einem Erdloch können Sie über Monate Vorräte lagern, ohne nennenswerte Einbußen bezüglich Nährstoffgehalt oder Konsistenz. Manche Selbstversorger verwenden hierfür alte Waschmaschinentrommeln, die in ein Erdloch gelassen werden und in die sie zur Isolation Stroh hineingeben. Jedes Jahr sollten Sie eine neue Grube anlegen, um Schimmel zu vermeiden. Staunässe muss unbedingt verhindert werden. Verschlossen wird die Erdmiete mit einer regendichten Abdeckung. Durch eine passgenaue Luke über der Erdmiete werden Nässe und auch Fraß vermieden.

Vorratsschädlinge

Nicht nur draußen warten Wildtiere und allerlei krabbelnde Besucher darauf, ein Häppchen abzubekommen – auch im Innenraum gibt es verschiedene Insekten, die von unseren gelagerten Lebensmitteln angezogen werden können. Denn wenn Sie nicht nur ganze Lagerfrüchte aufbewahren möchten oder hierzu keine geeigneten Räumlichkeiten haben, können Sie durchaus auf Techniken zur Haltbarmachung zurückgreifen, sodass Erzeugnisse bei Raumtemperatur auch in Küche oder Vorratskammer lagerfähig werden. Sie sollten dann allerdings umso mehr auf Sauberkeit und sicher verschlossene Aufbewahrungsgefäße achten.

Als ich im Naturpark Manu, im Tal von Sigsig oder bei den Shuar in einfachsten Unterkünften aus Holz, Lehm oder Bambus in Südamerika lebte, waren Kakerlaken, Ameisentruppen und hungrige Mäuse, die von Krümeln oder guten Düften angezogen wurden, keine Seltenheit und ein Aufeinandertreffen kaum zu verhindern. Vereinzelt erlebte ich dies auch in Südspanien und in anderen mediterranen Ländern. In Mitteleuropa werden wir es vor allem mit Mehlmilben und Mehlkäfern sowie Hausschaben zu tun haben, die übrigens Zwischenwirte für Fadenwürmer sind. Auch Schimmelkäfer, Korn-, Mehl-, Dörrobst- und Getreidemotten sowie der Gemeine Diebskäfer, auch Kräuterdieb genannt, können auftreten. Es ist zwar ein schöner Gedanke, der Natur etwas zurückzugeben, aber unseren Vorrat sollten wir nicht mit den kleinen Krabbeltieren und Motten teilen. Nicht nur verderben sie die Lebensmittel, sondern sie bringen auch ein allgemeines Hygieneproblem mit sich.

Die Hauswirtschafts- und Ernährungswissenschaftlerin Hildegard Rust weiß: »Kot, Haare und Spinnfäden verursachen Hauterkrankungen, Allergien und Darmerkrankungen.«[58] Die Expertin empfiehlt regelmäßiges Putzen und Lüften sowie Fliegengitter vor den Fenstern der Lagerstätten. Auch sei genau zu prüfen, was wir ins Haus bringen – an geernteten oder gekauften Lebensmitteln können Schädlinge haften, die sich ausbreiten. Von Insektenspray rät sie ab, denn es enthält auch für den Menschen schädliche Substanzen. »Es gibt viele Hausmittel gegen Schädlinge, die mehr oder weniger gut wirken, z. B. Lavendel, Zitronenmelisse, Wacholder«, merkt Rust an.[59] Auch Pheromon- und Lebendfallen seien eine Option, um herauszufinden, ob sich etwas anbahnt. Gibt es einen Befall, dann machen Sie das Nest ausfindig; schlimmstenfalls bestellen Sie einen Kammerjäger. Doch dieser äußerste Extremfall sollte sich mit einer gründlichen Vorratshaltung vermeiden lassen.

Tiefkühlung

Da das Einfrieren viel Energie benötigt und die meisten Kühl-Gefrier-Kombis bzw. Tiefkühler nur sehr begrenzt Platz bieten, ist es womöglich nicht Ihre erste Wahl für das Haltbarmachen verderblicher Erzeugnisse. Wenn Sie diese Methode dennoch wählen, achten Sie auf eine hohe Energieeffizienzklasse (A bis D) des Gefrierschranks. Bestimmte Lebensmittel lassen sich prinzipiell sehr gut und mit sehr wenig Aufwand einfrieren. Am besten sollten Sie dies gleich nach der Ernte tun und die Lebensmittel schockgefrieren, dann bleiben Vitamine, Farbe und Geschmack bestmöglich erhalten, auch über Monate. Beeren aus dem Garten und Wald sind ein Klassiker unter den Tiefkühlprodukten. Selektiert, gesäubert und dann in einer geeigneten Box oder Gefriertüte im Eisfach oder der Kühltruhe gelagert, können Sie je nach Bedarf Portionen herausnehmen, die Sie von Herbst bis Frühjahr verspeisen möchten.

In Finnland ist das Beerensammeln ein Nationalsport, besonders in freier Wildbahn. Meine Familie stammt mütterlicherseits aus diesem nordischen Land. Ich erinnere mich an unsere herausgestreckten frechen Kinderzungen, die von den Heidelbeeren schwarzblau gefärbt waren, wie es keine Supermarkt-Heidelbeere schafft. Sie sind im Sommer besser als jedes Bonbon und im Winter eine wunderbare Vitaminquelle. Früchte aus Garten und Wald, wie Brombeeren, Himbeeren, Johannisbeeren, Blaubeeren und Stachelbeeren – die, wie wir gelernt haben, botanisch gesehen nicht alle zu den Beerenfrüchten gehören – sind in Geschäften oft nicht in der besten Qualität zu finden und wenn, dann meist sehr hochpreisig. Marktsorten sind – wie auch bei anderen Erzeugnissen – auf lange Haltbarkeit und Transportfähigkeit gezüchtet, aber nicht auf eine Optimierung von Geschmack und Inhaltsstoffen ausgerichtet. Daher lohnt es sich, die Beeren selbst zu sammeln und zu verarbeiten. Sie lassen sich alternativ auch dörren, einkochen usw. Ein Praxistipp ist, Beeren oder auch Steinobst auf einer Platte schockartig zu gefrieren und sie erst dann in Beuteln oder Boxen portionsweise im Tiefkühlfach zu lagern. So kleben sie nach dem Auftauen weniger aneinander und behalten eine schöne Form bei. Falls Sie anderes Obst einfrieren möchten, denken Sie daran, dass Kernobst vorher gedünstet werden sollte.

Ein anderer typischer Favorit zum Einfrieren ist Spinat – am besten blanchiert man seine Blätter vorher kurz, damit die Farbe erhalten bleibt und er für die Zugabe zu einem Gericht bereits vorbereitet ist. Die Verarbeitung und das Einfrieren von Spinat müssen möglichst unmittelbar nach der Ernte erfolgen, da nach dem Pflücken in den grünen Blättern die Umwandlung von Nitrat in Nitrit einsetzt. Nimmt man Nitrit in zu hohen Mengen auf, so kann dies zu Verdauungsbeschwerden führen. Eine Nitritvergiftung – durch normalen Spinatkonsum nicht zu befürchten – würde sogar zu weiteren Beschwerden wie Muskelschwäche bis hin zum Kreislaufzusammenbruch führen.

Eine Großzahl an Gemüse sollte vor dem Einfrieren blanchiert werden, denn: »Nicht blanchiertes Gemüse entwickelt bei -18 Grad Celsius schon nach einem bis drei Monaten einen fremdartigen Geruch und Geschmack.«[60] Gleiches gilt für Erbsen und Bohnen. Letztere halten sich allerdings auch getrocknet gut. Wegen der stetigen Stromzufuhr, die ein Tiefkühlgerät benötigt, sollten Sie sich genau überlegen, ob und was Sie längerfristig durch Einfrieren vorrätig machen, besonders bei einer umfangreichen Ernte.

Haltbarmachen von Lebensmitteln

Nachfolgend wollen wir eine kleine Tour durch Küche und Vorratskammer unternehmen und uns verschiedene Techniken zur Haltbarmachung ansehen, die es uns ermöglichen, pflanzliche Lebensmittel aus eigener Ernte möglichst gut und einfach für die Selbstversorgung zu verarbeiten. Vom Einkochen, Fermentieren und Einlegen bis hin zu meinem persönlichen Favoriten, dem Dörren, gibt es eine Vielfalt an Methoden, die bestimmte Vor- und Nachteile aufweisen und sich insgesamt gut ergänzen. Vielleicht ist auch für Sie etwas dabei, das Sie ausprobieren oder vertiefen möchten.

Durch eine achtsame Verarbeitung und Lagerung hochwertiger Nahrungsmittel lassen sich nicht nur die Umwelt und der Geldbeutel schonen, sondern auch viele Wohlstandskrankheiten und Mangelerscheinungen vermeiden. Auch Nahrungsmittelunverträglichkeiten und Allergien werden durch die eigene Ernte und Vorratshaltung gelindert – so wird es möglich, Konservierungsstoffe und andere irritierende Substanzen, darunter auch Reste von Pflanzenschutzmitteln, von unserem Speiseplan zu streichen.

Suvi Anderson, meine Cousine, zog nicht nur aus Liebe zur Natur, sondern auch wegen ihres Leidensdrucks mit ihrem Mann nach Nordwestkanada an die Grenze von Alaska. Sie war im ländlichen Ontario aufgewachsen, dann in die Großstadt gezogen und hatte begonnen, unter massiven Allergien und Unverträglichkeiten zu leiden. Im hohen Norden Kanadas bekam sie ihre beiden Töchter, hält dort eine Schar von Hühnern und eine kleine Ziegenherde und bewirtschaftet mit ihrem Partner, der als Ingenieur im Homeoffice arbeitet, einen Selbstversorgergarten. Hat er, was selten vorkommt, einmal ein Meeting, so muss er mit einem Hubschrauber ausgeflogen werden. Und für die Mädchen ist das Homeschooling, als gebürtige Kanadierinnen, eine ganz normale Sache.

Bären und andere Wildtiere haben sich auch einige Male bereits auf ihr Grundstück verlaufen – ein abenteuerliches Selbstversorgerleben mit langen Wintern und dem Zauber der Wildnis. Und das Beste daran: Seit Suvi ihre eigene Ernte einfährt und den Vorrat für die Familie anlegt, sind ihre Allergien und Unverträglichkeiten verschwunden.

Ob Sie nun spezielle Gesundheitsprobleme haben, diesen vorbeugen möchten oder einfach so lang wie möglich von Ihren eigenen Erzeugnissen zehren möchten – die eigene Vorratshaltung kann Ihnen dabei helfen. Auch sind Methoden zur Haltbarmachung wichtig, wenn wir eine große Ernte haben, damit sie uns nicht verdirbt. Und nicht zuletzt kann uns die eigene Speisekammer – wie ein kleiner privater Tante-Emma-Laden – mit großer Freude und Stolz erfüllen und uns mit ganz besonderen Geschmackserlebnissen beschenken. Die vielen Möglichkeiten der Haltbarmachung wecken bestimmt auch in Ihnen die Lust auf das Ausprobieren und Kosten.

Fermentieren

Eine Studie der Stanford University bestätigte jüngst die immensen gesundheitsförderlichen Aspekte der Milchsäuregärung.[61] Sie ist ein uraltes, erstmals im Orient entwickeltes Verfahren. Beim

Fermentieren vermehren sich Vitamine und Spurenelemente durch Milchsäurebakterien, weshalb diese Methode zur Haltbarmachung sehr gesundheitsförderlich ist und immer beliebter wird. Sauerkraut ist ein bekanntes fermentiertes Lebensmittel, das aus Weiß- oder Rotkohl hergestellt wird. Ironischerweise lernte ich als Deutsche das Herstellen von Sauerkraut in Südamerika, obgleich manche Amerikaner uns liebevoll die *Krauts* nennen, weil das Sauerkrautmachen hierzulande eine typische alte Technik für das Haltbarmachen von Kohl ist. Die glatten Sorten des Kopfkohls, aus denen Sauerkraut üblicherweise hergestellt wird, werden auch in Österreich »Kraut« genannt. So unterscheidet Clemens als gebürtiger Grazer schon im Garten zwischen gekräuselten Kohlköpfen und glatten »Krautköpfen« – eine Unterscheidung, die mir als Deutscher nicht geläufig war.

Sauerkraut bekommt man in jedem Supermarkt, doch außer an manchen Frischetheken erhalten wir kein lebendiges Produkt mehr, sondern meist durch übergründliche Pasteurisierung »totgekochtes« Kraut. Die für unseren Darm so interessanten Bakterien können wir daraus also nicht mehr beziehen. Ein guter Grund, selbst Sauerkraut durch Fermentierung herzustellen! Doch beachten Sie, dass sich beim Fermentieren Hefen und Schimmelpilze bilden können, weshalb die Gärung in Kombination mit dem Einsalzen oder Pasteurisieren vorgenommen wird. Ungeöffnete Gläser, die Fermentiertes enthalten, müssen nicht gekühlt werden, und wir können sie deshalb bei Raumtemperatur lagern.

Auch Clemens hat Erfahrung mit der Fermentation. Während seiner Studienzeit bewirtschaftete er gemeinsam mit einem Freund und Studienkollegen auf 7.000 Quadratmetern ein Gartenprojekt mit alten Gemüseorten. Die beiden nannten ihr Unternehmen »Erdfrucht« und schafften es damit auf eine Doppelseite der österreichischen Tageszeitung KURIER. Sie fermentierten Teile der Ernte in Gläsern für den Vertrieb an Bioläden. Nicht nur Sauerkraut lässt sich so herstellen, sondern beispielsweise auch Paprika, Bohnen oder Rote Bete lassen sich fermentieren.

Neben Obst und Gemüse zum Verspeisen können Sie auch Getränke selbst fermentieren. Besonders bekannt ist das Gärgetränk Kombucha, das als regelrechtes Gesundheitselixier gilt. Es wird auf Basis von gesüßtem Schwarztee hergestellt. Wenn Sie es ausprobieren möchten, besorgen Sie sich Kombuchakulturen, und setzen Sie sie in dem Tee an, in dem auch unterschiedliche Früchte aus dem eigenen Garten mitfermentiert werden können.

Getränke fermentieren

Auch die in Europa kulturell verankerten Getränke Bier und Wein beruhen auf Fermentierung. Als wir Tony Wrench und seine Frau Faith in ihrem Rundhaus in Wales besuchten, zeigten sie uns Tonys Traubenfass, in dem er aus den eigenen Trauben, die im Wintergarten und auf dem Hausdach wuchern, einen Wein herstellt, der in der gesamten Nachbarschaft beliebt ist. Zu dieser Nachbarschaft zählt auch die Gemeinschaft des Ökodorfs Brithdir Mawr.

Einlegen

Mit Essig oder Öl sowie wahlweise aromatischen Kräutern, Knoblauch und Gewürzen lassen sich Lebensmittel ebenfalls haltbar machen und geschmacklich veredeln. Auch das Einlegen von Früchten in gezuckerten Alkohol ist eine alte Methode. Saure Gewürzgurken oder eingelegte Rote Bete sind schmackhafte Klassiker, wenn es um das Haltbarmachen in Essig geht. Junge, zarte Maiskolben eignen sich ebenfalls vorzüglich zum essigsauren Einlegen.

Eingelegtes muss vier bis sechs Wochen im Glas »durchziehen«, bevor es verzehrfähig ist. Im Schnitt hält es sich drei bis fünf Monate. Die Bundeszentrale für Ernährung rät vom einfachen

Einlegen in Essig im Privathaushalt allerdings ab, da es, unsachgemäß vorgenommen, zu Gesundheitsproblemen führen kann und für eine Haltbarmachung mit gängigen Konzentrationen nicht ausreicht.[62] Grund hierfür ist, dass Essigsäurekonzentrationen von rund drei Prozent, die geschmacklich angenehm für uns sind, nicht hochprozentig genug sind, um eine sichere Konservierung zu ermöglichen. Deswegen sollte beim Einlegen mit Zuckern, Salzen oder dem Einkochverfahren gearbeitet werden. Wenn Sie weniger Salz oder Zucker verwenden wollen, verringert sich die Haltbarkeit und das Glas kann vor dem Öffnen nur wenige Wochen im Kühlschrank lagern. Auch das Einlegen in Öl bedarf eines vorangehenden Einkochprozesses von Kräutern, Obst oder Gemüse, um wirklich sicher und unbedenklich zu sein. Lagern lassen sich in Öl eingelegte Vorräte als Glaskonserven oder in Steingut. Das Bundesministerium für Risikobewertung rät vom In-Öl-Einlegen in der heimischen Küche wegen Botulismus-Gefahr sogar grundlegend ab, obwohl dies eine uralte und schmackhafte Methode zur Haltbarmachung darstellt, bei der »Lebensmittel so ursprünglich wie möglich erhalten bleiben«.[63]

Die Verantwortung für selbst zubereitete Lebensmittel und das eigene Wohlergehen liegt letztlich natürlich bei jedem selbst. Eine Aufklärung über die Risiken durch das selbstständige Haltbarmachen von Lebensmitteln halten wir deshalb für überaus wichtig, damit wir sie auch als Selbstversorgerinnen und Selbstversorger nach eigenem Ermessen erfolgreich nutzen können, ohne Unwohlsein oder sogar eine Lebensmittelvergiftung wie den – zwar sehr seltenen, aber potenziell tödlichen – Botulismus zu riskieren, der übrigens auch nach dem Lagern von Fermentiertem auftreten kann. Bitte befassen Sie sich also im Vorfeld genauer mit der Haltbarmachung Ihrer Ernte. Holen Sie bei Expertinnen und Experten Rat ein, und entscheiden Sie für sich selbst über das für Sie geeignete Verfahren. Was Botulismus ist und wie wir ihn vermeiden, sehen wir uns im Laufe der nächsten Abschnitte genauer an, denn wenn Sie etwas selbst in Öl einlegen und nicht fertig kaufen möchten, dann sollte es korrekt eingekocht sein.

Das Einkochen

Das Einkochen oder Einmachen ist eine wunderbare Methode, um unseren Vorratsschrank aufzufüllen und auf diese Weise einen Teil unserer Ernte zuverlässig haltbar zu machen. Achten Sie dabei allerdings bitte streng auf die Reinheit der Lebensmittel, die sie haltbar machen möchten, und halten Sie sich unbedingt an erprobte Rezepte, denn nur so ist der Erfolg gewährleistet. Eine niedrige Anfangskeimlast durch gründliche Vorbereitung und geeignete Kochverfahren gewährleisten die Sicherheit und Genießbarkeit Ihres Endprodukts, damit Sie und Ihre Liebsten es sich schmecken lassen können.

Für Anfänger empfiehlt es sich, mit eingekochten Früchten zu beginnen. Diese können nicht nur zu Marmelade, Konfitüre oder Gelee verarbeitet werden, sondern auch zu Mus, Kompott, Sirup oder Saft. Früchte können zudem als Ganzes eingekocht werden. Auch wenn Sie keinen eigenen Garten haben, können Sie damit in der nächsten Saison beginnen, denn Hagebutten, Brombeeren, Holunderblüten und viele andere Früchte sowie genießbare Blüten finden sich auch in der freien Natur zum Sammeln und Verarbeiten.

Waschen und Säubern Sie die Erzeugnisse gut, bevor diese im Kochtopf landen. Nehmen Sie nur die besten Früchte ohne Druckstellen, Fraß oder Schimmel. Halten Sie sich an erprobte Rezepte, um das Gelingen zu garantieren, sonst können die Genießbarkeit, Konsistenz oder die Haltbarkeit stark beeinträchtigt werden. Deshalb orientieren Sie sich am besten an handfesten Mengen- und Zeitangaben, die auf soliden Erfahrungswerten aufbauen, sei es aus dem lang erprobten Familienrezeptbuch, dem bekannten *Weck-Einkochbuch* oder anderen seriösen Quellen. Vermeiden Sie bitte eine Verwirrung durch nicht verifizierte Internetquellen, da eingemachte Lebensmittel Ihnen und nahestehenden Menschen bei unsachgemäßer Herstellung großen Schaden zufügen können. Bei richtiger Herstellung brauchen Sie sich allerdings nicht verrückt machen lassen. Wenn Sie sich an erprobte Ratschläge halten, dann können Sie ganz beruhigt und voller Vorfreude beginnen.

Heiß abfüllen

Eingekochtes muss unbedingt heiß in Gläsern oder Flaschen abgefüllt werden. Die Gläser oder Glasflaschen sollten selbstverständlich einwandfrei gereinigt sein. Unmittelbar vor dem Einfüllen waschen wir die Gefäße nochmals mit reichlich kochendem Wasser aus. Die Deckel können wir für mehrere Minuten in Essigwasser kochen. Dann sind die Gefäße bereit, um die Speisen aufzunehmen und zu konservieren. Sie werden nach Zugabe der erhitzten Lebensmittel fest verschlossen und dann nochmals im zugedeckten Wasserbad aufgekocht, daher spricht man auch vom »Einkochen«. Achten Sie darauf, sich nicht an dem heißen Wasserdampf zu verbrennen, wenn Sie den Topfdeckel heben. Schützen Sie Hand und Unterarm mit einem Geschirrtuch oder einem Backhandschuh. Mit einem Glasheber, also einer Greifzange für Einmachgläser, lassen sich die Gefäße aus dem heißen Wasserbad nehmen, so wird die Verbrühungsgefahr reduziert. Ein professioneller Einkochtopf mit Temperaturregler und praktischem Ablasshahn ist eine Überlegung wert, wenn Sie auf den Geschmack gekommen sind und häufiger einkochen möchten.

Der wahrscheinlich größte Kritikpunkt am Einmachen ist die lange Kochzeit: Die Methode reduziert den Vitamingehalt um rund 40 Prozent, was besonders bei Früchten eine Rolle spielt. Proteine, Fette, Kohlenhydrate und Ballaststoffe bleiben jedoch verschont, was zum Beispiel bei eingemachten Bohnen vorteilhaft ist. Ein weiterer Kritikpunkt am Einmachen: Es verbraucht reichlich

Energie durch den zweifachen Kochvorgang. Allerdings können Sie bei guter Arbeitsplanung mit einem Male größere Mengen einkochen und haben dann für lange Zeit Konserven griffbereit, die ungeöffnet nicht gekühlt werden müssen, denn sie halten sich bei Zimmertemperatur. Ein spezieller Einmachtopf mit Thermostat und Zeitschaltuhr oder ein Schnellkochtopf können den Energieaufwand senken. Um zusätzlich Energie einzusparen, achten Sie bitte genau auf Temperatur und Kochzeit für das jeweilige Lebensmittel, die in verlässlichen Rezepten, zum Beispiel im *Weck-Einkochbuch*, angegeben ist – verkürzen Sie sie zwecks Produktsicherheit bitte nicht, aber verlängern Sie sie auch nicht unnötig, um so möglichst schonend und energiesparend vorzugehen, und auch, um die Erzeugnisse nicht zu »verkochen«. Ein weiterer Kritikpunkt am Einmachen sind Zusätze wie das Beimengen von viel Salz oder Zucker.

Sinnvoll einkochen – zum Beispiel Marmelade

Nun geht es ans »Eingemachte«: Wir wollen uns am Beispiel von zuckerfreier Marmelade ansehen, wie man Früchte möglichst schonend, energiesparend und gesundheitsbewusst haltbar macht. Marmelade ist für viele Menschen der typische Einstieg ins Haltbarmachen durch Einkochmethoden. Es ist äußerst einfach, sie selbst herzustellen, um so keine Marmelade mehr im Handel einkaufen zu müssen. Sie ist nichts anderes als streichfähig gemachtes, konserviertes Obst. Es genügt, die dicke Marmeladenflüssigkeit einzukochen, heiß abzufüllen und fest zu verschrauben; sie muss nicht mit einem zweiten Kochvorgang »eingeweckt« werden, wie dies bei ganzen Früchten und anderen Lebensmitteln der Fall ist.

In manchen Gegenden wird sie auch als Topping für den Frühstücksbrei aus Getreide verwendet. Im Falle der Marmelade wird meist mit großen Mengen Zucker gearbeitet, weil das Pektin in den Früchten mit der Säure und dem Feststoff im Zucker reagiert – so erhält die Marmelade ihre typische Konsistenz und Süße sowie eine lange Haltbarkeit. Im Laufe der Zeit wurde speziell hierfür der Gelierzucker entwickelt, den ich persönlich während meiner gesamten »Marmeladenkoch-Karriere« nur einmal verwendet habe.

Beträchtliche Mengen Zucker auf dem Speiseplan sind nicht gesundheitsförderlich, trotzdem sind 2:1 und 3:1 raffinierte Gelierzucker insbesondere in Deutschland im Angebot – in vielen anderen Ländern kennt man diesen Spezialzucker gar nicht, denn es geht auch ohne. Mehl, Stärke, Flohsamenschalen, Gelatine und viele andere Stoffe sind zwar ebenfalls gute Verdickungsmittel, die die Funktion des Zuckers als Geliermittel ersetzen können, aber wenn wir Stärkehaltiges verwenden und die Marmelade länger aufbewahren wollen, dann wird sie, je nach Zusatz, leider bald gären. Für Gesundheitsbewusste, die Fruchtkonserven über Monate lagern möchten, braucht es also passende Alternativen zum Zucker.

Bereits in den 70ern begann der Trend in Richtung weniger Zucker: Zusätze wie Johannisbrotkernmehl und Agar Agar kamen nach und nach in Mode und wurden für das Kochen von Fruchtaufstrichen erprobt. Sie sorgen, je nach Mengenverhältnis, tatsächlich für eine gelee- bis marmeladenartige Konsistenz und beeinträchtigen die Haltbarkeit nicht. Auch Pfeilwurzmehl kommt in Frage, hat aber, ähnlich wie das Johannisbrotkernmehl, einen leichten Eigengeschmack, den man mögen muss. Agar Agar ist nahezu geschmacksneutral. Ein Teelöffel (also etwa zwei Gramm) des Johannisbrotkernmehls wird auf 200 Milliliter Früchte gegeben. 3,5 Gramm Agar Agar gelieren beispielsweise rund 500 Milliliter Fruchtsaft. Je nach Herstellerfirma variiert die Mengenangabe.

Auf eine Alternative zu der Süße aus dem Zucker müssen Sie freilich nicht verzichten, wenn Ihnen das eingekochte Obst zu sauer beziehungsweise schlichtweg nicht süß genug ist: In Frage kommen Honig, Xylit, Agavensirup, Inulin, Kokosblütenzucker und vieles andere. Auch Apfelsaft, der wie Zucker Pektin enthält, ist ein guter und gleichzeitig süßer Zusatz beim Einkochen. Damit gibt es gute Alternativen zum Einmachen von Früchten in Form von Marmelade, auch wenn man keinen Zucker verträgt oder diesen vermeiden möchte. So können Sie leckere und gesundheitsbewusste Marmeladen kochen, die Sie in dieser Form im Handel oft gar nicht bekommen.

Alternativen zum Zucker

Beherrschen Sie das Marmeladenkochen, ist es nicht schwer, sich auch an Mus, Kompott oder andere Variationen heranzuwagen. Allerdings ist die Haltbarkeit der zuckerfrei eingemachten Fruchtkonserven nach dem Öffnen kürzer, weshalb Sie kleinere Gläser verwenden sollten, die sie dann innerhalb weniger Tage aufbrauchen. Wenn Sie eine große Ernte an überreifem Obst eingefahren haben und mit der Menge schlicht überfordert sind, können Sie es zunächst mit dem Einkochverfahren zu Saft verarbeiten. Dann können Sie immer noch in aller Ruhe entscheiden, ob Sie im Anschluss Marmelade oder Gelee auf Fruchtsaftbasis daraus herstellen oder den Saft als solchen verköstigen möchten.

Auch das Einkochen ganzer oder halbierter Früchte spart Zeit und lässt offen, wofür wir sie später verwenden wollen – sie können als Ganzes genascht, aber auch bei verschiedenen Koch- und Backrezepten verwendet werden. Wenn Sie sich an grundlegende Prinzipien halten, werden Sie schnelle Erfolge erzielen. Das Haltbarmachen von Früchten ist aufgrund ihres natürlichen Fruchtzucker- und Säuregehalts die sicherste, einfachste und dankbarste Methode des Einkochens.

Hinweis: Beim Einkochen geht es um das Abtöten von Bakterien durch Hitze, damit Lebensmittel sicher eingelagert werden können. Freuen Sie sich auf die hübsch befüllten Gläser und eine effiziente Vorratshaltung – und haben Sie keine übermäßige Sorge, etwas falsch zu machen. Bestimmte Vorgehensweisen, die bereits mehrere Jahrhunderte lang erprobt sind, können uns eine sehr hohe Wahrscheinlichkeit geben, dass die selbst gemachten Konserven verlässlich und unbedenklich sind. Die Erkenntnisse aus Lebensmittelindustrie und Forschung verweisen uns ebenfalls auf klare Parameter, die uns Gewissheit über eine korrekte Anleitung zur eigenen Vorratshaltung geben können. Halten wir uns an bestimmte Richtlinien, vor allem beim Einmachen von Gemüse und Hülsenfrüchten, die wir uns in den folgenden Abschnitten ansehen werden, dann müssen wir nicht befürchten, dass die Vorräte verderben – oder wir uns den Magen!

Haltbarkeit und Verderb

Einmachgläser sollten selbstverständlich vor dem physikalischen Verderb durch äußere Einflüsse wie starkes Sonnenlicht oder Erschütterung geschützt werden. Bei Raumtemperatur können sie sich für ein gutes Jahr halten, müssen also nicht im Keller aufbewahrt werden, sondern können im Küchenschrank oder in der Vorratskammer stehen. Wichtig: Zeigt die Konserve nach vier bis sechs Wochen Farbveränderungen, wölbt sich der Deckel oder nehmen Sie sogar üble Gerüche wahr, entsorgen Sie das Eingekochte bitte umgehend. Öffnen Sie das Glas nicht, und riechen Sie nicht daran, da die Aerosole giftig sind. Ein chemischer und mikrobieller Verderb ist dann wahrscheinlicher, wenn wir Fertiggerichte, insbesondere solche, die püriert sind, einkochen wollen, kommt aber auch bei Gemüse, Fleisch und Hülsenfrüchten deutlich häufiger vor als bei eingekochten Früchten.

Unkomplizierter als die Haltbarmachung von eigenen Fertiggerichten ist das Einkochen getrennter Lebensmittel für sich. Verwenden Sie bitte keine Soßenbinder im Eingemachten, sondern fügen Sie lieber eine geriebene Kartoffel für mehr Festigkeit hinzu. Am besten sollten Sie erst nach dem Öffnen des Glases Zutaten frisch hinzugeben, die Ihrem Menü die gewünschte Konsistenz verleihen, also jegliche Form von stärkehaltigen Soßenbindern. Geben Sie der Konserve keine Petersilie bei, denn dadurch wird sie grau und schnell sauer. Lassen Sie ebenfalls die Finger von roher Zwiebel, denn sie kann vakuumiertes Glas zum Platzen bringen. Feinblättriges Gemüse sollten Sie ebenfalls lieber nicht einmachen, denn es zerfällt leicht, genauso wie zu klein geschnittene Zucchini, die im Glas schnell ihre Form verliert und dann unappetitlich wird. Auch wenn das Einmachen von Gemüse anspruchsvoller ist, als Obst einzukochen, und es dabei mehr zu beachten gilt, lassen sich grundsätzlich folgende Gemüsesorten einmachen: Blumenkohl, Bohnen, Brokkoli, Erbsen, Gurken, Grünkohl, Kartoffeln, Kohlrabi, Kürbis, Mais, Mangold, Möhren, Paprika, Pastinaken, Rhabarber, Rote Bete, Rotkohl, Sellerie, Spargel, Tomaten, Weißkohl, Wirsing, Zucchini und Zwiebel.

Geeignete Lebensmittel

Verschätzen Sie sich in Bezug auf die Grenzen und Möglichkeiten des Einmachens in Gläsern bitte nicht – es ist eine komplexe Angelegenheit. Selbst die Lebensmittelindustrie schafft es nicht, alles Mögliche in Form von Konserven nach Lust und Laune haltbar zu machen, schon gar nicht jede bunte Mischung! Insbesondere Püriertes sowie Milchprodukte oder Stärke im Glas sind oft hochproblematisch. Das Einmachen von Fleisch – falls Sie nicht vegetarisch leben – ist sehr anspruchsvoll, und wurde es mit dem Darm des Tieres kontaminiert, ist es ungeeignet.

Botulismus – wie groß ist die Vergiftungsgefahr?

Wenn das Eingemachte nach dem Öffnen vergoren oder durchsäuert ist, essen Sie es bitte nicht. Das gilt nicht nur für Selbstgemachtes, sondern auch für Konserven, die Sie im Handel kaufen können. Produktionsfehler sind immer möglich, und wir haben es bei Eingemachtem mit lebendigen Substanzen zu tun: Enzyme und Keime können im Glas trotz – oder gerade bei – Luftverschluss stark reagieren. Auch ist natürlich keine unendliche Haltbarkeit gegeben! Prüfen Sie das, was Sie verzehren möchten, immer aufmerksam. Notieren Sie auf dem Etikett alles Wesentliche, also einzelne Inhaltsstoffe und das Herstellungsdatum.

Sie sollten sich bewusst sein, dass bei eingemachtem Gemüse, Hülsenfrüchten und Fleisch unter bestimmten Umständen die Gefahr einer schweren Lebensmittelvergiftung namens Botulismus besteht, die durch ein Bakterium namens *Clostridium botulinum* im vakuumierten Einmachglas verursacht wird. Diese Lebensmittelvergiftung ist tückisch, denn in einem bestimmten Stadium können wir die Bakterien beziehungsweise deren giftige Ausscheidungen im Einmachglas weder sehen noch riechen oder schmecken. Jährlich gibt es deswegen eine Handvoll Erkrankungen und selten auch Todesfälle. Es handelt sich um eines der stärksten Nervengifte, das unter anderem folgende Symptome verursacht und schnelles Handeln erfordert: doppeltes, verschwommenes Sehen, Mundtrockenheit, Artikulationsschwierigkeiten, Lähmungsgefühl und Atemnot. Zwischen dem Verzehr und den ersten Symptomen können mehrere Stunden bis drei Tage verstreichen.

In Deutschland und Österreich ist Botulismus meldepflichtig, wird also akribisch dokumentiert.[64] Das österreichische Sozialministerium bescheinigt, dass es in Österreich seit Einführung der künstlichen Beatmung keine Todesfälle wegen Botulismus mehr gegeben hat. Auch Magenspülungen und Antibiotika werden erfolgreich als Behandlungen eingesetzt, sollte es einmal zum Lebensmittelbotulismus kommen. Auf der Internetseite des Ministeriums lesen wir: Seit dem Jahr 2000 hat es bundesweit 20 Erkrankungsfälle gegeben.[65] Die Wahrscheinlichkeit, durch Toxine wie die Botulinum Neurotoxine (BoNT) ernsthafte gesundheitliche Probleme zu bekommen, ist geringer, als an einer Salmonellenvergiftung zu erkranken.

Aufgrund weniger Botulismus-Fälle weltweit ist es im letzten Jahr in der Einmach-Community zu großer Verunsicherung gekommen. Im Internet kursieren nun Meinungen und Mythen. Manche insistieren mittlerweile, man könne nur noch mit einem speziellen Hochdruckkessel, dem *Pressure Canner* aus den USA, sicher einkochen – und zwar bei genau 121,1 Grad Celsius für drei Minuten. Die krumme Zahl rührt daher, dass hier 250 Grad Fahrenheit in Celsius übersetzt wurden. Diese äußerst hohe Temperaturangabe betrifft vor allem Lebensmittel, die einen bestimmten PH-Wert haben: *Clostridium botulinum* entsteht nämlich nur, wenn zu wenig Säure im Glas ist. Es liebt anaerobe Bedingungen, das heißt das Vakuum, das wir beim Einmachen erzeugen, und findet in dem Eingemachten reichlich Nährstoffe für seine Reproduktion. Die Ausscheidungen des Bakteriums sind für uns hochgiftig. Eine Marmelade einzukochen ist dahingehend sicher, da Obst natürliche Fruchtsäuren enthält und wir zur Konservierung oft Süßstoffe hinzufügen. Ein ausreichend saurer PH-Wert garantiert, dass es keine Botulismus-Gefahr gibt. Haben wir es beim Eingemachten jedoch nur mit Substanzen mit einem hohen PH-Wert zu tun, so gilt es umso mehr, wichtige Regeln beim Einmachen zu beachten.

Mythen

Brauchen wir ab jetzt also den amerikanischen *Pressure Canner*, um sicher einzukochen? Waren Omis Vorratsgläser potenzielle Zeitbomben? Haben unsere Vorfahren auf dem Herd mit dem Feuer gespielt, als sie Erbsen mit Möhrchen einmachten? Es gibt keinen Grund zur Panik. Wir haben nicht erst seit der Erfindung des *Pressure Canners* Erfahrungswerte, was das Einmachen betrifft.

Schon seit napoleonischen Zeiten wurde krampfhaft und mit

zahlreichen Unternehmungen nach dem Prinzip des *Trial and Error* versucht, die gemarterte Kriegsfront mit Konserven einigermaßen fit zu halten. Man sagt, Napoleon habe sogar ein Preisausschreiben für die beste und sicherste Einmach-Methode veranstaltet. Im Jahr 1795 entwickelte der Franzose Nicolas Appert verbesserte Leitlinien zum Einkochen, um unsere Lebensmittel ab 72 Grad Celsius noch sicherer zu machen, und in den 1860ern verewigte sich Louis Pasteur im Verfahren der Hochpasteurisierung bei über 100 Grad Celsius. Mit dem ersten Einkochglas der Firma Weck, das im Jahr 1900 auf den Markt kam, wurde das Einmachen zum willkommenen Volkssport eher armer Leute, wie es meine Selbstversorger-Großeltern waren. Sie nutzten die Glaskonserven, um sich und die Familie einfacher und abwechslungsreicher durch den Winter zu füttern. So machten sie also einen großen Teil ihrer Erzeugnisse jedes Jahr zuverlässig haltbar.

Kurze Geschichte des Einmachens

Neben allerlei Marmeladen, eingekochten Zwetschgen, halben Birnen, eingemachtem Gemüse und vielen weiteren Gläsern füllte sich so die Speisekammer jeden Herbst aufs Neue. Zudem arbeitete meine Großmutter in einer Konservenfabrik und kannte sich dadurch bestens mit dem korrekten Haltbarmachen ihrer Gartenfrüchte aus.

Die Lebensmittelindustrie verfolgt bis heute allerhöchste Standards, denn Konservenfirmen haften bei Vergiftungen von Konsumenten durch fahrlässig produzierte Produkte. Der Kenntnisstand hat sich immer weiterentwickelt – über genaue Messwerte und Berechnungen des notwendigen Dezimalwerts sichert sich die Industrie ab, um Übeltäter wie *Clostridium botulinum* fast vollständig auszuschließen. Natürlich verfügt eine Fabrik über ganz andere Geräte und Möglichkeiten als wir zu Hause ohne sterile Handschuhe, mit

Vergleich der Standards

unserem Holz-Schneidebrettchen, Kochtopf und handgespülten Einmachglas. Wir erreichen keine Höchsttemperaturen, keine Sterilität und fügen – zum Glück! – auch keine künstlichen Haltbarmacher hinzu. Doch so viel sei gesagt: Auch das Einmachen zu Hause kann sicher genug sein.

Die 120 Grad Celsius eines teuren *Pressure Canners*, die wir mit einem normalen Kochtopf gar nicht erreichen, braucht es nicht unbedingt für das Abtöten gefährlicher Sporen – bei niedrigerer Temperatur verlängert sich lediglich die Kochzeit! Statt zweieinhalb bis drei Minuten bei 121,1 Grad Celsius können wir auch mit Temperaturen ab 90 Grad Celsius sichere Ergebnisse erzielen, bei denen gefährliche Erreger – sollten sie denn überhaupt in Ihrem Gläschen vorhanden sein – in einer angemessenen Zeit absterben. Das Robert Koch-Institut legt die Untergrenze aktuell sogar auf nur 80 Grad Celsius fest.[66] Herkömmliche Schnellkochtöpfe erreichen auf der zweiten Stufe Temperaturen von rund 110 bis 119 Grad Celsius. Das bedeutet, dass eine Kochzeit von 12 bis 15 Minuten ausreichen würde, um eine etwaige gefährliche Keimlast weit genug zu reduzieren. Die heimische Herstellungsweise mit Schneidbrett, Küchenmesser, Kochtopf und heiß ausgespülten Gefäßen ist also in Ordnung, um uns einen hohen Sicherheitsstandard zu liefern – es kommt auf die Mischungen an, die im Glas landen, auf die allgemeine Sauberkeit bei der Zubereitung und auf ein verlässliches Rezept mit passenden Angaben zu Mengen, Kochzeit und Temperatur.

Abschließend ist zu Ihrer zusätzlichen Erleichterung zu sagen: Gefährliche Sporen, auch die *Clostridium botulinum*, können durch die Zugabe von etwas Zitronensaft vermieden werden. Wem dies in Kombination mit Eingemachtem nicht schmeckt, sollte wissen, dass auch nach der sechswöchigen Lagerung eines Einmachglases bei Raumtemperatur gefährliche Sporen sicher ausgeschlossen werden können. Denn spätestens dann würden sich bei einem Befall nämlich Beulen im Deckel bilden. Im Falle des Weck-Glases würde sich der Deckel durch den Druck, den die üblen Gase auslösen, trotz des Gummis von selbst anheben. Entfernen Sie daher vor dem Einlagern die Klammern des Weck-Glases, dann können Sie wegen offener Deckel schneller aufmerksam werden, sollte jemals etwas nicht mit Ihrem Vorrat stimmen. Der Deckel eines gut verschlossenen Glases hebt nicht einfach so ab, sondern wirklich nur im Falle toxischer Gasbildung. Glauben Sie mir, denn mein Vater versuchte in seiner Kindheit unzählige Male vergebens, heimlich eingemachtes Obst aus Omis Speisekammer zu naschen – an dem Gummizug eines Weck-Glases kann man lange vergeblich zerren, bis es aufgeht.

Bleibt also das Glas dicht und unauffällig, bevor die sechs Wochen Probezeit vorbei sind, und Sie haben dennoch Zweifel, ob Ihr Eingekochtes, zum Beispiel Bohnen oder Blumenkohl, wirklich sicher ist – obwohl Sie keinerlei unangenehme Anzeichen feststellen –, dann kochen Sie die Konserve nach dem Öffnen bitte noch einmal ordentlich auf! Auch ohne spürbare Anzeichen kann man vor den sechs Wochen Lagerzeit nämlich bei bestimmten Konserven nicht gänzlich ausschließen, dass man sich Botulinum Neurotoxine einverleibt. Sie werden durch ein erneutes Aufkochen aber sicher unschädlich gemacht. Die Konserve ist spätestens dann, sofern nicht aus anderen Gründen grobe Auffälligkeiten in Geschmack, Farbe oder Geruch zu erkennen sind, wirklich bedenkenlos verzehrbar.

Wie wir gesehen haben, können viele Erzeugnisse durch gekonntes Einmachen gut, sicher und schmackhaft haltbar gemacht werden. Doch es gibt noch weitere Methoden zur Haltbarmachung Ihrer Ernte.

Dörren und Trocknen

Das Dörren und Trocknen von Lebensmitteln aus dem Garten und aus der Wildnis ist mein persönlicher Favorit unter den Methoden zur Haltbarmachung für die Selbstversorgung. Viele Ökohöfe arbeiten schon seit Langem mit Dörr- und Trockentechniken, die als mitunter schonendste und einfachste Techniken vielleicht auch Sie überzeugen können. Lebensmittel in Rohkostqualität sind besonders gesund.

Wenn Sie ein Selbstversorgerprojekt im Süden besuchen oder dort für sich planen, so kommt Ihnen die Kraft der Sonne wahrscheinlich nicht nur in Bezug auf eine Solaranlage in den Sinn, sondern auch für das Trocknen und Haltbarmachen von Lebensmitteln. Schon seit Urzeiten werden Kaffeebohnen, Stangenbohnen und andere landwirtschaftliche Erzeugnisse auf großen Textilien an der Sonne getrocknet und damit haltbar gemacht. Auch in unseren Breitengraden genügen Sonne oder die Luft, um Getreide oder Zwiebeln und Knoblauch vor dem Lagern im Keller ausreichend zu trocknen. In Ländern wie Spanien oder Peru lassen sich in ausgedehnten Sonnenstunden auch geschnittene Früchte gut trocknen. Nachdem ich mein Erasmusjahr in der südspanischen Stadt Sevilla absolviert hatte, verschlug es mich für einige Wochen auf die kanarische Insel La Palma. Die Plattform WWOOF (*World Wide Opportunities on Organic Farms*) ermöglicht es, gegen Kost und Unterkunft wertvolle Erfahrungen in Projekten zu sammeln, in denen biologische Landwirtschaft praktiziert wird.

Botulismus sicher ausschließen

In der Nähe von Tijarafe im Westen der wildschönen Insel hatte ich im August und September 2019 besonders mit den Themen Ernte und Haltbarmachung zu tun. Die Finca, die hoch oben am Berg über den Atlantik blickte, verfügte über mehrere große

Dörrautomaten in einem eigens für die Haltbarmachung vorgesehenen Gartenhaus. Besonders Maulbeeren und Feigen wollten in dieser Zeit geerntet und haltbar gemacht werden. Feigen haben schon die Wüstenbewohner in der Sahara – nicht weit von den kanarischen Inseln – auf ihren anstrengenden Wanderungen geschätzt. Die Maulbeeren auf der sonnenverwöhnten kanarischen Insel waren unglaublich lecker und saftig – bei der Ernte an den kleinen üppigen Bäumen floss mir und einer belgischen WWOOFerin der Maulbeersaft wie leuchtend rotes Blut die Arme hinunter. Die Früchte quollen über vor Saft und Süße und wurden zu köstlichen Trockenfrüchten für den Hofverkauf sowie die Selbstversorgung verarbeitet. An besonders strahlenden Tagen konnten Beeren und Fruchtscheiben draußen auf einem Rost über dem Holztisch trocknen.

Auch die Mandeln, die wir unter großem Kraftaufwand mit meterlangen Bambusstäben von den Bäumen auf dem Gelände der Finca schlugen und in Erntenetzen auffingen, trockneten ausgebreitet auf einem Tuch mitten auf der Terrasse. Es war sehr wichtig, jeweils eine Mandel vom Baum zu probieren, bevor wir sie ernteten, weil manche von ihnen Bittermandeln trugen und andere süße, also durften sie auch beim Trocknen auf keinen Fall durcheinandergeraten. Nach einigen Tagen hatten sich die Schalen der geernteten Mandeln bereits verändert, und der Trocknungsprozess ging in der Sonne merklich voran, ohne eine künstliche Energiequelle zu benötigen. Die äußerst saftigen Maulbeeren allerdings wurden erst nach vielen Stunden im Dörrautomaten richtig gut haltbar. Sie behielten trotz der Haltbarmachung ihren köstlichen Geschmack bei. Die Finca machte mit den hochwertigen Dörrprodukten in Bio-Qualität gute Umsätze, besonders, weil sie eher ungewöhnliche Früchte wie Maulbeeren und Mispeln verwerteten. Auch für die Bewohnerinnen und Bewohner sowie für uns Freiwillige wa-

Mandeln trocknen

ren die kleinen schmackhaften Vitaminbomben zur Aufwertung des Frühstücks oder als Nascherei ein echtes Highlight. Von der exquisiten Rohkostqualität durch Dörren als einer erstklassigen und sicheren Technik zur Haltbarmachung können wir aus verschiedenen Gründen sehr profitieren.

Welche Lebensmittel eignen sich zum Dörren?

Wenn wir mehr Lebensmittel in Rohkostqualität haltbar machen und verzehren möchten, brauchen wir nur frische Lebensmittel und ein passendes Gerät, in dem diese bei maximal 42 Grad Celsius (manche sprechen von bis zu 45 Grad) gedörrt werden können. Doch welche Erzeugnisse lassen sich besonders einfach dörren? Die meisten Obst- und Gemüsesorten, wie Äpfel, Birnen, Mangos, Karotten und Süßkartoffeln, sind gut geeignet. Auch Gräser und Blätter, wie etwa Gerstengras und Brennnesseln, lassen sich leicht dörren und beispielsweise zu Pulver verarbeiten, um als Superfoods den Smoothie oder Selbstgebackenes aufzuwerten. Auch Pilze, etwa Steinpilze, lassen sich schonend gedörrt und luftdicht verpackt über lange Zeit lagern.

Weniger gut geeignet sind Beeren, denn sie brauchen aufgrund ihres hohen Saftgehalts sehr lange, bis sie trocken sind. Auch Tomaten brauchen viel Geduld und Expertise beim Dörren und sind oft nicht lange lagerfähig. Avocados oder Eier sind schwierig bis gar nicht dörrfähig, und auch Käse kann, wie andere fetthaltige Lebensmittel, große Probleme mit Blick auf die Haltbarkeit verursachen. Wählen Sie für selbstgedörrte Käsecracker einen Käse mit geringem Fettgehalt, und verbrauchen Sie das Produkt am besten innerhalb weniger Wochen.

Verwenden Sie bitte keine wurmstichigen, fauligen, überreifen oder unreifen Früchte für das Dörren.

Für eine längere Lagerung von fertig Gedörrtem sollten Sie statt zu Papiertüten zu gut verschließbaren Gläsern greifen, damit es nicht schimmelt. Lagern Sie es dunkel, trocken und nicht zu kalt. Gedörrtes sollte nicht im Keller stehen.

Die eigene Ernte durch Dörren haltbarmachen

Nur in besonders heißen, trockenen Sommern ist es in Mitteleuropa möglich, unsere Erzeugnisse an der Sonne ausreichend zu trocknen, denn nur dann werden Rohkost-Cracker auch auf dem Balkon oder auf dem Gartentisch auf natürliche Weise knusprig und haltbar. Ansonsten brauchen wir einen speziellen Ofen. Mit einem herkömmlichen Backofen ist es sehr schwierig, die magische Temperaturgrenze nicht zu überschreiten, sodass wir beim Gebrauch des Küchenofens nicht einschätzen können, ob unsere Produkte ihre Rohkostqualität beibehalten.

Erfahrungsbericht

Unser erster Dörrautomat verfügte über sechs Roste und bot somit genügend Platz, um die Erträge aus dem Urban-Gardening-Projekt, das wir damals betrieben, regelmäßig haltbar zu machen. Die Roste waren grobmaschig und erlaubten eine gute Luftzirkulation. Der Dörrautomat verbrauchte wenig Strom und passte durch seine schmale und lange Form gerade noch gut auf unsere Küchenzeile. Da wir beide gern kochen und backen, wollten meine Tochter und ich auch gleich mit verschiedenen Früchten und Rezepten experimentieren. Damals lebten wir im waldreichen Westen Bonns in einem Wohnhaus des Studierendenwerks, das von einer wunderschönen Grünfläche mit eigenem Spielplatz und Gemeinschaftshaus für interne Veranstaltungen umgeben war. Die Wohnanlage liegt in einem sehr reizvollen Villenviertel aus der Gründerzeit; mit ihren Sonnenbalkonen, die einen Blick in den großen Gemeinschaftsgarten boten, ist die Anlage bis heute einzig Studentinnen und Studenten der Bonner Universität vorbehalten, die bereits Kinder haben oder eines erwarten.

Unsere Nachbarschaft bestand also aus vielen jungen, multikulturellen Familien. Dort war einst durch eine angehende Biologielehrerin auch ein Gartenbereich mit neun großen Hochbeeten entstanden, die wir wiederbelebten. Auf neu beschaffter humusreicher Erde wuchsen Erdbeeren, Himbeeren, Radieschen, Mangold, Rote Bete, Wirsing, Ringel- und Sonnenblumen, Sellerie, Salat, Tomaten, Kräuter und andere nützliche Gartenpflanzen, die wir gemeinsam mit den Kindern anbauten und ernteten. Auf dem häusereigenen Kompost lernte unser Nachwuchs, was unsere Küchenabfälle so nützlich macht. Mit kleinen Gießkannen wässerten die Kinder im Hochsommer die Tomaten. Und beim Fangen- und Versteckspielen naschten sie im Vorbeigehen zufrieden und wie selbstverständlich die eine oder andere Himbeere. Es war ein wundervolles Projekt. Als Studienleistung für ein Dokumentarfilm-Seminar zu Umweltthemen, das ich im Rahmen meines Begleitfachs studierte, drehte ich sogar einen kleinen Dokumentarfilm über unser urbanes Gärtnern mit den Kindern.

Da das Gärtnern in unserem Projekt so produktiv war und insbesondere die Wirsingköpfe bis in den Winter hinein immer riesiger und knackiger wurden, fragte ich mich, wie ich sie mithilfe des Dörrofens verwerten könnte. Wir machten zwar bereits regelmäßig Auflauf, Eintopf, Salat und sogar köstliche Wraps mit den riesigen Wirsingblättern, die wir statt eines Teigfladens mit selbstgezogenen Sprossen, Avocado oder Kircherbsenpaste, geriebenen Karotten und anderem befüllten und dann zusammengerollt verspeisten. Aber wir fragten uns, wie wir die Blätter mithilfe des Dörrautomaten wohl anderweitig und ebenso gesund verarbeiten sowie haltbar machen konnten. Also probierten wir Verschiedenes aus, um noch mehr Abwechslung in unseren Wirsingkonsum zu bringen und noch lange von den Kohlköpfen zu zehren – und zwar in bester Rohkostqualität.

Beispiel Wirsing

Wirsing gehört neben einigen anderen Verwandten aus der Kohlfamilie zu den Lebensmitteln aus unserem eigenen Garten, die uns mit einer kaum übertreffbaren Palette an Nährstoffen versorgen. Er ist unglaublich wertvoll, aber im Supermarkt nur selten – und meist schon gar nicht in Bio-Qualität – zu finden. Überhaupt laufen dem Wirsing mediterrane Gemüse das ganze Jahr über scheinbar den Rang ab, dabei passt er einfach unglaublich stimmig in die kalte Jahreszeit. Es kann große Freude bereiten, uns mehr mit dem zu versorgen, was in unseren Breiten zu einer bestimmten Jahreszeit auch tatsächlich wächst. Wenn Sie Wintergemüse wie Feldsalat oder Kohl noch dazu selbst anpflanzen möchten, umso besser – sie schmecken hervorragend und fühlen sich draußen, je nach Temperaturen etwas geschützt, auch in der dunklen Jahreshälfte wohl. Womöglich können Sie sich mit der Rezeptidee, die wir für unseren Wirsing-Überfluss erfanden, mehr für dieses Kohlgemüse und einen eigenen Dörrautomaten erwärmen.

Das Ergebnis unserer kreativen Küchenstunden waren leckere Wirsingchips mit glutenfreier Sesampanade, in die wir nach Geschmack auch etwas Knoblauch und Kräuter gaben. Einen Teil der Sesamsamen pürierten wir für die Panade zunächst mit Sonnenblumenkernen, kaltgepresstem Sesam- oder Olivenöl, einem Spritzer Zitrone und etwas Salz. Die Wirsingblätter wurden gewaschen, abgetrocknet und in nicht zu kleine Stücke geteilt. Dann legten wir sie in eine große Schüssel und kneteten dort sanft die Panade in den Wirsing. Die Blätter kamen schön verteilt auf die Backschienen des Dörrautomaten und trockneten dort bei rund 40 Grad Celsius.

Gedörrte Wirsing-Sesam-Chips

Dieser Prozess kann mehrere Stunden einnehmen, je nach Dicke und Größe Ihrer Wirsingblätter. Das Resultat sind so schmackhafte Rohkostchips aus dem eigenen Gartenwirsing, wie sie in keinem Laden weit und breit zu finden wären. Unbekannteres Gartengemüse wie der Wirsing schmeckt in Form von lecker-würzigen Chips auch vielen eher wählerischen Erwachsenen und Kindern, die man dadurch zu einer gesunden Knabberei motivieren kann. Der Kreativität sind beim Dörren kaum Grenzen gesetzt – nicht nur können wir geschnittene Früchte auf diese Weise einfach und schonend haltbar machen, sondern auch ausgefallene Rezepte entwickeln.

Auch Maronenmehl oder Apfelchips lassen sich mit dem Dörrautomaten herstellen. Maronen und Äpfel können in der Natur, auf der Streuobstwiese oder im eigenen Garten gesammelt werden. Maronenmehl ist basisch, sehr nährstoffreich und ein besonderes kulinarisches Erlebnis. Mit gedörrten und gemahlenen Maronen lassen sich auch ein Müsli oder ein frischer Smoothie aufwerten.

Es ist sehr empfehlenswert, als Einsteigerin mit dem Dörren von Äpfeln aus dem eigenen Garten oder von einer nahe gelegenen Streuobstwiese zu experimentieren, weil dies denkbar einfach und kostengünstig ist und die Ringe gut über lange Zeit lagerfähig sind. Schnell kommen bei einer Ernte so viele Äpfel zusammen, dass man sie in Form von getrockneten Apfelringen als gesunde Leckereien nicht nur gleich wegknabbert, sondern auch den Vorratsschrank für die Winterzeit füllen kann. Weil Äpfel im Keller sehr viel Platz für die Lagerung benötigen, ist es hilfreich zu wissen, dass sie auch durch das Dörren – und zwar in Rohkostqualität – eingelagert werden können.

Äpfel zum Einsteigen

Auch selbst gemachte Cracker, Fruchtleder oder gesunde Energiebälle für Wanderungen und Picknicks sind tolle Alternativen zu minderwertigen Snacks oder langweiligen Geschenken. Für einen geselligen Nachmittag lassen sich sogar glutenfreie Kuchenböden in Rohkostqualität durch Dörren herstellen.

Wenn Sie eine große Ernte aus der Natur und dem eigenen Garten einfahren können, sollten Sie das Dörren und Trocknen für die Haltbarmachung in jedem Fall ausprobieren – es lohnt sich wegen der einfachen Arbeitsschritte und des hohen, bei der Verarbeitung gut erhaltenen Nährstoffgehalts. Gerade als Selbstversorgerin und Selbstversorger bietet das Dörren ein Extra an kulinarischer Vielfalt. Gedörrtes überzeugt mit einem besonders intensiven Aroma, wertet unseren Speiseplan auf und rettet unsere Erzeugnisse unkompliziert vor dem Verderben.

Fazit: Selbstversorgt durch das Haltbarmachen

Wenn Sie als Selbstversorgerin oder Selbstversorger Ihre eigenen Erzeugnisse haltbar machen und lagern möchten, dann finden sich hierfür zahllose Möglichkeiten. Gleichzeitig ist es wichtig, dass Sie einen wirklich sicheren Umgang mit den entsprechenden Techniken entwickeln, um die Bekömmlichkeit und Haltbarkeit der Lebensmittel zu garantieren. Bitte achten Sie unbedingt auf verlässliche Rezepte, und beachten Sie auch die Botulismus-Gefahr bei Konserven. Einzig das Lagern naturbelassener Erzeugnisse und die zuletzt vorgestellte Methode, das Dörren und Trocknen, bergen keine Botulismus-Gefahr. Dennoch sollten Sie immer ein trockenes und nicht zu warmes Lagerklima ermöglichen, auf Schimmelbildung, Schädlinge und Verderb achten und die Lebensmittel konsequent entsorgen, falls einmal etwas schiefgeht.

Überlegen Sie sich, welche Lager- und Verarbeitungstechniken zu Ihren persönlichen Voraussetzungen und Umständen passen. Auch das Räuchern und Pökeln, das Herstellen eigener Milchprodukte und die vielfältigen Varianten der Saftproduktion seien als interessante Verarbeitungsformen erwähnt. Sollten Sie in Bezug auf Ihre Ernährung und die Formen der Haltbarmachung Unsicherheiten haben, konsultieren Sie bitte eine Fachberatung.

Mehr Lebensmittel selbst vorrätig zu haben, befähigt uns dazu, unser Konsumverhalten zu verändern und dieses freier zu gestalten. Wir sind auch im Winter, wenn weniger in der Natur zu sammeln und im Garten zu ernten ist, autarker und gesünder, indem wir wertvolle Produkte daheim verarbeiten und köstliche Gerichte damit zubereiten können. Wenn wir mehr über unsere Nahrungsmittel, Lagermethoden sowie Verarbeitungstechniken lernen, dann können wir das Thema Ernährung souveräner in unsere eigenen Hände nehmen.

Kapitel 6

Ökologisches Bauen und Wohnen

Von der Urzeithöhle zum modernen naturnahen Zuhause

Kulturgeschichtliches

Für sich selbst, gemeinsam mit der Familie oder mit einer Gruppe von Gleichgesinnten einen ökologischen, möglichst autarken und ansprechenden Wohnraum in Naturnähe zu erschaffen, ist nicht erst seit der Energiekrise das Lebensziel vieler Menschen. Als die Vorfahren des *Homo sapiens* vor zwei Millionen Jahren begannen, Höhlen zu besiedeln, waren menschliche Behausungen von der Natur gar nicht zu trennen. Zum Schutz vor Kälte, Witterung und Eindringlingen, als Ort des Rückzugs und für die Intimsphäre, als Stauraum für Eigentum und Ort der gemütlichen Geselligkeit – Wohnraum erfüllt viele Bedürfnisse, die wir Menschen bereits lange vor der Sesshaftwerdung verspürten.

Die menschlichen Grundbedürfnisse, von Schlafen bis Speisen, mussten auch vor der Konstruktion vom ersten »Dach über dem Kopf« gestillt werden. Die Höhle als urzeitliche Behausung ist, neben den Jurten, Zelten und Tipis umherziehender Stämme, die Wiege menschlicher Wohnkultur. Zu Zeiten, als Menschen noch als nomadische Jagd- und Sammelvölker lebten, waren wechselnde Wohnorte die Regel. So bezogen wir einfachste Unterschlüpfe aus Ästen, um die Leder oder auch Faserstoffe wie das afrikanische Sisal gespannt wurden. Die Sami aus dem hohen Norden sind ein letztes noch bestehendes Urvolk Europas. Zwei Drittel von ihnen leben noch heute halbnomadisch mit ihren Rentierherden in Taiga und Tundra am Polarkreis. Ihre urtümlichen Wohnstätten sind verschiedene Arten von *goathies*, die an die Tipis nordamerikanischer Indigener in der Prärie erinnern. Neben Zelten, die den Jurten mongolischer Stämme ähneln, bauen die Sami auch begrünte Unterschlüpfe aus Astwerk und Torf an Erdhügeln. Sie sind ein lebendiges Beispiel für eine natürliche Wohn- und Selbstversorgerkultur, die sich bis heute, trotz vieler Schwierigkeiten, in Europa erhalten hat.

In Naturräumen wiederum, in denen schützende Höhlen existieren, hausten wir vor Urzeiten in diesen Wohnhöhlen so lange, bis die Suche nach Nahrungsquellen wie Beerensträuchern und Wildpflanzen uns in eine andere Gegend zog.

Höhlen

Manche Höhlenwände wurden mit bedeutsamen Szenen verziert, die das Leben erklärten und gemeinsame Identität ausdrückten. Die ältesten Wohnhöhlen Europas in Nordspanien, die rund 41.000 Jahre alt sind, zeugen mit ihren »lesbaren« Höhlenmalereien von einer urzeitlichen Alternative zu Tapete, gerahmten Bildern und Bücherschrank. Ein Feuer vereinte in sich Herd, Heizung und Kamin, und Tierfelle brachten uns – statt Teppich, Sofa und Bett – einfachste Gemütlichkeit, Wärme und Komfort ins »Heim«.

Die meisten von uns, die ein autarkes Leben als Selbstversorgerin oder Selbstversorger anstreben, haben freilich nicht das Leben in Wohnhöhlen im Sinn. Oft geht mit diesem Wunsch aber das Ziel einher, in einem naturnah errichteten, nachhaltigen Haus zu wohnen.

Naturnahes Wohnen

Ein ökologisches Wohnklima ist wohltuend. Die innenräumliche Atmosphäre, in der wir etwa zwei Drittel unserer Lebenszeit verbringen, hat vielfältige Auswirkungen auf den menschlichen Organismus. Dieses Themenfeld untersuchen die Fachrichtungen der Baubiologie und der Ökopsychosomatik, die sich mit dem Einfluss von Umweltfaktoren auf die psychische und körperliche Gesundheit auseinandersetzen. Auch die gebaute Umwelt gehört zu den Umweltsystemen. Was für uns das Gesündeste ist, ist zudem meist auch für Ökologie und Natur das Beste. Ein ökologischer Wohnraum macht im Vergleich zum konventionellen Bauen einen großen Unterschied: Wird beispielsweise mit nachhaltigen Materialien gebaut und isoliert, so trägt dies oft nicht nur zu einem natürlichen und stilvollen Ambiente bei, sondern schont auch die Ressourcen und vermeidet schädlichen Abfall, wenn die Lebenszeit des Baus einmal endet. Eine Wohnatmosphäre ohne nennenswerte Schadstoffe ist förderlich und kann durch ein »atmendes« Konzept ermöglicht werden, das feuchtigkeitsregulierend wirkt, Schimmel und Geruchsbildung vermeidet und gleichzeitig helfen kann, etwaigen Schall und Lärm zu dämmen. Ökologisches Bauen, zum Beispiel mit Lehm, begünstigt diese Aspekte auf natürliche Weise.

Doch wie gelangt man an ein ökologisches Eigenheim? Eine realistische Möglichkeit ist es, sich temporär oder dauerhaft in ein bestehendes ökologisches Wohn- und Lebensprojekt, zum Beispiel ein Ökodorf, zu integrieren, um dort zu bleiben, davon zu lernen oder überhaupt einzuschätzen, ob dieser Weg in Frage kommt. Ist die Überzeugung gereift, dass ein eigenes ökologisches Bauprojekt realisiert werden soll, so ist es, je nach Bauvorhaben, auch ohne viel Vorerfahrung möglich, in Eigenregie ein alternatives Haus zu errichten. Bei Bedarf kann man sich als Bauherrin oder Bauherr, je nach Komplexität des Bauvorhabens und Erfahrung im Heimwerken, Unterstützung durch Personen oder Firmen suchen, die mit ökologischen Bauweisen vertraut sind. Diese können für einen nachhaltigen Neubau oder die Sanierung eines Hauses zu Rate gezogen werden; Letztere ist im Schnitt die umweltfreundlichere Option. Was schon vorhanden ist, muss nicht erst energieaufwendig errichtet werden. So kann ein bereits vorhandener Raum genutzt und dabei möglichst an die eigenen Bedürfnisse angepasst werden.

Ein selbstgebauter Wohnraum steht für viel Kreativität, Erfüllung und handwerkliches Talent. Wer sich handwerklich noch nicht ausprobiert hat, kann in sich Fähigkeiten entdecken und neue Fertigkeiten erlernen. Fachbücher, Kurse, Freiwilligenarbeit und teilweise das Internet können zu einzelnen Aspekten des ökologischen Bauens hilfreiche Informationen und praktische Leitfäden bieten. Auch dieses Buchkapitel beinhaltet praktische Ratschläge sowie Tipps aus der Hand von Expertinnen und Experten, die wir im Rahmen unserer Recherchen getroffen haben. Die Vernetzung und der Austausch mit Menschen, die Ähnliches bereits erreicht haben, ermutigen und zeigen, dass es sicher nicht bei vagen Vorstellungen bleiben muss, wenn es um ein ökologisches Bauvorhaben geht. Finanzierungsfragen und Fördermöglichkeiten lassen sich mit vereinter Kraft erörtern.

Ein gemeinschaftliches Projekt, unter Umständen mit bereits erfahrenen Heimwerkerinnen und Heimwerkern oder Fachleuten, kann Freude bereiten und Großes entstehen lassen. Daneben sind solcherlei produktive Zusammenschlüsse, sofern man Interesse an Kooperationen hat, oft gemeinschaftsstärkend. Know-how und Arbeitszeit können untereinander getauscht werden, ganz ohne Geldmittel. Es ist nicht notwendig, es ganz allein zu schaffen.

Gemeinschaftsprojekte

Ein in der ökologischen Bewegung beliebtes Modell ist es, erfahrene Baumeisterinnen und Baumeister zur Durchführung eines Workshops für die Errichtung ökologischer Gebäude einzuladen. Die Teilnehmerinnen und Teilnehmer erwerben dabei Kompetenzen und sammeln Erfahrung für ihre eigenen zukünftigen Projekte, indem sie im Rahmen der Workshops an der Errichtung eines Objekts mitwirken. Dadurch entsteht eine Win-win-Situation für alle Beteiligten: Diejenigen, die ein ökologisches Haus bauen möchten und die Workshops als »Hosts« organisieren, erhalten auf ihrem Stück

Land tatkräftige Unterstützung durch die Teilnehmenden. Diese wiederum profitieren durch den Erwerb von Wissen und praktischen Fähigkeiten, die sie während der fachlich angeleiteten Bauarbeiten erwerben. Die hinzugezogene Expertin oder der Experte werden durch die Workshop-Beiträge finanziert. Nur für die Materialkosten muss noch Sorge getragen werden. Wählt man natürliche, regionale Baumaterialien, wie Lehm, Holz und Naturstein, und gelangt womöglich an Bauelemente aus zweiter Hand, so lassen sich die Kosten, im Vergleich zum konventionellen Neubau mit Zement, Betonziegeln oder vorgefertigtem Backstein, meist deutlich reduzieren.

In den meisten Ländern der Welt ist es recht normal, selbst und mit eigenen Händen zu bauen. Besonders größere, westlich orientierte Städte haben sich vom traditionellen Bauen entfernt, dennoch leben global gesehen noch die meisten Menschen in traditionellen sowie selbst konstruierten Gebäuden. Schätzungsweise 80 Prozent der weltweit über eine Milliarde Gebäude sind traditionell errichtet.[67] Alte Bautechniken sind vielfach noch bekannt und bedeutsam und werden nach wie vor beherrscht. Ein Beispiel für eine traditionelle Bauweise, die in Europa weitgehend in Vergessenheit geratenen ist und nur noch von wenigen beherrscht wird, ist das Dachdecken mit Stroh. Althergebrachte strohgedeckte Häuser in Cordeville bei Auvers-sur-Oise nahe Paris hat Vincent van Gogh in einem seiner bekannten Gemälde kunstvoll festgehalten. In Heiligenbrunn im österreichischen Südburgenland, unmittelbar an der Grenze zu Ungarn, hat sich ein Viertel mit Weinkellern erhalten, dessen 140 Gebäude, die teilweise noch aus dem 18. Jahrhundert stammen, alle mit Stroh gedeckt sind.

Die Dächer der Häuser Heiligenbrunns, wo der Uhudler eine Art Kulturerbe darstellt, werden durch die wenigen begehrten Dachdecker, die das Handwerk mit Stroh noch beherrschen, immer wieder erneuert. Auch entlang der Küste Südwestenglands, insbesondere in der Grafschaft Devon, finden sich bis in die Gegenwart zahlreiche strohgedeckte Häuser, die nach wie vor bewohnt und gepflegt werden. In Südamerika leben viele Indigene heute noch in strohgedeckten Steinhäusern einfacher traditioneller Bauweisen. Bekannt für diese Bauformen ist unter anderem das Volk der Kogi, auch Kággaba genannt, welches die nordwestlichen Hänge der Bergketten der Sierra Nevada de Santa Marta in Kolumbien besiedelt. In ganz Afrika werden Häuser seit Jahrhunderten und Jahrtausenden aus Holz errichtet und mit Strohdächern versehen.

Strohdächer

Die Szene des ökologischen Bauens ist – auch hier in Europa – eine Art Reservat für althergebrachte, einfache und nachhaltige Bauweisen. So trägt die Ökodorfszene dazu bei, das alte Menschheitserbe und Kulturgut des Bauens aus eigener Kraft mit einfachen Mitteln zu erhalten.

Zwar sind mit dem selbst organisierten ökologischen Bauen Mühe, Arbeit und die Notwendigkeit von Organisationstalent verbunden, doch in einer Zeit der Virtualität kann die Rückkehr zum tatkräftigen Schaffen mit den eigenen Händen ein wohltuender Ausgleich zum sonstigen Tun und Wirken sein – insbesondere, wenn man dabei den eigenen Lebensort erschafft und gestaltet. Allerdings sollte man die eigenen Kapazitäten realistisch einschätzen und sich nicht übernehmen oder gar selbst gefährden, schließlich ist eine Baustelle kein Abenteuerspielplatz, sondern erfordert, je nach Bauvorhaben, besondere Umsicht in Bezug auf Sicherheitsaspekte, wie zum Beispiel im Umgang mit Maschinen und Gerät. Die Statik des Baus, rechtliche Parameter und ähnliche Aspekte sollten gewissenhaft unter Hinzuziehung des Rats von Experten einkalkuliert werden. Und dennoch: Eine positive Einstellung kann letztlich zum Erfolg führen.

»Seht uns an«, ermutigte uns Lucilla Borio, eine der Gründerinnen des italienischen Ökodorfs Torri Superiore, das aus alten, einst verfallenen Steingebäuden besteht, die vor rund 700 Jahren von einfachen Hirten- und Bauernleuten festungsartig errichtet wurden. Das uralte, kompakte Steindorf am Fuße der ligurischen Alpen wurde durch die heutigen Bewohnerinnen und Bewohner ab 1995 eigenhändig mit ökologischen Materialen restauriert und wieder bewohnbar gemacht. »Wir haben es geschafft. Wir waren nicht reich. Wir waren nicht einmal kompetent. Wir lernten durch unser Tun und wir glaubten immer an unser Vorhaben, dieses Dorf zu beleben und zum Wachsen zu bringen.« Das enge Korsett, das ein bereits bestehender Altbau mit seinen schon vorhandenen Strukturen und Anordnungen mit sich bringt, fällt bei Neubauprojekten weg. Das ist besonders dann gewinnbringend, wenn rund um das neue Gebäude auch eine ökologische Infrastruktur und ein geschlossener ökologischer Kreislauf mit eigenem Wasserversorgungs- und Abwassersystem, ökologischer Kläranlage sowie eigener Energiegewinnung realisiert werden sollen. Gerade in Zeiten der Energiekrise und Teuerung dürfte dieser Aspekt für viele, die ein selbstbestimmtes Leben anstreben, zentral sein. Auch die ökologische Wärmedämmung im Neubau lässt sich mitunter effizienter gestalten und hilft, Energie einzusparen sowie ein angenehmes Raumklima zu ermöglichen.

Natürliche Baustoffe

Wiederverwertete Materialien sind meist besonders umweltfreundlich. Daneben empfiehlt es sich, möglichst regional gewonnene natürliche Baustoffe zu beziehen. Dazu gehören etwa Holz, Lehm, Stein und Stroh aus regionaler Rohstoffgewinnung, Faser-, Füll- und Dämmstoffe aus Hanf, Jute, Schafswolle und Holzfaserprodukten, Anstriche und Putze aus Kalk und Lehm und so weiter. Bei der Unterscheidung geeigneter und ungeeigneter Produkte helfen zur Orientierung gängige Öko-Gütesiegel. All diese praktischen Aspekte werden in diesem Kapitel ausführlich behandelt, wobei gerade die Gütesiegel auch einer kritischen Bewertung unterzogen werden. Im Zeitalter des *Greenwashings*, in dem viele Firmen sich gern einen »grünen« Anstrich verpassen, ist die Vielfalt an Labeln und Siegeln mit Vorsicht zu genießen. So werden wir sehen, dass beispielsweise auch der Naturstoff Holz nicht in jedem Fall ein ökologisches, nachhaltiges Baumaterial sein muss.

Die ökologische Bauweise bietet verschiedene Spielarten für unterschiedliche Budgets von gering bis hoch. Überschaubare Kosten sind für viele Menschen auf dem Weg in ein autarkes Leben ein wichtiger Aspekt. Bauvorhaben, die vor allem in der ökologischen »Graswurzelbewegung«, also unter weniger privilegierten Menschen an der Basis beliebt sind, können bereits für einige Tausend Euro realisiert werden, insbesondere wenn man beim Bau auf Kooperativität und Zusammenarbeit mit anderen setzt oder bei der Errichtung selbst organisierte Workshops nutzt.

Ein Experte, der das einfache natürliche Bauen im Rahmen von Workshops für Projekte mit sehr geringem Budget vermittelt, ist der Brite Tony Wrench. Er bewohnt gemeinsam mit seiner Frau Faith ein selbst errichtetes Rundhaus in einem alten Eichenwald im walisischen Nationalpark Pembrokeshire und hat dabei geholfen, ähnliche Rundhäuser überall auf der Welt in kürzester Zeit zu errichten. Die Arbeit von Wrench werden wir später noch näher vorstellen.

Zunächst aber wollen wir Sie auf einige »Baustellen« unserer Zeit führen, um herauszufinden, wie wir Kreisläufe beim Thema Bauen und Wohnen auf ökologische Weise schließen können. Hier trifft traditionelle Handwerkskunst auf richtungsweisende Konzepte für mehr Nachhaltigkeit und Recycling. Aus der Verbindung des alten Wissens vom natürlichen Bauen einerseits mit den technischen Errungenschaften unserer heutigen Zeit andererseits kann der Grundriss einer energieeffizienten, kostengünstigen und ökologischen Baukultur entstehen, die Zukunftstauglichkeit, Effizienz, Krisensicherheit und Ästhetik in sich vereint. Wir alle sind »Architekten« unserer Zukunft – sie bewusst zu gestalten fängt bei unserem persönlichen Wohnumfeld an!

Was ist ökologisches Bauen?

Das Eigenheim ist nach wie vor einer der größten Lebensträume der meisten Menschen. Leider scheint dieser Traum für uns aktuell durch die gesellschaftlichen und wirtschaftlichen Krisen in eine zunehmend schwerer erreichbare Ferne zu rücken. Baugrund ist mittlerweile vielerorts – vor allem stadtnah – rar und teuer, und schicke Neubauprojekte kosten stolze Summen. Insbesondere umweltfreundliche Materialien gelten zudem als kostspielig. Müssen wir also auf diesen Traum verzichten, wenn wir kein dickes Einkommen haben? Nein, denn es gibt unterschiedlichste Lösungen, um verhältnismäßig kostengünstig zu wohnen oder zu bauen, die sich mittel- und langfristig viel eher rentieren als konventionelle Bauweisen.

Der Nimbus des Eigenheims

Ein ökologisches Zuhause hat vielfältige positive Facetten, denn der Traum vom eigenen Zuhause »ist verknüpft mit Assoziationen von Selbstverwirklichung, Identifikation und der Bildung eines dauerhaften Lebensmittelpunkts ebenso wie dem Wunsch nach Schaffung von dauerhaften Werten und Sicherheit«, wissen Professor Manfred Hegger und Isabell Schäfer, die an der Technischen Universität Darmstadt im Fachbereich Entwerfen und Energieeffizientes Bauen tätig sind.[68] Neben der Möglichkeit, sich anhand eines Bauprojekts kreativ auszudrücken, sich dauerhaft zu verwurzeln und einzurichten, bietet das ökologische Eigenheim auch ökonomische Stabilität als möglichst autarkes System, das uns nicht nur ganz oder graduell unabhängig von Teuerung und Energiekrisen macht, sondern auch eine Kapitalanlage und Altersvorsorge darstellt. Entgegen einem verbreiteten Vorurteil ist nachhaltiges, umweltbewusstes Bauen in vielen Fällen kostengünstiger machbar als konventionelle Bauprojekte.[69]

Und seit Langem ist klar, dass es keine vertretbare Alternative zum ökologischen Bauen gibt, weil Ressourcenknappheit, Emissionen, Schadstoffe und Müllaufkommen durch den Bausektor zu den weltweit größten Umweltproblemen gehören. Dass Asbest, zweifelhafte Dämmstoffe, gesundheitsschädliche Lacke oder der übermäßige Einsatz von Stahl und Beton nach und nach aus dem Repertoire verschwinden, ist wünschenswert – doch wodurch werden sie ersetzt? Was genau ist denn nun mit dem »ökologischen Bauen« gemeint?

Es geht hierbei um eine zukunftsweisende Praxis, die Kreisläufe auf Mikro- und Makroebene schließt. Ein ökologisches Haus ist eingebettet in den Naturraum und dessen Ökosystem. Die Haushalte beider Systeme – des Heims und des Ökosystems – gehen ineinander über und ergänzen sich, wo immer möglich. Dabei wird vermieden, durch das Bauen und Wohnen eine übermäßige Belastung auf die Umwelt auszuüben. Durch eine Kopplung und Verzahnung der Kreisläufe von Materialien, Wasser, Energie und (Ab-)Luft steht das ökologische Haus dem konventionellen Haus diametral gegenüber. Die bis heute vorherrschende Normalität beim Thema Bauen und Wohnen basiert nämlich, im Gegensatz zum ökologischen Konzept, auf einer *linearen Verbrauchswirtschaft.* Kritische Ressourcen und Energie werden von auswärts, oft von weit her, teuer herangeschafft und konsumiert. Abfälle werden produziert und dann kostenaufwendig weggekarrt oder kanalisiert. Mit Ende der Lebensdauer des Gebäudes fallen Schadstoffe und noch mehr Müll an, der meist nicht mehr nutzbar ist oder nicht nutzbar gemacht wird. Dieses Modell steht für eine Kultur der Verschwendung, die sogenannte Konsum- und Wegwerfgesellschaft.

Kreisläufe beim Bauen

Im Gegensatz dazu wollen das ökologische Bauen und Wohnen diesen Missstand weitestmöglich umkehren: Im Vordergrund steht die effiziente Nutzung natürlicher Ressourcen, das heißt der sinnvolle und sparsame Gebrauch von Materialien und Boden sowie Wasser, Luft und Energie. »Vereinfachend kann man die klassischen vier Elemente Erde, Wasser, Feuer, Luft als Hauptkreislaufsysteme der Natur betrachten, die auch für Haus und Siedlung gelten. Sie sind vielfach miteinander verknüpft und voneinander abhängig.«[70]

Dieses Leben im Einklang mit den Naturelementen, wie es heute von ökologischen Wissenschaften untersucht wird, erinnert sehr an die Medizinrad-Philosophien des alten Amerikas. Insgesamt soll nicht gegen, sondern mit den Kräften der Natur gearbeitet werden. Das Grundstück soll durch Bau- und Gartenflächen zudem möglichst wenig versiegelt und verunreinigt werden. Dies bedeutet, dass die Erschließungsflächen auf das wirklich notwendige Maß reduziert sind. Dazu gehört auch, dass Parkflächen und Garagen vorzugsweise nicht am Haus, sondern an der erschlossenen Straße platziert werden könnten, wie dies beispielsweise im Ökodorf Dyssekilde der Fall ist. Selbstverständlich ist dort die Feuerwehr- und Rettungszufahrt berücksichtigt, doch die Straßen innerhalb der Siedlung dienen im Alltag primär dem Fußgänger- und Radverkehr sowie dem Spiel der Kinder. Die Entleerung der Restmüllcontainer geschieht zentral am Eingang und nicht vor jedem Haus. Einige Straßen sind nicht versiegelt, damit das Regenwasser versickern kann und es dort keiner Kanalisation bedarf.

Beim ökologischen Bauen werden Umweltbelastungen wie die Artenverdrängung und die Störung des Mikroklimas weitgehend vermieden. Abfall, Abwasser, Luft- und Lärmverschmutzung sind auf das Nötigste reduziert. Was das Baumaterial betrifft, so erfüllt es höchste ästhetische *und* ökologische Standards und kann dabei im Vergleich zu heute gängigen Materialien besonders kostengünstig sein. Hierzu im Anschluss mehr.

Insbesondere ehrgeizig konzipierte Ökodörfer können Vorreiter für den Wandel im ökologischen Bauen sein. Sie denken in »Wirkungsnetzen« statt »Wirkungsketten« und verbinden dabei verschiedene Bereiche und Funktionen innerhalb der Siedlung:[71] Wohnen, Arbeiten und die Selbstversorgung. Hier können Aspekte wie Bildung, Kultur, Soziales, Recycling, Gesundheit, Kinderbetreuung und vieles mehr untergebracht werden – statt Funktionstrennung gibt es hier also eine Vernetzung multifunktionaler Räume, die von verschiedenen Menschen gestaltet und genutzt werden. Ökodörfer werden meist einfach, schnell und nachhaltig autark, da sie oft auf Interessensverbünden basieren. Hier entsteht auch eine Möglichkeit zur Kostensenkung durch organisierte Eigenarbeit: Als Wohn- und Arbeitsgemeinschaft, Interessensgemeinschaft oder Baugemeinschaft lässt sich gemeinsam ökologisch bauen, wohnen oder zusammenarbeiten.

Wirkungsnetze

Auch die solidarische Nachbarschaftshilfe ist erwähnenswert. Wenn wir in Ökodörfern oder vernetzten Nachbarschaften bauen und wohnen, verursacht dies oft weniger Umweltbelastung als einzelne Öko-Häuser, weil dort mehrere Bedürfnisse direkt vor Ort gestillt werden können. Eine besonders hohe Öko-Effizienz bei der Selbstversorgung entsteht also durch das Wohnen im Verbund, was bedeuten kann, dass sich Einzelhaushalte im Energie- oder Wassermanagement im Nachbarschaftsverbund zusammentun können. Gemeinschaftliche Stromproduktion, geteilte Gartennutzung, die Verwendung des Grund- und Regenwassers, ein System für die Abwasserverwertung und Klärung sowie der Wärmeverbund beim Thema ökologisches Heizen können sehr sinnvoll sein. Auch benachbarte Gewerbe und Landwirtschaftsbetriebe können hier einbezogen sein.

Wohnen im Verbund

Wie wir sehen, geht es beim ökologischen Bauen und Wohnen des 21. Jahrhunderts nicht unbedingt um das Errichten eines Einsiedlerhäuschens aus Naturmaterial. Natürlich ist auch das eine Option, vor allem für Menschen, die den Rückzug suchen und sich als Einzelgängerin oder Einzelgänger wohlfühlen. In Nachbarschaftsprojekten, Kooperativen und Ökodörfern lassen sich aber Synergien nutzen. Viele Bereiche des Lebens – des persönlichen Lebens wie der größeren Zusammenhänge – können mitgedacht und im besten Falle so gestaltet werden, dass sie ineinandergreifen und einander fördern. So können wir auf eine Weise bauen und leben, die der Umwelt und uns selbst keine mittel- oder langfristigen Schäden zufügt, sondern einen echten Mehrwert schenkt.

Das Denken in Kreisläufen ist ein zentraler Punkt für mehr Nachhaltigkeit beim Thema Bauen und Wohnen, an dem es unter Bauherrinnen und Architekten bis heute vielfach mangelt. Dabei ist ein ökologisches Eigenheim in sehr unterschiedlichen Stilen, Ausführungen und Preisklassen zu haben. Es bietet ein gesundes Raumklima und kann uns zu weitgehender Autarkie in Sachen Strom, Wärme, Heizung und Wasser verhelfen, wodurch sich die technischen Anlagen nach einigen Jahren amortisieren.

Im Laufe dieses Kapitels wollen wir uns unter anderem konkreter ansehen, mit welchen Materialien und nach welchen Modellen ökologisches Bauen möglich ist.

Holz, Lehm, Stein: ökologische Baumaterialien

Bei der Wahl der Baustoffe für das ökologische Selbstversorgerprojekt steht die Unbedenklichkeit der Materialien ganz oben auf der Prioritätenliste. Hier sind keine gesundheitsschädlichen Ausdünstungen erwünscht, wie sie von vielen konventionellen Baustoffen und Behandlungsmitteln ausgehen. Wir verbringen schließlich rund zwei Drittel unserer Lebenszeit in Innenräumen und schlafen auch dort. Die Innenraum-Atmosphäre hat vielfältige Auswirkungen auf den menschlichen Organismus, ein Themenfeld, das von der Fachrichtung der Baubiologie untersucht wird. Sie betrachtet, welche Effekte die gebaute Umwelt auf uns hat. Negative Folgen von schadstoffreichen Wohnräumen können Kopfschmerzen und Hautausschläge sein. Besonders Kinder atmen, proportional gesehen, hohe Dosen von Bauschadstoffen ein und können noch mehr darunter leiden als Erwachsene, insbesondere unter giftigen Polymeren.

Beim Thema Baustoffe ist ein kritisches Bewusstsein wichtig, denn was auf den ersten Blick ökologisch scheint, ist es oft nicht. Beispielsweise ist mit Kunstlacken oder Klebstoff aus der Petroindustrie bearbeitetes oder »veredeltes« Holz nicht umweltfreundlich. Es bringt bedenkliche Substanzen in unser Zuhause und wird oft zum Sondermüll, wenn Bauteile oder Möbel ausrangiert werden. Die verwendeten Baustoffe sollen schließlich nicht nur uns selbst, sondern auch die Umwelt schonen, und zwar vom Abbau über den Transport, die Verarbeitung und Behandlung bis hin zur Möglichkeit der Wiederverwertung eines Materials. Glücklicherweise kam mit Beginn des Jahres 2023 eine überfällige gesetzliche Neuerung, die dem europäischen Handel – auch bezüglich importierter Baustoffe – nachverfolgbare entwaldungsfreie Lieferketten vorschreibt.

Sortenreine Baustoffe

Auch sollten Sie darauf achten, Baustoffe möglichst sortenrein trennbar einzusetzen, um mit Ende der Lebensdauer eines Gebäudes die Einzelteile bestmöglich trennen und wiederverwerten zu können. Je mehr Baustoffe wir heute und in Zukunft aus zweiter Hand verwenden können, desto mehr lässt sich meist auch sparen – und vor allem schützen wir die Umwelt vor weiterem Raubbau. Das Thema Recycling sehen wir uns noch genauer an. Müssen wir neuwertige Baustoffe dazukaufen, so sind ökologische Varianten, wie bereits erwähnt, tatsächlich vielfach kostengünstiger als konventionelle.

Wenn es um das Thema Nachhaltigkeit von Baustoffen geht, dann erwarten wir zu Recht möglichst regionale, kostengünstige und natürliche Materialien, die vorzugsweise erneuerbar oder recycelt sein sollten, zum Beispiel Holz, Ton, Lehm, Stein, Klinker, Kalk oder anderes. Es empfiehlt sich, einen Bogen um Kunststoffe zu machen, die aus Rohöl gewonnen werden. Auch PVC (Polyvinylchlorid) und PU (Polyurethan) sind vielen Baustoffen beigemengt und schaden mehr, als sie nützen. Verwenden Sie zudem Alternativen zu Dämmstoffen, die aus Kunststoffen, Mineral- oder Steinwolle bestehen. Kaum oder nicht feuchtigkeitsdurchlässige Putze und Farben sind ebenfalls problematisch. Wir werden in diesem Kapitel einige Alternativen für ein Bau- oder Umbauprojekt unter die Lupe nehmen, denn noch immer sind sehr viele Baustoffe, die durch unsere Baumärkte kursieren, nicht empfehlenswert.

Trends

Insgesamt hat es in den letzten Jahrzehnten zumindest einige Fortschritte gegeben. Denn »trotz der Erfahrung, dass ökologisches Bauen heute vorrangig auf Einzelaspekte reduziert wird, zeigt die Entwicklung, dass Umweltfreundlichkeit und Nachhaltigkeit mit einer größeren Selbstverständlichkeit als noch vor einigen Jahren – wenn auch selten bis zur letzten Konsequenz ausgeführt – thematisiert und teilweise auch umgesetzt werden«,[72] schrieb die bekannte Architektin Margrit Kennedy gemeinsam mit ihrer Kollegin Doris Arndt vor über zwanzig Jahren. Aber was bedeutet das: »letzte Konsequenz«? Es geht darum, was, wie und wie viel wir verbauen.

Die Bewegung *Architects for Future* setzt sich deshalb seit dem Jahr 2019 nicht nur für eine Verbesserung der Rechtslage und die konsequentere Nutzung ökologischer Baustoffe ein, sondern besonders auch für die bevorzugte Sanierung bereits existierender Gebäude. »Die Baubranche ist in Deutschland für über 50 Prozent des Abfallaufkommens verantwortlich und verbraucht über 90 Prozent der mineralischen – also nicht erneuerbaren – Rohstoffe, die abgebaut werden«, sagten uns ihre Vertreterinnen und Vertreter im Interview. »Neben den Treibhausgasemissionen, die beim Betrieb von Gebäuden freigesetzt werden, fällt ein großer Anteil auch bei der Herstellung von neuen Baustoffen und beim Bau an, die sogenannten Grauen Emissionen. Neubauprojekte haben diesen ›Rucksack‹ an Grauen Emissionen und sorgen dafür, dass weiterhin Flächen versiegelt werden.«

Wo eine Sanierung nicht möglich ist, sollten die wertvollen Sekundärrohstoffe, die in unseren Häusern in Form von sogenannter Grauer Energie eingelagert sind, systematisch wiederverwertet werden, anstatt auf Deponien zu landen.

Wiederverwertung

Manche Bausubstanzen sind gar nicht trennbar und schwer weiterzuverwenden, andere wiederum enden auf der Müllkippe, weil es an Initiativen und Erfassungssystemen fehlt – stattdessen wird ein irrsinniger Raubbau an der Natur betrieben. Auch der renommierte Architekt Thomas Drexel stellte bereits um die Jahrtausendwende fest: »Das Feld der Architektur, sei es nun der Neubau oder die Renovierung des Bestands, ist einer der wichtigsten Bereiche, um den privaten Verbrauch an Rohstoffen und Umweltressourcen möglichst gering zu halten.«[73]

Zahlreiche Neubauten, Prestigeobjekte, moderne Hochhäuser und immer mehr Wolkenkratzer bestimmen unseren Hunger nach Stahl, Beton, Zement und Glas – sie sind die Baustoffe, die die Umwelt am meisten belasten und für den weltweit größten CO_2-Ausstoß verantwortlich sind. Für die Glasproduktion, die großer Mengen an Sand bedarf, verschwinden ganze Strände und Inseln, zum Beispiel in Tunesien und auf den Kapverden im Atlantik. In Indonesien sind laut der dortigen Regierung bereits 80 Inseln dem Sandhunger der globalen Bauindustrie gewichen, teils wird illegal mit Sand gehandelt, weil die bedürftigen Menschen vor Ort derzeit offenbar keine anderen Einkommensquellen sehen. Allein ein konventionelles Einfamilienhaus frisst rund 200 Tonnen Sand.[74] Dabei gibt es nachhaltigere Alternativen zu diesen kritischen Rohstoffen. In diesem Kapitel wollen wir uns besonders Holz, Stein,

Lehm, Stroh und Recyclingmaterial ansehen, aber auch eine ganz besondere Innovation: einen gezüchteten Naturbaustoff aus Pilzen, der beispielsweise an der Universität Leipzig erforscht wird.

Wenn wir nicht willkürlich vorgehen und nicht blind der gängigen Praxis folgen, sondern ganzheitlicher denken, dann könnte sich die Materialwahl unserer ökologischen Gebäude in erster Linie nach dem Naturraum richten, in dem und aus dem heraus sie entstehen, also danach, wo sich unser Grundstück befindet. So waren beispielsweise an Mittelrhein und Mosel Schieferplatten, die vor Ort gewonnen werden können, bis ins letzte Jahrhundert noch architektonisch prägend für das Bauwesen: Wir sehen sie noch heute als dunkelgraue Schindeln an den Dächern und Fassaden alter Winzerhöfe, die von Weinranken überwuchert sind. Regionale Baustoffe haben neben ihrer Umweltfreundlichkeit also häufig auch einen kulturhistorischen Wert, der Neu- oder Umbauprojekten einen ganz besonderen Charme verleihen kann.

Ganzheitlich denken

Es gibt einige Gütesiegel in Deutschland und Europa, die die Nachhaltigkeit von Materialien aus Primärressourcen garantieren sollen. Aber dass mit bestimmten internationalen Siegeln versehene Baustoffe nicht immer aus nachvollziehbaren und womöglich auch nicht immer verlässlichen Quellen stammen, ist ein weiteres Argument dafür, regionalen Materialien den Vorzug zu geben, deren Herkunft wir selbst nachverfolgen können. Auch haben diese keinen so weiten Lieferweg und schonen daher zusätzlich nicht nur die Umwelt, sondern oft auch den Geldbeutel. Um den Dschungel der Gütesiegel besser überblicken zu können, haben wir die gängigsten im Anhang dieses Buches aufgelistet und beschrieben. Sie können uns eine Orientierung beim Bezug von Baustoffen liefern.

Bauen mit Holz

Holz ist erwiesenermaßen für die meisten Standorte ein ideales Baumaterial: Es ist ein Baustoff, der traditionell weltweit im Hausbau Gebrauch findet, ob für karibische Hütten, finnische *mökki* oder japanische *minka*-Häuser. Von den tropischen Stelzenhäusern im Amazonasgebiet bis hin zu dänischen Windmühlen und balinesischen Holzhäusern, sogenannten *kuren*, finden sich zahlreiche architektonische Variationen. Sie beweisen, dass Holz unterschiedlichste Bauten von großer Ästhetik, Funktionalität, Wohnqualität und Lebensdauer ermöglicht. Ganze Baumstämme können, wegen ihrer Länge und Festigkeit, als Rahmen oder tragende Elemente Verwendung finden. Holz kann in Blockbauweise oder beispielsweise in Form von Latten, Platten, Schindeln und vielem mehr für Wände, Decken und Dielen verwendet werden. Verzichten Sie daheim allerdings lieber auf billige Spanplatten – sie gehören zu den oft belasteten Holzwerkstoffen und können Formaldehyd enthalten, was besonders in Innenräumen problematisch ist.

Der Baustoff Holz ist meist die erste Wahl für ökologische Bauvorhaben. Er kann auch in Europa vielerorts aus nachhaltiger Forstwirtschaft gewonnen werden und hat dann eine gute Energie- und Ökobilanz. Auf die genaue Herkunft des Holzes sollte unbedingt geachtet werden, denn nur, weil es sich bei Holz an sich um ein Naturmaterial handelt, ist es nicht gleich ökologisch. Holz aus Monokulturen oder Raubbau sollte niemand bewusst fördern wollen. Hier dienen die oben erwähnten Öko-Siegel zur Orientierung, beispielsweise das des FSC (Forest Stewardship Council) mit Sitz in Bonn, der in über 80 Ländern arbeitet und den Rohstoff anhand bestimmter Kriterien als umweltverträglich ausweist. Auch Produktionsbedingungen und soziale Aspekte werden berücksichtigt. Die Auswirkun-

Die Herkunft des Holzes

gen der Holzproduktion auf natürliche Wasservorkommen und die Biodiversität werden ebenfalls mithilfe unabhängiger Gutachten geprüft.

Sicherlich beinhaltet dies im Einzelfall, zum Beispiel bei aus der Ferne importiertem Tropenholz, zuweilen schwer nachzuprüfende Umstände. So darf es auch Zweifel geben, ob die jeweiligen Gutachterinnen und Gutachter vor Ort immer und ausnahmslos kritisch und unabhängig sind. Eine gute Überlegung ist deshalb immer – auch aufgrund kürzerer Transportwege – ein Bezug von Holz aus möglichst regionalen Quellen. Allein in Deutschland gibt es rund 1,3 Millionen Hektar FSC-zertifizierten Wald für die Holzproduktion. International betrachtet gilt das 1993 ursprünglich in Brasilien entwickelte FSC derzeit als eines der verlässlichsten Öko-Siegel für den Rohstoff Holz und wird von BUND, NABU, WWF und anderen unterstützt, auch Greenpeace spricht sich dafür aus.

Das in Zusammenarbeit mit dem FSC entwickelte PEFC (Programme for the Endorsement of Forest Certification Schemes) mit Sitz im schweizerischen Meyrin ist ebenfalls von großer Bedeutung: Allein in Deutschland sind mit diesem Siegel ganze zwei Drittel des Waldes gekennzeichnet. Parameter wie Kahlschlagvermeidung, Bodenschonung, Pestizidvermeidung, Artenvielfalt, das Belassen von Totholz und Durchmischung der Baumarten werden hierbei beachtet. Allerdings wird beim PEFC auf die Selbstverpflichtung gesetzt: Im Gegensatz zum FSC wird auf regelmäßige Kontrollbesuche und ein grundsätzliches Verbot des Pestizideinsatzes in der Forstwirtschaft – zum Nachteil von Umwelt, Mitarbeitenden und Verbraucherseite – verzichtet.

Neben der Herkunft des Rohstoffs ist auch die Behandlung des Holzes mit Holzschutzlacken relevant, denn die sind häufig giftig. So beeinträchtigt dies nicht erst am Ende der Lebensdauer des Gebäudes die Umwelt, weil es nicht kompostiert werden kann. Die Ausdünstungen bestimmter Chemie-Lacke gegen Witterung und

Parasitenbefall belasten auch das Wohnklima und damit uns Menschen. Dabei gibt es auch in Bezug auf Holzschutz und Farben ökologische Alternativen. Ein Beispiel wäre das Schwedenrot, auch als Falunrot bezeichnet, das auf dem Markt in unterschiedlichen Ausprägungen von rotbraun bis ockerfarben angeboten wird. Der traditionelle Naturanstrich aus dem Norden wird aus Eisenerz hergestellt, welches die Basis für die Pigmentierung darstellt. Es enthält daher Eisenoxid als einen wichtigen schützenden und farbgebenden Inhaltsstoff. Die übrigen mineralischen Bestandteile werden aus Gesteinsresten gewonnen. Zu den weiteren wirksamen Inhaltsstoffen des Schwedenrots zählen daher unter anderem Siliciumdioxid und Kupfer.

Die Behandlung des Holzes

Das mineralische Naturprodukt färbt und schützt das Holz zugleich. Bei unserem Besuch im norddeutschen Ökodorf Lebensgarten Steyerberg trafen wir den Baustoffexperten Joachim Kreutzer in seinem Fachgeschäft Ökologgia, das er in das ökologisch sanierte Wohnhaus seiner Familie integrierte. Er zeigte uns unter anderem, dass unbedenkliche Naturholzlacke bereits in vielen verschiedenen Farben existieren. Auch Kreide-Kasein-Anstriche und ökologisches Naturharzöl kommen in Frage. Doch manche Bauherrinnen und Bauherrn würden sich auch ganz bewusst gegen eine Behandlung des Holzes entscheiden, bemerkte Joachim Kreutzer und zeigte auf das große Nachbarhaus, das in moderner Holzbauweise errichtet worden war. Das dort verbaute Holz hat eine naturgraue Patina entwickelt, die dem Bau einen ganz besonderen Charakter verleiht. Aus dem natürlicherweise bräunlichen bis gelblich-orangefarbenen Holzton wird ohne Behandlung bald ein silbriger, wobei dies die Haltbarkeit und Stabilität des Holzes an sich nicht beeinträchtigt. Nur sollte darauf geachtet werden, dass Holz, insbesondere unbehandeltes, nicht zu stark mit Feuchtigkeit konfrontiert wird. Gerade an der Wetterseite ist ein

Dachüberstand also angeraten, und womöglich auch ein solider Sockel.

Für den Anstrich von Fenster- und Türrahmen empfahl uns Joachim Kreutzer allerdings kein Schwedenrot, sondern Naturharze oder Naturlacke. Grund dafür ist, dass dem Schwedenrot die Abriebfestigkeit fehlt. Es blättert zwar nicht ab, wird aber mit der Zeit dünner und muss nach einigen Jahren erneuert werden. Zum Anstreichen von Zäunen kann man es verwenden, Fenster- und Türrahmen benötigen aber einen dauerhaften, abriebfesten Schutz, der mit der Zeit nicht dünner wird. Auch im Innenraum greift man besser auf Alternativen wie Lehm- und Kalkfarbe zurück.

Das reich bebilderte Werk *Handmade Houses & Other Buildings* von John May kann uns ganz besondere Inspirationen für eine ökologische Holzbauweise liefern.[75] Das Buch stellt eine Weltreise zu verschiedenen architektonischen Juwelen dar, die allesamt als Heimwerkerleistung erschaffen wurden. Beim Blättern wird uns bewusst, welche stilistische Vielfalt mit Naturbaustoffen möglich ist – und dass es in vielen Regionen der Erde bis heute ganz normal ist, alleine, im Familienverbund oder als Dorfgemeinschaft Häuser für private oder gemeinschaftliche Zwecke in Eigenleistung zu errichten, und zwar aus den Baustoffen, die vor Ort vorhanden sind

Zirbelkiefern

Holz ist also im wahrsten Sinne ein universeller Naturbaustoff. Das Holz der Zirbelkiefer etwa hat sich sogar als gesundheitsförderndes Baumaterial erwiesen. Dachte man früher noch, die Ausdünstungen der Terpene – also der Duftstoffe im ätherischen Nadelbaumöl – könnten den menschlichen Organismus belasten, weiß man heute, dass das Gegenteil der Fall ist. So unterstützen Alpha- und Beta-Pinen, die wichtigsten Terpene der Kiefern, unsere Immunfunktionen und führen dazu, dass unser Körper mehr natürliche Killerzellen bildet, die gegen Viren, Bakterien und potenzielle sowie vorhandene Krebszellen anrücken. Mit diesen Zusammenhängen befasste sich Clemens im Rahmen seiner Doktorarbeit. Die ersten Auswertungen seiner Feldstudien zeigen, dass der Aufenthalt in Zirbelkieferbeständen im Naturpark Zirbitzkogel-Grebenzen schon nach zwei Tagen zu einer signifikanten Steigerung der genannten Killerzellen führt, die Ausschüttung von Stresshormonen ins Blut reduziert und auch gesundheitsschützende Hormone entstehen lässt. Darunter befindet sich zum Beispiel Dehydroepiandrosteron, kurz DHEA. Dieses in der Nebennierenrinde gebildete Hormon, das auch eine Vorstufe der weiblichen und männlichen Geschlechtshormone darstellt, gilt als körpereigene Herzschutzsubstanz. Es hilft, unsere Blutgefäße und insbesondere die Herzkranzgefäße elastisch zu halten und reduziert so die Gefahr eines Herzinfarkts. Außerdem reguliert es unsere Immunfunktionen und unterstützt die Zellregulation, weshalb es auch als Anti-Aging-Hormon bezeichnet wird.

Gesundheitliche Auswirkungen von Holz

Im Zusammenhang mit Baumaterialien werden diese Erkenntnisse aus Labor- und Feldstudien durch eine Studienpublikation der Medizinischen Universität Graz aus dem Jahr 2021 relevant. Die Wissenschaftlerinnen und Wissenschaftler untersuchten 253 Nächte lang 15 Teilnehmende im Hinblick auf die Auswirkungen des Schlafes in Betten aus beschichteten Spanplatten, die Holz imitierten, sowie in Betten aus massivem Zirbelkieferholz. Während der Nächte in den Zirbelkieferbetten zeigten die Teilnehmenden im Vergleich zu den Nächten in den Kontrollbetten eine verringerte Herzrate, was auf einen Zustand tiefer Entspannung und Regeneration hinweist. Die sogenannte *Kardiopulmonare Resonanzfunktion*, gemessen am CRI-Wert, fiel in den Zirbelkieferbetten deutlich günstiger aus. Dieser Wert setzt sich aus Herzschlag- und Atemfrequenz zusammen und erlaubt Rückschlusse auf die neurophysiologische Erholungsqualität der Schlafenden. Drittens konnten die Forschenden eine erhöhte Aktivität des Vagusnervs nachweisen.

Dieser ist ein wichtiger Teil des parasympathischen Nervennetzwerks, welches Ruhe und Regenerationsprozesse bis auf die Ebene der Zellen unterstützt. Die Wissenschaftlerinnen und Wissenschaftler führen diese Wirkungen auf die von Zirbelkieferhölzern abgegebenen Pinene zurück, die eine ausgesprochen beruhigende und entspannende Wirkung zeigen.[76] Besondere Hölzer wie das der Zirbenkiefer sind hochwertig, begehrt und teuer, doch sie können eine Investition darstellen, an der man sich ein Leben lang erfreut, beispielsweise an einem Zirbenholzbett, das einen angenehmen natürlichen Duft verströmt.

Holz ist auch als Baustoff in Regionen mit viel Schnee und einem hohen Erdbebenrisiko traditionell sehr gefragt: Das japanische *minka*-Holzhaus ist ein gutes Beispiel hierfür. *Minka* bezeichnet das »Haus für die einfachen Leute«. Es ist durch sein Reetdach perfekt angepasst an größere Schneemengen. Zudem ist seine Bambus- und Holzkonstruktion besonders tauglich bei Erdbeben und verringert die Gefahr eines Einsturzes, da sie eine bessere Elastizität aufweist als viele moderne tragende Elemente im Bau. Gerade Bambus ist ein besonders schnell nachwachsendes Gehölz und prägt die Architektur vieler Kulturen. Bambus und Schilf sind übrigens auf allen fünf Kontinenten zu finden. Gerade Bambusholz hat besondere Qualitäten: Trotz seines geringen Eigengewichts kann es als stützendes Element ein um das Vielfache größeres Gewicht tragen. Es gilt als eines der nachhaltigsten Baumaterialien und empfiehlt sich vor allem dort für den Einsatz, wo es natürlicherweise vorkommt.

Bauen mit Lehm

Lehmhäuser wurden in der modernen Architektur wiederentdeckt. Sie zeigen, wie wir Gebäude stilvoll restaurieren oder neu errichten können, und viele von ihnen stechen mit einem zeitgemäßen Design hervor. Zur Auswahl gibt es zum Beispiel ungebrannte Lehmziegel und Lehmbauplatten, lockeren Lehm und Stampflehm. Hier stehen sowohl modischen als auch traditionsbewussten Geschmäckern viele verschiedene Wege offen, um mit diesem althergebrachten Material ökologisch und ansprechend zu bauen. Lehm als Baustoff ist ein Gemisch aus Ton, Kies, Schluff, Sand und Wasser – die Komponenten müssen in einem exakten Mengenverhältnis zueinander stehen, daher empfiehlt sich eine Einweisung durch Erfahrene, zum Beispiel in einem Lehmbau-Workshop.

Lehm und Co.

Lehm bietet sich dort für den Einsatz an, wo die benötigten Materialien natürlicherweise vorkommen. Ein Zukauf von Sand, womöglich von weither und aus nicht nachverfolgbaren Quellen, ist, wie zuvor erwähnt, nicht ratsam. Die natürlichen Farbnuancen von Lehmputz und Lehmfarbe reichen von rötlich über beige bis ins Gräuliche. Er kann aber auch mit Farben aus dem ökologischen Baufachhandel in vielen Tönen überstrichen werden. Diese Farben verzichten auf petrochemische Bindemittel und verhindern die Sorption des Lehms nicht, beeinträchtigen also nicht die feuchtigkeitsregulierende Wirkung des Baustoffes, der dem Raumklima im Wohnhaus äußerst dienlich ist und Lehm als Baustoff so einzigartig macht.

Häuser aus Lehm, Torf und Ton haben gewiss eine lange Tradition. In den südamerikanischen Anden beim Volk der Quechua wird noch immer mit rotbraunem Lehm gebaut. Der Sockel wird oft mit Flusssteinen versehen, die dem Wetter trotzen, den Lehmbau vor Nässe schützen und das Haus langlebiger machen. Die Hälfte der aktuell auf dem Globus lebenden Menschen wohnt in Häusern aus Lehm, Torf oder ähnlichem Material.[77] Wir finden solche erdigen Baustoffe auf allen Kontinenten im Einsatz.

Ein Vertreter des Lehmhauses, der gegenwärtig wohl die größte Faszination ausübt, ist das urgemütliche Hobbithaus, wie es mit der Verfilmung von Tolkiens *Herr der Ringe* bekannt wurde. Für den Dreh wurde eine Auenland-Siedlung in Neuseeland errichtet. Bei unserem Besuch im Lebensgarten Steyerberg lernten wir den bereits erwähnten Experten für ökologische Baumaterialien Joachim Kreutzer kennen, der sich jahrzehntelang mit dem natürlichen Dämmen, Bauen, Restaurieren und Streichen von Gebäuden befasst hat. Im Lebensgarten Steyerberg errichtete er zwei kleine Hobbithäuser mit recycelten Türen und Fenstern. Sie bestehen aus einer Holz-Schilf-Konstruktion, die mit Lehm verputzt und mit einem begrünten Dach versehen wurden und bieten einen Schlafraum sowie einen Saunaraum – der Lehm stellte sich als ideales Material für die feuerbetriebene Natursauna heraus.

Das Hobbithaus

Im Wohnhaus der Familie Kreutzer, einem restaurierten Backsteinbau, finden sich wunderschöne abgerundete Kanten an den Ecken der Innenwände und bei den Fenstern – Lehm, der wie bei den Kreutzers beispielsweise über formbaren Hanffaserplatten im Innenraum verputzt wird, erlaubt enorme Kreativität und liefert eine natürliche, gemütliche Optik. Gleichzeitig bieten die Hanffasern im Zusammenschluss mit dem Lehm eine gute Wärmedämmung und sorgen für ein angenehmes Raumklima. Gerade Letzteres ist neben der einzigartigen Ästhetik des Lehms das stärkste Argument für diesen Baustoff. Selbst in den kühlen Nächten, die in den südamerikanischen Hochgebirgen vorherrschen, bieten Lehmhäuser einen behaglichen Wohnraum, auch ohne Heizquelle. Zudem beugt der feuchtigkeitsregulierende Lehm Feuchtigkeit und Schimmelbildung vor, was in vielen konventionellen Wohnräumen ein ernstes Problem darstellt.

Vielleicht können auch Sie sich durch diese kleine Einführung für den kostengünstigen und ökologischen Naturbaustoff Lehm begeistern. Auch ist interessant, dass Sie mit der Lehmmischung Regale und Sitzgelegenheiten, die Sie im Anschluss mit bequemen Polstern versehen, aber auch Fensterbretter, einen Kaminsims und vieles mehr in Ihren Lehmbau integrieren können. Beachten Sie beim Eigenbau, dass die Lehmmischung, die verputzt werden soll, eine optimale Konsistenz braucht, um nicht wieder von den Wänden zu fallen, sondern jahrzehnte- oder jahrhundertelang zu halten.

Wichtig zu beachten: Lehm ist feuchtigkeitsempfindlich und braucht daher, wie gesagt, einen breiten Dachüberstand und womöglich ein Fundament oder einen Sockel. Manche verwenden hierfür Zement, doch auch Naturstein kommt in Frage und ist deutlich umweltfreundlicher, wenn wir ihn in der Region beziehen können. Auch muss bei tragenden Wänden und aufwendigen Konstruktionen die Belastbarkeit und Statik des Lehms beachtet werden – hier empfiehlt es sich, ein spezialisiertes Architekturbüro zu Rate zu ziehen oder diese Bauelemente mit anderen Materialien, wie Stein oder Holz, zu ergänzen oder zu ersetzen. Im Ausnahmefall müssen an einzelnen Stellen Stahl und Beton genutzt werden, die die Sicherheit des Baus gewährleisten, sollte der Entwurf sehr experimentell sein, beispielsweise im Falle offener Emporen, Ateliers und geschwungener freier Treppen. Für ein bodenständiges Selbstversorgerhaus, das auf allzu extravagante Gestaltungen in der Regel verzichten kann, ist Lehm eine gute Wahl, das auch als Fachwerkvariante im Verbund mit Stroh und Holz eine unvergleichliche Gemütlichkeit und Stabilität bieten kann.

Bauen mit Stein

Auch der Baustoff Stein sei kurz erwähnt. Wenn Sie überlegen, ein Natursteinhaus zu sanieren oder zu bauen, dann kann auch hier ein Blick auf die internationale Architektur als Inspirationsquelle dienen. Bei unserem Besuch im walisischen Ökodorf Brithdir Mawr lernten wir die liebevoll restaurierten grauen Granitsteinhäuser der Gemeinschaft kennen. Die Menschen vor Ort erklärten uns, dass Steinhäuser überdurchschnittlich lange brauchen, um sich nach Ortsabwesenheit einheizen zu lassen – sobald sie aber warm werden, speichern sie die Wärme besonders gut. Dieses Naturmaterial sorgt dann für ein behagliches Ambiente und strahlt zudem eine ganz besondere, urige Eleganz aus. Stein ist, wie zuvor erwähnt, zudem oft in Kombination mit anderen Baustoffen sinnvoll, um ein Fundament oder einen Sockel zu bilden und feuchtigkeitsempfindliche Baustoffe wie Holz, Lehm oder Stroh zu schützen.

Bauen mit Stroh

Der Baustoff Stroh ist vielerorts in Vergessenheit geraten. Doch kein anderes Dachmaterial ist nachhaltiger und ökologischer. Der außerordentlich rasch nachwachsende, kostengünstige Rohstoff fällt überall, wo Getreidebau betrieben wird, in großen Mengen an. Wie wir sehen werden, eignet er sich nicht nur zum Dachdecken, sondern auch zur Errichtung von Wänden und tragendem Mauerwerk, wofür dann stark komprimierte Strohballen mit langer Lebensdauer verwendet und auf ein gemauertes Fundament aufgesetzt werden. Stroh trägt so auch zur Wärmedämmung bei. Das Strohdach ist mit dem Reetdach verwandt, welches aus Schilfrohr besteht. Reetdächer sind in Norddeutschland noch vielfach anzutreffen, beispielsweise auf der Insel Rügen. Die Lebensdauer von Stroh- und Reetdächern beträgt 25 bis 40 Jahre. Anders als Mauerwerk aus Strohballen müssen sie also regelmäßig erneuert werden. Das ist aber kein echter Nachteil. Erneuerungsarbeiten an Dächern sind bei jeder Bauweise nötig. Stroh ist ein günstiges Material, und die Erneuerung kann den Bewohnerinnen und Bewohnern eines strohgedeckten Hauses in besonderem Maß das angenehme Gefühl vermitteln, in einem organischen Haus zu leben. Man erntet das Stroh, verwendet es als Dach und kompostiert es, um wieder Neues zu erschaffen, wie die zyklische Natur selbst. Ein neues Strohdach leuchtet in goldgelber Farbe wie ein Getreidefeld im Sommer. Wird es alt, ergraut es. Das haben Strohdächer mit uns Menschen gemeinsam, daher mag manche oder mancher in einem Strohdach auch ein Symbol für das Leben erkennen.

Für sogenannte Strohballenhäuser wird meist dicht in Quader gepresstes Stroh für die Wandsubstanz genutzt. Stroh wurde als Baustoff vor 150 Jahren von amerikanischen Farmern wiederentdeckt und wird in Österreich, Frankreich und Großbritannien für den privaten und öffentlichen Bau genutzt, während es in Deutschland weniger bekannt ist. Möglichst unbeschädigtes und intaktes Roggen- oder Weizenstroh gelten als besonders geeignet. Mit Lehm- oder Kalkputz versehene Strohgemäuer sind gute Wärme- und Schalldämmer. Ein Nachteil des Strohballens als Baustoff ist, dass eine Bezugsquelle in Bio-Qualität nicht immer so leicht ausfindig gemacht werden kann.

Weitere Nachteile sind, dass die Strohballenbauweise als etwas zeitintensiver gilt als andere ökologische Bauweisen, weil hier eine besonders exakte Planung und besonders saubere Ausführung nötig ist. Auch ein großer Dachüberstand ist, ähnlich wie beim Lehmbau, dringend angeraten, weil Wände, die einen Strohkern haben, sehr feuchtigkeitsempfindlich sind. Sie müssen vor Regen geschützt werden. Zum Schutz des Strohs vor Feuchtigkeit aus der Erde benötigen Strohballenwände einen Sockel, auf dem sie errichtet werden. Die Bauphase kann nur bei gutem, trockenem Wetter stattfinden; und nur vollkommen durchgetrocknetes Stroh kann im Hausbau Verwendung finden.

Die Strohballenbauweise

Der Fachverband Strohballenbau Deutschland e.V. zeigt dennoch viele Vorteile des Hausbaus mit diesem Öko-Baustoff auf: So sorge Stroh als äußerst effizienter natürlicher Dämmstoff im Verbund mit Holz und Lehm für ein besonders behagliches, gesundheitsförderliches Raumklima. Sowohl die Wärme- als auch die Schalldämmung seien hoch. Auch die Effizienz beim Heizen wird hervorgehoben. So heißt es auf der Webseite des Vereins: Errichte man ein Passivhaus- oder ein KfW-Effizienzhaus 40 mit Stroh, dann »wird zum Erreichen derselben Innentemperatur weniger Energie für das Heizen benötigt, dadurch werden die Schadstoff- und CO_2-Emissionen während der Nutzung des Gebäudes verringert«.[78] Ein genauerer Blick auf den wiederentdeckten Baustoff Stroh lohnt sich also, vor allem, wenn Sie dieses in Ihrer Nähe günstig beziehen können.

Bauen mit Pilz-Myzel

Dass wir Menschen nach wie vor sehr kreativ sind, wenn es um Naturbaustoffe geht, zeigt die jüngste Entwicklung eines Myzel-Materials. An der Universität Leipzig züchten Forscherinnen und Forscher einen ultraleichten, nachhaltigen und vielseitigen Baustoff aus Pilzkulturen. Diese Innovation ist besonders spannend, weil wir dadurch weniger Rohstoffe abbauen müssten und stattdessen Bio-Komposite selbst heranzüchten könnten, und zwar beispielsweise auf Basis von Abfällen aus der Landwirtschaft wie Getreideresten oder mithilfe von Holzspänen, die dann von den Pilzen zu dem vielseitigen Baustoff umgewandelt werden. Ihre dreidimensionalen Netzwerke ergeben selbsttragende Strukturen, die schwammartig und formbar sind. Durch eine Wärmebehandlung werden sie fest und haltbar gemacht. Am Ende ihrer Lebensdauer können sie auf jedem Komposthaufen recycelt werden. Der Myzel-Baustoff wird noch erforscht und bis dato noch nicht seriell gefertigt, aber womöglich könnte er in Zukunft für nichttragende Wände oder als Dämmstoff zum Einsatz kommen.

Der Einsatz ökologischer Dämmstoffe

Bei der Dämmung eines ökologischen Selbstversorgerhauses gibt es viele verschiedene Möglichkeiten. Die Dämmung bildet eine zusätzliche Barriere innerhalb der Gebäudehülle, also in den Außenwänden und im Dach. Unnötiger Heizwärmeverlust ist gerade in Zeiten von Energiekrise und Teuerung etwas, das die meisten Menschen dringlichst vermeiden möchten. Häuser, deren Außenwände und Dachstühle nur spärlich isoliert sind, rentieren sich nicht. Besonders in Räumen unter dem Dach kann es an Behaglichkeit mangeln, auch wenn charmante Altbauten an sich wunderschön sind. Eine Sanierung mit ökologischen Dämm- und anderen Baustoffen lohnt sich. Drei Monate lang lebte Alessandra mit ihrer Tochter in einer Wohngemeinschaft im schönen Bonner Stadtteil Endenich in einer alten Holzvilla nah am Wald, die zwar hübsch aussah, aber schlecht isoliert war. Damals waren sie auf der Suche nach einem Mietobjekt in der Region – ein schwieriges Unterfangen angesichts des angespannten Wohnungsmarkts. Noch im Frühling, in dem sich auf die berühmte Bonner Kirschblüte überraschend eine glitzernde Schneeschicht legte, war es äußerst kühl und zugig hinter den Latten des Holzhauses mit seinen ansprechenden Fensterläden; im Frühsommer dann fühlte man sich in dem Haus wiederum wie in einer Brutkiste.

Diese Temperaturextreme erlebt man in Südamerika nicht, wo die einfachen Lehmhäuser auch im Tageszeitenklima der Gebirge gute Dienste tun – in der äquatorialen Mittagshitze halten sie eine akzeptable Temperatur, ebenso wie in den kühlen Nächten, in denen es sogar hageln kann. Auch gegen Holzhäuser ist per se nichts einzuwenden – Alessandras finnische Verwandten und Vorfahren leben am Inari-See im hohen Norden in den typischen rot getünchten Holzhäusern. Dort ist der Winter hart und lang, und trotzdem werden bis heute die roten Holzhäuschen gebaut. Das sogenannte Schwedenrot ist eine Naturfarbe, die nicht nur schön aussieht und den skandinavischen und finnischen Häusern den typisch nordischen Look verleiht, sondern es schützt auch vor Befall, Schimmel und Verderb. Wichtig ist, dass die Holzfassade nicht zu spärlich sowie sinnvoll isoliert ist. Sie sollte keinesfalls poröse Stellen aufweisen. Mit einer guten Wärmedämmung können Sie also selbst im hohen Norden in einem einfachen Holzhaus leben.

Eine sinnvolle Dämmung trägt zur Energieeffizienz bei, spart Heizkosten und sorgt für eine gute Feuchtigkeitsregulierung. Sie ist also besonders in Ökozonen empfohlen, in denen ein ausgeprägtes Jahreszeitenklima vorherrscht, oder dort, wo die Temperatur nachts erheblich absinkt, beispielsweise in Gebirgslage. Die Idee vom ökologischen Dämmstoff ist zwischenzeitlich auch im Mainstream mehr und mehr angekommen. Als wir unseren Baustoffexperten Joachim Kreutzer im Lebensgarten Steyerberg interviewten, erinnerte er sich daran, wie die ökologische Bauszene vor einigen Jahrzehnten noch belächelt und von vielen als »Spinnerei« abgetan worden sei. Er setzt bereits lange zum Beispiel Holzweichfaserplatten zur Dämmung ein, die er auch empfiehlt. Diese stellen inzwischen ein etabliertes Baumaterial dar.

Energieeffizienz

Heute schreibt die deutsche Verbraucherzentrale: »Für die meisten Dämmmaßnahmen vom Dach bis zum Keller gibt es geeignetes ökologisches Material aus nachwachsenden Rohstoffen – auf erdölbasierte Kunststoffe wie Polystyrol sind Sie nicht angewiesen.«[79] Nachhaltige Dämmstoffe sind nicht nur eine tatsächlich mögliche Alternative, sondern noch dazu eine besonders gute: Im Gegensatz zu konventionellen Dämmstoffen sind sie durchlässig für Wasserdampf und sorgen damit für ein gesundes Raumklima. Das Keymark, eine Produktkennzeichnung auf dem Etikett, gibt Ihnen Informationen dazu, für welchen Einsatz der jeweilige Dämmstoff zugelassen ist; bei Flachdächern beispielsweise gibt es gesetzliche Reglementierungen je nach Material. Das Keymark soll auch eine unabhängig erfolgte Schadstoffprüfung garantieren.

Besonders Zelluloseflocken werden für die Gebäudedämmung von vielen Öko-Baufachleuten empfohlen. Am besten würden sie mit einem speziellen Gerät in die Hohlräume der Wände hineingeblasen, erklärte uns Baustoffexperte Joachim Kreutzer bei unserem Besuch in seinem Baufachhandel. Dafür kann auch geschreddertes Zeitungspapier verwendet werden. Flachs, Hanf, Schafswolle, Baumwolle, Kokosfasern, Kork, Gras, Schilf und Stroh sind ebenfalls kostengünstige nachwachsende Rohstoffe, die exzellente Dämmeigenschaften haben. Hanf und Stroh sind zudem besonders gut schallisolierend; Jutefasermatten, Holz- und Grasfasern sind mittelgute Schalldämmer. Die Verbraucherzentrale schätzt die Entflammbarkeit dieser Materialien allesamt als »normal« ein. Auch Joachim Kreutzer gab hier Entwarnung. Gerade bei Stroh als Dämmstoff oder als Wandsubstanz im Strohballenhaus kursiere das Vorurteil, dieses sei besonders leicht entflammbar. Dadurch, dass das Stroh so eng gepresst werde und es kaum mehr Luft enthalte, sei es nicht schneller entflammbar als andere Materialien wie Platten, Polystyrol (besonders als Styropor bekannt) oder Schaum.

Zelluloseflocken

Besonders das aus endlichen fossilen Ressourcen produzierte Styropor ist leicht entzündlich. Industriell hergestellte Steinwolle ist zwar nicht brennbar, wird aber mit großem Energieaufwand hergestellt und muss nach Abriss auf einer zertifizierten Deponie kostenintensiv entsorgt werden. Glasfasern sind ebenso wie Steinwolle künstliche Mineralfasern. Sie werden heutzutage noch auf vielen Baustellen verwendet, der Kontakt mit dem Material kann allerdings die Gesundheit schädigen, insbesondere beim Einatmen der Fasern, wodurch eine Lungenfibrose entstehen kann. Bestimmte Arten von Glasfasern gelten zudem als krebserregend.

Perlite beispielsweise stammen wiederum aus Vulkangestein und sind ein unbrennbarer Naturdämmstoff, den übrigens auch Insekten und Nagetiere nicht ausstehen können. Auch Blähton brennt nicht und wird auch nicht von unerwünschten Mitbewohnern befallen, hat aber nur mittelmäßige Dämmeigenschaften.

Wenn Sie sich für alternative Dämmstoffe entscheiden, dann achten Sie darauf, welche Zusatzstoffe womöglich in Ihrem Dämmstoff verarbeitet sind – zuweilen werden Brandschutz- oder Stabilisierungsmittel, Insektizide oder Fungizide beigemischt, die die Ökobilanz des vermeintlich natürlichen Dämmstoffs verändern, zu Allergien führen können und die eines Tages die Umwelt womöglich als Sondermüll belasten, wenn das Gebäude einmal abgerissen wird. Wenn Sie sich für nachhaltige Dämmstoffe aus Ihrer Region entscheiden, so können diese – im Gegensatz zu Styroporplatten, die meist kaum mehr trennbar an Betonmauern geklebt und verspachtelt werden – bei Abriss oder Erneuerung kompostiert oder auch recycelt werden. Von der Produktion bis zu dem Zeitpunkt, an dem der Dämmstoff ausgedient hat, weist er damit eine gute Ökobilanz auf.

Perlite

Bauen mit Recyclingmaterial

Die Verwendung recycelter Baustoffe dient der Müllvermeidung, verringert die Ausbeutung von Primärressourcen und ist oft kostengünstiger als der Bezug neuwertiger Materialien. Bausubstanz und Gebäudeelemente wie Türen, Fenster, Innenauskleidung und vieles mehr ließen sich im Sinne des Re-use-Konzeptes für einen Wiedergebrauch nutzen.

Upcycling bedeutet, dass man aus etwas Altem, scheinbar Verbrauchtem und Nutzlosem, etwas Neues, Nützliches und Schönes macht. Die Idee des Upcyclings spielt beim ökologischen Bauen eine große Rolle. Sekundärrohstoffe aus der menschengeformten Umwelt, die in der Architektur und Geografie als *Anthroposphäre* bezeichnet wird, können auf diese Weise nicht nur wiederverwendet *(Re-use)*, sondern einem gleich- oder höherwertigen Ziel zugeführt werden. In urba-

Upcycling

nen Ballungszentren entsteht seit einigen Jahren das Konzept des *Urban Mining*, das die Stadt als Mine oder Schatzkammer betrachtet. Die Stadt ist potenziell ein riesiges Reservoir an brauchbaren Ressourcen aus zweiter Hand, deren intelligente Nutzung natürliche Ressourcen schonen und Müll vermeiden würde.

Jedes verfallene und dann abgerissene Gebäude enthält noch brauchbare Teile, doch häufig wird das meiste gewissenlos entsorgt und versandet im sogenannten *Downcycling*. Unsortierter Bauschutt endet auf der Müllhalde oder vielleicht noch als Füllmaterial im Straßenbau, obwohl er zu großen Teilen einem höherwertigen Zweck zugeführt werden könnte. Bedenkt man, dass der Bausektor weltweit der mit Abstand größte CO_2-Produzent ist, insbesondere aufgrund seines Hungers auf Stahl, Beton, Glas und Zement, so kann uns dies für das Thema Wiederverwertung sensibilisieren. Um eine echte Kreislaufwirtschaft im Bauwesen zu erreichen, wie sie das Konzept des Urban Mining vorschlägt, bräuchte es Anpassungen auf politischer und rechtlicher Ebene sowie eine digitalisierte Gebäudeverwaltung. Eine breitere Bekanntheit und Nachfrage in der Bevölkerung sind weitere Grundvoraussetzungen. Junge Start-up-Unternehmen im Bereich Urban Mining zeigen bereits jetzt, dass das Modell funktioniert und auf wachsende Nachfrage stößt. Immer mehr Menschen interessieren sich dafür, Baustoffe und -elemente wiederzuverwerten: Mit gebrauchten Dielen beispielsweise lässt sich viel Geld sparen. Alte Türen und andere Elemente können einen besonderen Charme ins Haus bringen – zum Beispiel im rustikalen Stil oder im *Landhausstil*, im modernen *Industrial Design* oder im Stil des *Shabby Chic*, bei dem alte Einrichtungsgegenstände und Baumaterialen mit Gebrauchsspuren als ästhetisches Mittel eingesetzt werden.

Sowohl für den Neubau als auch bei Restaurierungsarbeiten können unter anderem die bereits genannten Altmaterialien und Sekundärrohstoffe im Sinne des Upcyclings genutzt werden. Das wiederverwertete Material sollte in gutem Zustand und selbstverständlich gesundheitlich unbedenklich, also nicht mit Schadstoffen belastet sein. Gelegentlich bieten auch Hersteller von Fenstern, Türen und anderen Bauteilen zu günstigen Preisen Produkte an, die in einem falschen Maß gebaut wurden, in einem ökologischen Bauprojekt aber noch Verwendung finden können. Alte Holzböden – oft kostenlos aus Entsorgungsbetrieben gerettet – lassen sich durch Schliff, Behandlung mit Ölen oder Versiegelung mit unbedenklichen Produkten aus dem Öko-Baufachhandel noch einmal zu neuem Leben erwecken – abermals ein Beispiel für das im ökologischen Bauen beliebte Upcycling.

Eine zentrale Forderung des Urban Mining ist, sich des Recycling-Modells nicht nur als Konsumentin oder Konsument zu bedienen, sondern selbst so zu bauen, dass das eigene Gebäude mit dem Ende seiner Lebenszeit wieder auseinandergebaut und recycelt werden kann. Mit einer möglichst sortenreinen Trennbarkeit von Baustoffen wird die Idee des *Cradle to Cradle* erfüllt. Der Begriff bedeutet wörtlich »von der Wiege zur Wiege«. Im Sinne einer konsequenten Kreislaufwirtschaft wird dabei die biologische und technische Wiederverwertbarkeit von Verbrauchs- und Gebrauchsprodukten gewährleistet. Die Eidgenössische Materialprüfungs- und Forschungsanstalt Empa in Zürich hat einen Wohnungsbau entwickelt, der modellhaft zeigt, wie jedes Bau- und Raumelement gestaltet werden könnte, um möglichst viel Recyceltes zu verwenden und später wiederum recyclingfähig zu demontieren. Beispielsweise lassen sich bestimmte Kunststoffe aus zweiter Hand einschmelzen, um daraus die Wände einer Duschkabine zu fabrizieren, bei Bedarf können sie erneut geschmolzen werden und etwas anderes entstehen lassen. Holzelemente durch uralte Dübel- und Stecktechniken lassen sich stabil errichten und können demontiert werden, da auf Leim verzichtet wird. Zahlreiche Beispiele zeigen, dass es Möglichkeiten gibt, Müll zu vermeiden

Grundsätze des Urban Mining

und wertvolle Ressourcen wieder freizugeben, wenn eines Tages der Abriss bevorsteht.

In Europa steht vieles einer umfassenden Kreislaufwirtschaft noch immer im Wege, sodass potenzielle biologische und technologische Stoffkreisläufe noch immer viel zu wenig beachtet werden.

Im Zuge einer Artikelreihe für die *Bonner Umwelt Zeitung* kam Alessandra mit den engagierten Architektinnen und Architekten in Kontakt, die sich ehrenamtlich bei den Architects for Future e.V. engagieren.[80] Auch sie befürworten das sogenannte Urban Mining. Für unser Buch waren sie für ein weiteres Gespräch zu diesem Thema bereit. Sie betonten: »Ein Gebäude verliert über seinen Lebenszyklus nicht an Wert, sondern kann auseinandergebaut und (in Einzelteilen) wiederverwendet werden. Müll ist dann ein Entwurfsfehler. Für den Gebäudebestand und Rückbauprojekte liegen die großen Herausforderungen derzeit darin, die geläufigen Stoffströme in Richtung Deponie zu unterbrechen und Bauteile und Baustoffe weiter- oder wiederzuverwenden.« Die Vorteile, wenn wir kreislaufwirtschaftlicher handeln, liegen auf der Hand: »Zum einen werden im besten Fall der Umwelt keine neuen Ressourcen beziehungsweise Primärrohstoffe entnommen. Damit hört Naturzerstörung auf, Lebensgrundlagen beispielsweise für Landwirtschaft und Küsten werden geschützt, und das ist wiederum ein Beitrag zu einer widerstandfähigeren, stabileren Umwelt in der Klimakrise. Zum anderen können durch die Wiederverwendung Emissionen eingespart werden.«

Tipps von den Experten

Was also sollten wir konkret tun, um effizienter, ökologischer und zugleich kostengünstiger zu bauen? »Bei Um-, An- oder Aufbau sowie der Sanierung und Dämmung sollte zunächst die Frage im Raum stehen: Was und wie viel brauchen wir wirklich? Denn je weniger Dinge in Umlauf gebracht werden und je langsamer die Stoffströme sich bewegen, desto bessere Chancen gibt es, die Materialien im Kreislauf zu führen«, erklärten die Architects. »Dann kommt die Frage: Was können wir wiederverwenden oder gebraucht bekommen? Neue Materialien sollten von vornherein kreislauffähig und umweltschonend sein. Sie sollten so verbaut werden, dass die Verbindungen wieder lösbar sind.«

Und was muss ihrer Meinung nach auf gesellschaftlicher Ebene passieren, damit die Umsetzung einer Kreislaufwirtschaft besonders in Bezug auf Baustoffe noch stärker verankert wird? »Zwei Beispiele für notwendige Rahmenbedingungen sind einerseits die Schaffung von Aufbereitungsstandorten und Zwischenlagerflächen«, konstatierten sie. »Wenn Baustoffe und Bauteile zum Recycling erst weite Strecken transportiert werden müssen, geht der ökologische Vorteil schnell verloren. Oft wird Bauschutt und Erdaushub allein schon deswegen direkt entsorgt, weil an der Baustelle keine Fläche zur Zwischenlagerung vorhanden ist ... Andererseits aber müssen öffentliche Bauherrinnen und Bauherrn endlich ihrer per Kreislaufwirtschaftsgesetz vorgeschriebenen Vorbildfunktion nachkommen!«, forderten sie ein. Sie erklärten, dass Verantwortliche, um das Kreislaufgesetz zu erfüllen, die Wiederverwendung von Bauteilen, ausgebauten Baustoffen und Bodenaushub sowie den Einsatz von güteüberwachten Sekundärbaustoffen priorisieren müssen. Aktuell sei jedoch sogar das Gegenteil der Fall, denn viele öffentliche Bauträgerinnen und Bauträger würden Recyclingbaustoffe explizit ausschließen. »Auch Abtransport und Entsorgung kosten die Auftraggebenden Geld; im Fall einer funktionierenden Kreislaufwirtschaft würden sich diese Kosten für die Einzelpersonen senken«, insistierten die Architects for Future.

Neben der weltweiten Ressourcenverknappung und diversen Umweltproblemen ist besonders der Kostenpunkt ein Faktor, der eine Beschleunigung von kreislaufwirtschaftlichen Bemühungen fordert. Und dies wird gerade in Zeiten der Teuerung immer wichtiger, weil ein ersehntes Eigenheim, eine notwendige Umbaumaßnahme oder eine überfällige Sanierungsarbeit ansonsten für viele Menschen nur schwerlich leistbar sind. Möchten Sie also (um-) bauen, so erkundigen Sie sich nach Möglichkeiten des Recyclings von brauchbaren Baustoffen und Bauteilen in Ihrer Gegend. Sie können dabei nicht nur eine Menge Geld sparen, sondern tun auch etwas für die Umwelt.

Ökologische Bauformen

Neben traditionellen Haustypen, wie zum Beispiel in Fachwerkbauweise oder als Steinhaus, setzen sich nach und nach verschiedene alternative Haustypen durch, die den Bedürfnissen und Rahmenbedingungen der Menschen gerecht werden wollen, die nachhaltig bauen und dabei Kosten sparen, energieeffizient und möglichst autark sein möchten. Auch ein zeitgemäßes, originelles, natürliches oder besonders praktisches Design kann dabei im Vordergrund stehen, in dem das Beste aus altem Bauwissen und neuen Technologien kombiniert wird. Allerdings sagen wir Ihnen vorweg: Das ökologischste Gebäude ist im Schnitt ein saniertes – ein Neubau versiegelt weitere wertvolle Naturflächen und frisst mehr Material als ein überholtes oder umgebautes Bestandsgebäude.

Auch der ehrenamtliche Verein Architects for Future sprach sich in unserem Interview stark für die Bevorzugung sanierbarer Gebäude aus, um die Umwelt zu schonen und unseren CO_2-Abdruck möglichst gering zu halten. »Wenn wir den Bestand nutzen, nutzen wir zum einen die bereits verbrauchte Fläche und sparen zum anderen die Emissionen ein, die bei der Errichtung eines gesamten Gebäudes freigesetzt werden. Wenn diese im Bestandsbau bereits gespeicherte Graue Energie in die Gesamtbilanz einfließt, kann selbst ein Passivhaus schwer mit einem energetisch modernisierten Umbau mithalten. Dies wird aber erst dann deutlich zum Tragen kommen, wenn die gesetzlichen Rahmenbedingungen nicht mehr nur den Gebäudebetrieb, sondern den gesamten Lebenszyklus in den Blick nehmen.«

Für die Sanierung historischer Gemäuer können Sie verschiedene Fördermittel erhalten und werden mit einem einzigartigen Wohnambiente belohnt, das Sie energetisch auf den neusten Stand bringen und Ihren Bedürfnissen anpassen können. Interessieren Sie sich für ein sanierbares, bereits bestehendes Gebäude, beispielsweise ein altes Fachwerkhaus, einen Bauernhof oder Ähnliches, so lassen Sie ein Gutachten erstellen, damit Sie wissen, welche Kosten und Arbeitsmaßnahmen auf Sie zukommen, und um negative Überraschungen zu vermeiden. Es spreche sehr vieles für die Sanierung des Bestands, sagten uns die Fachleute von Architects for Future: »Denn aktuell ist es bei einem energieeffizienten Wohnungsneubau so, dass die Hälfte der Emissionen für die gesamte bilanzierte Lebensdauer bereits entstanden sind, bevor jemand einzieht. Um es kurzzufassen, wird nur eine Kreislaufwirtschaft – mit weniger Neubau, weniger Abriss und der Nutzung des Bestands (also bestehende Gebäude im Kreislauf zu halten) – dafür sorgen können, die Klimaziele im Bausektor erreichbar zu machen. Gleichzeitig werden wir unabhängiger von nicht beeinflussbaren Lieferketten, da eine regionale Recyclingwirtschaft aufgebaut werden kann – Stichwort Urban Mining.«

Sanierungen

Müssen oder wollen Sie aus verschiedenen Gründen doch neu bauen, dann können Sie mit recycelten und ökologischen Materialien aus unterschiedlichen und sehr nachhaltigen Haustypen wählen, von denen wir Ihnen einige in diesem Kapitel vorstellen werden. Eine dringliche Frage wollen wir jedoch gleich vorab klären – wo bleiben Sie, bis Ihr Selbstversorgerhaus saniert oder neu gebaut ist? Besonders kostengünstige Wohnmöglichkeiten, wie die Jurte oder ein Bauwagen, bieten sich als erster Unterschlupf auf einem Grundstück an, um ein Selbstversorgerprojekt zu beginnen. Sie können auch langfristig bewohnt werden oder als Gästezimmer, für das Homeschooling oder kreative Hobbys genutzt werden.

Neubau

Auch auf unserem Modell-Grundstück haben wir deshalb einen Bauwagen platziert, um zunächst unseren Selbstversorgergarten anzulegen und nach und nach Häuser und Ställe zu bauen. Ein Rundhaus aus Lehm und das Strohballenhaus können, je nach Machart, ebenfalls relativ kostengünstig errichtet werden, sind allerdings nicht so schnell einsatzfähig wie Jurte oder Bauwagen. Tendenziell gilt: Je kompakter das Gebäude, desto sparsamer und schneller ist es meist errichtet – und energietechnisch sind kleine Häuser meist obendrein effizienter. In den letzten Jahren hat sich das pfiffig geplante *Tiny House* (»Winziges Haus«) in den USA und nach und nach in verschiedenen Ländern verbreitet.[81] Vorbild und Pionier ist neben anderen Gregory Johnson, der die Small House Society gründete. Ökologische Ideale und Kostenersparnis sind die zwei Hauptaspekte dieses Haustypus.

Eine kleine, intelligent genutzte Wohnfläche spart Heizkosten und animiert dazu, unser Heim mit weniger Ballast vollzustopfen. Denn wer damit rechnet, dass immer mehr Konsumgüter auch mehr Lebensglück bedeuten, dessen Rechnung geht meistens nicht auf.

Die Bewegung der Tiny Houses

Das Tiny House folgte einst dem Vorbild des Zirkuswagens; in den Vereinigten Staaten sind auch Umbauten von großen Schulbussen zu Mini-Häusern beliebt. Anders als in den USA unterliegen diese Arten von Tiny Houses in Deutschland dem Baurecht, das aber auf das Konzept des Tiny House (noch) nicht zugeschnitten ist. Hat es Räder, benötigt es per se eine Straßenzulassung beziehungsweise eine Zulassung als Wohnwagen. Die Kriterien für Wohnwagenanhänger sind laut dem deutschen TÜV, dass er maximal 3,5 Tonnen Gewicht, maximal 2,5 Meter Breite und 4 Meter Höhe haben darf – es ist durchaus eine machbare Herausforderung, innerhalb dieser Maße und Gewichtsklasse ein komplettes bewohnbares Zuhause zu konstruieren. Der Tiny-House-Anhänger braucht des Weiteren ein zulassungsfähiges Gestell, das die Ladungssicherheit des Anhängers gewährleistet. Dafür muss in der Regel ein Gutachten durch ein Ingenieurbüro angefertigt werden. Die Fenster benötigen zudem spezielles Fahrzeugscheibenglas.

Eine Baugenehmigung wiederum wird je nach Land benötigt, wenn das Tiny House fest aufgestellt werden soll. Die entsprechenden Grundstücke oder Stellplätze müssen ausgewiesenes Bauland sein – es gibt keine eigenen Gesetze für die kleinen Häuser, die zwar gar kein Fundament benötigen, aber trotzdem unter bestehende Gesetze für Einfamilienhäuser, Reihenhäuser und andere herkömmliche Bauformen fallen, die leider noch nicht passgenau auf dieses Hausmodell zugeschnitten sind. Der Standort und die jeweiligen Spielräume innerhalb des Baurechts entscheiden also über die Möglichkeiten, wie das Tiny House aufgebaut und gestaltet werden kann. In Deutschland richtet sich dies nach der jeweiligen Landesbauordnung.

Gesetzeslage

Wenn es nicht dauerhaft bewohnt wird, darf das Tiny House von Rechts wegen zeitweise auch auf dem Grundstück von Bekannten oder auf einem Campingplatz unterkommen. Prinzipiell bergen die meisten mobilen Mini-Häuser den Vorteil, dass man sie im Falle eines Umzugs einfach verladen und mitnehmen kann. Zudem kann man sie leichter als andere – größere – Bauwerke an einem entlegenen, naturnahen Ort »parken«.

Ein weiterer Vorteil ist: Auf kleinstem Raum ist in dieser kompakten Art von Haus alles untergebracht. Bis zu einer Wohnfläche von 50 Quadratmetern kann man laut dem amerikanischen Tiny House Movement noch von einem Tiny House sprechen. Dieses Wohnkonzept folgt dem Gedanken des Minimalismus und der Entschlackung – es ist Platz für das Notwendige. Meist wird auf Multifunktionalität gesetzt, sodass Klappfunktionen oder Treppenstufen mit integriertem Stauraum zum Einsatz kommen. Die Schlafgelegenheit wird oft auf einer Empore über dem Wohnraum platziert, sodass kein wertvoller Zentimeter verschwendet wird.

Gerade für Singles, Paare oder fitte ältere Menschen kann mit dem Tiny House, je nach Machart, der Traum vom eigenen Zuhause und mehr Selbstbestimmtheit verhältnismäßig schnell wahr werden, und zwar auch ohne riesige Ersparnisse. Hier gibt es exzellente Möglichkeiten, um Ressourcen zu schonen, sowohl in Form von Material als auch hinsichtlich der Energiekosten. Das Konzept wurde von *tiny* über *small* und *miniature* bis hin zum Mikro-Haus weiterentwickelt – immer kleinere und kompaktere Wohnmöglichkeiten sollen auch weniger vermögenden nachhaltig orientierten Menschen ein eigenes Zuhause bieten. Sie können solche Mini-Häuser ab rund 25.000 Euro Anschaffungspreis erwerben oder sich dafür entscheiden, es selbst auszubauen. Winzige Häuser wurden zuletzt auch als mehrstöckige schmale Gap Houses (»Lückenhäuser«) errichtet, die die Lücke zwischen zwei bereits bestehenden Gebäuden füllen, was sehr wärmeeffizient ist, Baumaterial einspart und verhindert, dass eine nennenswerte neue Freifläche für neuen Wohnraum versiegelt werden muss. Sie zeigen, dass eine ausgeklügelte Architektur dazu in der Lage ist, auch einen engen Raum optimal zu nutzen.

Häuser mit guter Energiebilanz

Ob Lehmhaus, Strohballenhaus, Blockhütten, Backsteinhäuser, Fachwerkhäuser oder andere Haustypen, sie alle lassen freilich

Spielraum nach oben – je nach benötigter Größe und den persönlichen Wünschen können sie vollständig mit ökologischen und recycelten Materialien errichtet werden, ob als Tiny House oder Familiendomizil. Zudem lassen sie sich als *Passiv-*, *Null-* oder sogar *Plusenergiehaus* konzipieren. Hier steht das Thema Energie besonders im Fokus. So soll die benötigte Wärmezufuhr zum Beispiel über Südfenster und Techniken zur Wärmerückgewinnung gesichert werden. Auch die Abwärme von angrenzenden Bestallungen oder Haushaltsgeräten wird genutzt. Ein Passivhaus erfüllt die folgenden Kriterien, die der Architekt Thomas Drexel in seinem Buch *Die neuen Öko-Häuser. Kostengünstig und zeitgemäß* ausführt: Der Heizwärmebedarf liegt pro Jahr bei maximal 15 Kilowattstunden pro Quadratmeter und der Energiekennwert der Primärenergie bei 120 Kilowattstunden pro Quadratmeter.[82] Zudem ist die Dichtigkeit des Gebäudes entscheidend, zum Beispiel, weil sie Kondensat aus der Winterkälte im Gebäude verhindert. Bei einem Luftwechsel von 0,6 pro Stunde bei 50 Pascal oder darunter kann man nach der baufachlichen Definition von einem Passivhaus sprechen. Für das Erreichen einer so hohen Dichtigkeit und das Vermeiden von Leckagen (Luftdurchlässigkeiten) an kritischen Stellen wie beispielsweise dem Dachstuhl, an Stoßfugen in einem Ziegelmauerwerk oder an Verbindungsstellen in der Holzbauweise ist Expertenrat empfohlen.

Auch Nullenergie- und Plusenergiehäuser sind meist als Passivhäuser angelegt. Ihre Besonderheit ist ihre Energiebilanz. Im Nullenergiehaus halten sich Energieerzeugung und Energieverbrauch die Waage. Plusenergiehäuser werden auch »Heimkraftwerke« genannt, denn in diesen autarken Häusern wird sogar mehr Energie produziert als benötigt. Überschüssige Energie kann an andere Gebäude auf dem Grundstück oder in der Nachbarschaft abgegeben oder ins öffentliche Stromnetz eingespeist werden. Bei der Energiebilanz eines Gebäudes sollte es aber nicht nur um den effizienten Haushalt von Heizwärme und Strom gehen, sondern auch um die Primärenergie, die in das Bauvorhaben eingeflossen ist, sowie die Energie, die nach dem Abriss des Gebäudes verlorengeht. Dieser ökologische Fußabdruck lässt sich besonders durch eine verantwortungsvolle Wahl natürlicher, regionaler und recycelbarer Baustoffe reduzieren, wie wir bereits gesehen haben. Wenn Sie ein sparsames oder sogar ein Passiv-, Null- oder Plusenergiehaus entwerfen möchten, ist die Ausrichtung nach den Himmelsrichtungen entscheidend. Im Grundrissplan können Sie beispielsweise darauf achten, Schlafzimmer, Vorratsräume oder WCs möglichst in nach Norden ausgerichteten Zimmern zu planen, während beispielsweise das Wohnzimmer, in dem Sie sich tagsüber am meisten aufhalten, nach Süden ausgerichtet sein sollte. Gerade in Vorratsräumen brauchen sie nicht viel zu heizen. Sie haben als vorgeschaltete Räume zur kühlen Nordseite eine Pufferwirkung, die sich positiv auf das Klima in den Wohnräumen auswirkt.

»Heimkraftwerke«

Des Weiteren empfiehlt es sich im Sinne einer kleinstrukturierten ökologischen Energiegewinnung, auf die bereits erwähnte und nicht zu unterschätzende passive Sonnenenergienutzung zu achten. Konzipieren Sie möglichst weniger Fenster nach Norden, Osten und Westen, dafür mehrere nach Süden, Südosten und Südwesten. Halten Sie Nordfenster möglichst klein, um Wärmeverluste zu vermeiden. Bei Bedarf bringen Sie für heiße Sommertage Beschattungsmöglichkeiten in Form von Rollos, Jalousien oder ansprechenden wetterfesten Außentextilien an, mit denen Sie zudem besondere Farbakzente an der Fassade setzen können. Mittlerweile gibt es hocheffiziente Wärmeschutzfenster, in die Sie möglichst im ganzen Haus investieren sollten, wenn Sie in einer entsprechenden Ökozone mit kühlen Wintern leben. Eine Dreifachverglasung ist mittlerweile deutlich erschwinglicher geworden.

Fenster

»Schon 1994 hat uns Rolf Disch mit seinem heliotropen Haus gezeigt, wie weitgehende Autarkie des Wohnens möglich ist«, berichteten uns die Architects for Future. Der Architekt Rolf Disch gewann für sein in Freiburg im Breisgau errichtetes energieautarkes »Sonnenanbeter-Wohnhaus« mehrere Preise. Es ist als aufrechtstehende fensterreiche Röhre konzipiert, die sich mit dem Sonnenlauf mitdreht. Stellen Sie sich vor, wie Sie beim Frühstück sitzen und sich nach und nach Ihre Aussicht verändert. Der Drehmechanismus ist mit 20 Kilowattstunden pro Jahr äußerst sparsam und lohnt sich: Sowohl die Photovoltaik-Anlage als auch die Fensterfront gewinnen so ein Maximum an Sonnenenergie. In der Gebäudemitte werden sämtliche Kabel und Schläuche über einen Kanal nach oben geleitet, sodass sie sich problemlos mit dem Haus drehen können. Die Zimmer sind nicht in Stockwerken, sondern spiralförmig versetzt angeordnet. Den sogenannten »Heliotrop« können Sie besuchen und als Inspirationsquelle für Ihr Selbstversorgerhaus nutzen. Rolf Disch und seine Frau Hanna Lehmann haben bereits Tausende interessierte Besucherinnen und Besucher durch ihre hochmoderne Stube geführt.

Es gibt viele Möglichkeiten, Wärme zu speichern und Wärmeverluste zu vermeiden. Die Wichtigkeit einer effizienten Wärmedämmung von Außenwänden und in der Dachkonstruktion haben wir bereits im Abschnitt zu den Dämmstoffen thematisiert. Das Erreichen angenehmer Innenwandoberflächentemperaturen lässt sich aber auch mithilfe begrünter Dächer, Kletterpflanzen und Windschutzhecken an den Gemäuern erreichen. Hierdurch bewirken Sie eine Reduzierung der Windangriffsflächen durch die Bepflanzungen, die in heißen Sommern wiederum zur Kühlung beitragen. Mitarbeitende des Fraunhofer Instituts für Bauphysik können Sie gelegentlich in Online-Kongressen zu diesem Thema hören, Sie haben aber auch die Möglichkeit, auf der Webseite des renommierten Instituts zu

Wärme durch Begrünung

stöbern oder eine fundierte Fachberatung für Ihr Zuhause einzuholen.[83] Begrünte Dächer bereiten, je nach Pflanzenwahl, keinen bis kaum Aufwand, zum Beispiel im Falle einer Wildgräserwiese. Bei der Dachbepflanzung können auch Arten wie die rundblättrige Glockenblume (*Campanula rotundifolia*), der gelb blühende Mauerpfeffer (*Sedum acre*), die Walderdbeere (*Fragraria vesca*) sowie Schnittlauch (*Allium schoenoprasum*), Thymian (*Thymus vulgaris*), Karthäusernelken (*Dianthus carthusianorum*), die Heidenelke (*Dianthus deltoides*), diverse Steingartenstauden und vieles mehr zum Einsatz kommen. Sie tragen zu sauberer Luft und einer einzigartigen Optik des Gebäudes bei. Bei Starkregen sorgen sie für ein Abführen und Speichern des Wassers und schützen so auch vor Staunässe am Haus. Sie ergänzen damit eine Regenwassersammelanlage, die für die Toilettenspülung und das Gießwasser für den Küchengarten sowie Blumen und Stauden sorgen kann.

Im Interview bekräftigten die Architects for Future den »positiven Mikroklima-Effekt« der Fassaden- und Dachbegrünung für das Wohngebäude. Die nachhaltig orientierten Architekten wissen genau, worauf es bei der Dachbegrünung ankommt: Die Dachkonstruktion müsse robust genug sein, um Regenwasser, das absorbiert wird, in größeren Mengen tragen zu können. Auch die Abdichtung mit unempfindlichen, aber ökologischen Materialien sei zentral, sagten sie uns. Ein großer Pluspunkt sei der sommerliche Schutz vor Überhitzung, den das begrünte Dach liefert. »Bei Fassadenbegrünung ist nur die Frage, wie viel Aufwand sie in Pflege und Unterhalt bedeutet. Das ist bei Kletterpflanzen, die am Boden starten, anders als bei einer wandgebundenen Begrünung, die eventuell ein energieintensives Bewässerungssystem braucht.« Auch der Brandschutz sei zu bedenken und stehe einer Fassadenbegrünung an bestimmten Stellen entgegen. Zuletzt hoben sie noch hervor, dass die Aussicht ins Grüne wissenschaftlich erwiesen gesünder sei, als gegen kahle Wände zu schauen, was sehr für die Begrünung der Nachbarschaft spreche. »Generell sollte man sich aber genau Gedanken machen, welche Pflanzenarten zum Einsatz kommen: Sie sollten einheimisch sein, gleichzeitig mit den Extremstandorten rund um ein Gebäude klarkommen und die Bausubstanz nicht schädigen.«

Eine moderne Fassadenbegrünung mit nicht bodengebundenen Pflanzen ist also deutlich aufwendiger und kostenintensiver. Halterungen dürfen Bausubstanz und Dämmung nicht beschädigen und kosten einige Hundert Euro pro Quadratmeter. Sie benötigen ein Bewässerungssystem, dafür sind sie in greifbarer Höhe leicht zu pflegen und ein ansehnlicher Wandschmuck, bei dem noch dazu Nutzpflanzen wie Salate, Kräuter und vieles mehr an der Fassade wachsen können, die der Selbstversorgerküche dienen.

Fassadenbegrünung

Was die Wandbeschaffenheit im Passivhaus angeht, so ist besonders der bereits behandelte Baustoff Lehm nochmals zu nennen. Bauen Sie rund 40 cm dicke Lehmwände, so regulieren diese die Feuchtigkeit und die Raumtemperatur wie kein anderer Naturbaustoff. Außerdem gewährleistet Lehm, dass Ihre Außenwände weniger stark auskühlen oder sich aufwärmen, und verringert dadurch die Notwendigkeit zum Heizen, während Sie sich im Sommer das Kühlen mittels Klimaanlage sparen. Die bauliche Hülle sollte möglichst luftdicht beschaffen sein, um Wärmeverluste beziehungsweise unangenehme Kälte zu verhindern – außer Sie bauen, wie der Selbstversorger Ryan Otis und seine Familie, in Ländern wie dem warmen Thailand. Auf ihrem YouTube-Kanal *Life in Bamboo* teilen sie ihre Erfahrungen mit der Selbstversorgung. Bei der Bambushütte, die sie selbst gebaut haben, wird bewusst auf Luftdurchlässigkeit gesetzt. Für Klimazonen, in denen es kühle Phasen gibt, ist die Devise: Je dichter und kompakter, desto energiesparender. Ein würfelartiges Einfamilienhaus ist dementsprechend leichter mit

Wände

Wärme zu versorgen als mehrere kleinere Gebäude. Noch effizienter wird es, wenn sich mehrere Parteien einen Gebäudekomplex teilen.

Moderne Passiv-, Null- oder Plusenergiehäuser arbeiten darüber hinaus mit einer Wärmerückgewinnung bei der Belüftung der Innenräume: Hier saugt ein Erdkollektor ca. 12 Grad kühle Luft aus dem Erdboden. Die Luft kann im Sinne einer Klimaanlage eingesetzt oder mithilfe eines Wärmetauschers um einige weitere Grad erwärmt werden. Eine Wärmepumpe kann zusätzlich zum Heizen genutzt werden. Bei dieser Technologie findet stündlich ein kompletter Wärmeaustausch im Haus statt – das herkömmliche Durchlüften ist in diesem Fall gar nicht mehr nötig. Wer diese hocheffiziente Technologie – die allerdings Strom benötigt, von dem Sie dann selbst genug produzieren sollten – nicht nutzt, sollte Wärmestaus im Vorfeld einkalkulieren und Fenster oder Lüftungsschächte entsprechend planen: Durch die Möglichkeit einer effizienten Querlüftung kann Luft zirkulieren, sie wird ausgetauscht, und Schimmel wird vermieden. Haben Sie allerdings genügend Strom für Pumpensysteme zur Verfügung, können Sie Ihren Lüftungswärmeverlust signifikant verringern. Er macht rund 50 Prozent des Gesamt-Wärmeenergieverlustes aus. Lüftungsklappen können in den Schlafzimmern nah am Boden angebracht werden – sie bewirken eine Warmluftglocke im Raum und begünstigen ein frisches Ambiente mit stetiger Wärmerücktauschwirkung.

Ein weiterer Tipp sind integrierte Gewächshäuser oder Wintergärten an der Süd-, Südwest- oder Südostseite. Sie können nicht nur praktische, ästhetische und grüne Aufenthaltsräume sein, sondern auch, wenn genügend Speichermasse in Form von Wasserbehältern, Erde oder Lehmwänden vorhanden ist, massiv zur Wärmeeffizienz des Selbstversorgerhauses beitragen. Die dort gewonnene Wärme kann dann gezielt in die Wohnräume transportiert werden. Eine indirekte Beheizung und Belüftung wird über die integrierten Gewächshäuser oder Wintergärten vorgenommen. Ähnlich funktioniert auch das Prinzip des *Earth Ships*, dessen lange, begrünte Südfensterfront charakteristisch ist. Sie ähnelt einem Wintergarten. Hier wird Wärme gewonnen und dann im Haus verteilt. Zum Earth Ship (»Erdschiff«) folgt am Ende dieses Kapitels noch ein Exkurs. Es ist eines der Öko-Gebäude, die gezielt auf das Thema Kreislaufwirtschaft ausgerichtet sind.

Nullenergie-Erdhäuser wiederum stellen eine interessante Variante des Nullenergiehauses dar: Seit den siebziger Jahren wurde mit diesem Konzept versucht, besonders energieeffizient zu bauen – und dies hat sich tatsächlich als praktikabel erwiesen.[84] Diese Häuser ermöglichen ein Wohnen ohne Heiz- oder Klimatisierungstechnik unter anderem dadurch, dass sie die Temperaturkonstante im Erdreich nutzen. Durch die Einbettung in einen Hang oder aufgeschüttete Erde haben diese Häuser weniger Transmissionswärmeverlust. Erde wird meist im Norden, Osten und Westen angeschüttet. Im Erdhaus wird zudem externe Wärme gespeichert, beispielsweise in Lehmwänden, Fischbecken, Steinböden oder durch die Wärmewirkung eines angrenzenden Stalls. Nach Süden kann beispielsweise eine sogenannte gefächerte Schottenbauweise errichtet werden, die mit ihrer Glasfront und dicken rasterförmigen Wänden als wärmespeichernder Sonnentrichter fungiert. Hier kann ein optisch ansprechendes Sichtmauerwerk mit begrüntem Holzdach und Holzfassade zum Tragen kommen. Vorgelagerte Biotope senken die Tag-Nacht-Temperaturdifferenz zusätzlich, sodass im Haus konstante 16 Grad erreichbar sind. Für Schlafräume sind Temperaturen zwischen 16 und 19 Grad allgemein empfohlen. Eine Küche, die sich durch das Kochen zusätzlich aufheizt, und ein Wohnzimmer, das an der Südseite platziert werden kann, laden besonders tagsüber zu einem angenehmen Verweilen

Nullenergie-Erdhäuser

ein. Wer es dann doch etwas wärmer möchte, könnte bei Bedarf zusätzlich heizen. Mit dem Nullenergie-Erdhaus kann jedenfalls eine besonders sparsame und einfache Lösung gefunden werden, um auch ohne den Einsatz teurer stromfressender Technologien autark zu leben.

Das *Hobbithaus* ist eine Sonderform des Erdhauses. Es erinnert, wie bereits erwähnt, an die gemütlichen Unterschlüpfe der Hobbit-Fabelwesen aus Tolkiens *Herr der Ringe*. Der Baustoffexperte Joachim Kreutzer aus dem Ökodorf Lebensgarten Steyerberg errichtete ein kleines Hobbithaus für rund 2000 Euro. Hinzu kam noch eine Investition von rund 100 Euro für einen kleinen Holzofen, der zum Beheizen des Raums völlig ausreicht. Im Winter wärmt sich das Hobbithaus schnell auf, und es ist nicht nötig, nachts nochmals Feuerholz nachzulegen oder für eine zusätzliche Wärmequelle zu sorgen, wenn man in dem Häuschen schlafen möchte.

Eine ausgeklügelte *geodätische Kuppel*, auch *Geo-Dom* genannt, lernten wir im dänischen Ökodorf Dyssekilde kennen. Dieser ökologische Haustyp hat einen besonderen Charakter. Er entstand erstmals zu Beginn des 20. Jahrhunderts bei der Konzipierung von Planetarien und besitzt eine einzigartige Ästhetik, die gerade für Menschen in Frage kommt, die experimentelle Formen und ein ausgefallenes, modernes Ambiente schätzen. Gleichzeitig ist der Dom durch die fensterreiche Südfront und den kuppelförmigen Aufbau äußerst energieeffizient. Die Gebäudehülle besteht meist aus einem Holzskelett, das dreiecksförmige Strukturen miteinander verbindet. Sie können mit Glas versehen oder zur Nordseite, um dort Wärmeverluste zu verhindern, mit Holz, Lehm oder anderen Baustoffen ausgefüllt werden. Durch die Kuppelform kann die Sonnenwärme über den ganzen Tag hinweg maximal ausgenutzt werden – der gesamte Sonnenlauf wird von der Kuppel ausgeschöpft. Dies ist

Geo-Dom

gerade in nördlichen Gegenden sinnvoll, in denen die Heizsaison ansonsten sehr lang ist. Doch selbst für den dänischen Sommer können Sonnensegel an besonders heißen Tagen wiederum Abhilfe gegen ein Zuviel an Wärme im Innenraum schaffen. Neben ihrer Wärmeeffizienz sind geodätische Kuppeln besonders stabil und erdbebensicher.

Die *Jurte* haben wir bereits zu Beginn des Kapitels als schnelle und einfache Wohnlösung erwähnt. Das biegsame Gehölz des Weidenbaums machen sich mongolische Nomaden seit Urzeiten zunutze: Traditionelle Jurten sind zeltähnliche Häuser aus Weidenruten, Fell und einer Schnur aus Tierhaar, die auch in Kasachstan und Kirgistan zum Einsatz kommen. Sie können leicht auf- und abgebaut werden. Heute erlebt die Jurte aus Holz und Stoff ein Revival in der alternativen Baukultur. Sie ist ab rund 1100 Euro zu haben und stellt eine äußerst kostengünstige Option dar, die als Ein-Raum-Lösung ein interessantes, kreisrundes Wohnambiente bietet. Eine Jurte ist schnell auf- und bei Bedarf auch wieder abgebaut. Sie sollte unbedingt gut gedämmt sein und über eine ergiebige Wärmequelle, beispielsweise einen Heizofen, verfügen. Sie kann als temporärer oder permanenter Wohnraum, aber beispielsweise auch für das Homeschooling im Nachbarschaftsverbund, das Musizieren oder andere Aktivitäten genutzt werden.

Jurten

Clemens war bereits mehrfach als freiwilliger Helfer und im Zuge von Recherchen in Wales. Für dieses Buch fuhren wir gemeinsam dorthin. An dieser Stelle wird er Sie zu einem originellen Haustyp mitnehmen, dem Rundhaus.

Nahe des walisischen Ökodorfs Brithdir Mawr, eingebettet in farn- und moosbewachsene Eichenwälder, besuchten wir den erfahrenen Rundhausbauer Tony Wrench und seine Frau Faith. Die beiden leben dort vollständig *off the grid* – also abseits der öffentlichen Kanalisation, Strom- und Wasserversorgung – in der

Idylle des Nationalparks Pembrokshire, umgeben von Mischkulturgärten und Beerenhecken, in einem eigenhändig errichteten Rundhaus. Alle Materialien stammen aus der Region. Das Holz – vorwiegend in Stücke geschnittene Baumstämme, die wie Ziegel und Strohballen mit der Schnittfläche nach außen aneinandergereiht und aufgetürmt wurden – entnahmen die beiden dem eigenen Wald, wobei sie darauf achteten, den Waldbestand nicht zu stark zu dezimieren. Sie fällten verteilt auf der gesamten Waldfläche nur Bäume, die sich gegenüber den größeren Konkurrenten nicht mehr durchgesetzt hätten. Die Zwischenräume in dem Mauerwerk aus Baumstämmen wurden mit Stroh und Lehm aufgefüllt und verkittet. Die Wände im Wohnhaus sowie in einem zweiten Haus, das Faith als Rückzugsort und Gästen als Unterkunft dient, blieben größtenteils unverputzt – anders in einem Nebengebäude, das Tony als Werkstatt und Musikstudio nutzt. Dieses wurde auf dieselbe Weise wie die anderen beiden Rundhäuser errichtet. Hier wurden die Holzmauern teils mit Lehm, teils mit Kalk verputzt und mit weißer Kalkfarbe angestrichen.

Rundhaus

Die Dächer wurden selbsttragend konstruiert, sodass in der Mitte kein Stützpfosten nötig ist. Diesen Effekt erreicht man, indem die Baumstämme und Hölzer, aus denen das Dach besteht, so miteinander verzahnt werden, dass sie sich gegenseitig stützen. Sie verlaufen dabei von den Hauswänden nach innen in die Mitte des nach oben zulaufenden Daches. In der Dachmitte entsteht dabei ein Leerraum, der verglast wurde, sodass man durch diese Dachluke nachts bei klarem Himmel die Sterne sehen kann. Die Dächer der Häuser sind mit Pflanzen bewachsen. Faith und Tony ernten auch Kräuter, Zierpflanzen sowie Trauben von ihren Hausdächern. Auf Luftaufnahmen sind ihre Bauten aufgrund der überhängenden, bepflanzten

Selbsttragende Dächer

Dächer nicht zu erkennen. Sie fügen sich perfekt in die Landschaft ein und erscheinen wie Hügel auf einer Waldeslichtung. Aus der Vogelperspektive sind sie, unauffällig eingebettet in die Landschaft, kaum zu erkennen.

Die Kosten für den Bau eines solchen Zuhauses beliefen sich auf einige Tausend Euro, erfahren wir von Tony. Die Wohnfläche ihres Haupthauses beträgt etwa 60 Quadratmeter. Sie verfügen über Küche, Bad, Schlaf- und Wohnbereiche – teils durch Holzwände, teils durch Vorhänge getrennt. Alle Häuser sind winterfest und beheizbar, verfügen über Holzofen und Kamin. Der Bau eines solches Hauses stellt die kostengünstigste Variante für Selbstversorgerinnen und Aussteiger mit geringen finanziellen Mitteln dar. Wer selbst nicht über Know-how dazu verfügt, kann einen erfahrenen Rundhausbauer für einen Hausbaukurs engagieren, in dem ein solches Gebäude mit den Teilnehmenden errichtet wird. So können die Kosten für Beratung und Bauleitung reduziert werden, weil die Kursbeiträge den Lohn des Rundhausbauers oder der Rundhausbauerin ergeben.

Versorgung mit Wasser

Mit Blick auf die Planung Ihres Selbstversorgerdomizils wird deutlich, dass Aufbau, Materialien und der Energiehaushalt Ihres Heims von größter Bedeutung sind. Bei jedem dieser Punkte spielen Nachhaltigkeit und Sparsamkeit für viele Menschen eine wichtige Rolle. Doch auch das Thema Wasser besitzt für die Selbstversorgung eine große Relevanz, nicht nur in Gegenden, in denen dieses Lebenselixier ohnehin knapp ist, oder in Dürresommern, wie wir sie durch den Klimawandel mittlerweile auch im Herzen Europas zu spüren bekommen. Eine verantwortungsbewusste Herangehensweise an das Thema Wasser ruft uns zur Sparsamkeit auf und lässt uns auch die Frage stellen, wohin das Abwasser aus unserem Wohnhaus geleitet werden soll. Normalerweise gelangt es in die Kanalisation und wird in Kläranlagen mittels aufwendiger Verfahren gereinigt und wieder brauchbar gemacht.

Vielen Menschen ist allerdings nicht klar, dass wir unser sogenanntes Grauwasser auch selbst klären und mehrfach wiederverwenden können. Im sogenannten *Earth Ship*, einem kreislaufwirtschaftlichen Haustyp, zu dem wir am Ende dieses Kapitels einen Exkurs einfügen, ist dies Teil des Gebäudekonzepts, indem dort Wasser mehrfach mithilfe eines Pflanzenbeetes gereinigt und zum Gießen oder Spülen wiederverwendet werden kann, nicht aber zum Trinken oder Waschen, außer, Sie besitzen hierfür eine spezielle Anlage. In Deutschland ist ein solcher Wasserkreislauf im Eigenheim allerdings derzeit nicht erlaubt. Doch auch größere ökologische *Outdoor*-Wasserkläranlagen wären technisch für Privathaushalte möglich. Auf Basis eines mehrphasigen Modells der Wasserreinigung können wir selbst für unsere Abwässer Verantwortung übernehmen und Kosten sparen. Besonders an entlegenen Orten, an denen keine Anschlüsse an die öffentliche Versorgung vorhanden sind, wird das Thema Abwasserklärung ansonsten zum Problem. Achten Sie allerdings darauf, dass je nach Land bestimmte Auflagen erfüllt sein müssen, um eine private Kleinkläranlage betreiben zu dürfen.

Zum Thema Abwässer befragten wir auch die Architects for Future. Sie gaben zu bedenken: »Wer Autarkie in Deutschland umsetzen will, muss oft Sondergenehmigungen erwirken, weil beispielsweise ein Anschluss an die sogenannte Schwarzwasser-Kanalisation im Regelfall vorausgesetzt wird – er kann dies jedoch ortsabhängig auch erreichen. Für abgelegene Standorte ist Autarkie eine sinnvolle Strategie. Im Siedlungszusammenhang ist eine Vernetzung im Quartier jedoch oft viel effizienter als Inselanlagen in jedem einzelnen Eigenheim.« Wägen Sie ab, ob in Ihrem Fall eine ökologische Kläranlage, vielleicht im Nachbarschaftsverbund, sinnvoll ist.

Nachfolgend wollen wir uns den grundlegenden Mechanismus des Schilfklärbeets ansehen: Mit einem Zulaufrohr wird das Abwasser aus dem Haus in einen Aufbereitungstank beziehungsweise eine sogenannte Absenkkammer geleitet. In vielen Anlagen wird es dann über einen Pumptank in ein Schilf-Kies-Beet geleitet. Rohrkolben, gelbe Sumpfschwertlilien, Gemeiner Schilf, Binsen und viele andere Gewächse haben besonders starke wasserreinigende Eigenschaften. Das Schilfbeet als Herzstück der ökologischen Kläranlage sollte je nach Haushaltsgröße geplant werden. Rechnen Sie rund vier Quadratmeter pro Person. Über eine Kontrollkammer wird das gereinigte Wasser schließlich in einen Schönungsteich oder eine Einsickerungsfläche, zum Beispiel eine weitläufige Wiese, geleitet. Im Ökodorf Dyssekilde wird das gereinigte Grauwasser auf eine mit Weidenbäumen bepflanzte Fläche geleitet. Weiden mögen feuchte Standorte und saugen große Wassermengen auf. Sie wachsen prächtig, und so können im Frühjahr eine Menge Weidenruten für Körbe oder den Hausbau geerntet werden.

Das System des Schilfklärbeets

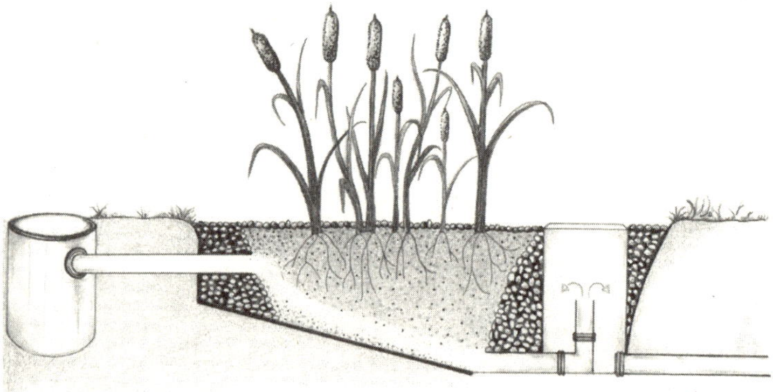

Abbildung 7: Schilfklärbeet

Wenn Sie *off the grid* leben, wird auch das Thema Toilette eine neue Bedeutung für Sie bekommen. Bei einem Besuch oder als Freiwillige beziehungsweise Freiwilliger auf einem Ökohof könnten Sie Gelegenheit erhalten, die Komposttoilette kennenzulernen. Sie ist nicht an die Kanalisation angeschlossen und meist in einem separaten Häuschen untergebracht, das oft etwas erhöht auf Stelzen steht. Aus den Erzählungen unserer Großeltern oder bei der Besichtigung einer historischen Burg hören wir zuweilen noch vom Abort oder Plumpsklo. Erst spät kam die Toilette mit Wasserspülung, wie wir sie heute kennen – einst von den Römern eingeführt, geriet sie im Mittelalter wieder in Vergessenheit.

Die Toilettenfrage

Beim Toilettensitz heutiger Komposttoiletten und Trockentrenntoiletten, die meist in einem separaten Häuschen untergebracht sind, handelt es sich um eine Vorrichtung aus Holz mit Deckel. In einem mit Stroh oder Mulch ausgekleideten Behälter werden die Exkremente gesammelt. Urin wird herausgefiltert, sodass die Öko-Toilette kaum riecht. Zu strengen Gerüchen käme es durch die Gärungsprozesse, würden feste und flüssige Ausscheidungen in einem gemeinsamen Behälter belassen. In dem Rohr, das zum Urinsammelbehälter führt, entsteht ein Kamineffekt, der für eine gute Durchlüftung und Geruchsvermeidung sorgt. Die festen Exkremente folgen auf einem gekippten Sieb der Schwerkraft und landen in einem separaten Teilbereich. Eine Toilettenspülung suchen Sie hier also vergeblich – das wertvolle Wasser können Sie sich sparen. Eine herkömmliche Toilette verbraucht ganze sechs bis zehn Liter Wasser pro Toilettengang. Und eine Campingtoilette muss auf Chemie zurückgreifen, um mit den Ausscheidungen fertigzuwerden.

Stattdessen werden die Exkremente in einer Komposttoilette mit einer Schaufel voll Sägespänen oder ähnlichem organischen Material bedeckt. Wer das einmal probiert hat, legt schnell Vorurteile, Ekel und Bedenken ab. Diese haben schließlich nicht einmal unsere strengen deutschen Behörden – im Gegensatz zur ökologischen Kläranlage sind nämlich Komposttoiletten sehr unkompliziert (etwa im Privatgarten) erlaubt.

Allerdings haben diese einfachen Toiletten bei Wind und Wetter auch so ihre Nachteile. Komfortabler sind da schon moderne Trockentrenntoiletten. Auf unserer Recherchereise im Lebensgarten Steyerberg sahen wir uns eine solche ins Haus integrierte Öko-Toilette an, die mit einem riesigen modernen Tank im Keller ausgestattet ist, in dem die schwarze Erde *Terra Preta* mit dem Toilettenkompost hergestellt wird. Der gewonnene Kompost aus Öko-Klos wird für gewöhnlich zu einer Grube befördert und zersetzt sich dort zu Erde, doch er kann, wenn man ihm genug Zeit gibt, auch als wertvoller Gartenkompost verwendet werden. Im Spezialbehälter braucht er mindestens zwei, auf dem offenen Kompost bis zu zehn Jahre, um vollständig in unbedenklichen Kompost zersetzt zu werden. Auch potenzielle Krankheitserreger sind dann kein Thema mehr.

Einen einfachen Bausatz gibt es ab ca. 400 Euro, komplette Trockentrenntoiletten mit Belüftung kosten leicht 1000 Euro. Sind Sie handwerklich geschickt, bauen Sie sich Ihre Komposttoilette oder ein separates Toiletten-»Häusl« also am besten selbst. Denn auch im Garten bietet sich eine Komposttoilette an. Sie kann praktischerweise während des Gärtnerns genutzt werden oder auch bei gemeinschaftlichen Aktivitäten wie Gartenfesten. Auch in dem Fall, dass Sie freiwillige Helferinnen oder Helfer über WWOOF oder andere Plattformen im Austausch gegen Erfahrungen, Verpflegung und Unterkunft bei sich aufnehmen, die Ihnen beim Aufbau oder Betrieb Ihres Selbstversorgungsprojekts behilflich sein können, dienen separate Komposttoiletten für genügend Raum und Privatsphäre.

Schließlich sind auch Abwässer und Abfälle wichtige Themen des ökologischen Bauens, Wohnens und Wirtschaftens – durch eine sinnvolle Planung lassen sich für diese Aspekte im Wohnhaus oder auf dem Gelände zufriedenstellende Lösungen finden. Ziel ist es, möglichst vieles wiederzuverwenden und möglichst wenig zu produzieren, das in der Kanalisation oder auf einer Deponie landen muss. Das Thema Kreislaufwirtschaft tritt mehr und mehr in das Bewusstsein ökologisch denkender Menschen, die autarker und verantwortungsbewusst handeln möchten. Es lohnt sich für uns selbst ebenso wie für die Umwelt, einen Blick darauf zu werfen, wie wir mehr Zirkularität in unser Zuhause bringen können. Hierfür wollen wir einen Exkurs zu zwei sogenannten Earth Ships unternehmen, die wir im Jahr 2022 im Zuge unserer Recherchen besuchten.

Abwasser

Exkurs: das energieautarke Haus – Earth Ship

Im beschaulichen luxemburgischen Ort Rédange besichtigten wir im Frühjahr 2022 das sogenannte *Äerdschëff.* Angelehnt an das amerikanische *Earth Ship*, das in den siebziger Jahren entwickelt wurde, handelt es sich hierbei um ein energieautarkes Gebäude, das teils aus Materialien eines lokalen Recyclingzentrums, teils aus Naturbaustoffen wie Lehm und Holz sowie einer Wärmedämmung aus Hanffasern besteht. Das langgestreckte, verglaste Gebäude erinnert an einen Ausflugsdampfer. Zudem ist es zur Nordseite in einen natürlichen oder künstlich aufgeschütteten Hang eingelassen, daher wohl die Namensgebung »Erd-Schiff«. Wir trafen Benjamin Klein, der Mitglied bei der luxemburgischen Bürgerbewegung CELL (Center for Ecological Learning Luxemburg) ist und als einer der federführenden Akteure beim Bau des intelligenten Öko-Gebäudes mitwirkte. Als wir damals in Rédange ankamen, war das Äerdschëff noch eine Baustelle. Der Innenausbau sowie die Gestaltung des Geländes standen noch bevor, doch das weitgehend ökologisch errichtete Earth Ship konnte bereits besichtigt werden.

Wir freuten uns sehr über die Möglichkeit, das Earth Ship besuchen zu dürfen. In ganz Europa gibt es nur wenige Exemplare von ihnen, eines davon in der traditionsreichen Ökogemeinschaft Schloss Tempelhof in Süddeutschland. Mittlerweile ist das luxemburgische Earth Ship fertig ausgebaut, und auch ein essbarer Waldgarten nach den Prinzipien der Permakultur wurde im Rahmen eines öffentlichen Workshops angelegt.

Benjamin Klein betonte, dass dieses Earth Ship als Gemeinschaftsgebäude in Zusammenarbeit mit der angrenzenden Schule gebaut und finanziert wurde. Zudem solle es künftig Menschen beherbergen, die beispielsweise über ökologische europäische Freiwilligenprogramme kommen möchten. Doch auch als Privatdomizil ließe sich das Earth Ship nutzen – dafür wurde es einst in New Mexiko (USA) entwickelt, und zwar für ein extremes Terrain und Klima: Hitze und Wasserknappheit führten zu Ideen, wie wir intelligenter mit den natürlichen Ressourcen haushalten können. Das Trink- und Nutzwasser durchläuft in diesem Öko-Gebäude einen Kreislauf, der keinen Tropfen vergeudet. Regenwasser wird im Äerdschëff bis zu dreimal wiederverwendet und im hausinternen Spezialbeet geklärt. »Wir sind mit Energie und Wasser selbstversorgt, doch aufgrund der Gesetze haben wir Wasserhahn und Steckdose angebracht. Das Tolle ist aber, dass wir diese Installationen nicht nutzen müssten, weil es auch ohne öffentliche Versorgung funktionieren würde«, erklärte Benjamin Klein im Interview.

Das Besondere am Earth Ship ist seine Simplizität und gleichzeitige Effizienz. Es ist ein kaum verschnörkelter, sondern eher funktionaler Bau, der uns zurückbringt zum Wesentlichen und Wichtigen, besonders zum Bewusstsein über die Kostbarkeit von Ressourcen. Neben dem hausinternen Wasserkreislauf stechen vor allem die Baumaterialien, das integrierte Gewächshaus und die autarke Energieversorgung heraus. Die Baustoffe kommen teilweise aus dem Re-use-Kontingent. In die Fassade sind recycelte Autoreifen, Fenster und Türen aus zweiter Hand sowie bunte Glasflaschen verbaut. Die alten Autoreifen, die in die Hangseite eingelassen und mit Lehm verputzt wurden, tragen zur Wärmeeffizienz des Gebäudes bei. Energie wird, ressourcenschonend, in und bei dem alternativen Bau generiert. All diese Aspekte lassen sich unter dem Stichwort Kreislaufwirtschaft zusammenfassen. Sie bildet die Maxime der Earth Ships.

Kreislaufwirtschaft als Prinzip

Das luxemburgische Earth Ship ist ein sehr großer Bau mit 30 Metern Länge, einem neuwertigen eigenen Windrad eines benachbarten Start-up-Unternehmens und einer großen PV- und Solarthermie-Anlage. Die Kosten für diesen Bau würden die Möglichkeiten vieler Menschen für ein Privatdomizil sprengen, allerdings lässt sich das Earth Ship natürlich auch als deutlich kleinere Version errichten und vieles in Eigenarbeit schaffen, wodurch Kosten gespart werden können. Zudem amortisieren sich technische Investitionen nach einigen Jahren ebenfalls, eine Photovoltaik-Anlage meist nach rund zehn Jahren. Benjamin Klein rät nicht jeder oder jedem, unbedingt ein Earth Ship zu bauen – es gibt viele Varianten, wie wir ökologischer, autarker und sparsamer bauen können. Die Idee von der Kreislaufwirtschaft kann uns beim Besuch des Earth Ship inspirieren, um sie auf die eine oder andere Weise in ein Eigenheim zu integrieren.

Auch im sonnenärmeren Dänemark, wo wir das seit 1988 bestehende Ökodorf Dyssekilde besuchten, besichtigten wir ein wunderschönes Earth Ship, das als Mehrfamilien-Bungalow mit seiner geschwungenen Südfensterfront hervorsticht. Die Sonnenenergie reicht dort, anders als in New Mexiko und noch weniger als in Luxemburg aus, um das Haus rund ums Jahr warm genug zu halten, daher flackert hier häufiger eine Flamme im Kachelofen.

Während das luxemburgische Äerdschëff als Gemeinschaftsgebäude den Fokus auf die Kinder- und Jugendbildung sowie junge Freiwillige legt, ist die Besitzerin des dänischen Earth Ship eine betagte Dame namens Ellen Berrine. Sie lebt hier seit vierzig Jahren und erzählte uns im Interview davon, wie es ist, im eigenen ökologischen Zuhause älter zu werden. Die über achtzigjährige Frau sagte uns, sie könne sich keinen besseren Ort als dieses Earth Ship im Ökodorf vorstellen. »Ich denke, es ist sehr wichtig, dass die Menschen beginnen, genauer nachzudenken, wie sie ihre Häuser bauen und dass sie *mit* der Erde leben«, lautete ihr Fazit aus all diesen Jahren.

Earth Ship in Dyssekilde

In ihrem Earth Ship, das sie vor allem mit Recyclingmaterialien erbaute, hat sie neben Küche, Bad und Schlafzimmer auch einen Meditations-, Übungs- und Behandlungsraum aus Stein und Lehm mit vielen Fenstern und einer hohen Decke, in der sie eine Fensterluke angebracht hat. »Dort oben in der Luke sehe ich die Sterne«, erzählte sie. Auf der Rückseite des Earth Ship führt ein Fußweg entlang – von hinten wirkt es wie ein gewöhnlicher Erdhügel. Nur wer aufmerksam hinsieht, erkennt die Fensterluke auf dem Hügel, die jetzt im Hochsommer von hohen Gräsern umspielt wird. In Ellens Meditationssaal gibt es einen gepflegten Holzfußboden, und hier entspringt sogar eine eigene Wasserquelle. Die Quelle hat sie mit einem Steinbecken ummauert, in das man sich hineinlegen kann. »Selbst die dänische Königin ist gekommen, um sich mein Earth Ship mitsamt Indoor-Quelle anzusehen«, berichtete die alte Dame.

Sie zeigte uns ein Fotoalbum, auf dem sie als Frau mittleren Alters auf der Baustelle des Earth Ship zu sehen ist – vieles hat sie, gemeinsam mit Freunden, in Eigenleistung gebaut. Und wie ist ihr Plan, wird sie noch lange im Earth Ship wohnen? »Das Haus gehört zu mir und ist gewissermaßen mit mir gewachsen. Ja, vielleicht kann ich eines fernen Tages nicht mehr auf so einfache

Weise leben. Aber noch geht es, und ich bin hier nicht allein. Im Ökodorf haben wir Gruppen – wir älteren Menschen haben eine 70-Plus-Gruppe gegründet und versammeln uns für Aktivitäten. Auch kochen wir füreinander, übrigens auch für Frauen im Wochenbett oder kranke und schwache Menschen. Wir haben einen gewissen Spirit in Dyssekilde, einander zu helfen. Im Verbund mit meinen Nachbarinnen und Nachbarn werde ich noch sehr lange in meinem Earth Ship bleiben können. Und ich werde vielleicht 110«, lächelte sie unter ihrem Sonnenhut.

Die Bebauung unseres fiktiven Grundstücks

Nun ist es Zeit, den Bauwagen, der uns während der Urbarmachung unseres Hektars Land als gelegentliche provisorische Bleibe gedient hat, durch ökologische Wohnhäuser zu ersetzen. Der Ziegenstall und das mobile Hühnerheim sind bereits errichtet, der Waldgarten entwickelt sich prächtig und wirft schon Erträge ab. In unserem Beispiel planen wir ein Selbstversorgerdomizil für mindestens zwei Haushalte mit insgesamt vier Personen. Vielleicht schließt sich mit der Zeit noch jemand unserem Projekt an, beispielsweise weitere Alleinerziehende mit Kindern. Wir überlegen, welche Bauweise mit günstigem Kosten-Nutzen-Verhältnis für Wohnhäuser in Frage kommt.

Kosten

Als leistbar ist zum Beispiel der Strohballenbau bekannt. Doch auch hier gilt es zu differenzieren. Die Materialkosten für Stroh, das Hauptmaterial dieser Bauweise, sind gering und belaufen sich pro Ballen auf etwa fünf Euro, wenn man direkt bei einer Landwirtin oder einem Landwirt einkauft. Teilweise sind Strohballen bei entsprechender Stückzahl auch zu geringeren Preisen erhältlich. Entscheidend für die Baukosten ist, wie viel Arbeit man selbst, mit Hilfe freiwillig Mithelfender oder im Rahmen von Hausbau-Workshops übernehmen kann. Je mehr Eigenarbeit man verrichtet und je mehr sich durch die Unterstützung eines Kollektivs erledigen lässt, desto geringer werden die Gesamtkosten ausfallen. Das ist einer der Gründe, weshalb der Strohballenbau sich finanziell vor allem in Ökodörfern und Gemeinschaften rentiert, in denen alle einander unterstützen können und womöglich auch jemand mit dem nötigen Know-how im Strohballenbau vor Ort ist.

Die Mindestkosten für ein Strohballenhaus sind schwer festzulegen: Wird es vorwiegend in Eigenarbeit und durch gemeinschaftliche Zusammenarbeit errichtet, kann es außerordentlich günstig sein. Beauftragt man hingegen eine Baumeisterin oder einen Baumeister und nimmt selbst eher wenig in die Hand, summieren sich die Kosten für die Durchführung. Ein einfacher Bungalow kann zu einem Preis von 800 bis 1300 Euro pro Quadratmeter in Auftrag gegeben werden. Komplexere Gebäude mit anspruchsvoller Architektur verlangen ein Budget von etwa 2000 Euro pro Quadratmeter. Je nach den eigenen Ansprüchen kann man den Strohballenbau also sowohl als Low-Budget-Projekt als auch als teureres Vorhaben verwirklichen.

Da unser fiktives Grundstück nicht Teil eines etablierten Ökodorfs ist und wir daher nicht mit der Unterstützung einer erfahrenen Gemeinschaft rechnen können, gleichzeitig aber über keine ausreichenden finanziellen Mittel für ein Bauunternehmen verfügen, entscheiden wir uns nicht für den durchaus interessanten Strohballenbau, sondern nehmen die Rundbauten von Tony Wrench und seiner Frau Faith in Wales als Vorbild. Wir errichten auf unserer fiktiven Bauparzelle nebeneinander zwei Rundhäuser in einfacher Bauweise aus Holz, Stroh und Lehm. Jedes Haus soll für jeweils zwei Personen geeignet sein. So entstehen auf einem Gemeinschaftsgrund zwei Wohneinheiten, von denen jede über einen Küchenbereich und ein Badezimmer verfügt.

Rundhäuser

Einfache Rundhäuser aus natürlichen Materialien können durch alternative und spezialisierte Öko-Rundhausbauer ab etwa 120 Euro pro Quadratmeter errichtet werden.[85] Das ist beachtlich günstig und schenkt auch Menschen mit wenig Geld Hoffnung auf ein einfaches, aber autarkes Eigenheim in der Natur. Das günstigste dazu geeignete Baumaterial sind Erdsäcke. Erde dämmt und isoliert hervorragend. Deswegen werden Häuser beispielsweise in Island traditionell in Erdhügel gebaut – eine Methode, die in der ökologischen Bauszene ein Comeback erlebt. Die Idee, Mauern aus Erdsäcken zu bauen und dadurch den dämmenden Effekt eines Erdhügelhauses nachzuahmen, ist, wie bereits erwähnt, empfehlenswert. Mauern aus Erdsäcken lassen sich auch leicht verputzen und erhalten dabei eine glatte Oberfläche. Wer sich für diese moderne, ökologische Bauweise interessiert, findet im Internet und vor allem auf dem englischsprachigen Buchmarkt unter den Schlagbegriffen *Earthbag Architecture* und *Earthbag Building* weitere Informationen. Wir möchten aber, wie wir es bei Faith und Tony in Wales gesehen haben, lieber Mauern aus geschnittenen Baumstämmen, Stroh und Lehm erbauen. Um diese bewährten und seit Jahrtausenden zum Hausbau genutzten Naturmaterialien nachhaltig beziehen zu können, erweitern wir das Budget auf 250 Euro pro Quadratmeter – das ist realistisch.

Ein Rundhaus kann maximal einen Durchmesser von zehn Metern haben, bevor eine zusätzliche Stütze in der Mitte nötig ist. Damit lassen sich Bauvorhaben bis 78,5 Quadratmeter Grundfläche verwirklichen. Für unser Vier-Personen-Bauprojekt reicht also ein einfacher Rundhausbau ohne Stützen aus. Für unsere beiden Low-Budget-Gebäude möchten wir den maximal möglichen Durchmesser ausnutzen. Der Bau beläuft sich somit auf 19.625 Euro inklusive Materialkosten pro Haus – zusammen also knapp 40.000 Euro. Dafür erhalten wir insgesamt stattliche

157 Quadratmeter Wohnfläche. Wer beispielsweise mit 60 Quadratmetern auskommen würde, könnte ein solch einfaches Rundhaus für etwa 15.000 Euro errichten. Die Isolierung durch den Bau mit Naturfasern, Stroh und Lehm ist optimal, und das Haus ist gut beheizbar. Über geeignete Energieträger für Strom, Warmwasser und Heizung machen wir uns zum Abschluss dieses Buches Gedanken. Zur Nordseite verzichten wir auf große Fenster, um Wärmebrücken zu vermeiden und die Heizkosten zu reduzieren. Wir legen großen Wert auf lehmverputzte Wände – innen wie außen –, die sich aufgrund ihrer dämmenden und Wärme wie Feuchtigkeit regulierenden Eigenschaften besonders energieeffizient auswirken. Lehm ist an der Außenwand allerdings etwas nässeempfindlich, sodass wir einen großen Dachüberstand einplanen. Das Hausdach wird begrünt. Eine Vorstellung davon, wie ein solches Rundhaus aussieht, erhalten Sie durch die Abbildung.

Zum Bodenlegen machen wir uns auf die Suche nach alten Dielenböden, die gebraucht oft günstig zu finden sind, nachdem sie zum Beispiel bei der Renovierung oder dem Abriss eines Hauses entfernt wurden. Abgeschliffen und mit Naturölen oder Naturharzen behandelt, kann daraus ein wunderschöner ökologisch nachhaltiger neuer Boden werden – ein Paradebeispiel für das Upcycling. Der Grundriss eines Rundhauses lässt sich flexibel gestalten. Unser Hausbeispiel hat Platz für eine Küche mit Essgelegenheit, ein Wohnzimmer, zwei Schlafzimmer, eine Vorratskammer und ein Badezimmer mit Waschmaschinenanschluss. Eine Garderobe findet im Eingang Platz.

Zimmeraufteilung

Kostengünstiger als in diesem Beispiel kann man so viel Wohnraum kaum schaffen, sofern es sich um solide, langlebige Häuser handeln soll. Sehr einfache und bescheidene kleine Hütten lassen sich natürlich für noch weniger Geld erbauen.

Nun heißt es sparen, denn wir wünschen uns noch einen eigenen Brunnen und eine Pflanzenkläranlage, um unseren Wasserkreislauf zu schließen. Doch gut Ding braucht Weile. In der Zwischenzeit nutzen wir die vorhandenen Anschlüsse für Kanal und Leitungswasser, die beim Grundstückskauf inbegriffen waren.

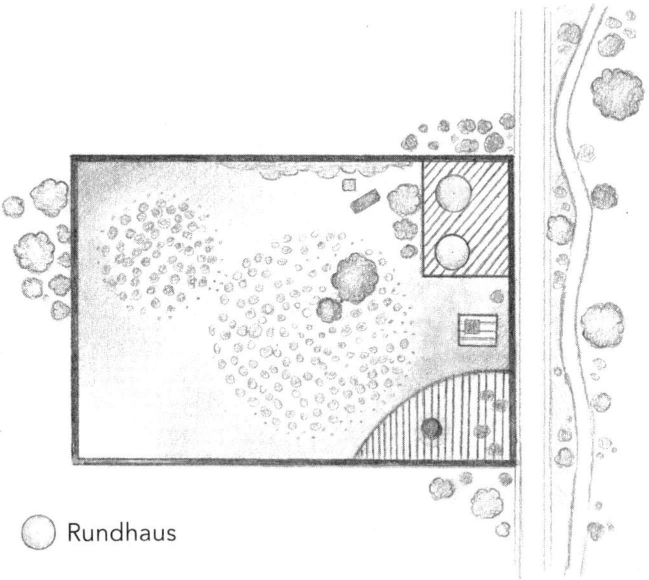

Abbildung 8: Grundriss mit Waldgarten, Ziegenstall, mobilem Hühnerstall, zwei Rundhäusern, zwei Komposttoiletten, einer Feuerstelle und dem alten Bauwagen

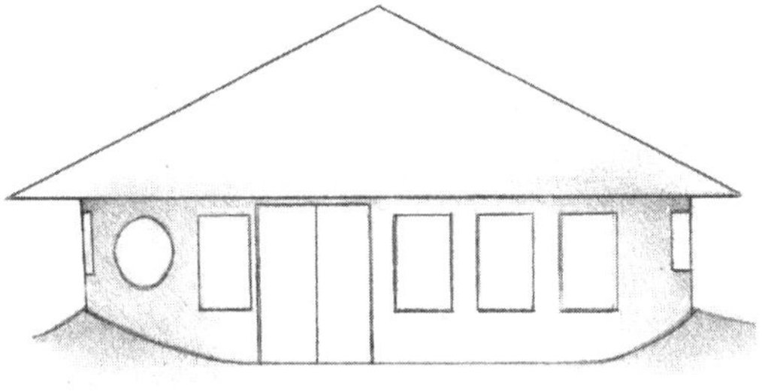

Abbildung 9: Außenansicht eines der beiden Rundhäuser

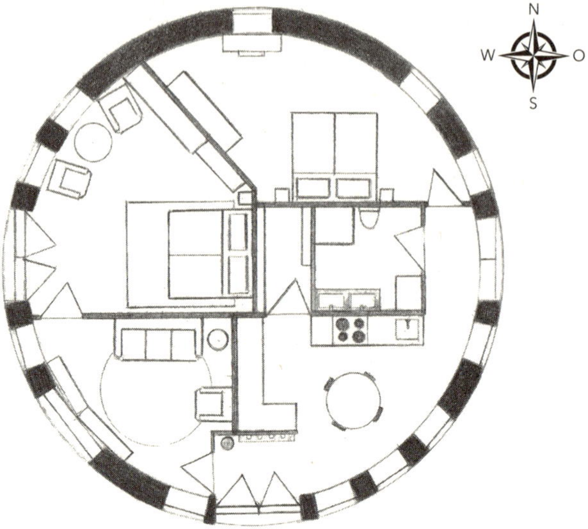

Abbildung 10: Grundriss eines der beiden Rundhäuser

Auch wenn unser Lebensraum ein abgeschlossenes Grundstück bildet, ist er kein in sich geschlossenes System: Zur Westseite geht es in den Wald über, im Norden und Süden finden sich Streuobstwiesen und Weiden. Wildtiere wie Rehe oder Füchse werden wir zum Schutz unserer Kulturpflanzen und Hühner zwar mit einem Zaun aufhalten. Von der Biodiversität unseres Gartens profitieren jedoch die heimischen Insekten und unsere Pflanzen, die von ihnen bestäubt werden. Im Osten finden sich am Grundstück eine Landstraße und ein naturbelassener Fluss. Erstere bildet unseren Anschluss an die Menschen der Umgebung. Mit den Nachbarn wollen wir gern Erzeugnisse abseits der regulären Marktwirtschaft, aber auch Ideen und Nachbarschaftshilfe tauschen. Womöglich gelingt es uns, mit der nahen dörflichen Kommune ein dezentrales Gemeinschaftsstromnetz auf Basis erneuerbarer Energien zu etablieren, das zusätzliche Versorgungssicherheit bietet. Somit stehen wir nicht isoliert auf einem Flecken Land, sondern in einem naturräumlichen, wirtschaftlichen und sozialen Kontext.

Kapitel 7

Vision Energieautarkie: Strom, Wärme und Wasser

Die Energiewende ist dezentral

Nach ihrer Bedeutung in Deutschland geordnet, sind die wichtigsten erneuerbaren Energiequellen Windkraft, Solarenergie, Biogas und Wasserkraft. Das Ziel der EU-Kommission ist es, bis 2050 klimaneutral zu werden. Bis 2038 ist der Ausstieg aus der Stromgewinnung durch Braunkohle geplant. Der rasche Ausstieg aus der Atomenergie ist überfällig. Es steht fest, dass die Energiewende kommen muss.

Eine *dezentrale Energieerzeugung* vor Ort, wie sie in vielen Ökodörfern, Ökosiedlungen und auf Selbstversorgerhöfen schon stattfindet, kann einen wesentlichen Beitrag für das Gelingen der Energiewende leisten. Denn in einem dezentralen Versorgungssystem funktioniert auch die Speicherung mittlerer Mengen von Energie. Es »gelten alle erneuerbaren Strom- und Wärmemengen als dezentral, welche weder in Stromnetze eingespeist werden noch über zentrale Wärmenetze statistisch erfasst sind [...] sowie Energiemengen, die lokal vermarktet werden.«[86] Technisch schwierig ist erst die zentrale Speicherung von Strom für ganze Landkreise, Bundesländer und Staaten. Bestehende Selbstversorgergemeinschaften, die bereits eigenen Strom produzieren und speichern, können als Beispiele für nachhaltige, krisensichere Ansätze der Energieversorgung dienen, die sich nicht am Profit der Energie-

Dezentrale Energieerzeugung

konzerne, sondern an den Bedürfnissen der Menschen orientieren.

Die Lobby der Erdölindustrie arbeitet schon fleißig daran, die aktuelle Energiepreiskrise zur eigenen Profitmaximierung zu nutzen und in Europa – auch in Deutschland – eine Legitimation des Frackings zu erwirken. Fracking ist aus ökologischen Gründen sowie zum Schutz der Gesundheit von Mensch und Tier abzulehnen, und es bleibt zu hoffen, dass sich die Lobbyistinnen und Lobbyisten mit ihren Interessen nicht durchsetzen.

Fracking

Beim Fracking wird unter hohem Druck ein Gemisch aus Wasser, Sand und zahlreichen Chemikalien bis drei Kilometer tief in die Erde eingebracht, sodass es zu Rissen und Brüchen im Gesteinsmantel kommt. So soll Erdgas, das sich in der Tiefe befindet und durch den Gesteinsmantel durch Bohrungen nicht erreicht werden kann, gelöst werden. Der Wasserbedarf beim Fracking ist enorm und beträgt pro Bohrung einige Tausend Kubikmeter. Durch die Schäden am Gestein, welches auch den Grundwasserkörper begrenzt und schützt, kann es zu Kontaminationen des Grundwassers mit Chemikalien kommen, die zum Teil als gesundheitsschädigend und krebserregend eingestuft wurden, zum Teil auch einfach im Hinblick auf ihre Wirkung auf Mensch, Tier und Umwelt nicht ausreichend untersucht wurden.[87] Grundwasser in sehr tiefen Lagen kann beim Fracking durch bedenkliche Chemikalien kontaminiert und in andere Regionen transportiert werden, sodass es auch großräumig zu schädlichen Wirkungen auf Trinkwasser und Landwirtschaft kommen kann.

Noch aktiver als die Fracking-Lobby ist die Atomstrom-Lobby, die auch in neoliberalen, wirtschaftsnahen Parteien gut vertreten ist und es bereits geschafft hat, dass sich der deutsche Ausstieg aus der Kernenergie hinauszögert.

Atomenergie

Anstrengungen, die Kernenergie auch in Zukunft

weiterzubetreiben, werden die profitorientierten Fürsprecher dieser Lobbys gewiss nicht unterlassen, sodass es gilt, wachsam zu bleiben.

Hoch radioaktiver Atommüll aus Kernkraftwerken muss für Jahrtausende isoliert werden, um die Gesundheit von Mensch, Tier und Umwelt nicht zu schädigen, besser gesagt zu zerstören. Dazu isoliert man den lebensgefährlichen und existenzbedrohlichen Müll zunächst mit Ummantelungen, deren Material radioaktive Strahlung abschirmt, und bringt ihn dann in tiefe Lagerstätten unter der Erde. Doch dieser Müll wird noch in einer weiten Zukunft radioaktiv sein, die der Mensch heute gar nicht überblicken kann.

Nachhaltige Krisensicherheit erreichen wir durch eine Dezentralisierung der Energieerzeugung. Die Dezentralität, die wir in manchem Ökodorf heute schon finden, wird uns aus der Energiekrise führen.

Auch die Architects for Future fordern »angesichts der Energiekrise von allen Beteiligten, dass sie zur Beschleunigung der Energiewende beitragen. Fossile Energie darf nicht mehr gefördert werden – weder als Kraftstoff noch zur Verstromung oder zur Raumheizung –, was jedoch gerade alles noch geschieht. Erneuerbare Technologie ist da. Für ihren Einsatz braucht es politischen Willen, ein Ende der fossilen Subventionen, rechtssichere unbürokratische Rahmenbedingungen, eine Bildungsoffensive für Fachkräfte – und einfach Machergeist, den viele Kommunen, die ihre Wärmenetze gerade umstellen, schon beweisen. Es muss außerdem normal werden, erneuerbare Energien in Baumaßnahmen zu integrieren.«

Derzeit zeigt die Entwicklung, dass sich einzelne Versorgerfirmen den wachsenden Strommarkt aus erneuerbaren Energien sichern wollen. Es fehlt eine breite Debatte darüber, wie sich die Stromversorgung nachhaltiger, möglichst dezentral und individuell bewerkstelligen lässt. Jeder Haushalt könnte einen Beitrag zur Energiewende leisten und dabei langfristig sogar Geld sparen, da sich die Anlagen zur alternativen Energiegewinnung nach einigen Jahren amortisieren. Auch könnten sich Nachbarschaften in einem Netzwerk zusammenschließen, um bei Ausfall der eigenen Anlage keine Engpässe zu erleiden. In ein Gemeinschaftsnetz lassen sich Überschüsse aus der eigenen Stromerzeugung einspeisen, zum Beispiel, wenn die eigene Solaranlage mittags mehr Energie produziert als benötigt wird. Lange Transportwege, immense Anlagen zur Stromgewinnung und die Abhängigkeit der Verbraucherinnen und Verbraucher von schwankenden Preisen würden so wegfallen. Für Pacht-, Miet- und Eigentumsmodelle als Teilhaberin oder Teilhaber an der Energiegewinnung müssten jeweils förderliche und unkomplizierte Wege gefunden werden, erneuerbare Energie vor Ort zu produzieren und nach Bedarf zu verteilen – noch immer steht die Bürokratie dem aber vielfach im Weg. Was können wir also, je nach Budget, bereits jetzt tun, um uns selbst nachhaltiger mit Strom und Heizwärme zu versorgen?

Selbstversorgung in Sachen Strom

Eine Durchschnittsfamilie verbraucht pro Tag rund zehn Kilowattstunden reinen Haushaltsstrom. Diese Menge lässt sich teils oder vollständig autark decken. Bedenkt man, dass viele Menschen darüber hinaus zunehmend auf Elektro-Mobilität und elektrische Wärmepumpen zum Heizen setzen, so kann auch dieser wachsende Strombedarf sinnvoll eingeplant und gestillt werden. Wir möchten Ihnen in diesem Kapitel die Bandbreite verschiedener erneuerbarer Energien für das »Heimkraftwerk« vorstellen. Eine Kombination ist, wenn Ihre Möglichkeiten dies zum Beispiel im Zusammenschluss mit anderen Menschen erlauben, häufig sinnvoll, da die jeweiligen Formen der Energieproduktion bestimmte Vorteile und Nachteile, Kapazitäten und Grenzen haben. Auf den Einsatz unterschiedlicher Versorgungsquellen – womöglich zusätzlich zum allgemeinen Stromnetz – zu setzen, gewährleistet maximale Sicherheit und Flexibilität.

In diesem letzten Kapitel möchte Alessandra das Thema Sonnenkraft beleuchten und Sie für nachhaltige Methoden des Heizens erwärmen, während Clemens den Themen mechanischer Stromgewinnung Rückenwind verleihen wird. So wollen wir abschließend darlegen, wie der Energiehaushalt eines Selbstversorgerprojekts möglichst umweltfreundlich und preiswert gestaltet werden kann.

Solarstrom: was Sie wissen müssen

Immer mehr Menschen interessieren sich für eine autarke Versorgung mittels Sonnenkraft – und aufgrund der Energiekrise herrschen derzeit eine hohe Nachfrage und lange Wartezeiten für Geräte und Installationen im Bereich Solartechnik. Solarmodule können einerseits auf Photovoltaik (PV), andererseits auf Solarthermie setzen, also entweder für Strom oder Warmwasser sorgen. Das Warmwasser kann dann auch zum Betrieb von Heizungsanlagen genutzt werden, wie wir später noch sehen werden. In diesem Abschnitt wollen wir uns die Effizienz, Funktionsweise, Kosten, rechtlichen Rahmenbedingungen, Speichermöglichkeiten, Öko-Bilanz, jüngste Innovationen und vieles mehr rund um Solartechnik zur Stromversorgung ansehen.

Technologien, um aus Sonnenstrahlung Energie zu gewinnen, werden seit vielen Jahrzehnten weiterentwickelt und sind mittlerweile deutlich kostengünstiger und noch effizienter als früher. In den 1950ern wurden Solarzellen aus Silizium entwickelt und ab den siebziger Jahren kommerziell vertrieben. Auch bifaziale Module, die auf der Vorder- und Rückseite des Panels Energie erzeugen können, werden wir uns nachfolgend näher ansehen. Sie wurden bis vor wenigen Jahren nur in der Raumfahrt eingesetzt und sind auf dem freien Markt noch eher unbekannt. Durch steigende Nachfrage und bessere Technologien werden sie bald ähnlich erschwinglich sein wie die gängigen monofazialen Module. Tandem-Solarzellen als Kombination aus Silizium und Perowskit stellen ebenfalls eine effiziente Neuerung dar, um noch mehr Strom aus dem Spektrum der Sonnenstrahlung herauszuholen.

Funktionsweise der Solarpanels

Wie funktioniert das Solarpanel überhaupt? Es produziert Gleichstrom, daher braucht es einen Wechselrichter für eine Umwandlung des Stroms in haushaltsüblichen Wechselstrom. Im Material des Panels finden sich Bor (hier entsteht ein positiv geladenes Loch im Atomverbund) und Phosphor (er hat ein negatives Elektron mehr als Silizium): Dabei kommt es zu einer Gegensätzlichkeit in der Ladung. Das Resultat ist ein enormes Streben nach Potenzialausgleich, wenn die Sonne auf das Panel scheint: Gleichstrom wird erzeugt. Über einen Inverter wird daraus dann brauchbarer Wechselstrom beziehungsweise Haushaltsstrom für den täglichen Bedarf gemacht.

Kosten und Steuern

Die Kosten belaufen sich auf mindestens 1 Euro pro Watt-Leistung, ohne Panelhalterung oder Installationskosten. In Österreich gilt beispielsweise: »Je nach Modultyp und Herstellungsland pendeln sich die Preise von Solarmodulen zwischen 1,45 und 2,00 Euro pro Watt Peak ein. Für das Einfamilienhaus mit der 5-kWp-Anlage entstehen dadurch Kosten von 5000 bis etwa 7500 Euro für die Solarmodule. Die Kosten für einen Wechselrichter liegen bei zwischen 1000 und 2000 Euro.«[88] Dazu kommen, je nach Land, bestimmte Steuern, die für den Eigenverbrauch selbst produzierter Solarenergie gezahlt werden müssen. Wartungskosten und eine Hagelschutzversicherung müssen gegebenenfalls noch einberechnet werden.

Folgendes Rechenbeispiel kann eine Orientierung in Bezug auf erwartbare Kosten geben: Sie benötigen eine Fläche von sechs Quadratmetern für einen Kilowatt-Peak Leistung. Für ein Einfamilienhaus ist ein Bedarf von rund fünf Kilowatt-Peak anzusetzen, sodass sich 30 Quadratmeter Anlagenfläche ergeben. »Pro kWp (Kilowatt Peak) gilt ein Richtwert von circa 1 bis 500 Euro inklusive der Montage, das bedeutet für unser Einfamilienhaus einen bisherigen Preis von 7500 Euro bei einem günstigen Solarmodul. Dazu kommt ein günstiger Wechselrichter von 1000 Euro – unser Preisbeispiel liegt jetzt bei etwa 8500 Euro, das um die jährlichen Wartekosten von – im günstigsten Fall – circa 250 Euro ergänzt werden muss«, heißt es auf der Webseite der Stadt Wien.[89]

In Deutschland sorgte zunächst das EEG (Erneuerbare-Energien-Gesetz) aus den neunziger Jahren dafür, dass der Absatzmarkt für Solarmodule wuchs, weil es Zuschüsse für Bürgerinnen und Bürger gab. Mit dem Jahr 2014 flachte die Kurve allerdings ab, und Fördermittel wurden gekürzt. Manche Kommunen bezuschussen den Kauf von Stecker-Solargeräten und von Solarpanels für das Hausdach. Im Jahr 2023 soll es zudem ein Steuergeschenk bei der Installation von Solarmodulen in Deutschland geben.

Ein weiterer wichtiger Punkt ist, dass Sie ein Gewerbe anmelden müssen, wenn Sie in Deutschland überschüssigen Solarstrom ins Netz einspeisen möchten. Hier fallen Einnahmeüberschussrechnung, Mehrwertsteuerabführung und so weiter regelmäßig an. Wünschenswert wäre eine schlankere Bürokratie für Menschen, die ihre Stromversorgung selbst übernehmen. Auch, dass wir auf Energie, die wir mit einem selbst finanzierten Modul herstellen, Steuern zahlen, wirkt absurd. Immerhin können Sie sich bei der Besteuerung in Deutschland an folgenden Tipp halten: Zunächst kann für die ersten fünf Jahre die Regelbesteuerung gewählt werden, da sich so die Umsatzsteuer für die Erstinvestition zurückholen lässt. Danach wäre es sinnvoll, in die Kleinunternehmerregelung zu wechseln, da dann keine Steuern mehr gezahlt werden müssen.

In Österreich wird die private PV-Anlage unbürokratischer behandelt, wenn der Durchschnittsverbrauch nicht um mehr als 50 Prozent überstiegen wird. Vor- und Umsatzsteuer fallen dann weg.[90] Insgesamt gibt es dort seit 2022 eine steuerrechtliche Verbesserung: »Natürliche Personen dürfen in Österreich künftig bis zu 12.500 Kilowattstunden Solarstrom einspeisen und müssen dafür keine Einkommensteuer entrichten, wenn die Engpassleistung ihrer Anlagen die 25 Kilowatt nicht überschreitet.«[91] Für mehr Informationen können Sie die Internetseiten des Bundesverbands PV Austria heranziehen.

Was die Amortisierung angeht, so rät die Stadt Wien Interessierten, folgende Kalkulation durchzuführen: »Addieren Sie zunächst Ihre Anschaffungskosten plus sämtliche Nebenkosten. Dazu gehören eventuelle Kreditzinsen, Versicherungen und sämtliche Betriebskosten, wie Instandhaltungskosten oder Wartungskosten. Dann addieren Sie die Summen aus dem Ertrag, also die Einspeisevergütung und die Abschreibung. Dividieren Sie anschließend die Summe der Anschaffungs- und Nebenkosten durch die Summe aus dem Ertrag. Ein Photovoltaik-Rechner kann Sie bei dieser Aufgabe unterstützen.«[92] Im Schnitt belaufe sich die Amortisierung einer Solaranlage auf dem Hausdach auf rund 8 bis 14 Jahre. Für einen eigenen Stromspeicher sind zusätzliche 6000 bis 15.000 Euro anzusetzen, hierfür gibt es allerdings oft Fördermittel.[93]

Effizienz von Solartechnik

Die Panels werden immer effizienter. An der technischen Weiterentwicklung arbeitet unter anderem das NREL (National Renewable Energy Laboratory) in den USA: Innovationen in der Solartechnik speisen sich beispielsweise auch aus Beobachtungen von Schmetterlingsflügeln und den Augen von Vögeln. Ziel der Forschung ist es, dass Sonnenlicht in Zukunft noch besser absorbiert und das Solarpanel dadurch noch effizienter wird. In Deutschland forscht insbesondere das Fraunhofer-Institut für Solare Energiesysteme in Freiburg im Breisgau zur Solarenergie und entwickelt neue Lösungen. Allerdings geht es dort weniger um direkte Impulse für einen breiten Markt als um Forschung. Maßgeblicher Produktionsstandort für Solartechnik ist derzeit nämlich China.

Je effizienter ein Modul, desto teurer ist es meist auch. Der Wirkungsgrad des jeweiligen Moduls ist ein Orientierungswert, der auch die Kaufentscheidung erleichtert: Er gibt modellhaft an, wie viel Energie die Zelle unter Einstrahlung von 1000 Kilowattstunden künstlichen Sonnenlichts produzieren kann. Unter natürlichen Bedingungen fällt der Ertrag aber etwas geringer aus. Besonders wirkungsvoll können PV-Anlagen sein, deren Panels schwenkbar montiert sind und dem Sonnenlauf folgen, indem sie vollautomatisch ihre Achse ändern. Die Effizienz hängt stark von Neigung und Ausrichtung des Panels ab. Auch muss bei der Platzierung darauf geachtet werden, ob zu einer bestimmten Tageszeit Schatten auf das Panel fällt, der die Leistung deutlich eindämmen würde.

Typen von Solarpanels

Die gängigsten Varianten unter den Solarpanels sind monokristalline, polykristalline und Dünnschicht-Module. Monokristalline Module sind die teuersten, aber auch effizientesten. Ihre Oberfläche ist besonders dunkel und leistungsstark. Polykristalline sind eine preiswertere Variante, die dennoch gute Dienste leistet, während Dünnschicht-Module dadurch hervorstechen, dass sie besonders leicht sind. Daneben gibt es noch CIGS-Module. Dies sind ultraleichte und preiswerte Dünnschicht-Module, die unabhängig von der Dachausrichtung eine gute Leistung bringen. Durch eine Reflektorfolie liefern die Module im Winter etwas mehr Leistung als andere Solarzellen. »Die besten monokristallinen Module erreichen Wirkungsgrade zwischen 20 und 22 Prozent, während polykristalline Solarmodule etwa 15 bis 20 Prozent erreichen.«[94] Die preiswerten, ressourcenschonenden Dünnschicht-Module liegen bei einem Wirkungsgrad von rund 10 Prozent. »Als erste Faustregel lässt sich sagen, dass ein Quadratmeter eines modernen kristallinen Solarmoduls 150 bis 230 Kilowattstunden Strom pro Jahr liefern kann. Das ist, wie gesagt, eine Faustregel; je nach Neigung, Ausrichtung und Technik des Moduls kann der Wert auch höher oder tiefer liegen. Aber Achtung: Dieser Wert ist nicht direkt ableitbar aus der Nennleistung eines Moduls, der in kWp (Kilowatt Peak) angegeben und nur unter Idealbedingungen erreicht wird.«[95] Bei allen gängigen Modul-Varianten ist derzeit das wichtigste Material in der Herstellung der sogenannte Silizium-Wafer. Solarmodule halten rund dreißig bis vierzig Jahre, meist mit zweijähriger Garantie, die von einigen Betrieben freiwillig verlängert wird.

Speicher für Solarstrom

Besonders die Speichermöglichkeiten für Solarenergie sind ein wichtiges Thema, denn während der Sonnenstunden lässt sich häufig ein Überschuss an Solarstrom erwirtschaften. Das Ökodorf Brithdir Mawr beispielsweise nutzte früher eine ausrangierte U-Boot-Batterie für die Speicherung von Solarstrom – ein Beispiel für Wiederverwertung und Upcycling. Als sie anfangs noch keinen Speicher hatten, richteten sie sich in der Nutzung von Haushaltsgeräten wie Spül- und Waschmaschine zeitlich darauf ein und nutzten diese gezielt zur Mittagszeit, wenn die Leistung der Solaranlagen am höchsten war. Mit einem eigenen Speicher kann man eine sogenannte Insel-Anlage betreiben und sich selbst vollständig mit Strom versorgen. Aber etwaige Überschüsse lassen sich auch an das Stromnetz weiterverkaufen oder mit Nachbarhaushalten

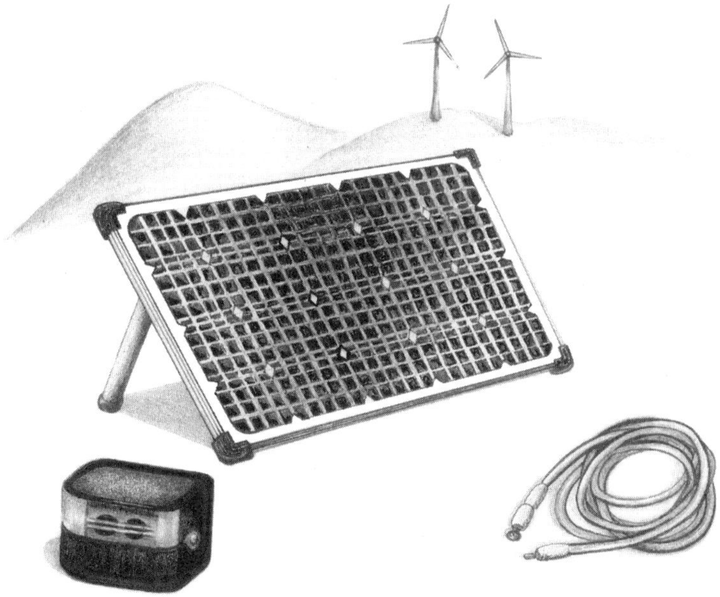

Abbildung 11: Kombination aus Solar- und Windkraft für die »dunkle Flaute«

teilen. Nachts allerdings und während der »dunklen Flaute« in der Winterzeit fehlt Solarstrom, wenn die Sonne schwach oder gar nicht scheint. Pumpspeicherkraftwerke und Luftdruckspeicher können hier Abhilfe schaffen, um Überschüsse für den Winter zu speichern. Mittlerweile verfügt die Gemeinschaft von Brithdir Mawr, die neben Solar- auch auf Wind- und Wasserkraft setzt, über mehrere leistungsstarke Stromspeicherbatterien.

Die Architects for Future geben hier zu bedenken, dass sich saisonale Speicher eher für mehr als einen Haushalt lohnen. Im kleinen Rahmen lässt sich Solarstrom auch in kofferähnlichen Batterien basierend auf der Lithium-Ionen-Technik speichern; derzeit liegen diese Batterien allerdings bei mehreren tausend Euro Anschaffungspreis und ihre Kapazität ist begrenzt. Zudem dienen solche Batterien nur der kurzfristigen Speicherung, also dem Tagesbedarf, da sie sich nach und nach entladen und nicht genug

Energie speichern, um damit durch den Winter zu kommen. Sie sind tragbar und könnten zu Beginn eines Selbstversorgungsprojekts in sonnigen Monaten zum Einsatz kommen. Für eine saisonale Speicherung, also um den im Sommer gewonnenen Strom für den Winter verfügbar zu machen, eignen sich Lithiumbatterien zwar nicht, sie tun aber gute Dienste zwischen Abend- und Morgendämmerung, um auf tagsüber gewonnenen Solarstrom zurückzugreifen. Die deutsche Verbraucherzentrale stellt fest: »Die Vorteile der Lithiumbatterien sind vor allem der hohe Wirkungsgrad, die hohe Energiedichte und die vergleichsweise lange Lebensdauer auch bei intensiver Nutzung. Die Speicherkapazität kann im Dauerbetrieb fast vollständig genutzt werden, ohne dass die Batterie darunter leidet.«[96]

Mittlerweile hat diese Variante die Blei-, Salzwasser- und Redox-Flow-Batterien in Mitteleuropa abgelöst. Die Verbraucherzentrale rät dazu, die Größe des Speichers möglichst präzise an den persönlichen Bedarf anzupassen, denn ein zu großer Speicher bedeute nicht nur unnötigen Ressourcenverbrauch und eine größere Erstinvestition, sondern ein dauerhaft hoher Ladestand lasse die Batterie zudem schneller altern.[97] Die Speicherkapazität sollte also recht präzise am tatsächlichen Bedarf ausgerichtet sein. Pro tausend Kilowattstunden Jahresstromverbrauch könne man einen Bedarf von einer Kilowattstunde Speicher rechnen. »Ist absehbar, dass der Stromverbrauch in Zukunft steigt und weitere Technik eingesetzt werden soll (zum Beispiel durch eine geplante Anschaffung einer elektrischen Wärmepumpe), sollte der Speicher größer ausgelegt werden. Eine höhere Batteriekapazität ist auch sinnvoll, wenn der Batteriespeicher zusätzliche Funktionen wie Not- oder Ersatzstrom bieten soll«,[98] rät die Verbraucherzentrale. Zudem sollte die Batterie am besten in einem trockenen, nicht zu kühlen Kellerraum platziert werden. Im Idealfall kann sie rund 15 Jahre lang gute Dienste tun.

Möchte man das Speicherproblem umgehen, sollte man in der

dunkleren Jahreshälfte, wie erwähnt, stärker auf andere Energiequellen setzen. Es ist wichtig zu sagen, dass Batterien kritische Ressourcen brauchen und am Ende ihrer Lebensdauer zum Sondermüll werden. So ist die Idee, flächendeckend auf große Batteriespeicher zu setzen, damit sich viele Haushalte auf diese Weise selbst versorgen können, aus ökologischer Sicht nicht vorbehaltslos wünschenswert. Abseits von der Lithium-Ionen-Technik steht für Solarstrom aktuell auch Wasserstoff als innovatives Speichermittel der Zukunft zur Diskussion. Meist wird Strom dabei mittels Elektrolyse-Verfahren gespeichert. Wasserstoff könnte künftig als Basis für saisonale Speicher dienen. Bisher kam er in flüssiger Form als Treibstoff in der Raumfahrt zum Einsatz. Bei ultrageringem Gewicht nimmt er zwar viel Volumen ein, hat aber auch eine überproportional große Speicherkapazität und lässt sich wahlweise flüssig oder gasförmig lagern und transportieren, weshalb er für alle Arten von Fahrzeugen auf Basis erneuerbarer Energie interessant ist, aber auch als Energiespeicher in der Industrie erprobt wurde. Strom lässt sich auf Wasserstoffbasis mit der Druckgas-, Flüssiggas-, Metallhydrid- oder Adsorptionsspeicherung konservieren.[99] Interessierte finden auf der Internetseite des TÜV Süd nähere Informationen zu diesen Varianten. Für Privathaushalte gibt es noch keine Standardlösung auf Wasserstoffbasis. Das Fraunhofer-Institut stellt fest: »Die wichtigste Technologie dazu ist die Elektrolyse, die sich hervorragend zur Kopplung mit Windkraft und Photovoltaik eignet.«[100]

Innovative Speichermittel

Noch bis vor einigen Jahren lohnte es sich, den eigenen Solarstrom an das öffentliche Netz zu verkaufen, allerdings ist die Einspeisevergütung rückläufig. Mit selbst produziertem Strom lässt sich wenig Gewinn machen, während von öffentlichen Betreiberfirmen eingekaufter Strom immer teurer wird. Daher erhält der eigene Stromspeicher aus ökonomischer Sicht größere Bedeutung, vor allem, wenn Sie auf die tages- und jahreszeitgebundene Sonnenkraft setzen. Das Fazit der Verbraucherzentrale lautet: »Die Unabhängigkeit vom Stromversorger erhöht sich in einem typischen Einfamilienhaus mit Photovoltaikanlage von 25 Prozent auf bis zu 70 Prozent (Autarkiegrad)«,[101] wenn Sie einen eigenen Solarspeicher haben. Im Nachbarschaftsverbund lassen sich die ökonomischen und auch die ökologischen Interessen am ehesten verbinden, um erneuerbare Energie unabhängig, rentabel und möglichst nachhaltig zu nutzen, am besten als Energiemix aus verschiedenen Quellen und mit einem Gemeinschaftsnetz sowie gemeinschaftlichem Speicher. Für individuelle Selbstversorgungsprojekte kommt ein kleiner Speicher für den eigenen PV-Strom am ehesten in Frage, um andere Stromquellen damit sinnvoll zu ergänzen.

E-Mobilität auf Solarbasis

Die Menschen im Lebensgarten Steyerberg sind Pioniere in Sachen nachhaltige Mobilität. Zu unserem Interview auf der Pferdekoppel, wo er das Hobbithaus seiner Frau errichtete, kam der Baustoffexperte Joachim Kreutzer mit einem Elektrofahrrad, das er selbst gebaut und mit einem Solarmodul versehen hat. Doch nicht nur das: Bereits vor Jahrzehnten erschien er in einer Tageszeitung als einer der Pioniere in Sachen Elektroautos. Im Jahr 1991 etablierte er die erste Solartankstelle Niedersachsens. Mittlerweile hat sich daraus ein Elektroauto-Sharing mit sieben Wagen entwickelt, an dem rund vierzig Personen teilhaben.[102] Die Teilnahme kostet 5 Euro pro Monat sowie 30 bis 40 Cent pro gefahrenem Kilometer. Auch eine nachhaltige E-Mobilität kann also durch Solarstrom Rückenwind erhalten. Nicht nur können wir Autos mit dem Sonnenstrom aufladen, sondern mittlerweile wird erforscht, wie wir an Solar-Autos

E-Mobilität

direkt auf der Karosserie dünne und leichte Solarzellen anbringen können. Diese auf Dach und Motorhaube anzubringen genügt, damit sich das Fahrzeug selbst auflädt und während der Sommerzeit unabhängig von externen Ladequellen fahren kann. Mit hauchdünnen Schindelsolarzellen versehen wirkt die Karosserie gleichmäßig gefärbt und ist dabei sogar kaum von anderen Autos zu unterscheiden.

Das Freiberger Fraunhofer-Institut entwickelt solcherlei spannende Innovationen: Mittlerweile sind Solarzellen in unterschiedlichsten Ausführungen, Farben und Wirkungsgraden möglich, auch um die Akzeptanz für Solarenergie aufseiten der Bevölkerung zu erhöhen – produziert wird von all diesen Innovationen für den breiten Markt jedoch kaum etwas, und schon gar nicht in Deutschland. Mitteleuropa vernachlässigt Schlüsseltechnologien wie Solar- und Windkraft, fördert junge Unternehmen nur ungenügend und baut bürokratische Hürden für Verbraucherinnen und Verbraucher zu schleppend ab, um solche Technologien erwerben zu können. Eine stromfressende E-Mobilität ohne nachhaltige und innovative Energiequellen ist allerdings sinnlos.

Könnten wir grüne Technologien umfassender und schneller verwenden, wäre dies ein großer Schritt, um umweltfreundlicher und autarker zu werden. Stattdessen wird nach wie vor die Idee unterstützt, dass sich zentrale Stromversorger flächendeckend um unseren Bedarf kümmern sollten – vom Hausstrom über die Wärmepumpe zum Heizen bis hin zur Elektromobilität hätten wir mittlerweile viele große Stromfresser, wofür besonders im Winter die Solartechnologie in unseren Breitengraden kaum ausreiche, gibt Joachim Kreutzer im Interview zu bedenken. Daher ist es wünschenswert, dass Technologien, zum Beispiel mit ultraleichten CIGS-Modulen, schon bald auf unseren Fahrzeugen Verwendung finden, sodass wir sie zu selbstladenden Vehikeln aufrüsten können.

Tragbare Module

Es gibt eine Reihe verhältnismäßig günstiger tragbarer Solarmodule. Vor vielen Jahren besorgte Alessandra sich bereits ein leichtes Solarpanel im Handtaschenformat für weniger als sechzig Euro. Ein solches kostengünstiges Panel schafft es auch im Winter innerhalb von ein paar Stunden, ein Handy oder eine Powerbank komplett zu laden. Solche Leichtmodule gibt es in verschiedenen Ausführungen, einige schaffen es auch, einen Laptop aufzuladen. In manche Elektrogegenstände wie Uhren oder Lampen ist heutzutage schon ein kleines Solarpanel integriert, sodass Sie sie nirgends anstecken müssen. Heute können Sie auch große Solarmodule als tragbare Variante erwerben. Sie müssen nicht fest auf dem Dach installiert werden, sondern können mit einem integrierten Ständer aufgestellt werden, wo Sie möchten. Wahlweise lassen sie sich auch am Balkongerüst anbringen, was sich aktuell größer werdender Beliebtheit erfreut. Für ein effizientes »Balkonkraftwerk« braucht es zwecks ausreichender Spannung am besten zwei gleiche Module mit mindestens 100 Watt, die beide in einem ähnlichen Winkel zur Sonne ausgerichtet sein sollten. Möchte man die gewonnene Energie in eine eigene Batterie einspeisen, so geht dies heute bis Kapazitäten von rund 1300 Wattstunden. Kühlschrank, Lampen, Router und so weiter lassen sich an eine solche Batterie anschließen, die oft zwei bis vier Steckeranschlüsse besitzt.

Geräte wie ein Elektroherd können allerdings eher weniger gut direkt mit der Batterie betrieben werden. Balkonanlagen sind meist nur als Unterstützung zum öffentlichen Netz gedacht, da sie in der Regel nicht genug Strom produzieren. Zudem changiert die Stromausbeute je nach Jahreszeit und je nach Strahlkraft der Sonne. Solche Panels amortisieren sich erst nach rund sieben Jahren. Wird der Strom beispielsweise in der Energiekrise allerdings teurer und knapper, so lohnt sich die Investition umso schneller.

Seien Sie darauf gefasst, dass es bei der Anbringung von Solarmodulen womöglich einige Hindernisse geben könnte. Die Idee, Panels an Balkon oder Hauswand anzubringen, wird in Deutschland teils von Behörden ausgebremst, zum Beispiel wegen Erhaltungssatzungen, das heißt wegen Richtlinien zur Erhaltung der Optik von Wohngebieten – Panels sollen in bestimmten Gegenden nur auf Dächern und in Hinterhöfen angebracht werden. Falls Sie ein historisches Haus bewohnen, so könnte auch der Denkmalschutz Sie ausbremsen, wenn amtlich entschieden wird, dass das Solarmodul die Ästhetik Ihres denkmalgeschützten Gebäudes beeinträchtigt.

Ökobilanz von Solarzellen

Nach rund zwei Jahren Stromproduktion mittels Solarpanel ist die für dessen Herstellung aufgewendete Energie beziehungsweise der dabei entstandene CO_2-Abdruck im Schnitt wieder ausgeglichen. Was die Materialwahl betrifft, so ist diese noch verbesserungsfähig. Früher wurden Panels teils mit bedenklichen Stoffen wie Kadmium und Blei hergestellt. Die bekannten Firmen *First Solar* (USA) und *Solarworld* (Deutschland) waren Hauptakteure der Solarlobby und wurden trotz teils unökologischer Produktionsbedingungen und bedenklichen Materialeinsatzes subventioniert. Heute dienen die Materialien Silizium sowie Folie oder Glas als vorherrschende Schutzschicht. Dabei ist das Glas-Glas-Modul umweltfreundlicher als solche mit Folienschicht und Aluminiumrahmen, wie wir nachfolgend noch sehen werden.

Bei bifazialen Modulen, also solchen, deren Vorder- und Rückseite gleichermaßen Strom produzieren, ist Glas auch hinsichtlich des Stromertrags am effizientesten. Ein neuer Ansatz ist es, das Mineral Perowskit zu verbauen und damit weniger oder kein Silizium mehr zu verwenden, allerdings ist der Prototyp auf Perowskit-Basis noch zu fragil und zu wenig wetterbeständig. Noch heute bestehen neunzig Prozent der Panels unter anderem aus Silizium, allerdings ist die Siliziumschicht heute oft nur halb so dick wie früher. Für die Herstellung derselben wird Sand verwendet, der zu 99,99 Prozent aufwendig gereinigt werden muss. Sand ist zudem aufgrund des Zementhungers des Bausektors der westlichen Welt ein ohnehin bereits besonders knappes Gut, wie wir beim Thema Bauen schon gesehen haben. Der Sandabbau lässt beispielsweise ganze Inseln in Südostasien verschwinden und schädigt Naturstrände in Tunesien. Im Herstellungsprozess wird die Siliziumschicht texturiert, das heißt, mit einer ätzenden Säurelösung behandelt, wodurch mikroskopisch kleine Kerben entstehen, die die Oberfläche vergrößern und weniger Lichtverlust garantieren.

Freilich verbraucht auch die Produktion von Solarpanels Ressourcen. Kauft man ein Solarpanel, bestimmt auch der Produktionsort über den ökologischen Fußabdruck mit. Alessandra befragte den Leiter des Fraunhofer ISE, Professor Dr. Andreas Bett, zu diesem Thema. »PV-Module aus europäischer Produktion sparen 40 Prozent an CO_2-Emissionen ein im Vergleich zu Modulen, die in China produziert und dann importiert werden. Der Hauptunterschied liegt im Energiemix der Länder begründet. In China wird Strom noch stark durch Kohlekraftwerke bereitgestellt und ist somit mit hohen CO_2-Emissionen belastet. In Europa ist bereits mehr CO_2-freier Strom vorhanden. Strom ist bei der Produktion der einflussreichste Faktor auf den CO_2-Fußabdruck eines Solarmoduls. Rahmenlose Glas-Glas-Module verursachen bei der Herstellung zusätzlich 7,5 bis 12,5 Prozent weniger CO_2 als Glas-Folie-Module – unabhängig vom Herstellungsort. Glas-Glas-Module benötigen keinen Aluminiumrahmen, dessen Herstellung sehr energieintensiv ist. Sie haben außerdem eine längere Lebensdauer und eine geringere jährliche Degradation. Der Transport aus China in die EU macht dagegen nur etwa drei Prozent der Gesamtemissionen aus.«[103]

Ressourcenverbrauch

Kurze Transportwege sind für die Umwelt dennoch günstiger: In Europa gibt es wieder mehr Produktionsfirmen, nachdem China während der Kernphase der COVID-19-Krise weniger Solarmodule liefern konnte. Zuvor hatte die chinesische Massenproduktion von Solarpanels dafür gesorgt, dass diese im Preis sanken und für viele Menschen eine bezahlbare Option wurden – allerdings auch auf Kosten der Umwelt durch schädliche Produktionspraktiken, billige Verarbeitung und lange Transportwege. Nur wenn wir künftig ökologischer produzierte und leistbare Solartechnologien erwerben können, wird in Deutschland und ganz Europa eine Energiewende effizient und nachhaltig möglich. Dafür ist es unabdinglich, den hiesigen Produktionsstandort für Solarenergie nennenswert auszubauen. Für ein Selbstversorgerprojekt empfiehlt sich eine möglichst nachhaltige Modul-Variante aus Glas für die eigene Stromproduktion.

Solarpark-Zentralen statt dezentraler Versorgung?

Im Zuge der Energiewende steht in Deutschland zur Diskussion, 47.000 Hektar, also rund 1 Prozent der Grünfläche, in *Solarparks* zu verwandeln – auf Kosten von Landwirtschaft, naturbelassenen Wiesen und Wald. So soll künftig grüner Strom in großen Mengen von der Wiese »geerntet« werden. Tausende Haushalte könnten durch solche großflächigen Solarparks jeweils das ganze Jahr über bedient werden, und einzelne Gemeinden würden finanziell von den Steuerabgaben der Solarstromfirmen profitieren. Da die Solarparks enorme Flächen verbrauchen und die Landschaft regelrecht entstellen, hat diese geballte kommerzielle Form der Öko-Stromgewinnung allerdings auch gewichtige Nachteile und löst gespaltene Reaktionen aus. Werden riesige Flächen geopfert, die als Solarparks unter der Sonne brutzeln und keine Zweitnutzung mehr zulassen, so ist fragwürdig, ob diese Praxis noch als Öko-Stromgewinnung gelten darf.

Eine ökologischere, sinnvollere und ansehnlichere Perspektive ergibt sich durch den Einsatz von Panels in begrenzterem Maßstab – und zwar dort, wo sie bzw. der Strom direkt gebraucht werden. Panels sollten demnach nur kleine Solarstromparks bilden, die den Bedarf einer Gruppe oder Gemeinde stillen. Auch die Industrie könnte ihren Strom an bzw. in der Nähe von Gebäuden selbst produzieren. Die womöglich verträglichste Variante aber wäre es, Solaranlagen klassisch auf den Dächern und Balkonen von Privathaushalten anzubringen und zu nutzen – nahezu jedes Gebäude könnte mit Solaranlagen ausgestattet werden. Solarmodule sind mittlerweile so günstig und effizient wie nie zuvor. Teilweise lassen sich steuerliche Erleichterungen und Fördermöglichkeiten finden. Eigentümer könnten Solaranlagen anbringen und den Strom direkt vor Ort für sich selbst oder für Miet- bzw. Pachtparteien nutzbar machen. So nehmen sie nicht teil an der großflächigen Öko-Stromversorgung auf immensen Wiesenflächen, die in der Hand weniger Firmen liegt.

Agri-Photovoltaikanlagen

Ist die Anbringung von Solaranlagen auf Dächern an bestimmten Immobilien nicht möglich, zum Beispiel wegen bestimmter Auflagen durch den Denkmalschutz, oder möchte eine Nachbarschaft ihren Strom gemeinsam produzieren, so gibt es interessante Alternativen, um größere Mengen Energie für eine ganze Gemeinschaft herzustellen: *Agri-Photovoltaikanlagen* könnten den Weg in eine nachhaltigere Zukunft ebnen. Hier wird Solarstromgewinnung mit dem Pflanzenanbau verbunden: Panels werden zum Beispiel in mehreren Metern Höhe und mit genügend Abstand zueinander angebracht, um unter und zwischen ihnen den Anbau von Nutzpflanzen zu betreiben. Ein Biohof im rheinland-pfälzischen Gelsdorf macht es bereits vor: Die Apfelkulturen seien durch die Solarpanels, die in langen Bahnen in fünf Metern Höhe über den Apfelbäumen montiert sind, vor dem Wetter geschützt. Weder zu viel Sonneneinstrahlung noch Starkregen sind für die Früchte förderlich: Sie können durch Unwetter beschädigt werden oder einen »Apfelsonnenbrand« erleiden. Pflanzen gelangen mit ihrer Photosynthese an einen Punkt, an dem ein Maximum an Lichtabsorption erreicht wird. Sie können nicht unbegrenzt Sonnenlicht umwandeln, sondern vielmehr in Hitzestress geraten.

Gerade in heißen Sommern können Agri-PV-Beschattungen vor Verdunstung schützen und bis zu 50 Prozent des Gießwassers einsparen. Also profitieren Pflanzen und Wirtschaftende offenbar von der Solaranlage über den Pflanzen oder Baumkronen und bewirken eine bessere Ernte. Gleichzeitig wird durch die Agri-PV-Anlage weit mehr Strom produziert, als es ein einzelner Haushalt benötigt – ohne dabei Grundfläche zu verschwenden. Der Solarstrom wird künftig für rund sechzig Haushalte reichen. Neben dem Ertrag gewährleistet dieses System auch einen Lebensraum für Insekten. Agri-Photovoltaikanlagen wirken zudem immerhin ästhetischer als große, monotone Solarparks, die dem lebendigen Grün kaum mehr einen Raum lassen.

Agri-PV-Anlagen wie jene in Gelsdorf werden vom Land bezuschusst und sind für die nächsten Jahre (genauer: bis 2025) Untersuchungsgegenstand des Fraunhofer-Instituts für Solare Energiesysteme, das sich mit der Effizienz und ökologischen Verträglichkeit dieses Konzepts befasst. Beispielsweise lässt sich hinterfragen, welche die optimalen Abstände zwischen Panels sind, sodass, je nach Pflanzenart, eine bestimmte Menge direkten Sonnenlichts auf die Pflanzen scheinen kann. Auch in Haidegg bei Gleisdorf, in der Nähe von Graz gelegen, findet sich eine Agri-PV-Anlage mit Vorreiterfunktion. Gemischter Obstanbau wird hier mit Solarstromgewinnung kombiniert – der Stromertrag würde für 1000 Haushalte reichen. Das Projekt wird unter anderem mit Mitteln des Klima- und Energiefonds finanziert und entstand im Rahmen des Programms »Klimawandel-Anpassungs-Modellregionen« in Österreich.

Photovoltaik-Gewächshäuser

Eine Alternative zu den Photovoltaik-Bahnen als Schatten- und Schutzspender sind *Solar-Gewächshäuser* mit Dächern aus Solarpanelen. Lüftung, Klimatisierung und Bewässerung lassen sich in diesem Modell mit dem lokal produzierten Strom betreiben. Je nach den Lichtverhältnissen, die sich in einem solchen Gewächshaus abhängig von der Dichte der Anbringung der Panels ergeben, können Sie hier am besten schattenliebende Pflanzen oder Halbschattengewächse anbauen.

Noch wird untersucht, wie gut sich Landwirtschaft und Solarstromproduktion in solchen Agri-Photovoltaik-Modellen vertragen, und zwar einerseits im Hinblick auf die Energieeffizienz, andererseits jedoch auch im Sinne der Ernteerträge – und darüber hinaus mit Blick auf Landschaftsästhetik und Sozialverträglichkeit. Auf den ersten Blick wirken sie wie eine perfekte, platzsparende und intelligente Kombination für innovative Landwirte, aber auch für Privatfamilien oder größere Gemeinschaften, die in Sachen Energie und Nahrungsmittel gleichermaßen autarker werden und zwei Fliegen mit einer Klappe schlagen möchten.

Allerdings treten ähnliche Fragen wie bei einer Agri-PV-Anlage auf offener Fläche auf, beispielsweise in Bezug auf optimale Lichtverhältnisse, die Feuchtigkeitsverdunstung und die Wasserzufuhr, um ein adäquates Pflanzenwachstum zu ermöglichen. Welche Nutzpflanzen bekommen je nach Anordnung der Panels über der Agrarfläche genug Licht? Stört eine begrenzte Verdunstungsrate bestimmte Pflanzen? Für welche Pflanzen kann eine um wie viel Prozent feuchtere Luft förderlich bzw. ungünstig sein?

Womöglich sind *bifaziale Solarpanels* angesichts all dieser Fragen unproblematischer. Am effizientesten arbeiten die beidseitig funktionsfähigen Panels bei flach stehender Sonne und werden daher nach Osten und Westen ausgerichtet. Im Vergleich zu monofazialen Modulen können sie um 5 bis 30 Prozent effektiver

Bifaziale Solarpanels

Solarstrom produzieren, je nach Ausrichtung und Rückstrahlvermögen des Bodens. Mittags fällt ihr Ertrag geringer aus, weil sie nicht nach Süden schauen. Dennoch nehmen sie über den Albedo-Effekt rückgestrahltes Licht beispielsweise vom Boden auf – je heller der Untergrund, desto höher die Strahlung.

Durch die senkrechte Anbringungsart können sie lange zaunartige Reihen bilden und sind auch zum Einschließen von Weiden und Freiläufen geeignet, wodurch sie sich mit der Viehwirtschaft verbinden lassen. Sie sind zudem platzsparend und erlauben wahlweise auch die landwirtschaftliche Aktivität mit Pflanzenanbau zwischen den Reihen, werfen weniger Schatten und beeinflussen die Gießmengen nicht. Man kann sie für eine optimale Lichtausbeute wie auf Stelzen anbringen. Allerdings ändern sich auch durch senkrechte bifaziale Module wegen der reflektierenden Oberfläche der Panels die Lichtverhältnisse für Pflanzen und Tiere. Noch wird untersucht, ob – und wenn ja, auf welche Pflanzentypen – sich dies eher positiv oder negativ auswirkt.

Bifaziale Module gehören jedenfalls auf die offene Fläche. Sie wären an der Hauswand oder angeschmiegt ans Dach fehlplatziert. Ein idealer Platz an der Sonne gewährleistet, dass auch ihre Rückseite genügend reflektierte Strahlung aufnehmen und in Strom verwandeln kann. Möchte man sie nicht auf die grüne Wiese oder an den Acker stellen, so lassen sie sich auch vertikal auf Gebäuden anbringen. Besonders Flachdächer tragen zur Effizienz bei: Hier wird viel Licht in die Höhe zurückgeworfen. Schnee und Schmutz haften weniger an ihnen als an herkömmlichen schräg installierten Panels. Besonders schnee- und wasserreiche Gebiete sind ideal für bifaziale Module, weil dort mehr Licht reflektiert wird und optimal auf beide Modulseiten gelangt. Insgesamt braucht es für die gleiche Strommenge beträchtlich weniger Module, wenn die bifaziale Option statt der monofazialen gewählt wird. Dies spart gleichzeitig Fläche und Installationskosten ein.

Fazit zur Solartechnik

Kosten und Nutzen der Solartechnik ergeben unserer Meinung nach eine akzeptable Bilanz, und wir können zwischen vielen verschiedenen Varianten wählen. Wenn Sie ein Selbstversorgungsprojekt, insbesondere abseits der öffentlichen Versorgung, in einer möglichst sonnenreichen Gegend anstreben, dann ist Solartechnik meist die erste Wahl für die Stromversorgung. Nutzen Sie einen Holzofen zum Heizen und womöglich zum Kochen, so könnte es sinnvoll sein, damit auch den Warmwasserbedarf zu decken. Ansonsten könnten Sie über eine Kombination aus Photovoltaik und Solarthermie nachdenken, um beide Technologien für Ihren täglichen Bedarf zu nutzen. Haben Sie Wind- oder Wasserkraft zur Verfügung, dann helfen Ihnen diese in einem ausgeprägten Jahreszeitenklima in der »dunklen Flaute« oder nachts, falls Sie noch keine Speichermöglichkeit für Ihre gewonnene Solarenergie besitzen. Auch ein Solargewächshaus und andere innovative Methoden, die derzeit erprobt werden, um Strom- und Lebensmittelproduktion zu kombinieren, könnten in den nächsten Jahren stark an Bedeutung gewinnen und Ihr Selbstversorgungsprojekt noch effizienter gestalten.

Wind- und Wasserkraft für Selbstversorger

Um sich bei unterschiedlichen Wetterlagen durchgehend mit Strom zu versorgen, ist es günstig, bei der Energieerzeugung auf mehrere Standbeine zu setzen. Auch hier lässt sich das wichtige Prinzip der Permakultur anwenden, wonach man sich bei Lebensnotwendigem niemals auf nur eine Quelle verlassen soll.

Neben Solarenergie nutzt zum Beispiel die dänische Ökosiedlung Dyssekilde auch einen großen Windstromgenerator, dessen

Blätter über den Baumkronen und hoch über dem Mischkultur-Gemeinschaftsgarten rotieren. Dennoch sind die Bewohnerinnen und Bewohner nicht vollständig energieautark. Auch Tony und Faith an der walisischen Westküste haben ihre drei idyllisch in den Wald gebauten Rundhäuser mit Solarpanels ausgestattet und zusätzlich im Garten ein Windrad errichtet. In Kombination mit den einfachen Gebäuden aus Holz, Lehm und Stroh mit ihren üppig begrünten Dächern entsteht dabei ein utopisch anmutender Anblick der Fusion zwischen Technik und wilder Natur. Die beiden speichern ihren selbst erzeugten Strom in Phasen der Überschussproduktion in dafür vorgesehenen Batterien, um Flauten der Stromerzeugung damit auszugleichen. Sie sind energieautark, betreiben aber auch keine Waschmaschine und keinen Geschirrspüler, jedoch sehr wohl elektrisches Licht sowie Laptops, Radios und andere kleine Elektrogeräte.

Strom aus Wind

Bei einem Windstromgenerator wird die vom Wind erzeugte Bewegungsenergie, auch kinetische Energie genannt, über den Antrieb der Rotorblätter auf einen Generator im Inneren eines Gehäuses übertragen, welcher die rein mechanische Energie in Elektrizität umwandelt. Die Kombination aus Sonnen- und Windenergie ist bereits ein Fortschritt im Vergleich zur reinen Solarenergie. Immerhin besteht eine hohe Chance, dass an Tagen, an denen die Sonnenkollektoren weniger Strom erzeugen, weil der Himmel bewölkt ist, das Windrad vermehrt Energie zugeführt bekommt. Vor allem dient eine Windkraftanlage im Herbst und Winter dazu, Produktionslücken der Solaranlage auszugleichen. Windkraft sollte im Rahmen der Selbstversorgung also in Ergänzung zur Photovoltaik eingesetzt werden, aber nicht als alleinige Stromquelle, vor allem nicht in kontinentalen Klimazonen mit einer hohen Anzahl windstiller Tage pro Jahr. In manchen stürmischen Küstenregionen ist auch der alleinige Einsatz der Windkraft möglich.

Das Mehrsäulenprinzip der Energieautarkie wurde im Ökodorf Brithdir Mawr zur Vollendung gebracht. Die Gemeinschaft deckt ihren gesamten Strombedarf für zwanzig Personen aus eigener Erzeugung. Eines der alten Steingebäude wurde zu einem Solarkraftwerk umgebaut, indem die gesamte Dachfläche mit Solarpanels ausgestattet wurde. Auf einer windexponierten Fläche, die häufig von Fallwinden getroffen wird, welche über die Hänge des Sleeping Angel herabstürzen, hat die Gemeinschaft einen stattlichen Windstromgenerator errichtet, der sich optisch unauffällig in die Naturlandschaft einfügt.

Das Mehrsäulenprinzip

Die große Besonderheit in Brithdir Mawr besteht aber darin, dass die Gemeinschaft auf *drei* Energiequellen zurückgreift. Die Kraft der Sonne und des Windes wird durch Wasserkraft ergänzt. Die Möglichkeit, ein funktionierendes kleines Wasserkraftwerk zur privaten Versorgung zu sehen, hat man nicht oft: Mit einer Machete entfernten wir Brennnesseln und andere Stauden, um einen freien Blick auf die Anlage zu haben, die das Wasser einfängt und zu dem Generator führt. Das Wasser durchfließt ein Betonbecken, in dem es in zwei Bahnen gelenkt wird. Auf der einen Seite wird es über ein Treppensystem an der Anlage vorbeigeleitet. Dieser Bereich ist so gestaltet, dass das Wasser einerseits ungehindert weiter talwärts fließen kann. Andererseits ermöglicht die Wassertreppe den Fischen, die in dem Gewässer leben, durch kleine Sprünge stromaufwärts zu gelangen. Dieser Teil der Anlage ist als Ökobrücke sehr bedeutungsvoll. Daneben wird das Wasser durch ein selbstreinigendes Metallsieb geleitet, das wegen seiner spaltenförmigen, parallelen und in Fließrichtung ausgerichteten Öffnungen als »Rechen« bezeichnet wird. Dieses Sieb verhindert, dass Tiere oder Treibgut in die Anlage transportiert werden. Nachdem das Wasser den Rechen passiert hat, wird es in ein Rohrsystem geleitet, in dem es paral-

Beispiel Brithdir Mawr

lel zu dem Bachlauf weiter hangabwärts geführt wird und dabei Schwung erhält.

Wir folgten den Rohren, durchquerten ein Dickicht aus Büschen, Dornengestrüpp und Brennnesseln, bis wir schließlich an einem idyllischen versteckten Platz im Wald ankamen, wo am Rand des Bachs ein Wasserkraftgenerator stand, der durch das durchfließende Wasser angetrieben wurde. Dabei verwandelt er – wie ein Windkraftgenerator – die mechanische Bewegungsenergie in Elektrizität. Das Wasser rinnt aus dem Generator wieder heraus und landet direkt im Bachlauf, wo es seine Reise ins Tal fortsetzt, um weiter unten in einen Fluss und schließlich ins nahe gelegene Meer zu gelangen.

Durch diese drei Standbeine der Energieerzeugung ist die Gemeinschaft von Brithdir Mawr vollständig energieautark. Wie schon erwähnt, wird der Strom aus allen Quellen zusammengeführt und in einer zentralen Anlage, die sich in einer Hütte vor dem Haus befindet, in Batterien gespeichert. Im Eingangsbereich des Gemeinschaftsgebäudes ist ein Kasten angebracht, der die jeweils aktuelle Energieproduktion der Anlage in Kilowatt in Echtzeit anzeigt. Damit sind nicht Kilowattstunden gemeint, sondern die tatsächliche Ausgangsleistung einer Anlage, die diese in einem bestimmten Moment abgibt. Die Gemeinschaft richtet sich bei ihrem Stromverbrauch danach, wie viel Energie gerade zur Verfügung steht. Licht, Laptops, Radios und Ladegeräte können immer betrieben werden. Auf »Stromfresser« wie die Waschmaschine wird verzichtet, wenn die Leistung der Anlage zeitweise absinkt. Die Idee, den eigenen Stromverbrauch dynamisch nach dem gerade verfügbaren Energieangebot zu richten, fanden wir interessant und reizvoll.

Die Gemeinschaft des Ökodorfs hat sich durch praktisches Tun über Jahre hinweg die Kompetenzen erarbeitet, die in Eigenarbeit errichtete Energieanlage zu warten und gegebenenfalls zu reparieren. Früher, als noch eine alte U-Boot-Batterie als Speicher diente, bestand der Wasserkraftgenerator aus einer selbst umgebauten alten Waschmaschinentrommel. Inzwischen arbeitet dort im Wald ein professionelles Gerät.

Die Kosten für Wasserkraftgeneratoren sind überschaubar. Ein Generator mit einer Ausgangsleistung von fünf Kilowattstunden beläuft sich auf etwa 1700 Euro. Damit kann man beispielsweise sechs Maschinen Wäsche bei 60 Grad Celsius waschen und weit mehr als den Jahresstrombedarf einer Person decken. Für den Privatgebrauch als Ergänzung zu einer Photovoltaikanlage ist diese Leistung ordentlich und könnte unter günstigen Bedingungen, also wenn genügend Wasser vorhanden ist, für Selbstversorger in Frage kommen. Mit zunehmender Kilowattleistung steigt natürlich auch der Preis, und für das Sieb, die Umleitung des Bachwassers über ein Rohrsystem sowie Speicherbatterien kommen noch weitere Kosten hinzu. Doch zahlen sich solche Investitionen auf jeden Fall aus, sofern man ein Fließgewässer zur Verfügung hat. Gerade kleine Wasserkraftanlagen kosten kein Vermögen und amortisieren sich schneller als Solaranlagen.

Kosten der Stromversorgung

Ein kleiner Windkraftgenerator mit der gleichen Ausgangsleistung von fünf Kilowatt ist ab etwa 2000 Euro zu haben – sonstige nötige Infrastruktur nicht mitberechnet. Eine komplette Kleinwindkraftanlage mit fünf Kilowatt Leistung – passend also für eine vierköpfige Familie – kann durch eine professionelle Firma ab 15.000 Euro errichtet werden, wobei es bei den Angeboten große Unterschiede und Luft nach oben gibt.[104] Wenn Anlagen, wie in Brithdir Mawr, in Eigenarbeit errichtet werden, sinken die Kosten natürlich und beschränken sich auf die Ausgaben für Materialien. Wie beim Hausbau kann auch beim Bau einer Energieanlage in Erwägung gezogen werden, das Werk im Rahmen eines selbst organisierten Workshops mit einer Expertin oder einem Experten zu vollbringen und dadurch die Finanzierung zu erleichtern.

Eines haben wir in unseren Recherchen gesehen: Wenn Menschen miteinander kooperieren und einander unterstützen, wenn sie kreative Wege durch Verwirklichung von Idealen und Zielen finden, dann scheitert es meistens nicht an den Finanzen. In den Worten der Ökodorf-Gründerin Lucilla Borio aus Torri Superiore, die selbst Menschen bei der Gründung von Ökodörfern und nachhaltigen Gemeinschaften im Rahmen von Seminaren unterstützt, heißt das: »Wenn die Gruppe gut zusammenarbeitet, dann ist Geld niemals das Problem.«

Auch für Schwachwindregionen gibt es effiziente Windkrafttechnologien. Bereits jetzt liefert Windenergie rund 45 Prozent des Stromgewinns aus erneuerbaren Quellen.[105] Trotzdem hat diese Technologie neben Vor- auch einige Nachteile. Windenergie liefert in Relation zur verbrauchten Fläche unter den erneuerbaren Energiequellen zwar die größte Stromausbeute, trotzdem steht die Bevölkerung Windrädern – aus verschiedenen Gründen – skeptisch gegenüber. Auch die Gesetzgebung beäugt jede Anlage kritisch. Wer in Deutschland ein Windrad errichten möchte, muss aufwendige Zulassungsverfahren durchlaufen und viele Faktoren beachten, zum Beispiel bestimmte Abstandsregeln, sodass ein Windrad weit genug von Wohnhäusern entfernt steht. Dies variiert in Deutschland je nach Region. In Nordrhein-Westfalen galten bislang 1000 Meter Abstand als notwendig. In einigen Bundesländern sind es nur 400 Meter Mindestabstand. Solche pauschalen Regeln möchte der Landtag in NRW nun abschaffen, um den Ausbau erneuerbarer Energie zu beschleunigen.[106]

Nachteile von Windkraft

Wenn Sie ein kleines Windrad betreiben wollen, müssen Sie auch Umweltaspekte berücksichtigen, sonst drohen nicht nur die fehlende Genehmigung, sondern auch im Nachhinein Klagen. Naturschützer bemängeln die Auswirkung der Windräder auf Insekten oder bestimmte Vogelarten. Ansässige wiederum fühlen sich oft gestört durch den Lärm und den Schatten, den die Anlagen verursachen. Auch Gegner der Energiewende oder speziell der Windkraft organisieren sich, um den Abbruch von Baumaßnahmen oder den Abriss bestehender Windkraftwerke gerichtlich zu forcieren.

Streitigkeiten zwischen Befürwortern und Gegnern der Windkraft betreffen vor allem großflächige Windparks in dicht besiedelten Gebieten. Für ein Selbstversorgerprojekt in Ortsrand- oder Alleinlage, für das ein einzelnes Windrad genügt, dürften vor allem Naturschutzfragen wichtig sein.

Der deutsche Naturschutzbund (NABU) spricht sich für die Windkraft aus.[107] Windräder sollen vorzugsweise auf offener Fläche oder in ökologisch weniger wertvollen Wäldern angebracht werden, nicht in sensiblen Gebieten. Trotzdem beeinträchtigen sie die Fauna mehr oder minder. Rund 300.000 Fledermäuse sterben in Deutschland jährlich wegen Barotraumata, also durch Verwirbelung und starken Luftdruck an Windrädern.[108] Besonders ist auf Vogelreviere zu achten: Der Schwarzstorch ist selten, sehr scheu und störungsempfindlich. Er brütet im Wald. Windkraftanlagen fragmentieren seinen Lebensraum. Auch der Rotmilan ist durch Windräder gefährdet. Beim Jagen konzentriert er sich während des Fluges auf die Beute am Boden und kann sich dabei am Windrad verletzen. Wo eines aufgestellt wurde, muss der Betrieb oft eingestellt werden, sobald ein Horst in der Nähe entdeckt wird. Allerdings sterben Vögel statistisch gesehen häufiger an Glasfassaden, Hochspannungsleitungen und Bahntrassen als an Windkraftanlagen.[109]

Auswirkung auf die Natur

Was das verbaute Material angeht, so sind besonders der Einsatz von Stahl und Beton in den Türmen und Fundamenten problematisch.[110] Wie wir im Kapitel zum Thema Bauen gesehen haben, handelt es sich hierbei um knappe und energieintensiv gewonnene beziehungsweise verarbeitete Ressourcen. Je länger das Windrad genutzt und grüner Strom erzeugt wird, desto mehr gleicht sich die aufgewendete Energie allerdings wieder aus. »Laut Umweltbundesamt (UBA) erzeugen Windräder in 2,5 bis 11 Monaten Betrieb die Energiemenge, die zu ihrer Herstellung erforderlich war. Im Schnitt laufen Windräder etwa 25 Jahre, in der Zeit wird 40-mal mehr Energie erzeugt, als für Herstellung, Nutzung und Entsorgung der Anlage nötig sind.«[111]

Daneben gibt es jedoch noch weitere Kritikpunkte, allen voran die Entsorgungsproblematik bei Windrädern. Der verbaute Stahl lässt sich recyceln, die Rotorblätter, wenn sie aus glasfaserverstärktem Kunststoff (GFK) hergestellt sind, aber kaum, meist nur im Sinne eines Downcyclings als Straßenfüllmaterial.[112] Für kleinere Windräder wird teils auch Holz für die Rotorblätter verwendet, das in Form von geklebtem Schichtholz zwar auch nicht ganz umweltfreundlich, doch zumindest deutlich weniger belastend in Produktion und Entsorgung ist.

Ein viel größeres Problem aber ist Folgendes: Beim Abbau der Steuerzentrale im Turm können giftige Gase freigesetzt werden, insbesondere SF_6, das heißt Schwefel-Hexafluorid. »Das Gas gilt als die Substanz mit der stärksten Treibhauswirkung; 1 kg SF_6 wirkt rund 22.800-mal so stark wie ein Kilo Kohlenstoffdioxid (CO_2).«[113] Bei der Demontage setzt der Staat auf die Eigenverantwortung von Unternehmen, die nach ihrem Ermessen Sorge tragen, dass das Gas nicht in die Atmosphäre gelangt. Mittlerweile gibt es Hersteller, die auf Schwefelhexafluorid in den Schaltanlagen verzichten.

Falls Windkraft für Sie oder Ihre Gemeinschaft in Frage kommt, achten Sie bei der Beschaffung also genau auf die naturräumlichen Bedingungen und die Ökobilanz, insbesondere auf schädliche Gase in der Schaltanlage.

Ökologisch und kostengünstig heizen

Das Thema Heizen ist durch die Energiekrise stark in den Vordergrund gerückt, weil Heizwärme in vielen Haushalten immer teurer und in vielen Fällen trotzdem nicht umweltfreundlicher wird. Fossile Energieträger wie Öl und Gas werden aus ökologischen, politischen und wirtschaftlichen Gründen künftig vielfach durch andere Varianten abgelöst oder als Hybridlösung ergänzt. Aktuell lässt sich beobachten, dass bei der Suche nach Alternativen zu Öl und Gas in erster Linie finanzielle Faktoren eine Rolle spielen und nicht ökologische, doch »solche kurzfristigen Interessen gefährden das Wohlergehen der Menschheit«[114] auf längere Sicht.

In diesem abschließenden Abschnitt werden wir uns verschiedene Alternativen für die Beheizung des Selbstversorgerhauses ansehen. In jedem Falle ist zu sagen: Eine individuelle Energieberatung durch die Verbraucherzentrale lohnt sich und kostet nur rund 30 Euro, in Thüringen beispielsweise ist sie sogar kostenlos. Dabei werden nicht nur das vorhandene Heizsystem oder mögliche neue Alternativen begutachtet, sondern auch im Gebäude vorhandene Wärmebrücken, also energetische Schwachstellen und wie sie reduziert oder behoben werden können. Die Verbraucherzentrale bietet auch kostenfreie Online-Seminare zu diesen Themen an.

Es ist wichtig, eine dem Gebäudetyp angemessene Mindesttemperatur einzuhalten, im Schnitt sind das meist 17 Grad Celsius, bei Passivhäusern reicht auch eine Außenwandtemperatur von nur 9 bis 11 Grad Celsius.[115] Die Wichtigkeit der Kombination von korrektem Heizen und Lüften sei kurz erwähnt, um Stockflecken und Schimmelbildung an den Wänden vorzubeugen – eine zu hohe Luftfeuchtigkeit ist fatal. Mit einem Hygrometer, das wir bereits beim Thema Vorratshaltung kennengelernt haben, können Sie sie kontrollieren. Je nach Raumfunktion sollte sie zwischen 40, etwa im Wohnzimmer, bis maximal 70 Prozent, zum Beispiel im Badezimmer, betragen. Halten Sie im Winter die Türen geschlossen, insbesondere im Badezimmer und in der Küche, und heizen Sie Ihre Räumlichkeiten auch bei Abwesenheit auf niedrigerem Niveau weiter. Passen Sie bei kühlen, dunklen Räumen mit Nordausrichtung besonders auf Temperatur und Feuchtigkeitswerte auf. Wir dürfen, zusammenfassend gesagt, aus verschiedenen Gründen nicht bei der Heizwärme sparen, egal wie teuer sie ist, denn ein zu kühles und feuchtes Milieu schädigt die Bausubstanz und macht uns auf Dauer ernsthaft krank. Deshalb braucht es nachhaltige Lösungen für die Wärmeerzeugung.

Temperatur und Luftfeuchtigkeit

Erstmals 1976 wurde das Erneuerbare-Energie-Gesetz beschlossen und fortlaufend weiterentwickelt.[116] Seit 2020 gibt es das Gebäude-Energie-Gesetz (GEG). Das deutsche *»Osterpaket«* will im Rahmen der Energiewende neue Regeln und Fördermöglichkeiten für nachhaltiges Heizen in unseren Gebäuden schaffen. So sollen auf politischer Ebene die künftige Versorgungssicherheit gewährleistet und der Umstieg, weg von den nach wie vor dominierenden konventionellen Energieträgern, beschleunigt werden, um in Zukunft möglichst wenig auf Energieimporte angewiesen zu sein. Öl- oder gasbetriebene Brenn- und Heizwertkessel sind noch die Regel, werden aber bald nicht mehr als Neueinbau erlaubt. »Ab 2024 müssen alle neuen Heizungsanlagen in Deutschland zu mindestens 65 Prozent mit erneuerbaren Energien betrieben werden.«[117] Zudem müssen Eigentümer »in Hamburg, Schleswig-Holstein und Baden-Württemberg schon heute mindestens 15 Prozent ihres Wärmebedarfs regenerativ decken.«[118] Für Gasheizungen gilt folgende Ausnahme: Sie »dürfen weiterhin allein verbaut werden, wenn sie Biomethan, grünen Wasserstoff oder andere ›grüne Gase‹ als Brennstoff nut-

Energiewende

zen.«[119] Insbesondere die »Nutzung der Solarenergie, Umweltwärme in Kombination mit der Wärmepumpentechnologie, Blockheizkraftwerke« und Brennstoffzellen werden von Fachleuten genannt.[120]

Der gesamtgesellschaftlich forcierte Umstieg auf mehr Nachhaltigkeit ist eine gute Nachricht, doch welche ökologisch vertretbaren und bezahlbaren Alternativen kommen für Selbstversorgerprojekte in Frage? In diesem Abschnitt wird es besonders um das Heizen mit Holz, Sonnenkraft und Erdwärme gehen.

Im Abschnitt zu den umweltfreundlichen Baustoffen haben wir uns bereits verschiedene Gütesiegel angesehen, darunter das FSC-Siegel, das eine gute Referenz darstellt, um Holz aus zuverlässigen Quellen zu erwerben – auch Brennholz. Denn das Brennholz aus dem Baumarkt stammt »nicht selten aus osteuropäischen Urwäldern, aus illegalem Holzeinschlag, organisiert von einer Art Holzmafia«.[121] Siegel geben zumindest weitgehend Sicherheit. Das PEFC-Siegel wird als schwächer eingestuft als das FSC-Siegel, da hierbei nicht die einzelnen Betriebe auf nachhaltiges Wirtschaften hin kontrolliert werden. Laut einem SWR-Bericht stellt das Naturland-Siegel die beste Variante unter diesen dreien dar: Es »bedeutet eine ökologische Waldwirtschaft, ganz ohne Kahlschläge, Pestizide und Dünger«.[122]

Heizen mit Holz

Brennholz muss prinzipiell unbehandelt sein. Es sollte zudem ein bis zwei Jahre an einem trockenen, sonnigen Platz gestapelt lagern, bevor es zum Einsatz kommt. Die Feuchtigkeit sollte bei maximal 20 Prozent liegen, hierfür gibt es spezielle Messgeräte. Auch Pellets kommen, statt Brennholz am Stück, in Frage. Sie sind gepresste Sägespäne und verursachen weniger Schadstoffe als Scheitholz. Es gilt zu bedenken, dass diese natürliche Heizungsvariante Rußpartikel verursacht, die die Luft in Form von Feinstaub belasten, besonders wenn Sie in einem Tal leben. Beim Verbrennen im Ofen »entstehen neben gesundheitsgefährdenden Luftschadstoffen auch klimaschädliches Methan, Lachgas und Ruß«,[123] warnt das Bundesumweltamt. Das Heizen mit Holz hat in der Energiekrise einen Boom erfahren, stellt es doch eine verhältnismäßig kostengünstige Alternative zu herkömmlichen Heizmitteln dar.

Viele Menschen haben angesichts steigender Gaspreise im Jahr 2022 Öfen und Kamine einbauen oder wieder in Schuss bringen lassen. Wenn Sie einen solchen verglasten Ofen betreiben, spielt die optimale Luftzufuhr eine große Rolle: Nachdem das Feuer entfacht ist, wird die Sauerstoffzufuhr gedrosselt, damit es gut und gleichmäßig brennt. Regelmäßiges, nicht zu üppiges Nachlegen ist wichtig. Insgesamt bestimmt eine sachgemäße Handhabung des Ofens über die Ökobilanz dieser Heizform mit. Wir unterscheiden zwischen Kamin- und Kachelofen. Kaminöfen sind meist gusseisern und freistehend, während Kachelöfen in die Wand gemauert sind. Ein Ofen verfügt über ein freies Rohr, während die gekachelte Variante die Abluft direkt durch einen Schacht in der Wand in den Schornstein entlässt. Der Ofen sollte wegen mittlerweile verbesserter Standards nach 2010 gebaut oder saniert und möglichst effizient sein; das Umweltsiegel »Blauer Engel« kann hier Sicherheit geben.[124] Mit dem Holzofen können Sie auch Ihr Warmwasser bereiten, wenn Sie beides miteinander verbinden.

In der Praxis

Im Ökodorf Brithdir Mawr, wo auf einem Holzofen, der zum Beheizen des Gemeinschaftshauses dient, auch für Dutzende Personen gekocht wird, erwärmen die Bewohner zugleich ihren Duschwasserbedarf. Das Brennholz wird vor Ort aus dem verantwortungsvoll bewirtschafteten Wald gewonnen, verarbeitet und gelagert, bis es zum Einsatz kommt, was es nachhaltiger macht als einen Zukauf von Brennholz von weiter weg und aus womöglich nicht lückenlos auf seine Nachhaltigkeit hin überprüfbarer Quelle.

Das Ofenfeuer mit seinem Knistern und Flackern vermittelt eine besondere Gemütlichkeit. Schon unsere Vorfahren entzündeten in den Höhlenbehausungen der Jungsteinzeit ihr Feuer, um sich zu wärmen, Licht im Dunkeln zu schaffen und zu kochen – ein Meilenstein der Menschheitsgeschichte. Obgleich das Heizen mit Holz aus dem heimischen Wald sehr natürlich wirkt, wird es dennoch vielfach als nicht klimafreundlich eingestuft.[125] Wie bereits erwähnt, ist es nicht emissions- und schadstofffrei. »Pro produzierter Wärmeeinheit sind die CO_2-Emissionen sogar höher als bei fossilen Energieträgern wie Kohle oder Gas.«[126] Selbst eine verantwortungsvolle Waldnutzung wiegt die Schadstofferzeugung laut BMUV beim Heizen mit Holz nicht auf, auch wenn gepflegte Forste natürlich CO_2 binden, das dann aber beim Heizen freigesetzt wird.[127]

Laut Meinung einiger Fachleute und Behörden ist anderen erneuerbaren Energiequellen der Vorzug zu geben. Der NABU bemängelt, dass ein Drittel des in Deutschland gewonnenen Holzes verbrannt wird, dreimal so viel wie noch vor drei Jahrzehnten. Der Verbrauch »in Deutschland liegt bei rund drei Millionen Tonnen Pellets sowie mehr als 20 Millionen Tonnen Scheitholz pro Jahr, Tendenz steigend«.[128] Pellets werden schon lange nicht mehr nur aus Abfallprodukten der Holzindustrie hergestellt und zudem oft importiert, was sie insgesamt weniger ökologisch macht. Nicht nur gebe es über elf Millionen Heimöfen, sondern auch die Wirtschaft entdecke Holz als verhältnismäßig günstigen und scheinbar ökologischen Brennstoff wieder, also rund »2000 Holzheizwerke, die Nah- und Fernwärmekunden sowie Industriebetriebe versorgen«.[129] Dabei sei der Schutz des kohlenstoffbindenden Lebensraumes Wald laut Naturschutzbünden heute wichtiger denn je; ein solch massiver Holzverbrauch für Heizzwecke verbiete sich deshalb.[130]

Problem Pellets

Doch die deutsche Politik hat mit breiten Förderungen für

Pelletheizungen seit einigen Jahren falsche Anreize geliefert, »weil sie den Brennstoff aus dem Wald im Einklang mit der EU als erneuerbare Energiequelle eingestuft hat. Er gilt als klimafreundlich, da bei der Verbrennung nur so viel Kohlendioxid freigesetzt wird, wie die Bäume zuvor der Atmosphäre entnommen haben.«[131] Allerdings benötigen Bäume Jahre zum Wachsen, der Verbrennungsprozess dagegen ist kurz und steht dazu in keinem Verhältnis. Oft werden für die Holzwirtschaft zudem Fichte-Monokulturen gepflanzt, die die Böden auslaugen. Ein Trostpflaster ist zumindest die Tatsache, dass die Schadstoff-Grenzwerte für Öfen ab 2024 nochmals angehoben werden.[132] »Die Frist läuft: Bis zum 31.12.2024 müssen Öfen, die zwischen 1995 und Ende März 2010 gefertigt wurden, ausgetauscht oder nachgerüstet werden, um die Grenzwerte einzuhalten.«[133] Je nach offenem oder geschlossenem Kamintyp gelten unterschiedliche Grenzwerte.

Der Ökochemiker Ernst Paul Dörfler rät gemeinsam mit der Bundeszentrale für politische Bildung: »Wenn schon Holz zum Heizen verwendet werden soll, dann abgestorbene Bäume aus der Region mit einem Minimum an Transport.«[134] Einige Selbstversorgerprojekte, die wir im Zuge unserer Recherchen besuchten, verfügten über einen gemeinschaftlichen, nachhaltig bewirtschafteten Forst. Nur zu besonderen Anlässen oder an besonders kalten Wintertagen ein gemütliches Kaminfeuer zu entfachen, wenn man dies denn gern möchte, aber das Haus in erster Linie mit anderen Heizmitteln warmzuhalten, dies könnte vielleicht auch für Sie letztlich ein vernünftiges Fazit zum Thema Heizen mit Holz sein.

Daher wollen wir uns nachfolgend weitere Alternativen des kostengünstigen und möglichst ökologischen Heizens ansehen. Kamine und andere Öfen zählen zu den Biomasseheizungen, weil hier organisches Material verbrannt wird. Nicht nur Holz ist Biomasse und kommt als Energiequelle in Frage. Verschiedene Abfälle aus der Tierhaltung, etwa Gülle, oder aus der Agrarwirtschaft, zum Beispiel Erntereste oder Öl, können ebenfalls nutzbar gemacht werden, entweder in flüssiger oder fester Form. Mit Biomasse können auch Gasheizungen betrieben werden.

Mit Solarpanels lässt sich nicht nur Brauchwasser erhitzen, sondern auch eine Heizung betreiben. Das Heizen mit Sonnenkraft ist laut der Verbraucherzentrale eine sehr umweltfreundliche Variante.[135] Besonders für Warmwasser, das die meisten Menschen zu jeder Jahreszeit zum Duschen verwenden, kommt diese Heiztechnologie in Frage. Beim Beheizen der Raumluft muss bedacht werden, dass die meiste Sonnenintensität natürlich im Hochsommer auf dem Panel ankommt – dann, wenn niemand seine Räumlichkeiten beheizt; höchstens für eine etwaige Klimatisierung wäre Sonnenstrom dann denkbar. Die Photovoltaikanlage als Quelle für eigenen Strom haben wir bereits eingehend betrachtet.

Solarbetriebene Heizungen

An kühleren Tagen in den Übergangszeiten, also in Frühling und Herbst, könnte eine solarbetriebene Heizung effizient arbeiten. Der PV-Strom wird durch einen Leiter mit einem hohen Widerstand geführt und so Wärme erzeugt. Nachts und für den Winter bräuchte es angesichts der Ertragsschwankungen im Falle einer mit PV-Strom betriebenen Elektroheizung allerdings einen Sonnenstromspeicher. Die Speicherproblematik, die damit verbundenen hohen Kosten und Hinweise auf öffentliche Fördermittel haben wir uns vorangehend schon angesehen.

Photovoltaik wird oft gern in Kombination mit der Wärmepumpe empfohlen. Joachim Kreutzer, ein Pionier der E-Mobilität auf Solarbasis, den wir im Lebensgarten Steyerberg trafen, warnte allerdings davor, zu viele Stromfresser in unseren Haushalt zu integrieren, da wir damit insbesondere in mitteleuropäischen, nicht ganzjährig sonnenreichen Breitengraden schnell an Ertragsgrenzen stoßen würden und dies die Versorgungssicherheit gefährden könne, je nachdem, wie viele Haushaltstechnologien wir damit betreiben wollen.

Als Alternative zu Photovoltaik ist die Solarthermie zu nennen. Sie dient dem zuvor bereits erwähnten Erwärmen von Wasser für den Haushalt und kann auch spezielle Heizungssysteme mit Sonnenkraft befeuern. Statt mit Solarzellen, so wie im Falle der Photovoltaik, wird hier über eine flache, dunkle Panel-Absorberfläche oder in einem Röhrenkollektor Sonnenwärme eingefangen.[136] »Je nach Größe der Kollektoren, Höhe des Heizenergieverbrauchs und der Temperatur der Heizkörper kann solch eine Solaranlage bis etwa ein Drittel der Heizwärme abdecken – oft aber deutlich weniger«, gibt die Verbraucherzentrale zu bedenken.[137] Womöglich kommt diese Heizungsform für Sie als Hybridlösung mit einer weiteren Technologie in Frage.

Solarthermie

Die Effizienz der Solarthermieanlage hängt auch von baulichen Voraussetzungen ab, besonders von der Neigung und Ausrichtung des Dachs. Es ist darüber hinaus wichtig, die Kollektorfläche möglichst exakt an den Bedarf anzupassen, um Kosten und Aufwand zu sparen und um einen Energieüberschuss zu vermeiden, denn dieser lässt sich, anders als beim PV-Strom, nicht an das öffentliche Netz abgeben und verkaufen. Die richtige Dimensionierung in Kombination mit einem fachmännischen hydraulischen Abgleich verhindert Schäden an der Anlage, denn das Glykol-Wasser-Gemisch, das sich in der Solarthermie-Anlage auf rund 350 Grad Celsius erhitzen kann, verwandelt sich im Ausnahmefall mehrfach in Gasform und wieder zurück in flüssiges Aggregat, wenn sich Verdampfung und Abkühlung abwechseln. Dies kann große Probleme bergen und ist nicht in die Hände von Laien zu geben. Eine Fachfirma sollte zudem auf kurze und gut gedämmte Wege der Rohre von den Panels zur Haustechnik achten.

Mit Solarthermie lassen sich Wandflächen- oder Fußboden- bzw. Fußleistenheizungen besonders effizient betreiben. Für eine Kollektorfläche von rund 20 Quadratmetern, die den Warmwasser- und einen Teil des Heizbedarfs eines Einfamilienhauses abdeckt, rechnet die Verbraucherzentrale mit rund 9000 bis 17.000 Euro. Rechnen Sie bei Solarthermie wie auch bei der im vorangehenden Abschnitt detailliert beschriebenen Photovoltaik zudem mit laufenden Kosten durch »regelmäßige Wartung und Kontrolle, wobei unter anderem das Frostschutzmittel geprüft wird. Ferner fallen Kosten für den Pumpenstrom an, Rücklagen für kleinere Reparaturen und eventuell ein höherer Beitrag für die Gebäudeversicherung.«[138]

Ob Sie sich für PV oder Solarthermie entscheiden und für welche Zwecke – Heizung, Warmwasser oder Strom –, hängt von Ihrem Budget und der verfügbaren Fläche ab. Solarthermie ist systemisch komplexer als Photovoltaik und erzeugt im Schnitt mehr Energie pro Flächeneinheit. Ein Zuviel an thermischer Energie lässt sich im Gegensatz zu Stromüberschüssen allerdings, wie erwähnt, meist nicht abführen, außer Sie planen ein Gemeinschaftsprojekt.

Wollen wir uns autark versorgen, so ist es sinnvoll, die regenerativen Ressourcen zu nutzen, die uns ohnehin frei zur Verfügung stehen. Dies gilt für das vorangegangene Beispiel der Sonnenkraft ebenso wie für das Heizen mit Erdwärme. Wenn Sie ein Grundstück erwerben, dann sind Sie auch Besitzer der unter dem Grund liegenden Erdwärme und dürfen sie kostenfrei nutzen. In unserem Planeten liegt enormes Potenzial: »Per Saldo strahlt die Erde Tag für Tag etwa das 2,5-Fache des weltweiten Energiebedarfs der Menschen ungenutzt in den Weltraum ab.«[139] Dies liegt am rund 6000 Grad Celsius heißen Erdkern. »Hinzu kommt die Energie der Sonneneinstrahlung mit 165 W/m^2 (Watt pro Quadratmeter), was weltweit etwa dem 5000-Fachen des menschlichen Bedarfs entspricht.«[140]

Erdwärme

Bei Erdwärme, auch Geothermie genannt, geht es um das Nutzen des gleichmäßigen unterirdischen Temperaturniveaus der

Erde. In einer Tiefe ab circa 15 Metern ist die Temperatur ganzjährig ausgeglichen. Der Bundesverband Wärmepumpe erklärt, die Temperatur liege »abhängig von den klimatischen und geologischen Verhältnissen in Mitteleuropa bei etwa 10 Grad Celsius. Der Temperaturunterschied zwischen Wärmequelle und Vorlauftemperatur der Heizung ist damit auch im Winter gering, was einen effizienten Betrieb der Wärmepumpe erlaubt.«[141] Um Erdwärme nutzbar zu machen, benötigen Sie letztere. Die Wärmepumpe setzt je nach Funktionsweise voraus, dass Sie genügend Öko-Strom zur Verfügung haben, am besten aus eigener Produktion. In Deutschland gibt es laut einem Beitrag des MDR bereits über eine Million Wärmepumpenanlagen, Tendenz deutlich steigend.[142] Der Verdichter der Wärmepumpe muss meist aus Asien importiert werden; wünschenswert wäre ein Ausbau der Herstellungsindustrie vor Ort, um lange Lieferketten und wirtschaftliche Abhängigkeiten zu vermeiden. Die Wärmepumpe kommt in Kombination mit anderen Technologien zum Einsatz. Es gibt verschiedene Wärmequellenanlagen für die Nutzung der oberflächennahen Erdwärme, beispielsweise die vertikale Erdwärmesonde, durch die eine Wärmeträgerflüssigkeit zirkuliert, oder den horizontalen Erdwärmekollektor, bei dem Kunststoffrohre in rund anderthalb Metern Tiefe im Erdreich verlegt sind.

Erdwärme ist nahezu überall verfügbar, geräuschlos und gilt als eine sehr umweltfreundliche Form der Erzeugung von Wärmeenergie. Allerdings muss, wenn Sie sich für die ertragreichere tiefe Geothermie entscheiden, eine Tiefenbohrung von Fachleuten durchgeführt werden und ist mit einer Investition von rund 9500 bis 11.500 Euro kostenintensiver als andere Technologien. Dann aber verfügen Sie über eine unerschöpfliche saubere Energiequelle, »unabhängig vom Klima und von der Jahres- und Tageszeit«,[143] was einen Vorteil gegenüber anderen regenerativen Energiequellen darstellt. Mit der Kombination aus Erdwärme und Wärmepumpe lassen sich keine konventionellen Heizkörper betreiben, was für Altbauten schwierig ist. Flächenheizungen, zum Beispiel Fußboden- und Wandheizungen, wäre hier der Vorzug zu geben. Erdwärme ist für Selbstversorger besonders geeignet, da ein ausreichend großer Freilandraum benötigt wird. Die Bohrungen müssen in bestimmten Mindestabständen von mehreren Metern zueinander, zur Grundstücksgrenze und zum Wohnhaus durchgeführt werden.

Heizlösungen auf Basis von Solarthermie oder Erdwärme sind unserer Ansicht nach besonders empfehlenswert. Sie können fossile Brennstoffe sinnvoll ersetzen und wichtige Grundsteine für eine autarke Versorgung legen, unabhängig von den drohenden Versorgungskrisen unserer Zeit.

Ausblick

Wir freuen uns, wenn dieser Wegweiser eine Inspiration für Sie sein konnte, um mehr Selbstversorgung und Autarkie in Ihre Lebenswelt einzubringen, sei es für sich selbst, mit dem Partner, der Familie oder in einer Gemeinschaft. Die vielfältigen Möglichkeiten, die uns der naturnahe Garten, das ökologische Zuhause sowie die möglichst dezentrale und nachhaltige Energieversorgung eröffnen, haben wir in diesem Werk an zahlreichen Stellen betrachtet. Sie können uns helfen, um auch in Zeiten ökonomischer, politischer oder gesellschaftlicher Krisen möglichst unabhängig zu bleiben. Gleichzeitig schaffen Sie mithilfe dieser Tipps für die Lebensgestaltung ganz praktische Voraussetzungen, um proaktiv Klima und Umwelt zu schützen. Ideelle Werte lassen sich auf diese Weise authentisch leben, sodass auch unsere Kinder in eine lebenswerte Zukunft hineinwachsen können.

Unser Wegweiser beschränkt sich bewusst nicht nur auf unseren deutschsprachigen Kultur- und Naturraum, sondern möchte auch über den Horizont blicken und zur Vernetzung mit anderen Menschen anregen. Unsere Rechercheréisen haben wir deshalb ganz bewusst länderübergreifend gestaltet und zudem Beispiele aus aller Welt eingebracht. Dies birgt auch die Botschaft, dass die vielen Regionen unserer Erde ein Ganzes bilden, zu dessen Schutz und Fortbestand jede und jeder Einzelne beitragen kann. Das Bewusstsein für die Interdependenz alles Lebendigen kann dazu beitragen, hier und jetzt etwas anders und besser machen zu wollen, im Rahmen der eigenen technischen und praktischen Möglichkeiten.

Wir glauben, dass die Weichenstellungen der Politik Mitteleuropas ohnehin bereits jetzt stark die Richtung in ein nachhaltigeres Leben weisen. Dennoch fehlt es vielfach an Konsequenz und Initiative, um beispielsweise die Klimaschutzziele effektiv verwirklichen zu können. Eine Existenz in Selbstversorgung, insbesondere in Vernetzung mit möglichst vielen anderen Menschen, kann nachhaltig dazu beitragen, überfällige Veränderungen in der Praxis auszuprobieren. Gemeinschaftsprojekte können mitunter eine Modellwirkung entfalten und als eine Art Reallabor oder Vorbild für die Gesellschaft dienen. Selbstversorgungsprojekte zeigen, was tatsächlich möglich und erstrebenswert ist – ein Leben im größtmöglichen Einklang mit dem Ökosystem und bestenfalls im konstruktiven Miteinander, bei dem es um das Teilen, achtsames (Wieder-)Verwerten und sinnvolles Einsetzen von Gütern geht, statt um maßlosen Konsum, Ressourcenverbrauch und achtlose Umweltbelastung. Viele Alternativen zu einem konventionellen Lebensstil sind bereits vorhanden und verfügbar. Nicht nur, um mit positivem Beispiel voranzugehen und Verantwortung zu übernehmen, sondern vor allem, um selbst ein erfülltes und authentisches Leben führen zu können, mag dies für viele Menschen in Zukunft immer attraktiver und erstrebenswerter werden. Dieses Buch möchte seinen Beitrag zu einer positiven Entwicklung und gemeinschaftlich-ökologischen Vision leisten.

Nachwort von Peter Weish

Clemens Arvay kannte ich schon, als er an der Universität für Bodenkultur studierte. Er war einer der Studenten, an denen Lehrer Freude haben – vielseitig interessiert und voll Engagement für eine lebensfreundliche Welt mit Zukunft. Die Gespräche mit ihm waren stets interessant und bereichernd. Zusätzlich zu einer soliden wissenschaftlichen Grundausbildung erwarb er sich ein breites Orientierungswissen, das ihn dazu befähigte, sektorale wissenschaftliche Befunde in einem ökosozialen Zusammenhang zu bewerten. Clemens war im besten Sinne ein Generalist, der sich gegen gefährliche reduktionistische Fortschrittskonzepte gewendet hat. Er handelte gemäß Immanuel Kants Leitspruch der Aufklärung: Er wagte zu denken und hatte den Mut, sich seines eigenen Verstandes zu bedienen. Seine Einsichten publizierte Clemens in einer Reihe von Sachbüchern zu wichtigen aktuellen Themen und erreichte eine breite Leserschaft.

Bereits vor 50 Jahren hat der prominente Ökonom Ernst Friedrich Schumacher darauf verwiesen, dass »die Dinge zu groß, zu kompliziert, zu teuer und zu gewalttätig« geworden sind. Sie haben sich vom »menschlichen Maß« entfernt. Diese Entwicklung hat seither weitere bedenkliche Tendenzen angenommen – bis hin zu einem drohenden technokratischen Überwachungskapitalismus.

Die energieintensive industrielle Landwirtschaft, die auf billiges, reichlich verfügbares Erdöl angewiesen ist, kann die Lebensmittelversorgung langfristig nicht garantieren, im Gegensatz zu ökologischer Land- und Gartenwirtschaft sowie Permakultur.

In Clemens aktuellem Buch, das posthum in Co-Autorenschaft mit seiner Kollegin Alessandra Moog erscheint, zeigen die beiden auf, welche Möglichkeiten bestehen, Autonomie zurückzugewinnen und Freiheitsspielräume wieder auszuweiten. Im Rahmen ihrer umfassenden Recherche besuchten die Autoren viele erfolgreiche Pioniere der Nachhaltigkeit und studierten die vielfältigen Möglichkeiten selbstbestimmter autarker Lebensführung.

Ökodörfer als »Keimzellen der Nachhaltigkeit« entsprechen der Natur des Menschen, der ja ein Kleingruppenwesen ist. Im Gegensatz zum verzerrten kompetitiven Menschenbild des Neoliberalismus kommt in der überschaubaren Gemeinschaft die kooperative Neigung des Menschen zum Tragen.

Lokale beziehungsweise regionale Autonomie entspricht dem Subsidiaritätsprinzip, das besagt, dass die Daseinsgestaltung grundsätzlich von der kleinsten Einheit zu bewerkstelligen ist. Damit kommen Selbstbestimmung und Selbstverantwortung zum Tragen – nicht zu unterschätzende Aspekte der Lebensqualität.

Ernst Friedrich Schumacher hat sich die Frage gestellt, weshalb der Kohlkopf im Garten besser gedeiht als auf dem Feld. Seine Antwort: Es ist der TLC-Faktor (Tender Loving Care). Der aufmerksame Gärtner achtet auf eine gute Versorgung mit Wasser und Kompost, fördert Nützlinge und erzielt auf diese Weise vergleichsweise hohe Erträge pro Fläche. Für die Versorgung einer wachsenden Weltbevölkerung leistet daher eine kleinräumig strukturierte Lebensmittelproduktion einen entscheidenden Beitrag. Lokale Lebensmittel- und Energieautonomie vermeiden sinnlose Verschwendung, fördern eine Wirtschaft der kurzen Wege sowie sparsamen Umgang mit Ressourcen. Man könnte das Ergebnis »anspruchsvolle Bescheidenheit« nennen: bescheiden, was den materiellen Lebensstandard betrifft, jedoch anspruchsvoll in Hinblick auf Lebensqualität, Freiheit und Autonomie.

Ich weiß, wovon ich spreche, denn im und nach dem 2. Weltkrieg aufgewachsen, habe ich karge Zeiten erlebt, aber mit hoher Lebensqualität, die heutigen Kindern versagt bleibt. Clemens Arvays Hauptinteresse war die Erforschung der Zusammenhänge von Gesundheit und der natürlichen Umwelt. Bei seinen Recherchen zu diesem Buch stellte sich heraus, dass ein wesentliches Motiv zur Selbstversorgung das Bestreben nach einer gesunden Lebensführung ist.

Das Buch *In Zukunft selbstversorgt – Wegweiser in ein autarkes Leben* wird vielen Menschen Motivation und wertvolle Unterstützung sein, mehr Autonomie und Lebensqualität zu erreichen.

Peter Weish, Humanökologe
März 2023

Danksagung

In erster Linie danken wir Ihnen, liebe Leserinnen und Leser, für Ihr Vertrauen und das Interesse an den Inhalten unseres Buches, die Mensch und Umwelt zugutekommen sollen und hoffentlich auch Ihnen persönlich einen Mehrwert geliefert haben. Besonderer Dank gilt zudem Christine und Wolf-Dieter Storl für ihren inspirierenden Gastbeitrag zu diesem Buch. Storls, die in zahlreichen Büchern viele Menschen zu den Themen Selbstversorgung, Naturverbindung und Gesundheit zu einem besseren Morgen inspirieren, haben uns mit ihrem Beitrag sehr geehrt und erfreut. Sie zeigen, dass Ideen für mehr Selbstversorgung keine Mode oder Träumereien sind, sondern tatsächlich über Jahrzehnte von idealistischen Menschen wie ihnen gelebt werden können.

Daneben danken wir auch sämtlichen Interview-Partnerinnen und -Partnern, die wir im Zuge unserer internationalen Recherchen besucht und zu den vielen spannenden Themen befragt haben, die in diesem Buch behandelt werden. Dabei wurde deutlich, wie sehr die verschiedenen Aspekte rund um die Selbstversorgung als wahre Lebensthemen auch dieser Menschen betrachtet werden können, da sie ihnen aus Überzeugung am Herzen liegen. Sie alle haben unterschiedliche soziale und ideelle Hintergründe und finden individuelle Wege und Formen, ihre Vision von mehr Nachhaltigkeit und einem sozialeren Miteinander zu verwirklichen. Für ihre enthusiastischen und erfahrungsgesättigten Worte danken wir ihnen sehr.

Ein großer Dank gilt ferner ganz besonders unseren Familien und Freundeskreisen, die uns während dieser Arbeit warmherzig unterstützten. Auch einander haben wir oft gedankt, für die Synergien in der Ausarbeitung der Themen, die uns beide bereits seit jungen Jahren bewegt haben und stets unseren Weg in die eigene selbstbestimmte und ökologisch ausgerichtete Zukunft wiesen. Vieles haben wir recherchiert, ausprobiert und geplant. Ich bedauere es zutiefst, dass Clemens seine Zukunftsvision selbst nicht mehr wird umsetzen können und bewahre ihn und sein großes Engagement im Geiste und im Herzen, besonders im Gedanken an unsere jeweiligen Kinder Sari und Jonas, die für uns stellvertretend für die Kinder dieser Erde stehen. Sie sind die Hoffnungsträger einer lebenswerten Zukunft, zu der wir unseren Teil mit unserem gemeinsamen Buch beitragen möchten.

Anhang

Informationen zu öffentlichen Fördermitteln

https://www.ressource-deutschland.de
https://www.verbraucherzentrale.de
https://www.bafa.de/DE/Energie/Heizen_mit_Erneuerbaren_Energien/Foerderprogramm_im_Ueberblick/foerderprogramm_im_ueberblick_node.html
https://www.dbu.de/antragstellung
https://www.oekotest.de
https://www.umweltberatung.at/themen-bauen-foerderung
https://regiosuisse.ch/nachhaltigkeitsstrategie-der-schweiz

Anmerkungen

1 Weltbank, *Armut nimmt zu*, Bankenverband vom 20.10.2022, https://bankenverband.de/blog/weltbank-armut-nimmt-zu, abgerufen am 07.11.2022.
2 Clemens Arvay, *Ausgewählte Kapitel der Subsistenz in Österreich: Motivationswissenschaftliche und demoskopische Erhebungen zur Subsistenz in Österreich*, Hochschulschrift, Universität für Bodenkultur, Wien, 2007, verfügbar in der Universitätsbibliothek: http://abstracts.boku.ac.at/search_abstract.php?paID=3&paLIST=0&paSID=6479, abgerufen am 07.11.2022.
3 Sven Astheimer, *Deutsche zweifeln am Kapitalismus*, Frankfurter Allgemeine vom 21.01.2020, https://www.faz.net/aktuell/wirtschaft/weltwirtschaftsforum/wirtschaft-in-deutschland-buerger-zweifeln-am-kapitalismus-16592016.html, abgerufen am 08.11.2022.
4 *150 million additional children plunged into poverty due to COVID-19*, UNICEF, Save the Children say, UNICEF vom 16.09.2022, www.unicef.org/press-releases/150-million-additional-children-plunged-poverty-due-covid-19-unicef-save-children, abgerufen am 07.11.2022.
5 *Corona ist Brandbeschleuniger für Hunger und Armut*, Welthungerhilfe vom 28.12.2022, www.welthungerhilfe.de/presse/pressemitteilungen/2020/corona-ist-brandbeschleuniger-fuer-hunger-und-armut, abgerufen am 07.11.2022.
6 *Steigende Lebensmittelpreise: Fakten, Ursachen, Tipps*, Deutsche Verbraucherzentrale vom 15.11.2022, www.verbraucherzentrale.de/wissen/lebensmittel/lebensmittelproduktion/steigende-lebensmittelpreise-fakten-ursachen-tipps-71788#:~:text=In%20den%20vergangenen%2020%20Jahren,jedoch%20bei%2020%2C3%20Prozent, abgerufen am 15.11.2022.
7 Jana Klimczak, *Warum Lebensmittel noch teurer werden könnten*, SWR Online vom 28.04.2022, www.swr.de/swraktuell/rheinland-pfalz/lebensmittel-steigende-preise-wie-geht-es-weiter-100.html, abgerufen am 15.11.2022.
8 *Paritätischer Wohlfahrtsverband: Armut durch Pandemie auf neuem Höchststand*, MDR Aktuell vom 30.06.2022, www.mdr.de/nachrichten/deutschland/politik/corona-inflation-armut-100.html, abgerufen am 07.11.2022.
9 Klaus Ammann, *Corona-Pandemie verschärft Armut in der Schweiz*, SRF Schweizer Radio und Fernsehen vom 02.01.2022, www.srf.ch/news/schweiz/armut-in-der-schweiz-corona-pandemie-verschaerft-armut-in-der-schweiz, abgerufen am 07.11.2022.

10 *Armutsbetroffene und die Corona-Krise: Eine Erhebung zur sozialen Lage aus Sicht der Betroffenen*, Bericht der Armutskonferenz des Österreichischen Bundesministeriums für Soziales, Gesundheit, Pflege und Konsumentenschutz.

11 Nicola Abé, *Lockdowns in armen Ländern kosten Kinderleben*, Interview mit Lin Ma, Spiegel vom 27.07.2021, www.spiegel.de/ausland/corona-lockdowns-in-entwickungslaendern-es-geht-bei-uns-um-leben-gegen-leben-a-832dac3e-ee6f-4bf0-b71c-6d0882f24757, abgerufen am 07.11.2022.

12 Daha Garba Muhammad und Ibrahim Ahmad Abubakar, *COVID-19 lockdowns may increase cardiovascular disease risk factors*, The Egyptian Heart Journal, Ausgabe 73, Artikel 2 vom 05.01.2022, https://doi.org/10.1186/s43044-020-00127-4, abgerufen am 15.11.2022.

13 Englisches Originalzitat: »The lockdown has increased risk factors of CVDs, and as such, there might be an increase in the number of non-communicable disease (NCD)-related mortality rate. The effect does not end during the period of coronavirus pandemic but even after the pandemic.« (Ebd.)

14 *Folgen der Lockdowns: Mehr Herztote, weniger Krebs-OPs: Daten zeigen verheerende Corona-Kollateralschäden*, Focus vom 04.02.2021, www.focus.de/gesundheit/news/mehr-herztote-weniger-krebs-ops-daten-zeigen-verheerende-corona-kollateralschaeden_id_12914874.html, abgerufen am 16.11.2022.

15 Christine Pander, *Weniger Vorsorgeuntersuchungen wegen Corona: DAK befürchtet Welle an Krebserkrankungen*, Vita24 vom 21.05.2021, https://www.24vita.de/praevention/krebs-vorsorgeuntersuchungen-corona-dak-report-welle-erkrankungen-hamburg-dkfz-90655936.html, abgerufen am 16.11.2022.

16 Englisches Originalzitat: »One unintended consequence of the pandemic was the adverse effects that the rapid repurposing of health services and national lockdowns, and their continuing legacy, have had on cancer services, on cancer research, and on patients with cancer.« Andrew Gregory, *Europe faces »cancer epidemic« after estimated 1m cases missed during Covid*, The Guardian vom 15.11.2022, www.theguardian.com/society/2022/nov/15/europe-faces-cancer-epidemic-after-estimated-1m-cases-missed-during-covid, abgerufen am 25.11.2022.

17 Englisches Originalzitat »[...] we estimate that about 1m cancer diagnoses might have been missed across Europe during the Covid-19 pandemic [...] There is emerging evidence that a higher proportion of patients are diagnosed with later cancer stages compared with pre-pandemic rates as a result of substantial delays in cancer diagnosis and treatment. This cancer stage shift will continue to stress European cancer systems for years to come.« The Lancet Oncology Commission, https://www.thelancet.com/commissions/European-Groundshot-cancer-research, abgerufen am 25.11.2022.

18 Laura Knox, Gery Karantzas, Daniel Romano und MitarbeiterInnen, *One year on: What we have learned about the psychological effects of COVID-19 social restrictions: A meta-analysis*, Current Opinion in Psychology, Ausgabe 46 vom August 2022, https://doi.org/10.1016/j.copsyc.2022.101315, abgerufen am 25.11.2022.

19 https://www.flora-stein.de/referenzen/und-bild.html, abgerufen am 29.01.2023.

20 APA Science, *Infos zur Energiekrise leicht verständlich*, Austria Presse-Agentur/APA Science vom 18.10.2022, https://science.apa.at/power-search/3233706691779240019, abgerufen am 03.12.2022.

21 Christoph Schrader, *Warum der Strompreis am Gaspreis hängt: das Verfahren der Merit Order*, Riffreporter vom 30.08.2022, https://www.riffreporter.de/de/umwelt/strompreis-gaspreis-merit-order-ukraine-krieg-atomkraft-grenzkosten-verbraucher-industrie, abgerufen am 04.12.2022.

22 *Habeck will Strom- vom Gaspreis entkoppeln*, Manager Magazin vom 27.08.2022, https://www.manager-magazin.de/politik/deutschland/robert-habeck-will-strompreis-vom-gaspreis-entkoppeln-a-01bfb1be-48d6-48be-a193-55b5c7b8c354, und *Nehammer will Strom- von Gaspreis entkoppeln*, Salzburg 24 vom 28.08.2022, https://www.salzburg24.at/news/oesterreich/nehammer-will-strom-von-gaspreis-entkoppeln-126271762, beide abgerufen am 04.12.2022.

23 *Umfrage: Bürger wollen Strom selbst erzeugen. Größte Bereitschaft in Hamburg, Skepsis in Bremen und Thüringen*, Presseportal vom 30.09.2013, https://www.presseportal.de/pm/22265/2566359, abgerufen am 04.12.2022.

24 Dominique Rohr, *Weniger Inhalt für mehr Geld: Lebensmittel schrumpfen, Preise steigen*, Mein Bezirk vom 09.11.2022, www.meinbezirk.at/c-wirtschaft/lebensmittel-schrumpfen-preise-steigen_a5697250, abgerufen am 03.12.2022.

25 *Fairness, Kontrolle und Unterstützung gefragt*, Verbraucherzentrale Nordrhein-Westfalen vom 31.05.2022, https://www.verbraucherzentrale.nrw/pressemeldungen/presse-nrw/fairness-kontrolle-und-unterstuetzung-gefragt-73946, abgerufen am 04.12.2022.

26 Werner Scholze-Stubenrecht et al., *Duden: Das große Wörterbuch der deutschen Sprache. In zehn Bänden*, Band 3, völlig neu bearbeitete und erweiterte Auflage. Hg. v. Wissenschaftlichen Rat der Dudenredaktion. Mannheim/Leipzig/Wien/Zürich 1999. Nach dem Duden ist Subsistenz »das Bestehen durch sich selbst heraus, aus sich selbst heraus« und meint veraltet unsere Existenzgrundlage.

27 Gerhard Wahrig et al., *Brockhaus Wahrig: Deutsches Wörterbuch in sechs Bänden*, Band 6, Wiesbaden/Stuttgart 1984, S. 132.

28 Roland Girtler, *Sommergetreide. Vom Untergang der bäuerlichen Kultur.* Wien/Köln/Weimar 1996, S. 52.

29 Hanz Schulz und Otto Basler, *Deutsches Fremdwörterbuch.* 2., völlig überarbeitete Aufl. Bd. 2. Berlin/New York 1996, S. 531.

30 Ebd.

31 Hildegard Kurt/Bernd Wagner (Hg.), *Kultur – Kunst – Nachhaltigkeit. Die Bedeutung von Kultur für das Leitbild Nachhaltige Entwicklung.* Reihe Dokumentation 57 der Kulturpolitischen Gesellschaft e.V. Bonn. Essen 2002, S. 14.

32 Josef Krammer und Franz Rohrmoser, *Im Kampf um ihre Rechte – Geschichte der Bäuerinnen und Bauern in Österreich.* Wien 2012.

33 Michael Wehrspaun und Harald Schoemps, *Schwierigkeiten bei der Kommunikation von Nachhaltigkeit. Ein Problemaufriss.* In: Kurt, Hildegard/Wagner, Bernd

(Hg.): *Kultur – Kunst – Nachhaltigkeit. Die Bedeutung von Kultur für das Leitbild Nachhaltige Entwicklung.* Reihe Dokumentation 57 der Kulturpolitischen Gesellschaft e.V. Bonn. Essen 2002, S. 43–58, hier S. 45.

34 Hildegard Kurt und Bernd Wagner (Hg.), *Kultur – Kunst – Nachhaltigkeit: Die Bedeutung von Kultur für das Leitbild Nachhaltige Entwicklung,* Reihe Dokumentation 57 der Kulturpolitischen Gesellschaft e.V. Bonn. Essen 2002, S. 43–58, hier S. 13.

35 Oxfam Deutschland, *Nahrungsmittelspekulation,* https://www.oxfam.de/unsere-arbeit/themen/nahrungsmittelspekulation, abgerufen am 24.01.2023.

36 Michael Kopatz, *Ökoroutine. Damit wir tun, was wir für richtig halten.* München 2016, S. 25.

37 Margrit Kennedy, *Geld ohne Zinsen und Inflation – ein Tauschmittel, das jedem dient.* München 1991.

38 Margrit Kennedy, *Was uns völlig fehlt, ist eine Vielfalt von Geldern. Im Dialog mit der Währungsspezialistin Margrit Kennedy.* In: Geseko von Lüpke (Hg.), *Zukunft entsteht aus Krise.* München 2009, S. 416–441, hier S. 419.

39 Michael von Hauff, *Nachhaltige Entwicklung. Grundlagen und Umsetzung.* 2. Aufl. München 2014, S. 59.

40 Klaus Mathis, *Nachhaltige Entwicklung und Generationengerechtigkeit. Eine interdisziplinäre Studie aus rechtlicher, ökonomischer und philosophischer Sicht.* Tübingen 2017, S. 395.

41 Margrit Kennedy, *Was uns völlig fehlt, ist eine Vielfalt von Geldern. Im Dialog mit der Währungsspezialistin Margrit Kennedy.* In: Geseko von Lüpke (Hg.), *Zukunft entsteht aus Krise.* München 2009, S. 416–441, hier S. 422.

42 Bernard Lietaer, *Ich würde sagen, baut Flöße! Im Dialog mit dem Ökonomen und Tiefenpsychologen Bernard Lietaer.* In: Geseko von Lüpke (Hg.), *Zukunft entsteht aus Krise.* München 2009, S. 442–464, hier S. 451.

43 Ernst Ulrich von Weizsäcker/Karlson Hargroves/Michael Smith, *Faktor Fünf. Die Formel für nachhaltiges Wachstum.* Unter Mitarbeit v. Cheryl Desha u. Peter Stasinopoulos. München 2009, S. 14.

44 Josef Sayer, *Kultur und Nachhaltigkeit aus der Perspektive des »Südens«.* In: Kurt, Hildegard/Wagner, Bernd (Hg.), *Kultur – Kunst – Nachhaltigkeit. Die Bedeutung von Kultur für das Leitbild Nachhaltige Entwicklung.* Reihe Dokumentation 57 der Kulturpolitischen Gesellschaft e.V. Bonn. Essen 2002, S. 189–195, hier S. 191.

45 Ebd., S. 192.

46 Ebd., S. 193.

47 David Bollier/Silke Helfrich, *Commons als transformative Kraft. Zur Einführung.* In: Silke Helfrich (Hg.), *Commons. Für eine neue Politik jenseits von Markt und Staat.* Bielefeld 2012, S. 15–23, hier S. 20.

48 Hansjörg Küster, *Am Anfang war das Korn. Eine andere Geschichte der Menschheit.* München 2013, S. 7.

49 »CMS« steht für cytoplasmatische männliche Sterilität.

50 Klaus Mathis, *Nachhaltige Entwicklung und Generationengerechtigkeit. Eine interdisziplinäre Studie aus rechtlicher, ökonomischer und philosophischer Sicht.* Tübingen 2017, S. 381.

51 Clemens Arvay, *Friss oder stirb: Wie wir den Machthunger der Lebensmittelkonzerne brechen und uns besser ernähren können.* Salzburg 2013, S. 185–187.

52 Pedro Antunes und Miranda Hart, *Linking soil biodiversity and human health: do arbuscular mycorrhizal fungi contribute to food nutrition?* In: Diana Wall und MitarbeiterInnen (Hg.), *Soil Ecology and Ecosystems.* Oxford 2012, S. 153–164.

53 Anett Röger et al., *Das große Buch der Hildegard von Bingen. Bewährtes Heilwissen für Gesundheit und Wohlbefinden.* Köln 2011, S. 14.

54 *Aspirin: Die gefährlichen Nebenwirkungen.* NDR vom 11.11.2011, https://www.ndr.de/ratgeber/gesundheit/Aspirin-Die-gefaehrlichen-Nebenwirkungen,aspirin106.html, abgerufen am 11.12.2022.

55 Sholto David und Rebecca Cunningham, *Echinacea for the prevention and treatment of upper respiratory tract infections: A systematic review and meta-analysis,* Complementary Therapies in Medicine, Ausgabe 44 von Juni 2019, S. 18–26, https://doi.org/10.1016/j.ctim.2019.03.011, abgerufen am 29.12.2022.

56 Osama Abdel-Naby Awad, *Echinacea can help with Azithromycin in prevention of recurrent tonsillitis in children,* American Journal of Otolaryngology, Ausgabe 41, Artikel 4 von Juli/August 2020, https://doi.org/10.1016/j.amjoto.2019.102344, abgerufen am 29.12.2022.

57 Mannfried Pahlow, *Das große Buch der Heilpflanzen. Gesund durch die Kräfte der Natur.* 3. Aufl. München 2015, S. 23.

58 Hildegard Rust, *Vorrat halten.* 6., aktualisierte Auflage. München 2022, S. 218.

59 Ebd.

60 Ebd., S. 100 f.

61 Janelle Weaver, *Fermented-food diet increases microbiome diversity, decreases inflammatory proteins, study finds,* https://med.stanford.edu/news/all-news/2021/07/fermented-food-diet-increases-microbiome-diversity-lowers-inflammation, abgerufen am 09.12.2022.

62 *Einlegen. Aufbewahren in Öl, Essig-Zucker, Alkohol.* Bundeszentrum für Ernährung, https://www.bzfe.de/nachhaltiger-konsum/haltbares-aus-der-eigenen-kueche/einlegen/, abgerufen am 06.12.2022.

63 Hildegard Rust, *Vorrat halten.* 6., aktualisierte Auflage. München 2022, S. 264.

64 *Botulismus. RKI-Ratgeber.* Robert Koch Institut, https://www.rki.de/DE/Content/Infekt/EpidBull/Merkblaetter/Ratgeber_Botulismus.html, abgerufen am 04.12.2022.

65 *Botulismus.* Bundesministerium Soziales, Gesundheit, Pflege und Konsumentenschutz, https://www.sozialministerium.at/Themen/Gesundheit/Uebertragbare-Krankheiten/Infektionskrankheiten-A-Z/Botulismus.html, abgerufen am 04.12.2022.

66 *Botulismus. RKI-Ratgeber.* Robert Koch Institut, https://www.rki.de/DE/Content/Infekt/EpidBull/Merkblaetter/Ratgeber_Botulismus.html, abgerufen am 04.12.2022.

67 John May, *Handmade Houses & other Buildings. The World of Vernacular Architecture.* Mit einem Vorwort von Anthony Reid. London 2010, S. 42.

68 Manfred Hegger/Isabell Schäfer, *Grüne Häuser. Einfamilienhäuser – nachhaltig, ökologisch, energieeffizient.* München 2009, S. 6.

69 Konrad Otto Zimmermann, *Hemmnisse gegen die Durchsetzung des Ökologischen Bauens.* In: Julia Bargholz (Hg.), *Ökotopolis. Katalog zur Ausstellung »Bauen mit der Natur.« Aktuelle Ansätze ökologisch orientierter Bau- und Siedlungsweisen in der BRD.* Köln 1984, S. 13–14, hier S. 13.

70 Maria Weg-Krusche und Per Krusche, *Ökologisches Siedeln und Bauen – zur Begriffserklärung und darüber hinaus.* In: Julia Bargholz (Hg.), *Ökotopolis. Katalog zur Ausstellung »Bauen mit der Natur.« Aktuelle Ansätze ökologisch orientierter Bau- und Siedlungsweisen in der BRD.* Köln 1984, S. 8–9, hier S. 8.

71 Maria Weg-Krusche und Per Krusche, *Ökologisches Siedeln und Bauen – zur Begriffserklärung und darüber hinaus.* In: Julia Bargholz (Hg.), *Ökotopolis. Katalog zur Ausstellung »Bauen mit der Natur.« Aktuelle Ansätze ökologisch orientierter Bau- und Siedlungsweisen in der BRD.* Köln 1984, S. 8–9, hier S. 9.

72 Doris Haas-Arndt/Margrit Kennedy, *Ökologisch Bauen. Vom linearen Modell zum Kreislauf-Modell.* In: Ursula Hansen u. Ulf Schrader (Hg.), *Nachhaltiger Konsum. Forschung und Praxis im Dialog.* Campus Forschung Bd. 831. Schwerpunktreihe »Marketing und Verbraucherarbeit«, Bd. 10. Frankfurt a. M. 2001, S. 127–136, hier S. 129.

73 Thomas Drexel, *Die neuen Öko-Häuser. Kostengünstig und zeitgemäß.* München 2004, S. 6.

74 Anna Helge, *Der Welt geht der Sand aus.* Süddeutsche Zeitung vom 18.07.2007, https://www.sueddeutsche.de/wissen/baustoff-der-welt-geht-der-sand-aus-1.3588083, abgerufen am 18.12.2022.

75 John May, *Handmade Houses & Other Buildings. The World of Vernacular Architecture.* Mit einem Vorwort von Anthony Reid. London 2010.

76 Vincent Grote, Matthias Frühwirth, Helmut Lackner und MitarbeiterInnen, *Cardiorespiratory interaction and autonomic sleep quality improve during sleep in beds made from Pinus cembra (Stone Pine) solid wood,* International Journal of Environmental Research and Public Health, https://doi.org/10.3390/ijerph18189749, abgerufen am 30.12.2022.

77 John May, *Handmade Houses & Other Buildings. The World of Vernacular Architecture.* Mit einem Vorwort von Anthony Reid. London 2010, S. 24.

78 *Warum genau Stroh?* Fachverband Strohballenbau Deutschland e. V., https://fasba.de/bauen-mit-stroh/warum-stroh/, abgerufen am 19.12.2022.

79 *Ökologische Wärmedämmung mit alternativen Dämmstoffen.* Deutsche Verbraucherzentrale, vom 29.09.2022, https://www.verbraucherzentrale.de/wissen/energie/energetische-sanierung/oekologische-waermedaemmung-mit-alternativen-daemmstoffen-48066, abgerufen am 20.12.2022.

80 Alessandra Moog, *Artikelreihe zum Urban Mining.* Bonner Umwelt Zeitung, 10.10.2022, https://bonnerumweltzeitung.de/tag/urban-mining/, abgerufen am 27.12.2022.

81 Alessandra Moog, *Kleinformat fürs Klima. Tiny-House-Modell – die alternative Wohnform.* Bonner Umwelt Zeitung vom November/Dezember 2018, https://bonnerumweltzeitung.de/kleinformat-fuers-klima/, abgerufen am 01.01.2022.

82 Drexel, Thomas, *Die neuen Öko-Häuser. Kostengünstig und zeitgemäß.* München 2004, S. 10.

83 Dr. Daniel Zirkelbach, Fraunhofer IBP, *Dauerhafte Dachbegrünung.* Hier finden Sie Infomaterial und eine Möglichkeit zur kompetenten persönlichen Beratung zur Gebäudebegrünung, https://www.ibp.fraunhofer.de/de/kompetenzen/hygrothermik/aktuelle-forschungsthemen/dauerhafte-dachbegruenung.html, abgerufen am 27.12.2022.

84 Julia Bargholz, *Ökotopolis.* Katalog zur Ausstellung »Bauen mit der Natur.« Aktuelle Ansätze ökologisch orientierter Bau- und Siedlungsweisen in der BRD. Köln 1984.

85 Owen Geiger, *10 meter roundhouse,* Earthbag Building Blog, www.earthbagbuilding.com/plans/10mroundhouse.htm, abgerufen am 30.12.2022.

86 Tanja Kenkmann, Katja Hünecke et. al.: *Europäischer Vergleich der statistischen Verfahren zur Erfassung dezentraler Strom- und Wärmebereitstellung aus erneuerbaren Energien.* Reihe Climate Change 15/23 vom März 2023. Verlag des Bundesumweltamts. https://www.umweltbundesamt.de/publikationen/europaeischer-vergleich-der-statistischen-verfahren, abgerufen am 23.03.2023.

87 Peter Carstens, *Fracking: Das sollten Sie wissen,* GEO, www.geo.de/natur/oekologie/2906-rtkl-erdgasfoerderung-fracking-das-sollten-sie-wissen, abgerufen am 31.12.2022.

88 *Photovoltaikanlagen: So sind die Preise in Österreich.* Stadt Wien. Inoffizielles Stadtportal, https://www.stadt-wien.at/immobilien-wohnen/photovoltaik/preise.html, abgerufen am 16.02.2023.

89 Ebd.

90 *Photovoltaikanlagen aus steuerlicher und gewerberechtlicher Sicht.* Wirtschaftskammern Österreich, April 2013, https://news.wko.at/news/oberoesterreich/Merkblatt_-_Photovoltaikanlagen. pdf, abgerufen am 16.02.2023.

91 Sandra Enkhard, *Österreich befreit Photovoltaik-Anlagen bis 25 Kilowatt von Einkommenssteuer,* PV-Magazine, vom 8.08.2022, https://www.pv-magazine.de/2022/08/08/oesterreich-befreit-photovoltaik-anlagen-bis-25-kilowatt-von-einkommensteuer/, abgerufen am 29.12.2022.

92 *Amortisation, Lebensdauer und Wartung von Photovoltaikanlagen.* Stadt Wien, https://www.stadt-wien.at/immobilien-wohnen/photovoltaik/amortisation.html, abgerufen am 16.02.2023.

93 Ebd.

94 *Photovoltaik Wirkungsgrad.* Photovoltaik.org, https://www.photovoltaik.org/wissen/photovoltaik-wirkungsgrad, abgerufen am 16.02.2023.

95 *Wie viel Fläche benötigt meine Solaranlage?* IWB, https://www.iwb.ch/klimadreh/ratgeber/solaranlage/wie-viel-flaeche-benoetigt-meine-solaranlage, abgerufen am 17.02.2023.

96 *Lohnen sich Batteriespeicher für Photovoltaikanlagen?* Verbraucherzentrale, vom 21.12.22, https://www.verbraucherzentrale.de/wissen/energie/erneuerbare-energien/lohnen-sich-batteriespeicher-fuer-photovoltaikanlagen-24589, abgerufen am 17.02.2023.

97 Ebd.

98 Ebd.

99 *Speicherung von Wasserstoff.* TÜV Süd, https://www.tuvsud.com/de-de/industre/wasserstoff-brennstoffzellen-info/wasserstoff/speicherung-von-wasserstoff, abgerufen am 18.02.2023.

100 *Wasserstofftechnologien.* Fraunhofer IKTS, https://www.ikts.fraunhofer.de/de/industrieloesungen/wasserstofftechnologien.html, abgerufen am 18.02.2023.

101 *Lohnen sich Batteriespeicher für Photovoltaikanlagen?* Verbraucherzentrale, vom 21.12.22, https://www.verbraucherzentrale.de/wissen/energie/erneuerbare-energien/lohnen-sich-batteriespeicher-fuer-photovoltaikanlagen-24589, abgerufen am 17.02.2023.

102 *Ein Stück Auto für jeden.* Zukunftskommunen, https://zukunftskommunen.de/kommunen-projekte/ein-stueck-e-auto-fuer-jeden/, abgerufen am 29.12.2022.

103 Alessandra Moog: *Produktionsstandorte für erneuerbare Energie. China und die Solartechnologie.* Interview mit Prof. Dr. Andreas Bett. Bonner Umwelt Zeitung Ausgabe 2/23.

104 *Kosten kleiner Windkraftanlagen und Wirtschaftlichkeit,* Kleinwindkraftanlagen Online, www.klein-windkraftanlagen.com/basisinfo/wirtschaftlichkeit/beurteilung-der-wirtschaftlichkeit-einer-investition-in-klein-windkraft/, abgerufen am 31.12.2022.

105 *Windenergie-Ausbau mit Rücksicht auf die Natur.* NABU https://www.nabu.de/umwelt-und-ressourcen/energie/erneuerbare-energien-energiewende/windenergie/index.html, abgerufen am 23.03.2023.

106 *Anhörung: Windenergie und Abstände zur Wohnbebauung.* Landtag NRW vom 08.02.2023, https://www.landtag.nrw.de/home/aktuelles/meldungen-und-berichte/meldungen-berichte-und-informati/meldungen-und-berichte/2023/02/0802anhorung-windkraft.html, abgerufen am 23.03.2023.

107 *Windenergie-Ausbau mit Rücksicht auf die Natur.* NABU https://www.nabu.de/umwelt-und-ressourcen/energie/erneuerbare-energien-energiewende/windenergie/index.html, abgerufen am 23.03.2023.

108 *Der Streit um die Windkraft.* WDR Doku vom 10.09.2022 https://www.youtube.com/watch?v=6URMSMrE0T0, abgerufen am 21.03.2023.

109 Ebd.

110 *Wie nachhaltig ist Windkraft?* Deutsche Welle vom 27.12.2021. https://www.dw.com/de/wie-nachhaltig-ist-windkraft-klimabilanz-recycling-artenschutz-erderhitzung/a-60170247, abgerufen am 22.03.2023.

111 Ebd.

112 Johannes Kulms, *Auch Ökostrom macht Probleme. Die Entsorgung von Windkraftanlagen ist kompliziert.* Deutschlandfunk vom 18.12.2020. https://www.

deutschlandfunk.de/auch-oekostrom-macht-probleme-die-entsorgung-von-100.html, abgerufen am 23.03.2023.

113 *Faktencheck: SF_6-Einsatz in Windenergieanlagen.* Bundesverband Windenergie vom September 2022, https://www.wind-energie.de/fileadmin/redaktion/dokumente/Aktuelles/Faktenchecks/20220825_-_BWE-Faktencheck_SF6.pdf, abgerufen am 24.03.2023, nach: Amtsblatt der Europäischen Union (2014): VERORDNUNG (EU) Nr. 517/2014 DES EUROPÄISCHEN PARLAMENTS UND DES RATES vom 16. April 2014 über fluorierte Treibhausgase und zur Aufhebung der Verordnung (EG) Nr. 842/2006, S. 24.

114 Mojib Latif, *Heißzeit. Mit Vollgas in die Klimakatastrophe – und wie wir auf die Bremse treten.* Bundeszentrale für politische Bildung. Bonn 2020, S. 8.

115 *Heizkosten sparen und Schimmel vermeiden: So kann es funktionieren.* Die Ratgeber. Hessischer Rundfunk vom 14.10.22, https://www.youtube.com/watch?v=Rui7L9DcrYo&t=2s, abgerufen am 01.03.2023.

116 Rainer Dirk/Medin Verem, *Das neue Gebäudeenergiegesetz (GEG). Praxisnah anhand von Beispielen erläutert.* Köln 2022, S. 1.

117 Arne Gonschor, *Die Gasheizung. Noch kein Verbot, aber deutliche Einschränkungen.* Wegatech vom 5.01.23, https://www.wegatech.de/ratgeber/gasheizung-verbot/, abgerufen am 01.03.2023.

118 Ebd.

119 Ebd.

120 Rainer Dirk/Medin Verem, *Das neue Gebäudeenergiegesetz (GEG). Praxisnah anhand von Beispielen erläutert.* Köln 2022, S. 3.

121 Ernst Paul Dörfler, *Aufs Land. Wege aus Klimakrise, Monokultur und Konsumzwang.* Bundeszentrale für politische Bildung. Bonn 2022, S. 255.

122 *Heizen mit Holz – Katastrophe für das Klima?!* Ökochecker SWR am 16.02.2023, https://www.youtube.com/watch?v=gul8ExuqjK0, abgerufen am 19.02.2023.

123 *Heizen mit Holz.* Bundesumweltamt am 26.02.2021, https://www.umweltbundesamt.de/themen/heizen-holz, abgerufen am 21.02.2023.

124 Ebd.

125 *Heizen mit Holz.* Bundesamt für Umwelt, nukleare Sicherheit und Verbraucherschutz, https://www.bmuv.de/heizen-mit-holz/umwelt/klimaauswirkungen-von-heizen-mit-holz, abgerufen am 21.02.2023.

126 Ebd.

127 Ebd.

128 *Brennholzboom in der Energiekrise. Problematischer Trend mit schlechter Ökobilanz.* Naturschutzbund Deutschland e. V., https://www.nabu.de/umwelt-und-ressourcen/oekologisch-leben/bauen-und-wohnen/27138.html, abgerufen am 22.02.2023.

129 Ralph Diermann, *Brennstoff. Wie man am besten mit Holz heizt.* Süddeutsche Zeitung vom 01.10.2021, https://www.sueddeutsche.de/wirtschaft/heizen-mit-holz-klimaschutz-kaminoefen-pellets-1.5424725, abgerufen am 22.02.2023.

130 *Brennholzboom in der Energiekrise. Problematischer Trend mit schlechter Ökobilanz.* Naturschutzbund Deutschland e. V., https://www.nabu.de/umwelt-und-

ressourcen/oekologisch-leben/bauen-und-wohnen/27138.html, abgerufen am 2.02.2023.

131 Ralph Diermann, *Brennstoff. Wie man am besten mit Holz heizt.* Süddeutsche Zeitung vom 01.10.2021, https://www.sueddeutsche.de/wirtschaft/heizen-mit-holz-klimaschutz-kaminoefen-pellets-1.5424725, abgerufen am 22.02.2023.

132 Ebd.

133 *Vorschriften für alte Kaminöfen: Bis Ende 2024 müssen sie raus,* https://www.mein-eigenheim.de/heizen/jetzt-alte-oefen-austauschen.html, abgerufen am 23.02.2023.

134 Ernst Paul Dörfler, *Aufs Land. Wege aus Klimakrise, Monokultur und Konsumzwang.* Bundeszentrale für politische Bildung. Bonn 2022, S. 255.

135 *Solarthermie: Solarenergie für Heizung und Warmwasser nutzen.* Deutsche Verbraucherzentrale vom 14.07.2022, https://www.verbraucherzentrale.de/wissen/energie/erneuerbare-energien/solarthermie-solarenergie-fuer-heizung-und-warmwasser-nutzen-5568, abgerufen am 27.02.2023.

136 *Solarthermie: Solarenergie für Heizung und Warmwasser nutzen.* Verbraucherzentrale vom 14.07.2022, https://www.verbraucherzentrale.de/wissen/energie/erneuerbare-energien/solarthermie-solarenergie-fuer-heizung-und-warmwasser-nutzen-5568, abgerufen am 01.03.2023.

137 Ebd.

138 Ebd.

139 *Welche Heizart die besten Zukunftschancen hat.* Mitteldeutscher Rundfunk vom 20.04.2022, https://www.youtube.com/watch?v=DujX2-k0cNI&t=195s, abgerufen am 28.02.2023.

140 Ebd.

141 *Erdwärme.* Bundesverband Wärmepumpe e. V. ,https://www.waermepumpe.de/waermepumpe/erdwaerme/, abgerufen am 01.03.2023.

142 *Welche Heizart die besten Zukunftschancen hat.* Mitteldeutscher Rundfunk vom 20.04.2022, https://www.youtube.com/watch?v=DujX2-k0cNI&t=195s, abgerufen am 28.02.2023.

143 *Erdwärme – die Energiequelle aus der Tiefe.* Bayrisches Landesamt für Umwelt. https://www.lfu.bayern.de/buerger/doc/uw_20_erdwaerme.pdf, abgerufen am 01.03.2023.